한국문학 · 대중문학 · 문화콘텐츠
근대문학에서 컴퓨터 게임과 장르 판타지까지

Korean Literature, Popular Fiction and Cultural Contents

지은이 **조성면(趙城勉)**

한신대학교 영어영문학과를 졸업하고 한국학중앙연구원 한국학대학원에서 석사학위를, 인하대학교에서 박사학위를 받았다.

문학평론가이자 문학박사이며, 현재 평택대학교 국어국문학과 겸임교수로 있다.

주요 저서로는 『한비광, 김전일과 프로도를 만나다—장르문학과 문화비평』(평론), 『한국 근대 대중소설 비평론』(편저), 『대중문학과 정전에 대한 반역』 등이 있으며, 그 외 다수의 논문과 평론이 있다.

한국문학 · 대중문학 · 문화콘텐츠
: 근대문학에서 컴퓨터 게임과 장르 판타지까지

1판 1쇄 인쇄 2006년 10월 20일
1판 1쇄 발행 2006년 10월 30일

지은이 / 조성면
펴낸이 / 박성모
펴낸곳 / 소명출판
출판고문 / 김호영
등록 / 제13-522호
주소 / 137-878 서울시 서초구 서초동 1621-18 (란빌딩 1층)
대표전화 / (02) 585-7840
팩시밀리 / (02) 585-7848
somyong@korea.com / www.somyong.com

값 16,000원

ISBN 89-5626-225-X 03810

한국문학 · 대중문학 · 문화콘텐츠
근대문학에서 컴퓨터 게임과 장르 판타지까지

Korean Literature, Popular Fiction and Cultural Contents

조성면

소명출판

문화콘텐츠, 인문학의 활로인가 시장의 논리인가

　지금은 문화의 시대다. 잠시 주위로 눈을 돌려봐도 이 같은 사실을 금방 실감할 수 있다. 한때의 유행이거니 했던 한류가 한참동안 그 열기를 이어가더니 국내의 스타급 연예인들은 어느새 아시아를 대표하는 아이돌 스타로 우리 시대 대중문화의 아이콘으로 자리를 잡았다. 〈실미도〉, 〈왕의 남자〉, 〈괴물〉 등과 같이 관객 천만을 넘기는 국산 대박 영화들이 출현했는가 하면, 〈리니지〉와 같은 다중 접속 온라인 롤플레잉 게임(massively multi-player on-line role-playing game)은 순간 동시 접속자수가 17만 명에 이를 정도로 압도적인 대중성과 폭발력을 보여 주고 있다. 『다모』·『궁』·『타짜』 등 인기 만화를 원작으로 한 드라마와 영화가 제작되었을 뿐만 아니라 장르 판타지의 대명사인 『해리 포터』와 『반지의 제왕』, 팩션(faction)으로 세계적인 주목과 논란을 끌고 있는 『다빈치 코드』, 순수 서정과 동화적 이야기로 무장한 『연금술사』나 『모모』 등의 번역소설이 수십만 부에서 수백만 부의 판매고를 올리는가 하면, 인터넷을 통해 연재되던 소설이 베스트셀러가 되고 온라인상에서나 유통되던 댓글이 충격적이게도 시집이란 이름으로 묶여 판매되는 등 장르문학들의 강세도 여전하다.

그러나 이른바 진지한 문학 진영의 원로·중진작가들과 새로운 감수성으로 무장한 신예작가들의 눈부신 분전에도 불구하고 국내의 본격문학이 예전에 비해 크게 활력을 잃고 있는 것도 사실이다. 이에 비해 외국산 번역소설이 새로운 스토리와 참신한 상상력을 발판으로 국내의 독서시장에서 압도적인 우위를 점하는 현상은 우리 모두가 머리를 맞대고 진지하게 고민해 보아야 할, 조금은 우려할 만한 상황이라 하지 않을 수 없다. 물론 발랄한 구어체 문장과 영화적 기법 그리고 거침없는 감수성으로 독자들의 주목을 끄는 신예작가들이 독자들에게 좋은 반응을 이끌어 내는 등 가작들이 꾸준히 생산되고는 있지만, 그것이 빈사 상태에 빠진 우리문학의 수명을 잠시 연장시켜 줄 수 있을지는 몰라도 근본적인 대책은 되지 못한다. 특히 최첨단 기술로 무장한 멀티미디어 시대에도 여전히 대표 서사로서의 그 지위를 유지할 수 있을지 장담할 수 없다.

그렇다고 해서 소설이 곧바로 폐기되거나 소멸의 상황으로까지는 치닫지 않을 것이다. 왜냐하면 아득한 옛날부터 지금까지 우리 인간들은 이야기의 세계 속에서 살아 왔으며 앞으로도 그러할 것이기 때문이다. '소설은 확정적인 형식을 갖지 않은 장르로서 여전히 운동하는 완성되지 않은 유일한 서사 양식'이라는 미하일 바흐친(Mikhail M. Bakhtin, 1895~1975)의 확신에 찬 장담은 필시 이 같은 사실에 대한 날카로운 통찰의 소산일 터이다. 물론 그런 우리의 소설 중심적 사고에 이의를 제기하면서 소설이 서사의 최종적 양식이 아닐 뿐만 아니라 그것이 대단히 불완전한 장르라는 로버트 숄즈(Robert Scholes)와 로버트 켈로그(Robert Kellogg) 등과 같은 이론가들의 고전적 주장을 모르는 바 아니지만, 인간의 삶의 한 부분이며 국면인 이야기와 그 이야기에 대한 인간의 갈망이 있는 한,

소설은 죽어도 죽지 않을 것이다. 오죽했으면 인간을 가리켜 이야기를 하는(좋아하는) 존재라는, 곧 호모 나라토아르(Homo Narratoire)라고까지 했을까. 이 같은 인간의 본성과 삶의 방식이 없어지지 않는 한 우리가 지금 경험적으로 알고 있는 과거와 같은 소설은 죽을지 몰라도 새로운 형식과 양식의 소설로 거듭나게 될 것이다. 단언할 수 없지만, 근대 이후에 수립된 전통적인 소설 양식들이 아니라 새로운 매체와 기술과 결합된 이야기들, 예컨대 영화니 하이퍼텍스트문학이니 컴퓨터 게임 등이 어쩌면 '소설 이후의 소설'들이며 '미래의 이야기 형식들'일지도 모른다. 최근 들어 상당수의 연구자들이 재래의 문학 이론에 머물지 않고 '서사'라는 통합적이고 보다 열린 관점과 개념을 가지고 접근하려는 것도 이러한 현실을 잘 알고 있기 때문일 것이다.

그러나 이러한 막연한 낙관론만으로는 뭔가 부족하다. 그것은 우리가 직면해 있는 문화적 현실이 그렇게 간단치가 않기 때문이다. 과거와 달리 현재 소설을 비롯한 재래의 이야기 형식들은 변화한 문화 환경 속에서 첨단 매체들과 경쟁하면서 끊임없는 실험과 도전 그리고 상상력을 통해서 자신의 존재 의미를 증명해야 하기 때문이다. 나는 그러한 새로운 가능성을 '문화콘텐츠와의 연대' 속에서 찾을 수 있지 않을까 하는 생각을 가지고 있다. 다양한 장르에 기반스토리(back story)를 제공하는 원천콘텐츠로서 그리고 디지털 미디어나 영상물들이 도달할 수 없는 고유의 어떤 가치나 정체성을 가지고 있기 때문이다. 속단할 수는 없지만, 미래의 이야기들과 소설은 이렇게 존재하지 않을까 한다. 소설과 같은 재래의 이야기들은 모든 서사의 원천을 제공하는 기반적 서사로, 그리고 여전히 소설로 다른 서사 양식들 및 매체들과 경쟁하고 동서하는 공존의 형식으로 말이다. 이러한 경쟁과 연대라는 상호작용을 통해서 우리 문화의 저변이 더욱 넓어지고 튼튼해질 것이다.

최근 문화콘텐츠(학)의 비약적인 성장과 발전을 지켜보면서 다른 한편으로는 우려의 마음을 떨쳐 버릴 수 없다. 이것을 인문학의 확장이며 실용화라고 무조건 찬양할 수 없는 측면이 있기 때문이다. 콘텐츠(contents)란 말은 본래 내용 또는 목차란 뜻이지만, 2001년에 제정된 문화산업진흥법에 의하면 그것은 '부호·문자·음성·이미지·동영상 등 다양한 형태로 이루어진 정보 및 그 내용물들을 의미하는 것으로서 산업적 가치를 갖는 모든 자원들을' 가리키는 말이다. 2004년 12월 현재 13개의 4년제 대학과 10개의 대학원 그리고 11개의 전문대학에 관련 학과가 창설·운영되고 있으며 다학문적이고 실용적인 지식들에 대한 전문적인 교육이 이루어지고 있는 상황이다. 이러한 흐름은 존폐의 위기에 직면한 비인기학과들의 새로운 활로로 주목을 받으면서 대학의 안팎에서 좋은 반응을 이끌어 내고 있다. 그렇지만 다른 한편에서 그것은 소용이 닿지 않는 비실용적인 지식과 학문을 고사시켜 침체에 빠진 인문학을 더욱 더 심각한 위기 상태로 몰아넣고 학문과 지식 생산의 심각한 불균형을 초래할 수도 있다는 점에서 대단히 우려할 만한 사태라 하지 않을 수 없다. 사실 인문학은 실용적 가치와 무관한 순수학문으로서 인간의 인간다움을 추구하기 위한 숭고한 정신의 활동이라 할 수 있기 때문이다.

이외에 문화콘텐츠학의 또 다른 문제점은 아직까지 뚜렷한 방향성이나 학문적 정체성 그리고 방법론이 정립되어 있지 않은 채 당위적 원론이나 현상에 대한 미시적 분석에 매달려 있다는 인상을 주고 있다는 점이다. 물론 이는 정립기 단계의 모든 분과학문들이 겪어 왔던 문제점들로서 경험의 축적과 성과의 산출을 통해서 곧 최소한 시간이 주어지게 된다면 자연스럽게 해결될 것이다. 그러나 현재 문화콘텐츠학 전반을 움직이는 동력이 시장과 문화자본의 요구라는 사실은 이 분야에 관심을 가지고 있는 모든 연구자들이 한번쯤은 심각하게 고민해 보아야 할 대목이다.

이 책은 문화론의 관점에서 한국 근대문학과 장르문학 그리고 대중문화를 읽어 내고 있는 논문과 비평들만을 가려 놓은 것이다. 요컨대 문화론의 관점에서 장르 판타지와 무협만화 등의 대중문학 장르들에서 컴퓨터 게임에 이르기까지 우리 시대의 문화를 폭넓게 다룸으로써 한국문학 나아가 인문학의 외연과 지평을 확장하고 우리의 삶을 독해하는 데 조금이라도 기여해야겠다는 목표가 바로 그것이다. 역량의 한계로 애초의 기획에 절반에도 미치지 못하는 엉성한 결과물을 만들어 내고 말았지만, 이제부터가 시작이며 출발이니 너무 절망할 필요가 없을 것이라고 애써 자위해 본다.

이 책은 총3부로 구성되어 있다.

제1부에서는 대중문학의 개념을 비롯하여 탐정소설, 무협, 만화, 삼국지, 컴퓨터 게임, 문화 연구 및 한국문학 연구사 등을, 제2부에서는 한용운, 경성제국대학 조선어문학과와 문학사, 미소분할기(해방공간)의 독자, 철도, 외설 등에 대해서 다루고 있다. 그리고 제3부에서는 톨킨(J. R. R. Tolkien) 이후 한국 장르 판타지의 기원, 계보, 의미, 미적 특질 등에 대해서 분석하고 정리한 230매 분량의 연구 결과물을 수록하였다. 본래 이 글은 문고본으로 기획된 것이었으나 개인적인 사정으로 차일피일 미루다가 더 이상 시간을 끌면 안 되겠다는 생각에서 서둘러 발표하게 된 것이다.

제1부에서 다루어진 주요 내용들은 다음과 같다. 「대중문학의 이해」는 대중문학의 개념·범주·연구사·의미 등에 대해서 개괄적으로 정리하고 분석한 대중문학 전반에 대한 개론이다. 대중사회론과 비판이론가들의 문화산업론을 넘어서 대중문학을 문화론적 관점에서 중층적인 관점에서 읽어 내고 있다. 「탐정소설과 근대성」에서는 김내성의 단편을 통해서 탐정소설에 내재되고 반영된 속류화한 이성중심주의와 그 작동 방식 및 양면성에 대해서 논의하였다. 「남근의 위기와 코믹무협 출현의 문화적 의미」에서는 남성의 로망이라 할 수 있는 베스트셀러 무협만화 『열혈강호』를 통해서 남근주의의 위기와 작동 방식 그리고 그 속에 내재된 남성 독자들의 왜곡된 현실 인식과 욕망의 구조를 밝혀내고자 하였다. 「문학의 확장을 위하여─문학과 만화의 교섭 양상」에서는 문학의

만화화와 만화의 문학화 현상들에 대한 분석을 통해서 대중적 서사의 새로운 가능성에 대해서 논의하였다. 「대중문학과 문화콘텐츠로서의 '삼국지'—나관중에서 컴퓨터 게임까지」에서는 진수, 배송지, 나관중, 모종강, 요시카와 에이지 등 주요 작가들을 거치면서 끝없이 갱신·변용되어 온 『삼국지』 텍스트의 형성 과정 및 컴퓨터 게임 등 콘텐츠화 양상에 대해서 논의하였다. 「반성과 전망—대중문학, 문화 연구, 그리고 문화콘텐츠」에서는 1990년대 이후 미시사와 문화 연구 등의 영향을 받은 한국문학 연구사의 전반적인 흐름과 동향을 짚어보고 이를 통해서 한국문학 연구 및 인문학 연구의 새로운 가능성에 대해서 논의하였다.

제2부에서 다룬 주요 논문들은 다음과 같다. 「한용운 재론—아버지 지우기와 비극적 세계관」에서는 강골의 투사이자 선승으로서의 삶을 살았던 만해가 어째서 시 작품에서 있어서만큼은 여성주의적인 편향을 보이게 되었는지 하는, 곧 작가의 생애와 작품 사이에 생겨난 괴리와 그 원인을 밝혀내고자 하였다. 동학농민진압군이었던 아버지에 대한 컴플렉스 그리고 국권상실이라는 역사적 상황에 대한 그의 비극적 인식의 기원과 그 의미 등에 대해서 해명하였다. 「정만조의 '조선시문변천'과 근대 한국문학 연구—'조선시문변천'이 조윤제와 김태준의 문학사에 끼친 영향을 중심으로」에서는 국학파, 맑스주의 문예학파 등과 함께 근대 초창기 국문학 연구의 한 축이었던 경성제국대학 실증파의 연구가 당시 경성제대에 강사로 출강했던 정만조·어윤적 등 전통학문의 전달자들과의 영향 속에서 이루어졌음을 살펴보고자 했다. 정만조가 경성제대 출강 당시 교재로 활용했던 「조선시문변천」은 우리 문학연구사에서 가장 앞선 최초의 한국한문학약사로서 조윤제나 김태준 등의 초창기 국문학 연구자들이 문학사를 서술하고 파악하는데 밑그림의 역할을 했던 자료이다. 「독자를 통해서 본 미소분할기의 문학」에서는 해방공간이라는 용어가 문학사적 용어로 적합하지 않음을 지적하고 동시대 우리의 역사적 현실이 미·소로 대표되는 동서대립이라는 국제정치역학에

서 자유로울 수 없었다는 점에 착안하여 미소분할기라는 새로운 용어의 사용을 제안하는 한편, 당시 신문 등을 조사하여 물가시세를 파악하고 이에 비추어 독자들의 문학 작품의 현실적인 구매력이 어느 정도였는가를 밝혀내고자 했다. 「철도와 문학—경인선 철도를 통해서 본 한국의 근대문학」에서는 철도의 등장이 단순한 교통수단의 출현이 아니라 그것이 미친 전반적인 영향, 이를테면 동시대인들의 시간과 공간에 대한 인식의 재편 및 근대문학에 미친 영향 등을 경인선을 통해서 실증적으로 살펴보고 검토했다. 「금서의 사회학, 외설의 정치학—소설 『반노』를 통해서 읽어 보는 1970~80년대 한국 사회」에서는 한국문학사상 최초로 성적 표현의 한계를 둘러싸고 문학과 법이 충돌했던 염재만의 소설 『반노』를 통해서 동시대인들의 섹슈얼리티 그리고 박정희 정권 등의 국가권력과 성 담론과의 역학 관계를 살펴보았다.

제3부에서는 장르 판타지에 대한 본격적인 연구를 시도하였다. 톨킨 (Tolkien) 이후에 세계적인 유행 현상으로 자리잡은 장르 판타지가 국내에서 어떻게 수용·발전되었는지 그리고 그것의 문학 사회학적인 의미가 무엇인지 살펴보았다. 요컨대 국내 장르 판타지는 톨킨과 미즈노 료(水野 良), RPG, PC통신(인터넷)의 등장과 함께 빠르게 확산된 청소년 문화이며 이와 같은 장르 판타지의 유행 현상 속에서 감추어진 모더니즘의 전일적 지배와 과학적 합리주의 등에 대한 대중들의 심미적 저항 및 그 욕망의 구조를 읽어 내고자 했다.

여러 가지 점에서 많이 부족하지만 부끄러움을 무릅쓰고 오랫동안 작업해 왔던 글들을 묶고 다듬어서 책으로 묶어 보았다. 개중에는 너무 오래 묵였던 글들도 있고, 상황이 여의치 못해서 미처 발표하지 못했던 글들도 있다. 책을 펴내면서 다시 한번 평소의 내 생각이 좀 더 확고해졌다. 요컨대 오늘의 우리 인문학의 위기는 제대로 된 인문학 연구를 통해서 극복하는 수밖에 없으며 제대로 된 인문학이란 본래 문사철(文

史哲)을 종합한 문화 연구이고 학제적 연구였다는 나아가 이제야말로 이와 같은 인문학의 본래정신과 비판정신을 올곧게 밀고 나갈 때임을 거듭 확인하게 되었다고 말하고 싶다. 끝으로 오늘의 나를 있도록 해주신 세상의 모든 소중한 인연들에게 깊은 감사의 말씀을 전한다. 부족하고 결함이 많은 책이다. 고개 숙여 따끔한 질정을 바랄 따름이다.

2006년 9월
조 성 면

차례

한국문학 · 대중문학 · 문화콘텐츠
근대문학에서 컴퓨터 게임과 장르 판타지까지

대중문학의 이해

연구사 · 개념 · 범주 · 역사 · 의미에 대해서

1. 대중문학이란 무엇인가—범주와 개념

대중문학이 학문적인 대상으로서 다루어지기 시작한 것은 비교적 최근의 일이다. 그 동안 학계의 냉담한 반응과 비우호적인 태도에도 불구하고, 대중문학이 새로운 연구 대상으로 인정받게 된 것은 광범위한 대중적 영향력과 잇따른 상업적 성공 때문이라고 할 수 있다. 대중문학에 대한 연구는 이와 같이 객관적인 상황에 의해 촉발되고 강제된 측면이 강하다. 요컨대 한국문학(연구)의 이념과 외연을 지탱해 왔던 거대 이념의 쇠퇴와 포스트모더니즘과 같은 신사조(新思潮)의 득세, 자본과 첨단기술을 등에 업은 대중문화의 가파른 성장, 그에 따른 본격문학의 위축, 그리고 더 이상 학문적 · 사회적 이슈를 생산해 내지 못한 채 분과학문으로서의 위상과 입지가 갈수록 흔들리는 것에 대한 연구자들의 위기의식 등등이 바로 대중문학에 대해 주목하게 한 원인들이었다고 할 수 있다. 게다가 본격문학과 대중문학의 경계가 갈수록 약화되는 데다가 우리 문학에 결정적인 영향을 미치는 다양한 문화적 현상들을 분석·해명해야 할 현실적 필요성 또한 대중문학 연구를 강제하는 중요한 계기로 작용하였다. 어쨌든 이런 새로운 변화들은 기왕의 보수적이고 엄숙한 연구 태도와 인식에 대해서 반성적으로 돌아보도록 끊임없이 연구자들을 자극하고 있다. 그러나 이제야 겨우 본 궤도에 진입하고 있는 일천한 연구사가 잘 보여 주고 있듯이 현재의 대중문학 연구는 새로운 도정에 들어선 연구들이 안고 있는 여러 가지 문제점을 안고 있다.

대중문학 연구에서 가장 먼저 해결되어야 할 과제는 바로 대중문학의 개념 및 범주와 관련된 물음들, 이른바 '대중문학이란 무엇이며, 어디서 어디까지를 대중문학으로 보아야 하는가' 하는 문제이다. 표면상 이것은 통속문학·상업주의문학·주변부문학·공식문학(formula literature) 등 단순히 용어상의 문제에 국한된 것으로 오해할 수도 있지만, 실제로는 문학의 패러다임과 제도 그리고 다양한 해석과 관점들이 얽혀 있는 아주 복잡한 난제라 할 수 있다. 따라서 이에 대한 충분한 고려와 연구의 축적이 전제되지 않는 한 개념과 범주 설정은 어디까지나 편의적이고 잠정적으로 이루어지는 작업이라는 근원적 한계를 가질 수밖에 없다.

기실 대중문학(大衆文學, popular literature)은 그 범주와 개념이 지극히 모호하고 난해한 용어 가운데 하나로 그것이 무엇인지 명쾌하게 규정하는 것은 사실상 불가능에 가까운 일이다. 문학의 실체가 무엇인지를 규명하는 작업 자체부터가 쉽지 않은 일인 데다가 실제 현실 속의 대중문학은 고정적이라기보다는 끊임없이 변화하고 변용되는가 하면, 연구자들의 관점과 태도 그리고 주어진 상황과 맥락에 따라서 대단히 복잡하고 다양한 양상으로 규정될 수 있기 때문이다. 그러므로 이것은 완전무결한 정의를 만들어 내야 하는 개념 규정의 차원이 아니라 오히려 끝없이 이를 문제화하고 재구성해야 하는 장구한 논의의 여정 속에 있는 문제라는 관점에서 접근해야 할 필요가 있다.

우선 대중문학은 대중적인 시들을 포함해서 판타지소설 · 과학소설 · 무협소설 · 연애소설 · 역사소설 · 추리소설(탐정소설) · 인터넷소설 등 수많은 하위 장르들을 포괄하고 있는 장르문학(genre literature)이라 할 수 있다. 장르문학이란 각 장르별로 고유한 서사규칙과 관습화한 특징들이 있어서 독자들에게 별다른 정보가 제시되지 않고 특별한 노력을 쏟지 않아도 누구든지 책을 펼쳐드는 순간 그것이 어떤 장르에 해당되는지 알게 되는 일련의 작품들을 가리키는 말이다.

그로 인해 대중문학은 흔히 공식문학(formula literature)으로 규정되기도 한다. 대중문학에 내재된 분명한 특징들, 이를테면 누구든지 알고 있는 뻔한 플롯들, 값싼 감상주의, 통속성(vulgarity), 영웅주의, 도피주의, 상투성, 행복한 끝내기, 권선징악, 대중추수성 등이 바로 대중문학을 공식문학으로 규정할 수 있도록 하는 근거들이다.

대중문학은 또한 경멸과 폄하의 뜻으로 사용되기도 하거니와, 상업주의 문학이라든지 통속문학 등과 같은 용어들이 여기에 해당된다. 통상 상업주의 문학이란 말은 작품성이나 진정성 등 그 무엇보다도 경제적인 이해가 최우선으로 고려되는, 이른바 교환가치가 압도적인 우위에 놓인 문학이라는 의미로 사용된다. 통속문학은 독자대중의 저급한 취향에 영합하기 위해서 동시대의 세태와 유행에 민감하게 반응할 뿐만 아니라 도식성 · 감상성 · 선정성 등이 두드러진 저급한 문학이라는 의미로 사용되고 있다. 그러나 이들 용어 모두 아직까지 엄정한 학술적인 검토나 합의가 없이 상황과 편의에 따라 자의적으로 사용되고 있는 상황이다. 잘 알고 있는 바와 같이 늘 변화하는 복잡한 대상을 단순화하고 명료하게 정리해서 드러내야 하는 그 어떠한 노력도 필연적으로 그 시도가 종결되자마자 다시 재규정되어야 하는 상황에 직면하게 된다. 대중문학이 명쾌한 규정을 내려야 하는 대상이라기보다는 끝없이 문제화해야 하는 대상이라 한 것은 이런 이유 때문이고, 더 나아가서는 재론의 여지가 없는 닫힌 규정보다는 다양한 논의들이 계속해서 이루어지는 열린 대상으로 남아 있는 것이 훨씬 더 생산적이고 바람직하기 때문이다.

이런 점들을 충분히 고려하고 인정한 상태에서 대중소설의 개념과 범주를 조심스럽게 정리하자면, 다음과 같이 세 가지의 층위로 나누어 생각해 볼 수 있을 듯하다. 하나는 우리의 현실 경험과 문학적 통념 혹은 관행에 따라 특정한 작품들을 대중소설로 분류 혹은 정의하는 것이고, 다른 하나는 개별 작품의 서사 구성 원리와 미적 특질 그리고 작품의 내용과 이념 등을 고려하여 그 개념을 규정하는 것이며, 끝으로 정전(正典, canon)의 목록에서 배제되거나 타자화한(혹은 타자화된) 작품들을 대중소설로 정의 ─ 모든 정의에서 금기시되는 방식을 감수하고 규정하는 ─ 하는 방법, 이른바 반정립적(反定立的)이고 부정적인 방식으로 정의하는 것이다. 대중소설의 범주와 개념의 가변성과 수정가능성을 열어 놓고, 기왕의 논의들을 참고하고 종합해서 그 대강을 정리하면 다음과 같다.

첫째는 현실 경험에 비추어 대중소설이라고 생각되는 작품들, 이른바 ① 대중들을 겨냥해서 창작되고 출판된 상업적 · 대중적 지향이 분명한 작품, ② 대중들의 삶과 이야기를 흥미롭게 다루고 있는 통속적인 작품, ③ 대중들이 특별한 훈련이 없이도 오락과 자기 위안을 목적으로 손쉽게 소비할 수 있는 작품들이다.

둘째는 근대사회의 도래와 함께 신문 · 잡지 · TV · 영화 · 컴퓨터 등 대중매체를 발판으로 상업성을 띠고 등장한 문화상품들 곧 대중들의 위안과 오락 욕구에 부합하는 흥미를 추구하고 있으며 관습과 규범에 순응하는 한편, 일정한 서사적 패턴과 도식성을 가지고 있는 작품들이다. 요컨대 공식문학과 장르문학으로서의 성격이 보다 분명한 작품들이 여기에 해당한다.

셋째는 모든 정의에서 금기시되는 방식, 이른바 반정립적이고 부정적인 방식으로 정의하는 것이다. 이러한 관점에서 대중문학은 정전의 목록에서 배제된 작품들이라고 정의할 수 있다. 전문적인 연구기관에서 집중적으로 연구되고 교육을 목적으로 선정된 모범적인 텍스트들 또는 연구자들의 다양한 해석을 견디어 내면서 살아남은 작품들로서 지속적으로 연구되고 보존될 만한 가치가 있다고 한 공동체에서 널리 인정받고 있는 고상한 작품들, 이른바 정전의 목록에서 배제되었거나 이 같은 패러다임에서 명시적 혹은 묵시적으로 대중소설로 간주되는 작품들이 바로 그러하다.

그러나 이 같은 방식으로 개념을 규정하고 정리하는 것은 그 자체로 많은 문제점을 안고 있다. 왜냐하면 본격소설과 대중소설과의 경계는 대단히 자의적이고 모호할 뿐만 아니라 그 경계를 자유로이 넘나드는 것이 문학의 한 속성이기 때문이다. 뿐만 아니라 대중소설이라는 용어 자체가 본격소설 내지 정전을 전제로 하고 있는 이항대립(binary opposition)적인 개념(태도)이기 때문에 대중소설의 범주를 설정하는 순간, 이미 이 정의는 대중문학과 본격문학을 나누는 이항대립적 관점과 패러다임을 결과적으로 용인하는 이항대립에 빠져 버리고 말기 때문이다. 물론 이러한 이항대립은 배타적인 이항대립이 아니라 우리 문학사의 실상과 문학적 현실을 파악하기 위해서 잠정적이고 과도적으로 설정된 생산적 이항대립이라는 점에서 기왕의 이항대립적인 패러다임과는 명백히 구별된다.[1]

대중문학의 개념과 범주를 둘러싼 이 복잡하고 혼란스러운 절차가 잘 보여 주고 있듯이 대중문학의 개념은 단일한 또는 어떤 고정된 의미를 갖지 않으며 제시하기도 곤란하다. 왜냐하면 대중문학의 개념과 범주는 그것이 어떠한 관점과 맥락에서 사용되고 재현되는가 하는, 즉 그

---

1) 이상 대중문학의 개념과 범주에 대해서는 조성면, 「대중소설」, 『21세기 지식 키워드 100』(강수태 외), 한국출판마케팅연구소, 2003, 73~76면에서 이미 상론한 바 있다.

것을 지배하는 동시대의 패러다임과 제도의 자장에서 벗어날 수 없기 때문이다. 따라서 대중문학의 개념 및 범주 문제와 관련하여 취해야 할 가장 바람직한 태도는 '대중문학이란 무엇인가'라는 질문보다는 먼저 '대중문학 연구는 무엇을 위한 것이며, 누구를 위한 것인가'라는 질문을 먼저 던져 보는 것이라 할 수 있다.

2. 대중은 우중인가, 그리고 독자와 대중문학의 관계는 정말 일방적인가

대중문학을 규정하는 중요한 조건 중의 하나이며, 주요 독자층이라 할 수 있는 대중은 그 동안 우중(愚衆)으로 오해되어 왔다.[2] 대중이란 말은 '매스(mass)'의 동의어처럼 사용되고 있으나 사실 이 말은 상황과 맥락에 따라 그리고 정치적 입장에 따라 내포적 의미가 전혀 다른, 대단히 복잡하고 애매한 용어이다. 뿐만 아니라 우리의 경우에는 문화적·역사적 상황이 다르기 때문에 비록 단어는 동일할지 몰라도 그 내포와 의미는 전혀 다르다.

대중의 일차적인 의미는 '많은 사람들을 가리키는 느슨한 용어'지만, 동아시권에서 이 말은 비구·비구니·우바새·우바니 등 불교에서 말하는 네 부류의 사람들 곧 사부대중(四部大衆)이란 말에 기원을 두고 있다. 그러던 것이 근대화의 급속한 진전과 함께 등장한 익명의 많은 사람들을 가리키는 '매스'의 동의어로 즉, 상업적인 대중문화와 이데올로기에 의해 호명된 수동적인 집단들이라는 다소 부정적이고 경멸적인 의미로 바뀌었다.

---

2) 이하 대중의 개념에 대해서는 조성면, 「오해와 편견을 넘어서—독자·대중 그리고 대중문학에 대하여」(『작가들』 7호, 2002년 12월)를 참조할 것.

이 같은 보수적인 관점과 화용론에 대해 이의를 제기하면서 대중을 '매스'가 아니라 정치적 변혁의 주체인 '파퓰러(popular)'로 다시 규정하려는 움직임이 생겨났다. 현대문화연구소의 핵심 이론가였던 레이먼드 윌리엄스(Raymond Williams)는 대중이란 현존하는 실체가 아니라 단지 특정한 사람들을 '대중'으로 바라보는 경멸적인 시선 내지 방법만이 있을 따름이라는 보다 진일보한 관점을 제시한다. 그에 의하면, 대중은 엘리트주의자들이 주장처럼 단지 수동적인 우중이 아니라 변혁의 주체이며 새로운 희망의 담지자이기도 한 이중적인 존재이다. 이를테면 지난 2002년 한·일 월드컵 당시 전국을 붉은 물결로 뒤덮은 군중들, 미군 장갑차에 치어 숨진 두 여학생을 추모하는 대중들, 그리고 보수 세력의 대통령 탄핵에 맞서 촛불을 들고 자발적으로 광화문을 비롯해서 전국의 광장을 가득 메운 대중들의 출현은 아주 비근한 예이다. 1987년 6월 항쟁 이후, 갑자기 들이닥친 현실 사회주의의 붕괴 그리고 신자유주의의 외피를 두른 전지구적 자본주의의 공세에 밀려 역사 속으로 사라져 버린 것으로 생각했던 군중이, 우민화 정책의 고전적인 수법의 하나로 간주됐던 스포츠를 통해서 다시 역사의 전면에 등장했다는 것은 참으로 역설적이다. 이와 같이 대중은 지배 이데올로기와 상업적 대중문화에 의해 '호명'된 존재이지만 그와 동시에 역사를 움직여 나가는 주체이기도 하다.

또한 최근에는 대중은 구체적인 실체라기보다는 비실체적인 실체 이른바, 현대인들에게 내재된 다양한 실존적 양상들로 해석하는 새로운 관점이 제시되고 있기도 하다. 말하자면 대중문화 '문화적 대기권' 속에서 자유로울 수 없는 동시대인들은 자신의 주체적 의지나 사회적 지위 등에 상관없이 관객으로 시청자로 때로는 대중소설 독자로 삶의 다양한 양상을 띠며 살아갈 수밖에 없고, 따라서 대중이란 실체가 아닌 우리들의 삶의 국면에서 나타나는 가변적인 현상이라는 주장이 바로 그러하다. 대중문학이 독자들의 환상과 욕망의 충족을 위해 판매되는 상품이라는 대중소설의 본질에 대해 간과하지 않으면서도 독자를 지배 이데올로기에 놀아나는 우중으로 간주하지 않는 좀 더 열린, 그리고 섬세하고 복합적인 관점이 요구되는 것은 바로 이러한 이유에서이다.

이와 관련하여 대중문학을 포함한 일체의 대중예술을 자기 표현의 수단을 지니지 못한 대중들의 저항으로 읽어 내는 윌리엄스 식의 독법이나 독자(소비자)들의 자발성과 능동성을 강조하여 결과적으로 상업주의 문화에 대한 옹호로 귀결되는 '능동적 소비자론' 등에 무조건 동의할 필요도 없지만, 기왕의 관성에 떠밀려 독자를 어리석은 대중으로 간주하는 것 또한 경계해야 한다. 그들은 자기 나름의 판단 기준을 가지고 작품들을 선택하고 있으며 작품 속의 환상과 실제의 현실을 혼동하지 않을 만큼 영악한 현실적 존재라는 상식적인 사실에 주목해야 할 필요가 있다. 그렇다면 필시 대중소설 독자와 상당부분 겹칠, 아니 독자이자 대중이기도 할 그들과 대중문학이 이루는 관계는 어떠하며, 그것은 어떤 의미를 띠고 있는가. 과연 독자대중은 기왕의 주장대로 대중문학의 보수적이고 타락한 이념에 의해서만 호명되는 주체적 판단 능력을 상실한 '깡통'과도 같은 존재이며 예속된 무리들에 지나지 않는 것인가.

기실 독서를 통해서 매개되는 독자와 대중문학의 관계는 대단히 복잡하고 중층적이다. 대중문학은 출판자본과 시장의 논리에 지배되며, 독자들의 주체적 의지와는 상관없이 강요되거나 주어지는 일종의 문화상품이라는 것은 주지의 사실이다. 자기 표현 수단을 갖지 못한 독자들은 여기에 의지해서 자신의 환상과 욕망을 충족시킬 수밖에 없다. 그런데 현상적으로는 독자들이 현실에서 이루지 못한 욕망이나 꿈을 문화상품의 자발적 선택을 통해서 해소하는 것처럼 보이지만, 실제로는 그들의 욕망이 이 상품에 의해 선택 당하고 복제된다는 점이다. 요컨대 이들 문화상품이 대중들의 욕망을 부추기고, 유혹하면서 또 다른 독서에의 욕망을 만들어 내고 판매하는 것이다.[3]

그러나 대중문학과 독자가 이루는 관계를 다양한 층위에서 살펴보지 못하면, 이 모든 과정은 은폐되고 마치 독자들이 욕망의 해소를 위해서 대중문학을 구입하고 소비(독서)하는 것만 보이게 된다. 이와 같이 독자들(의 욕망)이 자본의 논리에 지배되고 있다는 것은 틀림없는 사실이지만, 역설적이게도 상품으로서의 대중문학은 독자의 선택을 받아야만 비로소 자기의 존재를 실현할 수 있는 아주 허약한 존재들이기도 하다. 『장한몽』, 『무정』, 『찔레꽃』, 『자유부인』, 『청춘극장』, 『별들의 고향』, 『겨울여자』, 『인간시장』, 『무궁화 꽃이 피었습니다』, 『동의보감』, 『아버지』, 『퇴마록』, 『드래곤라자』, 『묵향』 등 우리 문학사에서 명멸했던 수많은 베스트셀러들은 바로 이를 입증하는 예이다. 도서시장에 헤아릴 수도 없이 쏟아져 나오고 있는 수천 수만 종의 상품들 가운데서 선택받아 살아남은 극소수의 작품들, 그것이 바로 베스트셀러인 것이다. 이와 같이 독자와 대중문학과의 관계는 기왕의 주장처럼 작품이 독자(대중)에게 일방적으로 영향력을 행사하는 것이 아니라 서로가 서로를 옭아매는 상호종속적이고 순환적인 복잡한 관계를 이루고 있다. 이런 상호 종속성 또한 대중문학의 중요한 특징이라 할 수 있다.

3. 한국의 대중문학은 어떻게 전개되어 왔는가

대중문학은 시민계급의 성장, 인쇄술의 발달, 상업적 저널리즘의 등장, 대중교육의 확산 등 근대사회의 개막과 함께 시작된 근대문학의 쌍생아라 할 수 있다. 근대계몽기를 대표하는 서사문학인 신소설은 이러한 근대문학사의 면모를 잘 드러내고 있는 전형적인 사례이다.

---

3) 조성면, 「대중문학, 전망없는 현실세계에 대한 대중들의 심미적 저항」, 『한비광, 김전일과 프로도를 만나다―장르문학과 문화비평』, 일송미디어, 2006, 20~21면.

신소설은 구소설과 근대소설 사이에 낀 과도적 서사문학인 동시에 계몽주의적인 측면과 상업주의적인 측면이 동서(同棲)하는 미성숙한 근대문학이라 할 수 있는바, 『만세보』에 연재되다 단행본으로 출판되어 공전의 히트를 치면서 신소설시대를 연 이인직의 『혈의 누』는 좋은 예다. 당시로서는 획기적이라고 할 만큼 혁신적인 개화사상을 담은 이 소설은, 표면에 나타난 강렬한 계몽주의적 메시지에도 불구하고 실제로는 대단히 통속적이었다는 점에서 미분화 상태에 놓여 있었던 근대문학의 본질적·역사적 성격을 압축적으로 드러내고 있는 작품이라 할 수 있다. 이런 점에서 볼 때 신파문학(新派文學)의 원조라 할 수 있는 번안소설 『장한몽』이 몇 년의 시차를 두고 등장하여 폭발적인 인기를 끈 것은 결코 우연한 현상이 아니다.

1910년대의 『장한몽』이 보여 주고 있듯이 대중소설은 사회적·계급적·민족적 갈등을 은폐하고 봉합하는 일종의 사회적 시멘트(social cement)처럼 작동하였는바, 여기서 『장한몽』이 연재됐던 『매일신보』가 대표적인 식민지배의 수단이었다는 점을 다시 한번 상기할 필요가 있다. 이처럼 '신문지법' 등의 온갖 규제와 정치적 검열을 통해서 제국주의 권력은 대중문학과 같은 대중문화를 통해서 일제에 저항하거나 현실을 비판하고 부정하는 미적 가능성을 차단하고 식민지배의 도구로 활용하고자 하는 의도를 가지고 있었다.

신소설이나 딱지본소설 등을 통해서 서서히 그 모습을 드러내기 시작하던 대중문학은 1920년대의 다양한 문학적 경험과 숙련의 과정을 거치면서 자본주의화가 더욱 가속화하고 출판 및 저널리즘의 상업적 이윤추구의 경향이 보다 뚜렷해지는 1930년대 중·후반기로 접어들면서 마침내 미증유의 전성기를 구가하기 시작하였다. 이광수의 『사랑』, 김말봉의 『찔레꽃』, 박계주의 『순애보』, 이태준의 『청춘무성』, 방인근의 『방랑의 가인』, 김남천의 『사랑의 수족관』, 함대훈의 『순정해협』 등에서 나타나는 저 유명한 단절기법, 삼각 관계, 해피엔딩, 권선징악 등 대중소설 특유의 서사문법으로 무장한 각종의 연애 이야기들을 비롯하여, 이광수의 『단종애사』라든지 김동인의 『운현궁의 봄』 그리고 박종화의 『금삼의 피』와 현진건의 『무영탑』 등의 역사소설들, 그밖에 김내성[4]의 『마인』 등과 같은 추리소설들이 이 시기의 대중들을 사로잡은 베스트 셀러들이다.

　한편 일제에 의한 극도의 억압은 본격문학과 대중문학에 많은 부정적인 영향을 주게 되었거니와, 특히 대다수의 대중문학이 현실과는 격절된 채 흥미위주로 전개되는 역사소설류나 남녀간의 로맨스를 다루는 연애소설이 주류를 이루고 있는 것은 단적인 예이다. 요즘에 이르러 이 같은 왜곡된 구도가 많이 시정되어 대중문학의 다변화가 이루어지고 있긴 하지만, 1990년대 초반만 하더라도 추리소설 · SF · 판타지 등은 토착화와 상업화에 실패한 대표적인 장르들로 간주되어 왔다. 그 이유는 아직까지도 건재한 유교적 전통, 계몽주의, 리얼리즘문학의 강세, 유명 서양 대중소설의 유입 등을 꼽을 수 있다.

　민족사의 간절한 염원이었던 해방을 맞이하긴 했지만, 이와 같은 한국 대중문학의 왜곡된 관성과 체질은 크게 달라지지 않았다. 극심한 이념적 대립과 미군정의 통치 그리고 6 · 25전쟁과 미국 대중문화의 유입은 1950~60년대 한국 대중문학의 외연을 규정하는 결정적인 요인들이었다. 이 시기의 대중문학은 친미 반공 이데올로기의 득세, 미국식 자유주의의 물결과 대중문화의 영향을 받게 되는데, 전후의 이 같은 사정을 잘 반영하고 있는 작품이 바로 정비석의 『자유부인』과 김내성의 『청춘극장』이다. 이 같은 관성은 1960년대에 접어들어서도 그대로 이어졌으니 박계형의 『머물고 싶었던 순간들』 같은 대중소설 역시 이런 맥락에

---

4) 이 글에서는 '김내성'을 '김래성'이 아닌 '김내성'으로 표기할 것이다. 과서 성(姓)과 명(名)을 띄어쓰던 시대에는 '래(來)'를 '내'로 표기하였다. 그러나 성과 명을 붙여 쓰게 되면서 김내성을 '김래성'으로 표기해야 하는 혼란스런 상황이 생겨나게 되었다. 이에 필자는 기왕의 관행에 따라서, 그리고 발음상의 편의를 고려하여 계속 '김내성'으로 표기하고자 한다.

서 크게 벗어나지 않는다. 다만 1960년대 대중문학에 특기할 만한 사항
은 화교사회를 통해서 무협소설이 유입, 웨이츠원(蔚遲文)의 『검해고홍』
을 번역한 김광주의 『정협지』가 선풍적인 인기를 끌면서 무협소설이
대중문학의 주류 장르로 자리잡게 되었다는 점이다.

　대체로 연애소설이 여성을 주요 독자로 삼고 있는 여성적 장르(?)라
면, 무협소설은 주로 남성 독자를 겨냥하고 있는 남성적 장르(?)라고 할
수 있다. 예컨대 고수들 간의 박진감 넘치는 격투, 미모의 여성과의 로
맨스, 의협의 정신과 의리 등과 같은 무협소설의 내용과 형식은 이 같
은 판단을 뒷받침하는 근거들이다. 그런 무협소설이 남성들 사이에서
널리 읽히고 소비되는 것은 일차적으로 쉽고 재미있기 때문이지만, 무
협물들이 등장하고 선풍적인 인기를 끈 시기가 시민들의 자유와 권리
가 극도로 억압되던 군부독재시절과 일치하고 있다는 사실은 단순한
우연으로 간주하기에는 너무나 공교롭다. 가령, 무협사의 서막을 연 『정
협지』가 번역된 1962년은 5·16군사쿠데타가 발발한 그 이듬해였으며,
무협소설의 중요한 전환점이 된 진융(金庸)의 『영웅문』 시리즈가 번역된
1986년 역시 군사 독재체제가 정점에 올라선 억압적인 시기였다는 사
실이 바로 그러하다. 뿐만 아니라 1995년에 발표된 좌백의 『대도오』는
신무협의 효시가 되는 작품으로 여기에는 종래의 무협물과는 달리 무
협의 이념인 '협과 의리' 등의 거대 명분과 이상이 사라지고 오로지 생
존을 위해 몸부림치는 왜소한 소시민적 남성 영웅이 그려져 있는바, 이
는 현실 사회주의의 붕괴와 거대 이념의 퇴조, 여권의 신장 그리고 욱
일승천하는 소비자본주의 등 새로운 역사적 현실과 묘한 대구를 이루
고 있다. 이와 같이 무협사의 주요 분기를 이루는 작품들은 동시대 사
회 현실과 묘한 대구를 이루며 크게 유행하였다.

　무협소설이 남성성의 과장과 왜곡을 바탕으로 장르적 생명력을 유지
해 나가는 남근주의적인 장르라면, 연애소설은 감정적 구원과 성적 판
타지를 서사의 근간으로 삼는 장르문학이다. 연애는 자유를 실천하는

장인 동시에 근대성이 복잡하게 작동하는 역사적인 현상이라는 점에 대한 조명이 최근에 와서 집중적으로 이루어졌지만, 장르문학으로서의 연애소설은 본질적으로 "남녀간의 사랑을 행동 발전의 중심축으로 하여 사건이 시작되고 종결되는 소설 일반을 가리킨다"는 김창식의 지적을 넘어서지 못한다.[5]

레이몬드 윌리엄즈에 따르면, 이상적인 장르 연애소설은 "아버지와 같은 보호, 어머니와 같은 보살핌 그리고 정열적인 어른의 사랑" 같은 "완벽한 삼각 만족을 제공해 주는" 여성들을 위한 판타지이다.[6] 여성들을 위해 대량 생산된 이 같은 할리퀸(Harlequin) 유(類)의 연애소설에 대해서 페미니스트들이나 연애소설 독자들이 인식을 공유하는 부분이 있는데, 그것은 바로 여성들의 삶이 만족스럽지 않다는 점이라고 한다.

그러나 국내에서 연애소설은 자극적인 성애장면 등에 대한 묘사나 이상적인 여성과의 낭만적 사랑을 제공해 주는 연애소설 또한 적지 않았다. 이른바 1970년대 산업화와 도시화 그리고 대중매체의 발전에 힘입어 초우량 베스트셀러가 된 최인호의『별들의 고향』이나 조선작의『영자의 전성시대』와 같은 호스테스 소설들이 바로 여기에 해당한다. 물론 이들 작품은 다른 한편에서 '통기타' · '청바지' · '생맥주' · '포크송' 등 동시대의 저항문화와 시대적인 분위기를 잘 반영해 내고 있다는 점에서 일방적으로 비판하고 매도할 수만 없는 복합적인 성격을 지니고 있다. 1970~80년대 개발독재 및 민주화운동시대의 대중문학 속에는 고도성장, 검열, 정치적 억압, 금욕주의 등과 같은 체제 순응적인 모습과 함께 저항적인 청년문화와 소비 향락주의적인 모습이 뒤엉켜 있기 때문이다. 이 시대의 연애소설과 무협소설들은 이 같은 역사적 상황과 대중문학의 양면적인 성격을 비대칭적이고 굴절된 방식으로 반영하고 있다. 이를테면 1970~80년대 문학의 특징은 변혁의 열망과 내적 망명 내지

---

5) 김창식, 「연애소설의 개념」,『대중문학을 넘어서』, 청동거울, 2000, 47면.
6) John Storey, 박만준 역,『문화 연구의 이론과 방법들』, 경문사, 2002, 67면.

위안의 형식으로의 도피가 착종된 이중적인 모습을 가지고 있다는 점인데, 이 시기의 대중문학은 바로 이와 같은 현실적 규정력으로부터 자유로울 수 없었다.

앞서 언급한 바와 같이 대개의 장르문학들이 베스트셀러의 목록에 이름을 올리며 대중적인 인기를 끌었던 것에 비해 토종 추리소설과 과학소설은 토착화와 상업화에 실패한 특이한 사례에 해당된다. 이해조의 『쌍옥적』에서 시작하여 박병호의 『혈가사』, 방정환의 『칠칠단의 비밀』, 채만식(서동산)의 『염마』, 김내성의 「타원형의 거울」·『마인』·『광상시인』·『사상의 장미』, 방인근의 『국보와 괴적』 등 한국 추리소설사는 나름대로 명맥을 이어가며 선전을 했지만 서양 탐정소설들의 압도적인 영향으로 인해 극히 일부의 작품을 제외하고 대중들의 기억 속에 남아 있지 못하다. 김내성 이후에는 한동안 잠잠했던 추리소설이 김성종이나 이상우 등에 의해 다시 그 맥이 이어졌으며 최근 10년여 사이에 구효서의 『비밀의 문』, 이인화의 『영원한 제국』과 『하비로』, 김탁환의 『방각본 살인사건』 등의 작품이 발표되어 일시적으로 대중적인 관심을 끌어 냈을 따름이다.

과학소설의 상황은 추리소설보다 훨씬 더 열악한 실정이다. 쥘 베른의 『해저 2만리』가 『태극학보』에 『해저여행기담』(1906)이란 제목으로 번역 소개된 이후, 이해조의 『철세계』(1907) 등이 그 뒤를 이었으며 방인근·신일용 등이 과학소설을 번역·소개한 바 있다. 또한 지금까지도 과학소설의 주요 소재인 로봇('robot'은 '노동하다'란 뜻을 지닌 체코어 'robota'에서 파생된 단어로 산업자본주의시대 노동자들에 대한 일종의 은유이다)을 처음으로 작품 속에서 등장시킨 카렐 차펙의 『롯섬 유니버설사(社)의 로봇(Rosum Universal's Robot)』을 보고 쓴 김우진의 연극 평론 등이 있었으나 1950년 이전까지 우리 문학사에서 과학소설은 한동안 적막강산이었다. 이후 1955년 안동민이 신태양사에서 제임스 힐튼(James Hilton)의 『잃어버린 지평선』을 번역했고, 그 이후부터 올더스 헉슬리(Aldous Huxley), H. G. 웰스(H. G.

Wells)의 작품이 번역되었다. 김내성이 『백가면』(1949)을 발표한 이후 한 동안 단절됐던 과학소설은 1960년대 김종안(후일 '문윤성'으로 개명)의 『완전사회』(1966)와 1970년대 서광운의 『4차원 전쟁』(1978) 등을 통해서 명맥을 잇고 있었다. 그러다가 1980년대로 접어들면서 복거일의 『비명을 찾아서』, 『파란 달 아래』, 『역사 속의 나그네』 등을 발표하면서 주목을 끌었고 1990년대 들어서 이성수의 『아틀란티스의 광시곡』, 『스핑크스의 저주』 등을 비롯해서 최근에는 듀나 이성수와 김호진 등의 신세대 작가들에 의해 빼어난 작품들이 연이어 발표되면서 일시적으로 문단 안팎의 관심을 끌고 있기는 하지만, 여전히 대중들의 호응이 그렇게 높은 편은 아니다. 한국에서 과학소설은 영화나 애니메이션에 비하면 대중적 호응도가 대단히 낮을 뿐만 아니라 일종의 게토(ghetto)문화, 또는 매니아 문학의 차원을 벗어나지 못하고 있는 상황이다.

이렇게 추리소설과 과학소설이 활성화하지 못한 것은 항간에서 떠도는 얘기들처럼 이들 장르가 G7과 같은 선진자본주의 국가에서나 가능한 장르이기보다는 여기에까지 작가들의 관심과 상상력이 확장될 만한 역사적 조건이 갖추어지지 못했으며 문화적 환경과 풍토가 적합하지 않았기 때문이었는지 모른다. 다른 말로 이는 한국문학(사)을 지탱해 온 이념적·심미적·윤리적 근거였던 현실주의 문학의 영향력과 권위가 그만큼 압도적이었다는 뜻도 된다.

그밖에 『반지의 제왕』, 『해리 포터』, 『퇴마록』, 『드래곤라자』 등과 같은 장르 판타지들이 등장하여 온·오프라인을 석권하며 엄청난 인기를 끌었으며, 이모티콘(emoticon)과 외계어 등을 적극적으로 활용한 인터넷소설 또한 일시적으로 10~20대 청소년들을 사이에서 선풍적인 유행을 만들어 내기도 했다. 기술결정론적인 관점일지는 모르겠으나 이와 같은 장르문학들이 폭발적인 인기를 끌도록 만든 중심에 문화자본들의 상업주의 전략 외에도 인터넷과 같은 디지털 기술과 멀티미디어의 발전이 결정적인 역할을 했다는 점을 부인할 수 없을 것이다.

4. 대중문학 연구는 어디에 있어야 하는가

지금까지 대중문학에 대한 논의는 주로 경제적이고 이데올로기적이며 윤리적인 차원의 분석에 집중되어 있었다. 이를테면 대중문학은 이윤 추구를 목적으로 한 상업주의 문학이며 독자들을 지배 이데올로기에 순종하는 존재로 만드는 일종의 이데올로기적 국가기구(ideological state apparatuses)라는 것, 그리고 대중들의 저급한 욕망을 자극하며 정신적 도피주의를 조장하는 비도덕적 통속문학이라는 주장들이 바로 그러하다. 물론 이러한 주장은 그 나름대로의 정확성과 정당성을 가지고 있는 관점이지만, 대중문학에 대한 연구는 사실 이보다는 훨씬 더 정교하고 섬세한 독법을 요구한다. 왜냐하면 대중문학은 그 자체가 대단히 중층적인 대상으로 정치적·경제적·윤리적 층위 이외에도, 문화적·심미적·학술적 층위 등 다양한 층위와 복합적인 성격을 지니고 있기 때문이다.

그럼에도 이제까지의 대중문학론은 주로 대중사회론이나 비판이론(문화산업)론 등에 근거하여 대중문학의 저급함, 부정적인 측면, 이데올로기적인 효과 등에 집중하는 이론적 편향에서 벗어나지 못하고 있는 것 또한 사실이었다. 그럴 수밖에 없는 것이 대중문화로서의 대중문학은 분명히 우리의 문화적 경험을 균질화와 획일화하는 측면이 있으며, 어떤 경우에는 우리의 현실 인식에 어느 정도 영향을 줄 수도 있다. 수많은 대중들을 대상으로 하고 있어서 순식간에 기하급수적으로 전파되는 등 그것의 문단적·이데올로기적·상업적 영향력과 파괴력이 실로 가공할 정도이기 때문이다. 좀 과장하자면, 이런 이유로 인해 출판자본이든 문단권력이든 국가권력이든 간에 대중문학(문화)을 철저한 통제와 관리 체계 속에 가둬두고 싶어한다. 그리고 현실 속에서 그것은 각기 정교한 마케팅 전략으로, 혹독한 비평으로 또는 지독한 검열의 방식으로 나타나게 된다. 일제강점기의 원전자료들에서 목격하게 되는 숱한 복자들과 공백들 나아가 개발독재시대의 온갖 규제와 억압들은 구체적인 예를 일일이 열거하기 힘들 정도이다. 그리고 이 같은 검열은 원형의 감옥(pan-opicon)과 같은 효과(가령 수많은 죄수들을 한두 명의 인원으로 감사할 수 있는 원형의 감시탑의 체계와 규율에 길들여지면 죄수들은 간수가 없어도 스스로가 자신을 감시하게 되며, 그런 감옥의 존재는 감금된 자들보다 감금되지 않은 현실 속의 사람들에게 규율과 법률을 자연스럽게 내면화하도록 한다)를 만들어 내서 작가나 독자는 물론 출판업자들까지 효율적으로 감시하고 통제할 수 있게 된다.

이런 검열과 규율은 결국 작품의 상상력의 지평과 정치적 인식에 제약을 가하는 한편, 대중문학의 도식성과 향락주의를 더욱 강화하는 방식으로 나타나게 된다. 개발독재시대의 권력들이 한편으로 온갖 규제와 통제를 강화하면서도 다른 한편으로는 대중들의 현실 인식도 방해하고 불만의 배출구와 같은 역할을 하도록 퇴폐·향락문화를 은근히 묵인하고 조장하는 것은 아주 단적인 예이다.

여기에다 1970~80년대에 접어들면서부터는 문화에 대한 기업들의 영향력이 증대되고 시장이 커지면서 문화의 상업주의와 체제 내적 성격은 더욱 더 강해지게 된다. 권력과 시장에 민감한 대중문학은 이러한 측면에 더욱 더 큰 영향을 받게 된다. 그 결과가 바로 대중문학을 포함한 대중문화의 제도권화와 장르공식 혹은 장르도식의 강화이다.

우선 대중문학이 제도권문학이라는 주장은 무슨 뜻인가. 물론 이것은 민중문학과의 선명한 대비를 통해서, 그리고 오늘날의 문화가 대부분 소비중체들의 자발적인 생산과 향유가 아니라 자본을 매개로 한 전문가들에 의해서 조직적이고 직업적으로 만들어진다는 사실에 대한 환기를 통해서만 그 실체가 드러난다. 대중문학이 현실 속에서 여느 대중문화들처럼 체제 내적인 제도권 문화로서 대중들 위에 군림하고 압도적인 영향력을 행사하면서도 변혁을 지향하는 주체들이나 문화 엘리트들에게 또는 전문적인 학술담론의 세계에서 무시되고 외면당하는 이 모순되고 기묘한 상황은 바로 이런 사정에서 연유한다. 그럼에도 대중문학을 굴절되고 불구화한 '민중'문학으로 볼 수 있는 것은 대중적인 장르문학들의 대부분이 민중들에 의해 소비·향유되고 있기 때문이다.

그리고 대중문학의 장르공식 내지 도식이 항상 강화될 수밖에 없는 것은 어떠한 까닭에서인가. 형식주의 이론가 토로로프(T. Todorov)에 따르면, 대중문학은 철저하게 자기에게 주어진 장르공식과 문법을 준수해야 하는 존재이다. 왜냐하면 그 공식에서 이탈하는 순간, 그것은 전혀 다른 장르의 문학이 되어 버리기 때문이다. 그러나 이 같은 그의 판단은 매우 일면적이다. 대부분의 대중문학은 각기 하나의 텍스트만을 지닌 장르임이 분명하긴 하지만, 다른 한편에서 이 같은 장르 공식과 구조를 지속케 하는 힘은 바로 독자들의 무언의 '요구'와 출판업자들의 영업전략 때문일 수도 있다. 출판업자의 입장에서 '상품'의 출판은 영업이익을 만들어 내야 하는 사업인데, 모든 상품들이 이익을 만들어 낼 수는 없는 노릇이어서 최소한 손해를 보지 않을 대책을 강구해야 한다. 그런데 자본주의 체제하의 모든 상품들이 그러하듯이 상품들에게는 팔리느냐 폐기되느냐 하는 목숨을 건 절체절명의 위기와 비약의 순간이 존재한다. 도무지 예측할 수 없는 이 불확실한 시장의 상황에 능동적으로 대처하기 위해서 출판업자들은 유명작가의 작품 출판과 광고 등의 방법을 동원한다. 그러나 이것으로도 충분하다고 할 수 없다. 모든 출판물을 유명작가에게 의뢰할 수 있는 것도 아니고 설사 유명작가의 작품이라고 하더라도 잘 팔린다는 보장이 없기 때문이다. 그래서 고안된 방법의 하나가 바로 '연령 차별화 전략'이나 '철저한 장르화' 등인 것이다.

그렇게 해도 모든 대중문학 작품들은 언제나 장르공식에서 이탈하지 않으면서도 새로운 내용과 전혀 이야기를 끝없이 만들어 내야 하는 곤경에 직면하게 된다. 즉 새롭고 재미있는 다른 이야기이되, 전혀 낯설지 않고 어렵지 않은 내용을 만들어 내야 하기 때문이다. 대중문학이 전혀 같지도 않으면서 또한 아주 다르지도 않는, 또는 천편일률적인 구조와 공식성에도 무엇인가 새로운 내용들을 끝없이 반복하게 되는 것은 이런 이유에서이다.

다시 한번 강조하지만 대중문학은 과거와 같이 어떤 일방적인 관점이 아닌 열린 또는 복합적인 관점에서 섬세하게 읽어 내야 하는 지극히 복잡한 대상이다. 왜냐하면 대중문학은 '지배와 저항의 면모'를 지닌 양면적 존재이기 때문이다. 지금까지 검토해 왔듯이 대중문학은 자본의 논리와 지배 이데올로기가 작동되는 영역인 동시에 불평등하고 가혹한 현실에 대한 대중들의 불만과 저항이 발생하는(투영되는) 영역이다.

이와 같이 대중문학이 우리 일상생활문화에서 중요한 비중을 차지하고 있는 엄연한 실체이고 현실인 한 그것은 언제나 민족문학 담론의 끊임없는 '탐색'의 대상이자 '연대'의 대상으로서 적극 검토되어야 할 것이다.

탐정소설과 근대성

김내성의 『비밀의 문』을 중심으로

1. 문제제기 — 탐정소설, 또는 한국문학의 근대성을 바라보는 낯선 거울

이 글의 일차적인 관심의 대상은 김내성(金來成, 1909~1957)의 『비밀의 문』(1949)이다. 『비밀의 문』은 1935년에서 1949년 사이에 발표된 김내성의 탐정소설(detective fiction)[1]들을 가려 모은 소설선집이다. 여기에 수록된

---

1) 탐정소설(detective story 또는 fiction)을 가리키는 용어는 실로 다양하다. 흔히 추리소설로 번역되는 미스터리(mystery)를 위시하여 경찰소설(roman policier) 등 나라에 따라, 그리고 탐정소설의 어떤 측면을 강조하느냐에 따라 그 명칭이 다르다. 대개 작품에서 누가 어떻게 범행을 저질렀는가와 작품상의 논리적 추론 과정을 중시하는 경우에는 후더니트 (whodunit, Who done it의 약어 — 필자)이라는 용어를, 신비적이고 초자연적이며 불가해한 사건을 다루는 경우에는 미스터리란 용어를, 홈즈나 에르큘 포와로와 같은 명탐정들, 즉 작품의 중심인물에 주목하는 경우에는 탐정소설이라는 용어를 쓰는 것이 일반적이다. 그리고 논자에 따라서는 미스터리 곧 추리소설을 가장 큰 개념으로 설정해 두고 탐정소설·경찰소설·스파이소설·하드보일드 등을 여기에 포함되는 하위장르로 보는 경우도

단편들은 1939년 연간에 『조선일보』에 연재되어 엄청난 인기를 끈 바 있는 장편 『마인(魔人)』과 함께 김내성의 대표작들이라 할 수 있다. 그러나 그의 소설은 탐정소설이란 상업주의 소설 내지 오락소설에 불과한 것이라는 문학 연구자들의 부정적인 인식으로 인해 그 동안 별다른 주목을 받지 못했다. 문학 연구가 인간의 삶과 역사의 중요한 국면들을 다루고 있는 작품들에 주목하는 것은 지극히 온당한 태도이지만, 다른 한편에서 그것은 우리 문학사의 총체적인 모습과 구체적인 실상을 놓쳐 버릴 위험성을 안고 있다. 그래서 이 글에서는 문학 연구(혹은 문학사)가 단지 천재적인 작가들과 걸작에 대한 주석 내지 연대기만은 아

한국추리문학의 개척자 金來成의 대표 단편선 !

▲ 단편집 『비밀의 문』은 1949년, 1964년에 출판되었다. 사진은 1994년 명지사에서 재출판된 작품집의 표지이다.

니라는 반성적 인식하에 탐정소설이란 무엇이며 그것은 또한 어떤 소설인가 하는 의문을 김내성의 『비밀의 문』을 통해서 풀어보고자 하는 것이다.

탐정소설은 인류가 발명해 낸 이야기들 가운데서 가장 재미있으면서도 대중적인 인기를 누리고 있는 이야기 방식(plot)의 하나이다. 그래서 탐정소설은 남녀노소와 지위고하를 막론하고 누구나 한번쯤 읽어 보게 되는 소설이다. 심지어 탐정소설을 전혀 읽어 보지 않은 사람이라 할지라도 그는 이미 드라마나 영화를 통해서 그것을 경험했거나 또는 그러한 이야기에 노출되어 있다. 탐정하면 우리 기억의 표면 위에 떠오르는 무수한 인물들 — 가령 셔얼록 홈즈(Sherlock Holmes)에서 시작하여 에르큘

있다. 이처럼 탐정소설은 논자와 국가에 따라 다양한 명칭으로 불리어지고 있으나 아직까지 용어에 관한 이렇다 할 연구 성과가 없는 실정이다. 그래서 이 글에서는 편의상 가장 대중적으로 널리 사용되고 있는 탐정소설이란 용어를 사용하고자 한다. 기타 용어에 관한 사항은 Boileau-Narcejac, *Le roman policier*, preases Universaitaires de France, 1978, pp.5~6과 Martin Priestman, *Detective Fiction and Literature*, Macmillan Press, 1990의 서문을 참조.

▲ 김전일에 의해 범인과 그 트릭이 밝혀지는 순간. 『소년탐정김전일』은 국내에서도 애장판이 출판될 정도로 두터운 독자층을 확보하고 있다.

포와로(Hercule Poirot), 미스 마플(Miss Jane Marple), 브라운 신부(Father Brown), 엘러리 퀸(Ellery Queen), 형사 콜롬보, 제임스 본드(James Bond), 그리고 만화의 주인공 가제트(Gazet)와 김전일²⁾에 이르기까지 — 이 있다. 이것은 무엇을 의미하는가. 이는 그만큼 탐정물들이 현대인들의 독서 경험 내지 문화생활의 중요한 국면을 이루고 있음을 입증하는 것이다. 사정이 이러함에도 불구하고 국문학 연구에서 탐정소설은 실로 오랫동안 무관심의 영역 속에 방치되어 왔다. 물론 그 이유는 자명하다. 이미 외국의 유명작가들에 의해 모범적인 탐정소설이 널리 유포되어 있는 상황에서 국내작가들이 이에 견줄 만한 좋은 작품을 생산해 내지 못했으며, 사립탐정을 제도적으로 인정하지 않는 우리의 사법제도가 독자들로 하여금 탐정의 존재를 리얼리티로서 받아들이기 어렵게 만들었고, 그로 인해 모든 독서 행위에 있어서 필수적인 문학관습(convention)³⁾이 형성되기 용이하지 않았던 것이다. 연구자들이 탐정소설을 이식에 실패한 상업주의 소설쯤으로 여기고 이를 도외시하게 된 것은 아마 이 같은 이유에서였을 것이다.

▲ 현대 탐정의 대명사인 셔얼록 홈즈의 이 같은 모습은 삽화가 시드니 파젯(1860~1908)에 의해 창조된 것이다.

▲ 『소년탐정김전일』 애장판 표지

탐정소설은 분명 대중적인 오락소설이다. 그러므로 시간을 때우기 위한 또는 즐거움을 위한 오락물에서 본격문학과 같이 삶의 의미 있는

---

2) 김전일(金田一)은 후미야 사토의 만화 주인공으로 긴다이치 하지메(金田一一)의 번역명이다. 『주간 소년 매거진』에 연재되어 폭발적인 인기를 누린 이 만화는 우리의 청소년 만화잡지인 『아이큐 점프』에 번역·소개되어 절찬리에 연재된 바 있다.
3) 문학관습이란 독자와 작가 사이에서 체결되는 신사협정이며, 독자들의 독서와 감정이입을 가능하게 만들어주는 일종의 보이지 않는 손(invisible hands)과 같은 것이라 할 수 있다.

국면을 찾고자 한다든지 진지한 주제의식을 기대하기는 어렵다. 무엇보다 탐정소설 연구는 기왕의 문학 연구와는 다른 관점과 독법 ─ 예를 들면 최근의 대중문화 연구와 같은 ─ 을 가지고 보다 유연하게 접근해야 할 필요가 있으며, 더 나가서는 이와 관련된 주제나 의미를 적극적으로 개발하거나 발견할 필요가 있다. 이 글에서는 이러한 점에 각별히 주목하면서 탐정소설의 서사적 특징은 무엇이며, 탐정소설이라는 낯선 거울을 통해서 한국 근대문학의 근대성(modernity)[4] 문제를 아울러 검토해 보고자 한다. 김전일에 의해 범인과 그 트릭이 밝혀지는 순간, 『소년탐정 김전일』은 국내에서도 애장판이 출판될 정도로 두터운 독자층을 확보하고 있다. 현대 탐정의 대명사인 셔얼록 홈즈의 이 같은 모습은 삽화가 시드니 파젯(1860~1908)에 의해 창조된 것이다.

2. 한국 근대 탐정소설의 기원과 전개

탐정소설이 어떠한 경로를 거쳐서 어떻게 발전하여 왔는지에 대해서는 아직까지 분명하게 밝혀져 있지 못한 형편이다. 그러나 탐정소설을 발견─탐색의 모티프 또는 수수께끼 풀이의 모티프에서 찾는다면, 그 기원과 역사는 상당한 시기까지 소급될 수 있을 듯하다. 일찍이 김내성

---

4) 근대성(modernity)이라는 용어의 의미와 쓰임새는 아주 이질적이고 다양해서 명확하게 규정짓기는 어렵다. 모더니즘의 미적 특징을 지칭하는 미적 개념으로서의 근대성이 있을 수 있고, 나아가서 정치적·경제적·역사적 근대성이 있을 수도 있기 때문이다. 여기서는 근대성을 르네상스, 산업혁명, 시민혁명, 계몽주의 이후 세계사적으로 진행되어 온 근대화 과정의 인식론적·역사적 특징을 지칭하는 포괄적 개념으로서, 또는 전통적 미의식 내지 미적 구성 원리와 뚜렷한 차이를 보이는 동시대의 미적인 특징들을 지칭하는 정도의 의미로서 사용하고자 한다. 여기에 대해서는 3, 4, 5장에서 상론하게 될 것이다.

도 탐정소설의 기원을 솔로몬왕의 재판이야기, 주몽설화, 암행어사 설화 등에서 찾아보자는 주목할 만한 견해를 제시한 바 있다.[5] 이렇게 본다면 탐정소설은 수수께끼 모티프와 발견-탐색형의 민담에서 발원해서 『박문수전』·『장화홍련전』·『황새결송』·『서동지전』·『까치전』 등의 송사소설(訟事小說)[6]로 발전했고, 이 같은 고전소설의 전통이 애국계몽기의 공안소설(公案小說)[7]을 거친 다음, 서양의 탐정소설과 결합되면서 오늘날과 같은 형태를 갖추게 되었다고 보아야 할 것이다.

그러나 발견-탐색형의 민담과 송사소설 그리고 오늘날의 탐정소설 사이에서 분명한 형태적·구조적 유사성을 찾을 수는 있겠지만, 이것은 어디까지나 기존의 문학사적 문법에 의거해서 그려진 추상화일 따름이다. 어떤 측면에서 그것들은 탐정소설의 아버지였다기보다는 차라리 작은 아버지들 또는 오촌당숙 정도의 혈통적 유사성만을 가지고 있다가 유산분배 문제로 어느 날 갑자기 우리들의 앞에 등장한 낯선 친족들일지도 모른다. 다만 모든 문학 작품의 지도를 항상 그런 식으로 그려왔던—해석해야 했던—국문학 연구의 관행과 에피스테메(épistémè)[8]가 우

---

5) 여기에 대해서는 김내성, 「탐정소설론」, 『새벽』(1956.5)을 참조.
6) 송사소설이란 송사 모티프가 소설 작품 전반의 구성을 주도하는 소설, 즉 송사사건의 발생과 해결이 소설 작품의 발단과 결말에 대응되는 구조를 지니고 전개되는 고전소설을 일컫는 용어이다. 기타 송사소설의 개념과 작품에 대해서는 이헌홍, 『한국 송사소설 연구』, 삼화당, 1997, 27면을 참조할 것.
7) 공안(公案)이란 명칭에는 두 가지의 뜻이 담겨 있는데 하나는 진리를 깨닫기 위한 수행의 한 방편으로서 불가(佛家)의 1,700개의 화두(話頭)를 의미하며, 다른 하나는 재판사건의 과정과 내용을 기록·보관한 문서에서 유래된 말로 공부지안독(公府之案牘)의 준말이다. 여기서 공안소설이란 후자, 곧 소송사건과 관련된 이야기를 다룬 법정소설, 재판소설, 범죄소설 등의 의미를 지닌다고 할 수 있다. 여기에서 대해서는 이헌홍, 위의 책, 23~24면을 참조.
8) 미셸 푸코(M. Foucault)에 의하면 에피스테메란 각 시대의 사유를 지배하는 사유문법(思惟文法)으로 개별적인 사유들을 가능하게 하는 보이지 않는 큰 사유틀을 말한다. 예컨대 우리가 바둑과 장기를 즐길 수 있는 것은 그 놀이의 규칙이 존재하기 때문에 가능한 것이다. 놀이를 가능하게 하는 그러한 규칙의 논리를 에피스테메라고 한다. 미셸 푸코, 이정우 역, 『지식의 고고학』, 민음사, 1992, 266면.

리들로 하여 그것을 자연스러운 것처럼 보이게 하고 있을 뿐이다. 예컨대 수수께끼 풀이형 민담과 애국계몽기의 공안소설이 현대의 탐정소설과 어떤 연관성을 맺고 있음은 부인할 수 없겠으나 탐정소설의 직계조상으로 보일 수 있는 토착적이고 자생적인 이야기들도 실제로는 탐정소설이라고 하는 근대적인 장르의식 속에서 사후적으로 발견된 것일 수도 있다는 점이 우선적으로 고려되어야 하며, 아울러 항상 모든 것을 전통과의 관련 속에서 해명하고자 하는 사유에 익숙해져 있거나 이를 학습해 온 우리들의 사고가 탐정소설을 이렇게 해석하게 영향을 미쳤을지도 모른다는 것이다. 또한 문학 작품의 기원과 형성 문제를 다루는 데 있어서 우리가 흔하게 범할 수 있는 오류는 위에서 아래로, 과거에서 현재로 내려오는 사유와 서술에는 익숙해져 있으면서도 그것이 실상은 아래에서 위로, 현재에서 과거로 거슬러 올라간 상향적 사유라는 점을 간과하고 있거나 이 같은 사실이 은폐되어 있다는 점이다. 그러므로 기원 문제를 다룰 때 먼저 전제되어야 할 것은 이런 쌍방향의 사유를 통한 고찰이 이루어져야 할 것이다.

실제로 우리와 다른 사유 체계를 지닌 서구의 이론가들의 경우에 있어서 탐정소설을 족보와 가계가 분명한 유서 깊은 문학으로 해석하기보다는 근대 시민사회의 시작과 함께 평지돌출한 신흥문벌, 곧 에드가 앨런 포우(E. A. Poe)라고 하는 걸출한 천재에 의한 발명품으로 보는 시각이 압도적으로 우세하다.9) 예컨대 탐정소설의 효시로 떠받들어지는 포우의 「모르그가의 살인사건(Murders in the Rue Morgue)」(1841)의 존재가 바로 그러하다. 이 괴팍한 천재에 의한 새로운 발명품이 미국에서 영국으로 건너가 코난 도일(Conan Doyle)의 손을 거치면서 셔얼록 홈즈(Sherlock Holmes)라는 대중적인 인기스타를 만들어 냈고, 이것이 다시 도버해협을 건너가서는 괴도 루팡(Rupin)으로 발전하였다. 이후 탐정소설은 비약적으로 발전하여

---

9) Martin Priestman, "Detective Fiction and Scandal", *Detective Fiction and Literature*, Macmillan Press, 1990, pp.4~5.

아가사 크리스티(Agatha Cristie), 체스터튼(G. K. Chesterton), 엘러리 퀸(E. Queen), 도로시 세이어즈(Dorothy Sayers)와 같은 걸출한 추리소설 작가들을 탄생시켰으며, 1~2차 세계대전을 거치면서 이언 플레밍(Ian Flemming)의 007시리즈와 같은 국제적 규모의 스파이 소설(roman d'espionnage)로 발전하였고, 드디어 반 다인(S. S. Van Dine)과 대쉬엘 하메트(Dashiell Hammett) 등과 같은 작가들에 의해 흔히 비정파로 번역되는 하드 보일드(hard-boiled) 내지 갱스터형 탐정소설로 변형·발전되기에 이르렀던 것이다.[10)]

그러면 우리의 근대 탐정소설은 언제 어떤 모습으로 어떻게 등장하게 되었는가. 우리의 경우에는 송사소설과 번역·번안 탐정소설이 서로 겹쳐 있다가 소파 방정환의 「동생을 찾으러」와 「칠칠단의 비밀」 등의 소년(탐정)소설의 연재가 시작된 1920년대 중반부터 비로소 순수한 창작 탐정소설의 시대가 개막된 것으로 보인다.[11)] 추리소설가 이상우는 근대적인 탐정소설이 시작된 시기를 김내성의 「타원형의 거울」이 발표된 1935년과 이해조의 『구의산』이 발표된 1912년을 함께 고려한 절충설을 조심스레 제안한 바 있다.[12)] 그가 한국 근대 탐정소설이 시작된 시기를 분명하게 밝히지 못한 이유는 첫째 과연 애국계몽기시대의 신소설을 근대소설로 볼 수 있을 것인가 하는 문제를 해결할 수 없었기 때문이고, 둘째 오늘날의 탐정소설처럼 형태적 완결성을 지닌 작품이 발표된 것은 채만식(蔡萬植)이 서동산(徐東山)이라는 필명으로 『염마(艶魔)』[13)]를 발표한 1934년부터인데 이후 채만식은 탐정소설을 전혀 발표하지 않았고, 그 이듬해인 1935년부터 한국 근대 탐정소설의 대표자라 할 수 있는 김내

---

10) Bruce Merry, "Dorothy Sayers : Mystery and Demystification", Bernard Benstock ed., *Essays on Detective Fiction*, The Macmillan Press, 1983, pp.18~32; James Naremore, "Dashiell Hammett and the poetics of Hard-Boiled Detection", pp.49~72.

11) 방정환은 이 시기에 북극성(北極星)이라는 필명으로 「동생을 찾으러」(『어린이』, 1925.2~7)와 「칠칠단의 비밀」(『어린이』, 1926.4~1927.11·12월 합호)을 집중적으로 창작·발표한 바 있다.

12) 이상우, 앞의 책, 152~153면.

13) 서동산(채만식), 『염마』(총124회 연재), 『조선일보』, 1934.5.16~11.5.

성의 작품들이 연이어 창작·발표되기 시작[14]했기 때문에 한국 근대 탐정소설이 시작된 시기를 분명하게 제시할 수 없었을 것이다. 그와 같은 사정을 전혀 이해할 수 없는 것은 아니로되, 탐정소설을 바라보는 그의 시각이나 실증적인 차원의 작업은 너무나 소박하다. 『구의산』(1912)을 발표하기에 앞서 이미 이해조는 '정탐소설'이라는 이름을 붙인 『쌍옥적(雙玉笛)』(1911)[15]을 발표한 바 있었으며, 같은 해 국적 불명의 탐정소설 『지환당(指環黨)』이 번역·출판되고 있었던 것이다.[16] 이런 점에서 보자면 이해조의 『쌍옥적』이야말로 근대적 탐정소설의 효시가 되는 작품이라 할 만하다.[17]

보급서관에서 신작 단행본으로 출간된 『쌍옥적』의 작품경개는 대략 이러하다. 구한말, 탁지부로 거액의 돈을 운반하던 김주사가 경인선에서 돈가방을 잃는다. 이에 김주사는 기찰 잘하기로 소문난 정순검에게 사건을 의뢰한다. 정순검은 동료 김순검과 고소사란 여인의 도움을 받아 가며 범인을 추적하고, 그런 과정에서 김주사의 돈가방을 훔쳐간 범인이 장안을 떠들썩하게 하는 '쌍옥적(雙玉笛)'(이들은 2인조 도적으로 쌍 피리를 부는 특징이 있다)임을 밝혀낸다. 범인을 추적하는 과정에서 고소사는 쌍옥적에게 살해당하고 정순검과 김순검은 누명을 입고 투옥된다. 그러나 그들은 곧 그간의 공적이 참작되어 석방되고, 천신만고 끝에 결국 범인인 쌍옥적을 체포한다. 근대적 탐정의 선구라 할 수 있는 기찰순검의 활

---

14) 김내성이 탐정소설가로 등장한 시기는 1935년 3월 단편소설 「타원형의 거울」이 『프로필』이라는 일본의 추리소설 전문 잡지에 '신인소개'의 형식으로 발표되면서부터이다. 이후, 김내성은 1935년 12월 동지(同誌)에 「탐정소설가의 살인」이 입선으로 당선된다. 정혜영, 「근대를 향한 또 하나의 시선-김내성의 '살인예술가'를 중심으로」, 『한국 현대소설과 공간』, 한국현대소설학회 제27회 학술연구발표대회 발표문, 2006.6.10, 144면.

15) 『쌍옥적』을 탐정소설의 효시로 보는 선행 연구가 있어서 소개한다. 임성래, 「개화기의 추리소설 『쌍옥적』 연구」, 『추리소설이란 무엇인가』, 국학자료원, 1997, 139~159면.

16) 저자·역자 불명, 『지환당』, 보급서관, 1911.

17) 최원식, 「이해조 문학 연구」, 『한국근대소설사론』, 창작과비평사, 1986, 140면.

약을 그린 이 소설은 탐정소설로서는 그렇게 뛰어난 작품이라고 할 수
는 없다. 인과 관계가 취약한 작품 구성도 그렇지만, 권선징악이라는 구
소설의 문법에서 『쌍옥적』은 별로 자유로워 보이지 않기 때문이다. 게
다가 작품의 중간에 가서 이해조는 느닷없이, 정순검의 입을 빌려,

> 자식을 외국 보내여 문명한 공부를 식이는 것이 그다지 큰 죄란 말인가.
> 그 사람네가 자식들을 외국 보낼 그 때는 관비생이나 사비생이나 웬 세상
> 모다 보내도록 권ᄒᆞ였다네. 지금은 대역부도나지지 아니하게 여기나 보데마
> 는 이 다음 얼마 못 되야 그네들을 열등 인물로 대우하게 될는지 누가 알다
> 던가.18)

라고 하면서 일본 유학생을 체포하라는 정부(대한제국)의 명령을 신랄하
게 비난하고 있다. 봉건적 토착정권과 친일적 개화당에 대해 비판적 거
리를 유지하고 있었던 그간의 이해조의 태도에 비추어 보면, 이 같은
반정부—친일적 지향은 실로 놀라운 태도 변화이다.

　그러면 이해조의 이 같은 관점의 변화와 갑작스런 탐정소설—정확
히 말하자면 가정비극에 가까운 범죄소설—의 창작은 어떻게 해석해
야 하는가. 그 이유는 너무나 자명하다. 이를테면 그는 "백성을 국민으
로 전환시키는 계몽주의적 활동에서 있어 광범한 대중적 영향력을 가
진 소설을 개량"하고 이를 통해서 "봉건적 낙인이 깊숙이 밴 구소설을
국민주의에 입각한 새로운 소설로 개량함으로써"19) 자신의 계몽적 목
적의 달성을 암중모색하였던 것이다. 이런 그의 계몽의 기획은 1910년
국권을 상실한 직후, 곧 『쌍옥적』(1911)과 『봉선화(鳳仙花)』(1912), 『비파성
(琵琶聲)』(1912~13)에 이르러 급속히 타락·변질20)되는데, 이것을 그의 사

---

18) 이해조, 『쌍옥적』, 보급서관, 1911, 40면.
19) 최원식, 앞의 책, 177면.
20) 『봉선화』는 구소설에 가까운 신파조의 계모형 소설이며, 『비파성』은 일본인을 '내
　지인'이라고 지칭하는 등 친일적 경향이 강한 소설이다. 여기에 대해서는 최원식, 위
　의 책, 144~145면.

회적·계급적 기반이 근대적 "시민에 있지 않고 불평양반, 개화귀족에 있"[21]었기 때문이라고 해석한 임화의 관점은 실로 예리한 바 있다. 이렇게 본다면 근대적 국민국가의 건설과 같은 계몽의 기획의 내용이 위축·소멸되어 버리고 그 형식만이 앙상하게 남아 있었던 이해조가 탐정소설이라는 대중소설의 세계로 귀의하게 되는 것은 당연한 결과라고 할 수 있다.

탐정소설이 신소설, 번역·번안소설, 그리고 소년소설시대를 거쳐 비로소 온전한 자기의 목소리를 내기 시작한 것은 김내성이 등장하면서 부터이다. 「타원형의 거울」(1935) 이후 김내성은 「가상범인」(1937.2.13), 「광상시인」(1937.9), 「살인 예술가」(1938.3~5), 「백사도」(1938.8), 『마인』(1939.2.14~10.11), 「무마」(1939.3), 「시유리」(1939.7) 등의 작품을 잇달아 발표하는 한편, 모리스 르블랑(Maurice Leblanc)의 괴도 루팡 시리즈와 같은 서양의 탐정소설을 적극적으로 번역·소개하였다. 김내성의 등장으로 마침내 탐정소설의 창작이 절정기를 맞이하게 된 것이다. 그런데 한 가지 주목해야 할 사항은 이해조의 공안적 탐정소설과 김내성의 근대적 탐정소설이 등장하게 되는 시기이다. 하필이면 당시 문학의 이념과 외연을 규정해 왔던 계몽 이념의 급격한 퇴조와 탐정소설의 등장이 공교로운 일치를 이루고 있다는 점이다. 물론 이해조 시대의 계몽주의가 봉건유제로부터의 해방과 근대적 국민국가의 건설이라는 부르주아의 이념에 대응하는 것임에 비해 김내성 시대의 그것은 비록 근대주의의 한 연장이었을망정 봉건유제와 식민지적 자본주의로부터의 초월을 추구하는 탈근대적 계몽주의였다는 분명한 차이를 보여 주고 있다. 그럼에도 어쨌든 이는 탐정소설의 근대성 혹은 정체성 문제를 해명하는 데 있어서 매우 중요한 사항이다.

---

21) 임화, 「개설신문학사」, 『조선일보』, 1940.5.4.

3. 『비밀의 문』의 비밀―탐정소설의 역사철학적 성격과 서사적 구성 원리

시민계급의 서사시인 본격소설이 길이 시작되자마자 여행이 끝나버리는 형식이라면, 탐정소설은 갈 길이 정해져 있음으로 인해 여행이 불필요한 형식이다. 치밀하고 계획적인 범죄가 있고 이성의 힘으로 무장한 탐정이 있으며 결국 사건이 해결된다고 하는 탐정소설의 이 전형적인 공식[22]은 탐정소설의 여행이 여행을 위장한 가짜 여행임을 보여 주는 것이다. 루카치(G. Lukàcs)에 의하면 본래 소설은 총체성이 깨어지고 신이 떠나버린 역사철학적 상황―곧 근대―의 산물이다. 서사시의 시대가 영혼과 현실이 모순 없는 일체성을 이루고 있어서 삶의 본질에 대한 진지한 물음이 불필요한 시대임에 비해 소설의 시대는 삶에 총체성을 부여해 주던 신이 부재함으로 인해 소설은 하나의 개별적 사회 현상으로 약화되고, 언제나 총체성과 삶의 숨겨진 의미를 찾아내야 하는 고통스런 노력이 수반되어야 하는 시대이다.[23] 그럼에도 "오락적 읽을거리로서의 대중소설"[24]은 외면적으로는 소설의 특징을 보여 주고 있지만 우리가 처한 참된 고민과 고통스런 노력을 수반하지 않은 채 형식적인 완결성만을 갖게 되는, 즉 "길은 시작되었는데도 여행은 완결된 형식"[25]으로 나타나게 된다는 것이다. 그렇다면 정녕 탐정소설은 볼장 다 본 소설인가.

물론 그럴 수도 있고 그렇지 않을 수도 있다. 이미 갈 길이 주어져 있음으로 인해 탐정소설의 여행은 분명 허망한 여행이지만, 탐정소설을 읽는 독자들은 그 여행의 의미보다는 오히려 그곳에 어떠한 과정을 거

---

22) Julian Symons, *Bloody Murder,* 3th edition, Mysterious Press, 1993, pp.2~3.
23) 게오르그 루카치, 반성완 역, 『소설의 이론』, 심설당, 1985, 70~88면 참조.
24) 위의 책, 93면.
25) 위의 책, 94면.

쳐 도달하게 되는가에 흥미를 갖게 된다. 이 같은 탐정소설의 특징은 줄거리 전개 방식에서 잘 드러난다. 대개의 경우, 탐정소설에서는 범죄 (살인)가 이미 일어난 상태에서 시작된다. 이 불가해한 범죄는 독자들의 관심과 궁금증을 유발시키는 핵심 요건이 되고, 아울러 그것의 해명은 탐정소설적 여행의 궁극적 목표가 된다. 그러면 이런 인식을 바탕으로 하여 한국의 탐정소설, 특히 김내성의 『비밀의 문』은 어떠한가를 검토해 보기로 하자.

『비밀의 문』(1949)은 김내성의 두 번째 탐정소설 창작집이다. 그의 첫 번째 창작집은 『광상시인』(동방문화사, 1947)으로 「타원형의 거울」 이후에 창작된 6편의 단편소설을 모아놓은 작품이다. 이에 비해 『비밀의 문』에는 자신의 데뷔작인 「타원형의 거울」을 포함하여 탐정소설 창작을 중단하기까지의 작품이 망라되어 있다시피 하다. 이런 점에서 『비밀의 문』은 김내성의 탐정소설을 대표하는 작품집이라 할 수 있다. 이를테면 그것은 김내성 자신의 말과 같이 "이 한 권은 과거 15년 동안에 있어서의 나의 추리작가로서의 가장 작열된 정열이 한 곳에 결정(結晶)된 창작집"26)으로 데뷔작을 비롯해서 탐정소설 창작을 중단하기까지의 작품들이 한데 모여 있으며, 작품의 완성도나 수준과 관계없이 그의 작품 경향을 한눈에 파악할 수 있게 한다는 점이다. 이 가운데서도 단연 돋보이는 작품은 일본에서 발표된 「타원형의 거울」(1935)이다. 여기서 잠시 「타원형의 거울」의 작품 경개를 살펴보기로 하자.

① 경성(京城)에서 발간되는 탐정소설 잡지 『괴인(怪人)』의 편집자 백상몽은 다음과 같은 현상모집 광고를 게재한다.

② 현상모집 광고에 게재된 사건 경위는 이러하다. 1929년 5월 25일 오전 1시 25분 소설가 모현철(37세)의 아내 김나미(28세)가 1층의 침실에서 의문을 죽음을 당한다. 1층에는 사랑방과 침실, 그리고 하녀의 방과 화장실이 있으

---

26) 김내성, 「서(序)」, 『비밀의 문』, 명지사, 1994, 6면.

며 2층에는 남편 모현철의 서재와 이 집에서 기숙하고 있는 신진시인 유시영 (27세)의 방이 있다. 집은 외부인이 집 안에 들어올 수 없는 구조로 되어 있고, 하녀 두 명은 같은 방을 쓰고 있기 때문에 알리바이가 분명하다. 또한 2층으로 올라가는 계단이 하녀방에 붙어 있기 때문에 두 남자가 이들을 피해 그녀를 살해하기는 불가능하다. 유일한 단서는 "도대체 당신은 왜 나를 사랑하신 거지요? …… 왜 나를 …… 유선생 …… 나가줘요" 등과 같이 의미를 잘 알 수 없는 피해자의 말과 그녀를 살해한데 사용된 것으로 보이는 양말 한 짝과 커다란 거울이 하나 걸려 있었다는 것뿐이다.

③경찰의 조사결과 모현철과 유시영은 무혐의로 석방된다. 이듬해 12월 남편 모현철이 투신자살했고, 사건은 미결처리된다.

④이 사건으로 인해 항상 죄책감에 시달리던 유시영은 이 현상응모에 도전해 보기로 작정한다.

⑤외부범인설, 유시영 범인설, 하녀 범인설, 하녀 공범설, 모현철 단독범행설 가운데서 그는 모현철이 살인범이라는 심증을 갖고 작업에 착수한다. 그리고 그의 살인방법에 대해 고민한다. 마감일이 임박한 어느 날 우연히 그는 『장한몽』의 영화 촬영 장면을 보고 힌트를 얻는다.

⑥유시영의 추리는 다음과 같다. 자신과 김나미의 애정행각을 알고 있던 모현철이 김나미를 살해한다. 소설가 모현철이 용변을 핑계로 잠시 1층에 내려왔다가 아내 김나미(그녀는 전직이 배우였다)에게 희곡창작에 어려움을 느낀다며 희곡대본 쓰는 일에 도움을 청한다. 비극적 여주인공의 모습을 대사까지 곁들여서 연기해 달라고 부탁한다. 모현철은 아내 김나미가 "유선생 빨리 나가요, 빨리! 나가라는데 …… 호호호 어리석은 사람 ……"이라는 대사를 연기하는 대목에서 양말로 목을 졸라 그녀를 살해한다. 이를테면 『장한몽』의 영화감독처럼 모현철은 살인이라는 드라마를 연출한 살인감독이었던 것이다.

⑦유시영이 드디어 현상응모에서 당선되고, 자축을 겸한 술자리를 연다. 술자리가 무르익는 도중 하얗게 질린 그가 갑자기 자리를 박차고 뛰어나간다.

⑧그녀의 방에 걸려 있던 거울이 문제였다. 왜냐하면 그녀가 살해되기 전 날 아침 '결혼 1주년기념'이라고 쓰여 있던 그 거울은 이미 깨져 있었고, 집 안사람들 가운데서 거울이 깨져 있었다는 사실을 모르고 있던 사람은 당일 아침 일찍 외출했던 모현철뿐이었다. 그런데 현상응모 광고에는 '결혼 1주년

기념'이라 쓰여진 거울을 그린 그림이 버젓이 실려 있었던 것이다.

⑨ 유시영은 『괴인』의 편집자인 백상몽이 곧 모현철이라는 사실을 깨닫게 된다.

⑩ 유시영은 백상몽(모현철)에게 이 사실을 알리는 편지를 보내고, 백상몽은 유시영에게 장문의 답장을 남기고 자살한다.

토도로프(T. Todorov)에 따르면, 탐정소설에는 두 개의 이야기 층위가 존재한다고 한다. 하나는 어떤 일이 일어났는가(범죄가 일어난 것)에 관한 것이며, 다른 하나는 어떤 일이 일어날 것인가(범죄 사실의 탐색)에 관한 것이다. 이 중에서 중요한 것은 실제로 독자들에게 사실을 알려주는 이야기 곧 범죄 사실의 탐색에 해당하는 이야기 — 텍스트에 쓰여진 그 자체 — 인 후자이다.[27] 그로 인해 탐정소설에서는 시간의 자연적인 흐름에 따른 사건의 발생과 해결보다는 이미 발생한 사건의 인과 관계를 해명하는데 강세가 주어지는 시간의 역전적 구성이 생겨나게 된다.[28] 이렇게 볼 때 ②, ③, ⑧은 과거에 일어난 사건으로 실제 텍스트가 진행되는 시간인 ①, ②, ④, ⑤, ⑥, ⑦, ⑨, ⑩ 등이 도달하거나 해결해야 할 최종 목표가 된다. 이 같은 서사적 분할 현상은 퍼즐의 제시와 그것의 해결이라는 탐정소설의 기본속성에 비롯된 것이다. 요컨대 탐정소설은 새로운 의미를 찾아가거나 발견하는 여행이 아니라 난해한 퍼즐이 있고 반드시 해결된다고 하는 목표가 정해진 여행 또는 그러한 전제하에 펼쳐지는 논리적인 게임이고, 아울러 독자들은 결말보다는 난해한 퍼즐이 어떻게 해결되어 가느냐 하는 점에 관심을 갖게 된다. 그러므로 이 게임의 승패는 사건의 논리적 해결 방식, 좀 더 좁혀 말하자면 트릭(trick)에 따라 좌우된다. 문자 그대로 트릭은 작품에 나타난 작가(경우에 따라서는 범인)의 책략·속임수·음모 등을 의미하는 말이다. 탐정소설을 쓰는

---

27) 츠베탕 토도로프, 신동욱 역, 『산문의 시학』, 문예출판사, 1992, 50~52면.
28) 여기에 대해서는 장영우, 「대중소설의 유형과 그 특질」, 『한국문학연구』 20집, 동국대 한국문학연구소, 1998, 115면을 참조할 것.

데 있어서 가장 어려운 부분이 바로 트릭이며, 그 때문에 탐정소설은 새로운 트릭을 끝없이 창안해야 하는 악순환에 시달리게 된다. 이러한 이유에서 탐정소설은 표면상 목표가 정해진 분명한 여행임에도 불구하고 실제로는 안도할 수 없는 불완전한 여행이 된다. 탐정소설이 늘 무엇인가를 해결한다고 하면서도 정작 해결하지 못하는 것은 실제의 현실 문제와 트릭의 악순환이라는 문제, 곧 유형화된 여행이라는 운명적 한계이다. 이는 항시 합리성·과학성·논리성을 강조하는 탐정소설의 여행 내지는 과학주의가 허망한 가짜 여행이며 유사과학주의임을, 나아가 자신의 불완전한 근대성을 보여 주는 것이라 할 수 있다.

「타원형의 거울」의 경우를 보자. 이 소설에는 두 개의 트릭이 있다. 하나는 모현철이 아내 김나미를 살해할 때 사용한 트릭이고, 또 하나는 퍼즐의 출제자인 백상몽이 곧 진범 모현철이라는 작가의 트릭이다. 이런 두 겹의, 1인 2역의 트릭은 일본의 대표적 탐정소설가 에도가와 람뽀(江戶川亂步, 1894~1965)의 전형적인 수법인데, 그는 단지 여기에서 머무르지 않고 『음수(陰獸)』(1928)라는 작품을 통해서 그것을 1인 3역의 트릭으로 변형·발전시켜 냈다. 김내성이 가장 영향을 많이 받은 작가는 괴도 루팡 시리즈로 널리 알려진 모리스 르블랑과 에도가와 람뽀라고 할 수 있는데, 그것은 김내성의 탐정소설의 주인공 이름이 유불란(劉不亂)이라는 점과 그의 작품 경향으로 미루어 보아 분명한 일이다.[29] 실제로 그는 르블랑의 작품을 『보굴왕』(여명각, 1948)이라는 제목으로 번역한 바 있으며, 또한 람뽀의 탐정소설 곳곳에서 나타나고 있는 '아름다운 여자의 비극적 죽음'이라는 람뽀식의 로맨스와 1인 3역의 트릭을 반복적으로 사용하고 있다. 탐정소설이 여행이 시작되자마자 여로가 확정되는

---

29) 1935년 「타원형의 거울」, 「탐정소설가의 살인」, 「기조·연문왕래(奇詔戀文往來)」 등의 작품이 연이어 당선되면서 김내성은 이듬해인 1936년경 에도가와 람뽀로부터 탐정소설 작법 등에 대해 특별 지도를 받게 된다. 여기에 대해서는 『마인』(영한문화사, 1986), 357면의 작가 연보를 참조할 것.

서사적 운명에서 자유로울 수 없었던 것처럼 김내성 역시 이러한 문법에서 전혀 자유롭지 못했던 것이다. 『비밀의 문』 나아가 김내성의 거의 모든 작품들은 '아름다운 여인의 비극적 죽음'이라는 모티프를 가지고 있는데, 대부분의 경우 이 모티프는 항상 사건의 중심에 놓여 있다. 「타원형의 거울」의 김나미는 「벌처기(罰妻記)」의 선우란과 『마인』의 주은몽에 정확히 대응되고 있으며, 이 작품의 중심인물인 유시영 역시 김내성이 만들어 낸 주인공 유불란을 연상케 한다. 이러한 의미에서 「타원형의 거울」은 김내성 탐정소설의 데뷔작인 동시에 마지막 작품이라 할 수 있다.

『비밀의 문』에 수록된 「벌처기」는 탐정소설이라기보다는 차라리 법정소설(法廷小說)에 가까운 모습을 보여 주고 있다. 「벌처기」는 아내를 살해한 중학교 교사 허철수가 법정에서 재판장에게 사건의 경위를 진술하는 회상기 형식의 소설이다. 그의 아내 선우란은 여류화가로서 미술을 이해하지 못하는 남편 허철수를 '둠프(멍청이)'라고 경멸하면서 활발한 사회 활동 — 허철수나 독자가 보기에는 바람기에 불과하다 — 을 벌인다. 정숙하고는 담을 쌓은 그녀는 예술가를 자처하는 뭇남성들과 밤늦도록 어울려 다니면서 신진시인 정일호를 유혹하기도 한다. 아내의 마음을 돌려보기 위해 부단한 노력을 기울이던 허철수는 마침내 그녀를 살해할 계획을 세운다. 가정부가 외출한 사이 영화를 보러가겠다며 집을 나선다. 영화가 상영되는 도중에 몰래 극장에서 빠져 나온 그는 집으로 가서 아내를 살해하고 다시 영화관으로 돌아온다. 그의 알리바이는 완벽했고, 모든 일은 계획대로 이루어졌다. 그러나 그는 곧 체포되고 만다. 그에게 살해되기 직전 그녀는 시인 정승호를 유혹하기 위해 그에게 은밀한 전화를 하고 있었고, 그 사이에 사건이 벌어진 것이다. 모든 정황은 전화기를 통해 즉각 정승호에게 알려졌고, 정승호의 신고로 결국 허철수는 체포되고 만다.

김내성의 기발한 트릭이 돋보이는 이 소설 역시 '아름다운 여자의 죽음'이라는 모티프가 반복적으로 나타나고 있다. 『비밀의 문』에서 이 '아름다운 여인'들은 이름만 바꾼 채 계속 반복적으로 등장하고 있는데 「비밀의 문」의 강영채, 「이단자의 사랑」의 애련, 「백사도」의 춘랑, 「광상시인」의 나나, 「복수귀」의 현숙채 등의 인물들이 그러하다. 그런데 한 가지 흥미로운 점은 그들이 탐정소설의 퍼즐을 위해 반드시 희생되어야 하는 인형들임에도 불구하고 항상 사건의 중심에 서 있거나 탐정소설적 갈등을 유발시키는 주요 인물로서의 역할을 담당하고 있다는 사실이다. 「벌처기」의 선우란의 경우를 살펴보기로 하자. 그녀는 허영심에 가득 차 있을지라도 분명 능력 있고 세련된 인물이다. 그녀는 비록 가족에 소홀하고 방탕한 생활 모습을 보여 주고 있을지언정 예술에 대해서 어느 정도의 식견을 가진 전형적인 근대인이다. 따라서 인습이나 전통적 윤리에 맞서고 있는 선우란은 근대화의 도정에 서있는 여성상을, 곧 미숙하고 불구적인 우리의 근대성을 반영하고 있는 인물이라 해도 무방할 것이다. 그런데 문제는 바로 선우란과 같은 여성을 바라보는 김내성의 관점이다. 모든 것을 상식적으로 생각하고 윤리성을 중시하는 작품 속의 허철수나 그의 담당변호사가 작가의 목소리를 대변하는 메가폰적 인물임은 물론이다. 이처럼 김내성은 허철수의 담당 변호사[30]의 입을 빌려 당시로서는 선구적이었지만 본질적으로는 바람난 얼치기 근대주의자에 지나지 않았던 선우란을 이렇게 평가한다.

> 교육자인 피고와 예술가인 피해자를 구별하는 가장 큰 중심점이라 생각합니다. 예술가에게는 말이 많습니다. 불평이 많습니다. 불만이 많습니다. 그러나 가장 건전한 교육자에게는 불평이 적습니다. 자기의 할 바를 다하고 천명을 기다리는 것입니다.[31]

---

30) 김내성은 와세다대학에서 법학을 전공했으며, 한때는 변호사를 꿈꾸며 고등고시를 준비한 적이 있었다.
31) 김내성, 「벌처기」, 앞의 책, 175면.

본 변호인은 예술이 무엇인지를 모릅니다. 그러나 만일 그러한 종류의 사람들을 가리켜 예술가라고 말한다면, 예술가란 결국 사회의 질서를 파괴하는 패륜의 도를 이름이 아니고 무엇이겠습니까!32)

우리는 여기서 '개명'과 '근대화'라는 미명하에 탈선을 일삼았던 얼치기 근대주의자들을 바라보는 김내성의 시각의 일단을 엿볼 수 있다. 선우란을 이렇게 그린 것이 비록 소설적 전개를 위해 과장된 측면이 없지 않지만, 이는 기본적인 윤리의식과 가족질서마저 위기에 빠뜨리고 마는 얼치기 근대주의자들의 문제점을 드러내고 있다는 점에서 일면적 진실성을 갖는다. 이런 의미에서 「벌처기(罰妻記)」는 얼치기 근대주의자들을 비판하는 벌근대기(罰近代記)이며, 대중소설가의 (근대 유사) 본격문학에 대한 항변 내지 탄핵으로 볼 여지가 있다.

사실 김내성과 같은 대중소설가에게 근대문학은 예술이라는 이름으로 자행된 '행복한 소수자들'에 의한 일종의 횡포였는지도 모른다.33) 물론 이것은 자신의 문학을 인정해 주지 않는 제도권 문학에 대한 대중소설가의 불평으로 해석될 수도 있다. 그렇다면 탐정소설과 같은 대중소설의 창작을 통해서 김내성이 추구하고자 했던 '불행한 다수자를 위한 문학', 또는 문학에 있어서의 진정한 근대성은 무엇이었을까?

4. 근대문학의 타자로서의 탐정소설, 또는 탐정소설의 이상한 근대성

근대는 이성(理性)의 시대 곧 과학적 합리주의가 지배하는 시대이다.

---

32) 위의 책, 178면.
33) 김내성, 「대중문학과 순수문학―행복한 소수자와 불행한 다수자」, 『경향신문』, 1948. 11.9.

합리(合理)란 무엇인가. 문자 그대로 그것은 이성에 합치된다는 뜻이다. 그러면 이성이란 무엇인가. 그것은 인간에게 부여되어 있는 추상적이고 계량적인 추론 능력이며, 인간을 인간답게 만드는 조건이요, 본질이다. 이렇게 인간을 절대적이고 선험적인 주체 곧 사유하는 존재(cogito)로 규정하는 것, 이는 근대적 사유의 한 전형이라 할 수 있다. 탐정소설은 이와 같은 근대의 합리주의 이데올로기에 가장 부합되는 소설이라 할 수 있다. 탐정소설의 가장 전형적 공식, 이를테면 불가해한 미스터리가 있고, 전능한 이성으로 무장한 영웅(탐정)이 있고, 결국 그에 의하여 미스터리가 해결된다고 하는 이 전형적인 패턴 속에서 궁극적인 주체가 되는 것은 작가도, 탐정도, 서사도, 독자도 아닌 바로 '전능한 이성'이다. 어째서 그런가. 탐정소설은 일정한 규칙 속에서 벌어지는 논리적 게임이고, 이 게임에서 작가나 탐정이 의지하고 있는 것은 논리적 추론 능력(이성)이기 때문이다. 세계는 해석될 수 있고 이성의 힘에 의하여 모든 문제가 해결될 수 있다는 이성중심주의철학은 시민계급의 자신감의 표현이며, 탐정소설은 바로 그와 같은 시민계급의 자신감을 형상화한 부르주아의 서사시이며, 이성의 서사시인 것이다. 이런 의미에서 탐정소설은 가장 전형적인 근대소설이라 할 수 있다.

그런데 여기서 주목해야 할 것은 탐정소설이 서 있는 미묘한 위치이다. 신소설시대의 이해조나 전형기의 김내성이 그랬듯이 탐정소설은 계몽 이념의 퇴조와 함께 등장한 형식만 남은 앙상한 계몽주의 또는 이성주의이다. 탐정소설의 절대적 규칙이며, 창작방법론인 반 다인(V. Dine)의 20칙(Twenty rules for writing detective stories)과 녹스(Knox)의 10계(Detective Decalogue)에는 탐정소설의 이 같은 속성이 잘 나타나고 있다. 녹스의 10계를 보자.

① 범인은 이야기의 첫머리부터 언급(등장)되어야 한다.
② 초자연적인 해결 방법은 근절되어야 한다.
③ 한 개 이상의 밀실이나 비밀통로를 설정하면 안 된다.

④ 아직 발견되지 않은 독극물은 허용될 수 없다.

⑤ 중국인을 작품 속에(주요 인물로) 등장시키지 말라.

⑥ 탐정이 우연이 사고를 넘기게 되었다든지 직관 따위에 의존하게 해서는 안 된다.

⑦ 탐정 자신이 범인이어서는 안 된다.

⑧ 탐정이 단서를 은폐하면 안 된다. 단서를 발견했을 때 즉시 독자에게 알려줄 것.

⑨ 작품에서 왓슨(화자, 전달자—인용자) 역을 담당하는 인물의 생각은 남김없이 독자에게 알려져야 한다.

⑩ 쌍둥이나 닮은 사람을 등장시킬 때는 각별히 주의를 해야 한다.[34]

이와 같이 탐정소설은 기본적인 룰(공식)이 정해진 일종의 게임이고, 이 규칙에 따라 장기판의 말(사건, 인물 등)들이 움직여야 한다. 여기서 중요한 것은 이 장기판의 인형들을 어떻게 움직이든 간에 처음의 규칙과 합의를 깨지 말고 게임을 진행시켜야 한다는 점이다. 이것은 무엇을 의미하는 것인가. 이는 탐정소설의 세계가 인과법칙의 질서에 따르는 합리적인 세계이고, 나아가 사회와 인간은 합리적 질서에 의하여 조화를 이루고 있다는 전제를 바탕으로 성립된 속류 이성주의 내지 유사 계몽주의의 세계임을 보여 주는 것이다. 이렇게 세계를 합리적으로 운행되는 기계로 해석하고 있다는 점에서 탐정소설은 순진한 이성주의이며 로망스이다. 한편에서는 이성, 합리주의, 계몽주의와 같은 근대적 현상이 진행되지만 다른 한편에서는 이성의 속류화와 낭만성이 강화되는

---

34) "Detective Decalogue : 1. The criminal must be mentioned early on. 2. Supernatural solutions are ruled out. 3. Only one secret room or passage is allowed. 4. No undiscovered poisons are permitted. 5. No Chinamen should appear in the story. 6. The detective must not be helped by lucky accidents, or by intuitions. 7. The detective must not himself commit the crime. 8. Nor must he conceal clues from the reader. 9. The thoughts of the 'Watson' must not be concealed. 10. There must be special warning of the use of twin brothers, or doubles." 이상 녹스의 10칙에 대해서는 Julian Symons, *The Detective Story in Britain,* Longmans, Green and Co Ltd, 1962, p.22.

것이 바로 탐정소설이기 때문이다. 다시 김내성의 작품을 보자.

①꿈꾸기를 즐겨하는 그는 몇 푼 남지 않은 주머니를 어르만지면서 작가 밖에는 이해할 수 없는 소위 매너리즘에 시달리는 수백만 민중에게 훌륭한 선물을 하리라고 공상하였다.[35]

②우리의 이지적 활동은—다시 말하면 고도로 발전된 현대과학을 신용하는 우리의 이성은 소위 신비의 가면을 쓰고 나타나는 야릇야릇한 범죄사건을 어디까지든지 추구 탐색하여 그 신비의 가면을 여지없이 해부해 놓아야만 비로소 만족해 할 것입니다. 다시 말하면 그 불가사의한 신비적 현상을 과학적으로 판단해야 합니다.[36]

이 두 개의 인용문은 김내성의 문학관 혹은 탐정소설관이 어떠한 것이었는가를 보여 주는 대목이다. ①은 「타원형의 거울」의 핵심인물인 백상몽의 독백이고, ②는 1939년에 발표된 김내성 자신의 방송 강연원고이다. 주지하다시피 ①의 백상몽(모현철)은 안타고니스트로서 유시영에 의해 제거되어야 할 인물 곧 현실의 질서와 가치의 회복을 위해 타도되어야 할 대상이다. 그러나 가만히 보면 백상몽이야말로 사태의 전말을 장악하고 있는 정보의 담지자인 동시에 살인극의 창조자(퍼즐의 출제자)이고, 작품의 주인공인 유시영은 그가 연출하는 장기판의 규칙에 따라 움직이는 인형과 같은 존재이다. 그러므로 백상몽이야말로 작가의 모습에 가장 근접해 있는 인물이라고 할 수 있다. 김내성은 그 백상몽의 입을 빌려 우회적인 방식으로 (본격)문학이 다수의 독자대중과 유리된 엘리트들의 유희에 불과하다고 비판하면서 수백만 민중들을 위한 대중문학의 건설을 주장하고 있다.

인용문 ②를 보자. 여기서 김내성은 탐정소설의 본질을 과학적 합리

---

35) 김내성, 「타원형의 거울」, 앞의 책, 216면.
36) 김내성, 「추리문학소론」(1939년 방송강연원고), 위의 책, 338면.

주의에 기반한 이지(理智)의 문학으로 규정하고 있다. ①과 ②를 요약하면, 김내성의 주장은 다음과 같이 정리될 수 있다. 그에게 있어 근대성의 핵심은 과학과 이성이며, 문학의 핵심은 대중성과 오락성에 있다. 그런데 그가 보기에 동시대의 문학은 「벌처기」의 선우란처럼 다수의 독자대중들과 유리된 엘리트들의 유희에 불과한 것이었다. 이런 그에게 탐정소설은 과학성과 오락성과 대중성을 함께 갖추고 있는 이상적인 문학양식이었고, 따라서 그가 탐정소설의 창작을 통해서 근대성의 극복을 주장하게 된 것은 지극히 자연스런 일이었다. 그렇다면 이와 같은 김내성의 생각은 정당한가. 그것은 다른 관점에서 동시대문학의 실상을 살펴볼 수 있는 단서를 제공하고 있다는 점에서는 유효할지 몰라도, 문학(또는 근대성)을 바라보는 그의 관점이나 태도는 대단히 복잡하고 또 중층적이다. 그러면 무엇이 어떻게 중층적이고 복잡하다는 것인가.

이미 언급한 바와 같이 「벌처기」의 중심 내용은 바람난 근대여성을 징벌하는 이야기이다. 이 짧막한 이야기 속에는 두 층위의 의미가 두 겹으로 뒤엉켜 있다. 먼저 동시대 한국 여성에게 있어 근대는 긍정(해방)과 부정(억압)의 이중성을 갖는다. 긍정성은 봉건적 속박과 윤리로부터의 해방을 의미하는 것이고, 부정성은 선우란처럼 가족질서와 최소한 도덕성조차 위기에 몰아넣는 것이다. 그 부정성은 물론 긍정성이 강요한, 또는 긍정성의 획득으로 말미암은 값비싼 대가이며, 이것은 근대가 지닌 동전의 양면이다. 그리고 다른 한 층위는 그러한 근대성(여성)을 바라보는 김내성의 이중적 관점이다. 그는 과학성과 합리성과 같은 근대의 긍정적 가치를 신앙하면서도, 다음과 같이 그것을 비판하는 이중적 태도를 보인다.

위대한 과학자의 걷는 길이 모두 그러함과 마찬가지로 강박사도 역시 인간 생활에 있어서는 아무데도 쓸모 없는 하나의 비참한 낙오자가 아닐 수 없다. 그는 소위 세상 사람들이 말하는 행복이라는 것을 모르고 살아온 사람이다.

그의 청춘은 연애라는 것을 몰랐고, 그의 사회생활은 친구라는 것을 몰랐으며, 그의 노년은 가정이라는 아기자기한 낙원을 몰랐다. (……) 따라서 과학자로서의 그의 냉정한 피는 그의 가정을 쓸쓸한 사막처럼 만들어 버리는 결과를 맺게 된 것도 생각하면 당연한 일이 아닐 수 없었던 것이다.[37]

이 글은 가족과 인간적인 삶을 외면한 채 평생을 연구와 실험에 바쳐온 이학박사 강세훈을 비판하는 「비밀의 문」의 한 대목이다. '살인광선'이라는 신무기의 완성을 눈앞에 두고 있을 즈음, 강세훈은 '그림자'라는 정체불명의 괴도로부터 협박편지를 받는다. 살인광선의 설계도를 내놓지 않으면 딸을 납치하겠다는 것이었다. 강세훈은 필생의 연구 성과와 자신의 딸 영채를 지키기 위해 있는 힘을 다하지만, 결국 그는 '그림자'에게 완패를 당하고 만다. 왜냐하면 그림자는 다름 아닌 영채였으며, 이 사건은 과학으로부터 아버지를 되찾기 위해 영채가 꾸민 슬픈 연극이었기 때문이다. 비극적 홈—드라마에 가까운 이 작품을 통해서 김내성은 가족과 인간 관계마저 위기에 빠뜨리는 근대과학(자)의 추악한 이면을 들추어낸다. 이렇게 보자면 「비밀의 문」의 그림자의 진정한 정체는 영채가 아니라 바로 과학이며, 근대이다.

언제나 그렇듯 김내성은 멜로에 가까운 탐정소설들을 통해서 근대적인 새로운 가치들을 중시하면서도 이를 비판하는 이중성을 보여 준다. 이를테면 그는 선우란과 강세훈이 상징하는 근대적 가치들—여권신장과 과학—을 추구하면서도 아울러 가족이나 인간성과 같은 전통적인 가치들을 옹호하고자 한다. 그런데 문제는 근대를 대하는 그의 이중적 태도가 아니라 근대성의 문제를 해결하는 방식이 대단히 신파적이고 엽기적으로 처리되고 있다는 사실이다. 가령 「벌처기」에서처럼 남편이 아내를 죽인다든지 「비밀의 문」에서처럼 딸이 엽기적인 사건을 꾸며내면서까지 아버지의 세계를 극복하고자 하는 것 등이 그러하다. 물론 이

---

37) 김내성, 「비밀의 문」, 위의 책, 13면.

런 식의 대중소설적 해결 방식은 근대성을 올바로 극복하는 것이기는 커녕 차라리 소설을 잘 팔기 위한 마케팅 전략에 가까운 것이다.

대중소설의 마케팅 전략으로서의 정의의 승리는 탐정소설과 같은 대중소설의 항상적 주제를 이룬다. 그리고 그런 대중소설이 옹호하고자 하는 정의란 혁신적이고 진취적인 것이라기보다는 낡고 익숙한 것들, 또는 보수적인 가치들이다. 이로 미루어 볼 때 김내성의 근대성은 결국 선우란 같은 얼치기 근대주의자들과 강세훈 같은 인간적 가치를 상실한 건조한 과학을, 또는 수많은 강세훈과 선우란을 만들어 내는 근대를 전근대적인 정의의 이름(?)으로 심판하는 중층적인 근대성이라 할 수 있다. 이처럼 김내성은 탐정소설을 통해서 해방과 억압의, 긍정과 부정의 양면성을 가진 근대성을, 추구하면서도 비판하는 이중성을 보이고 있다. 따라서 김내성의 근대성, 또는 그의 탐정소설의 근대성은 해방과 소외, 긍정과 부정의 이중성을 지닌 근대의 모순을, 대중소설적으로 해결하고자 하는 중층적 근대성이라 할 수 있다. 언제나 무엇인가를 끝없이 해결해야 하는 탐정소설이 결코 해결할 수 없었던 퍼즐은 바로 근대의 이중성과 자신의 이중성이었으며, 이런 의미에서 탐정소설의 근대성을, 뭐라 이름할 수 없는 이상한 근대성이라고 해도 무방할 것이다.

5. 결론에 대신하여

탐정소설은 불가해한 범죄나 미궁에 빠진 사건이 이성적 영웅에 의해 논리적으로 해결되는 과정을 그린 대중소설의 일종으로 난해한 사건이 초자연적인 방식(Deux ex machina)으로 해결되는 것이 아니라 반드시 논리적인 추리와 과학적 검증을 거친다는 점에서 전형적인 근대소설의 면모를 지닌다. 그러면서도 탐정소설은 또한 세계가 합리적이고 엄정한 인과율에 따라 움직인다는 믿음을 전제로 하는 속류 이성주의 내지 유사 계몽주의의 경향을 띠고 있으며, 항상 보수적인 질서가 승리하는 것으로 끝을 맺는 전근대적인 면모를 보여 주기도 한다. 이 같은 장르적 특징으로 인해 탐정소설에서의 여행은 삶의 총체성을 추구하는 진정한 여행이 아니라 언제나 갈 길이 뻔한 가짜여행 또는 신뢰할 수 없는 여행이 된다.

우리 소설사에서 탐정소설이 등장한 시기는 이해조가 활약한 애국계몽기[38]로 볼 수 있다. 그러나 이 시기의 탐정소설은 공안소설이라고 하는 구소설적 전통에서 벗어나지 못했고, 주로 서양 탐정소설의 번역과 번안이 주류를 이루는 시대였다. 국내 작가의 손에 의해 순수한 탐정소설의 창작이 이루어지게 된 것은 소파 방정환이 활약하던 1920년대 중반부터였고, 또한 탐정소설의 창작이 본궤도에 오르게 된 것은 김내성이 등장한 1930년대 중반부터였다. 여기서 한 가지 특기할 만한 것은 탐정소설이 출현했거나 본격화한 시기이다. 그런데 여기서 한 가지 주목해야 사항은 이해조와 김내성이 등장한 시기가 하필이면 당시 한국문학의 이념과 외연을 규정했던 계몽주의가 위기를 맞았거나 붕괴된 시점이었다는 점이다. 이는 탐정소설의 본질과 성격을 파악하는 데 있어서 중요한 단서가 된다.

신소설을 "강대한 구세계의 세력하에 무참히 유린당하고 노고하는 개화세계의 수난역사"[39]로 규정한 임화의 지적과 같이 신소설은 당시 개화 주체들의 비극적 패배와 통속성에로의 귀의라는 역사적 사실을 반영한다.[40] 개화사상을 전파하는 교술적 도구이면서 동시에 흥미 본위

---

38) 애국계몽기에 관한 사항에 대해서는 최원식, 「민족문학의 근대적 전환」, 『민족문학사 강좌』 하권(민족문학사연구소 편), 창작과비평사, 1995, 33~35면을 참조할 것.

39) 임화, 「개설신문학사」, 『조선일보』, 1940.2.7(임규찬·한진일 편, 『임화 신문학사』, 한길사, 1993, 163면).

40) 개화파들의 역사적 패배와 비극적 세계 인식에 대한 논의로서는 김명인, 「'귀의 성'과

의 통속소설이라는 양면성을 지닌, 또한 완전한 근대소설도 전통적인 구소설도 아닌 신소설의 애매한 위치가 그것을 제대로 보기 어렵게 만들고 있지만, 한 가지 자명한 것은 그들의 계몽주의는 실패한 기획이라는 사실이다. 그러므로 이해조의 돌연한 탐정소설의 창작은 각기 친일로, 통속으로 공중분해되어 간 신소설의 역사적 맥락과의 관련 속에서 해석되어야 할 것이다.

이에 비해 김내성은 등장은 좀 더 복잡한 의미를 띠고 있다. 주지하다시피 김내성이 활발하게 작품 활동을 벌였던 1937~40년은 일제의 군국주의 정책이 극에 달했던 시기로 정국이 불안정했을 뿐만 아니라 일상생활의 구석구석에서 자본주의의 발전을 온몸으로 실감하게 되는, 그리하여 모든 것이 낯설고 혼란스런 시대였다. 여기서 김내성은 아주 독특한 현실 인식과 근대성을 보여 주는바 새로운 시대의 가치를 대변하는 강세훈 · 선우란이 구질서를 상징하는 강영채 · 허철수에 의해 비판되고, 강영채 · 허철수가 작가의 지지를 받고 있으면서도 필연적으로 패배하고 마는, 그리고 안정된 기존의 질서가 최종적 승리를 거두는 천편일률적 결말은 수많은 모순에 의해 금이 가고 조각난 세계, "어떠한 가치도 논리적 통일성을 확인해 주지 않는 (불안정한) 세계"[41]와 대면한 동시대인들의 시대 인식과 열망의 일단을 반영하는 것이라 할 수 있다. 아울러 그의 탐정소설은 전투적 계몽주의의 퇴조 이후에 등장한 형식만 남은 유사 계몽주의(또는 이성주의) 또는 보수적인 질서의 영원성과 완결성을 지지하는 부정적 측면과 새로운 세계와 가치의 야수성을 드러내고 비판하는 근대비판자로서의 면모를 지닌 이중성을 보여 준다. 이것은 탐정소설이 타락한 시대의 타락한 대응 방식이며, 안정된 삶을 희구하는 근대인들의 욕망이 투영된 현대의 로망스임을 입증하는 것이라

한 친일개화파의 세계인식」, 『한국학연구』 9집, 인하대 한국학연구소, 1998.3을 참조할 것.

41) 미셸 제라파, 이동열 역, 『소설과 사회』 제9판, 문학과지성사, 1993, 143면.

할 수 있다.

끝으로 본고에서 미처 다루지 못했거나 해결하지 못한 과제들에 대해서 거칠게나마 정리해 보기로 하자.

첫째는 탐정소설을 지칭하는 용어 문제이다. 탐정소설(detectiv fiction)을 지칭하는 수많은 용어 — 추리소설(mystery), 경찰소설(roman policier), 첩보소설(roman d'espionage) — 들이 어떻게 같고 다른지 그리고 앞으로 이를 어떻게 정리할 것인지 하는 문제이다.

둘째는 탐정소설과 아동문학과의 관계이다. 탐정소설은 처음부터 성인을 위한 읽을거리였거나 또는 소년 독자들을 의식하지 않았던 소설이었는데 이것이 어떠한 경로를 거쳐서 아동문학의 세계 속으로 편입되었는가 하는 것이다. 이 문제는 어린이에 대한 근대적 관념 내지 계몽의 기획과 밀접한 관련이 있을 것인데, 여기에 대한 해명작업이 있어야 할 것이다.

셋째는 수수께끼 풀이의 모티프, 전통적 공안소설, 그리고 탐정소설의 연관성 문제이다. 이를테면 전통적이고 토착적인 공안소설들과 근대 탐정소설과의 영향 없는 유사성 문제이다. 이러한 민담과 공안소설이 현대의 탐정소설과 어떤 연관을 맺고 있음을 부인할 수는 없겠지만, 어떤 점에서 탐정소설의 조상이라 할 수 있는 토착적이고 자생적인 그런 이야기들도 사실은 근대 탐정소설이라는 의식 속에서 사후적으로 발견된 것일 수도 있기 때문이다. 이에 대해서는 앞으로 탐정소설의 기원 문제와 관련하여 보다 심도 있는 연구가 있어야 할 것이다.

넷째는 탐정소설과 본격문학의 관계에 관한 것이다. 탐정소설이 언제 어떠한 경로를 거쳐 근대문학의 타자로서 인식되기 시작했으며, 탐정소설이 어떠한 이유에서 문학 연구에서 배제되었는지, 그리고 본격문학과 탐정소설과의 상호 영향 관계는 어떠한지를 세밀하게 따져보아야 할 것이다.

남근의 위기와 코믹무협 출현의 문화적 의미[1)]

신세대 무협만화 『열혈강호』를 중심으로

1. 연구 대상으로서의 만화—보수적인 문학 연구의 틀을 넘어서

『열혈강호』(전극진 글, 양재현 그림, 이하 '열강'으로 약칭)는 1994년부터 격주간 만화잡지『영 챔프』에 연재를 시작하여 2005년 5월 현재까지 단행본으로 40권이 출간된 신세대코믹무협이다. 이 만화는 연재 직후부터 지금까지 폭발적인 인기를 끌며 연재와 출판을 지속하고 있으며, 문정후의『용비불패』등과 함께 최근 몇 년 동안 독서시장을 주도했던 대표적인 베스트셀러 무협극화라 할 수 있다. 『열혈강호』와 함께 무협만화

---

1) 이 글은 2003년 11월 28일 한림대 인문과학연구소에서 개최한 「대중문학—주변부의 반란」을 수정한 논문이다. 그리고 이 논문을 토대로 「남근의 위기와 코믹무협의 출현」이란 짧은 비평을 발표한 바 있다. 여기에 대해서는 조성면,『한비광, 김전일과 프로도를 만나다—장르문학과 문화비평』(일송미디어, 2006)을 참조할 것.

시장을 양분한 『용비불패』. 『용비불패』는 대만
에서도 절찬리에 연재되었다.

『열강』은 용대운·서효원(작고)·좌백·진산·
장경·금시조 등 이른바 '신무협시대'를 이끌고
있는 2세대 작가들의 성과를 계승하면서 고 이
재학 화백 이후 공백 상태에 빠진 한국무협만화
의 새로운 방향을 제시해 보인 작품이라는 점[2]
에서, 그리고 극심한 불황의 시대에 300만 부 이
상을 팔아치우면서 대중적 오락물로서는 이례
적으로 10년을 훌쩍 넘겨 장수하고 있는 이른바
우리시대 대중문화의 아이콘이자 현대독자들의
요구와 기호를 잘 반영하고 있는 텍스트라는 점

『열혈강호』와 함께 무협만화 시장을 양분한 『용비
불패』. 『용비불패』는 대만에서도 절찬리에 연재된
바 있다.

에서 대단히 유의미한 문화 현상이라 할 수 있다.

물론 문화 현상이니 신무협이니 하는 거창한 말로 포장한다고 해서
일개의 심심풀이용 키치 예술이 갑자기 고급 예술로 환골(換骨)될 수야
없겠지만, 이른바 순문학 작품의 대다수가 초판을 제대로 소화하지 못
하는 상황에서 만 십 년에 걸쳐 대중들에게 지속적인 인기를 얻으며 수
백만 권 이상이 팔리고 있다는 것은 어쨌든 그 자체만으로도 대단히 흥
미로운 문화 현상이자 주목거리인 셈이다.

필자가 『열강』에 주목하는 것은 단순히 그것이 대중적 인기를 누리
는 초대형 베스트셀러 극화라는 표피적인 사실 때문만은 아니다. 그것
은 크게 두 가지 이유에서 그러하다. 하나는 중심과 주변 또는 본격문
학과 대중문학으로 나누고 가르고 배타하는 학술담론들의 이항대립적

---

2) 한국무협만화를 대표하는 고 이재학 화백에 대한 논의와 무협물이 가지고 있는 사
   회적·문화적 의미와 그 역사에 대해서는 조성면, 「무협만화와 영웅소설, 또는 꿈과
   전망을 잃어버린 시대의 대중적 서사시―이재학의 '용음봉명'을 중심으로」, 『대중문
   학과 정전에 대한 반역』(소명출판, 2003)에서 상론한 바 있다.

인 패러다임을 객관화하고 문제화하는데 단초를 제공해 주는 전략적 대상이라는 점에서이다. 다른 하나는 텍스트로서의 『열강』과 사회·문화 현상으로서의 『열강』이 갖는 의미가 결코 가볍지 않을 뿐만 아니라 '무협'이라는 주변부 장르의 전형적인 특징과 현황을 압축적으로 살펴 볼 수 있는 텍스트라는 점에서이다. 이 같은 작업을 진행해 나가기 위해서 필자는 정통적인 문학 장르들뿐만 아니라 영화·만화·광고·게임 등 이야기 구조를 모든 텍스트들을 분석의 대상으로 삼고 있는 서사학의 지평에서 텍스트와 텍스트 환경을 함께 검토하되, 이제 국내 인문학 연구자들에게도 더 이상 낯설지 않게 된 문화 연구(cultural studies)의 다양한 관점과 방법을 적절하게 참고하고 가능한 범위 내에서 약간의 이론적인 도움을 받아들이고자 한다.

　주지하다시피 문화 연구는 문화라는 개념만큼이나 복잡하고 난해한, 연구 경향이고 이념이며 방법이라 할 수 있다. 요컨대 문화가 인간(의 삶)을 둘러싼 거의 모든 것을 의미하는 것처럼 문화 연구는 역시 인문·사회과학의 모든 이론들을 필요에 따라 자기화하고 거의 모든 대상을 연구의 대상으로 삼는다.3) 재래의 분과학문 체계 곧 제도화된 연구 방식과 관점들로부터 자유로운 문화 연구는 이렇듯 중심과 주변을 나누고 가르고 배타하는 이항대립적 패러다임들과 고도로 분업화되고 분열된 지식 체계들을 비판하고 사회의 지배 구조와 체계를 극복하려 한다는 점에서 대단히 도전적인 시도라고 할 수 있다.4) 이런 점에 비추어 『열강』과 같은 만화를, 그것도 완결된 것이 아니라 현재까지도 연재 중인 무협만화를 연구의 영역으로 끌어들이는 것5)은 기왕의 연구관행

---

3) 현실문화연구 편, 『문화연구 어떻게 할 것인가』, 현실문화연구, 1993, 6~8면.
4) 패트릭 브랜틀링거, 김용규·전봉철·정병언 역, 『영미 문화연구』, 문화과학사, 2000, 31~40면.
5) 이제까지 무협에 대한 대표적인 논의로서는 김현, 「무협소설은 왜 읽히는가」, 『세대』, 1969.10; 정동보, 「무협소설」, 『대중문학의 이해』, 청예원, 1999; 대중문학연구회, 『무협소설이란 무엇인가』, 예림, 2001; 전형준, 『무협소설의 문화적 의미』, 서울대 출판부,

과 패러다임에 대한 일종의 문제제기로서의 의미를 띠게 된다. 이와 같이 문화 연구라든지 포스트모더니즘의 유입과 유행은 중심과 주변 혹은 대중문학과 본격문학이라는 이항대립적인 구도를 약화·균열시키고 양자를 동등한 연구 대상의 지평에 올려놓았다.

그러나 문화 연구 혹은 문화론적인 연구는 모든 연구가 '문화'란 이름으로 정당화되는가 하면, 문학이든 만화이든 뮤직 비디오이든 또는 그 무엇이든지 간에 모든 것을 무조건 문화로 읽어버리는 환원주의적인 오류를 보여 준다. 뿐만 아니라 이론의 백화점에 진열된 다종다기한 방법과 성과들을 입맛(상황과 맥락)에 따라 고르고 수합하는 것만으로도 성과가 되는, 말하자면 고도로 분업화돼서 소통불능의 상태에 빠져 버린 인문사회과학의 제 성과들을 최대한도로 재활용하는 일종의 퓨전 효과에 지나지 않을 수 있는 것이다.[6] 따라서 문화론적인 연구 역시 자신의 태생적 한계를 극복하기 위해서는, 다른 일체의 모든 연구들이 그러하듯이 실제적인 성과를 통해서 자신의 의미와 정당성을 입증하는 방법 밖에는 없다. 따라서 당연한 얘기지만 『열강』같이 한국문학 연구 분야에서는 대단히 이질적이고 문제적인 대상을 다룰 때는 연구자들의 균형감각과 꼼꼼한 읽기가 전제되어야 할 것이다.

2. 무협의 역사를 통해서 본 『열혈강호』의 위상

무협소설 장르의 원형이 완성된(또는 처음으로 출현한) 것은 1923년 샹카

2003 등을 꼽을 수 있다.

6) Douglas Keller, "Critical Theory and Cultural Studies : The Missed Articulation", Jim MacGuigan ed., *Cultural Methodologies*, SAGE Publications, 1997, pp.25~29.

이란(向愷然, 1890~1957)이 평강불초생(平江不肖生)이란 필명으로 『홍잡지(紅雜誌)』에 『강호기협전(江湖奇俠傳)』을 발표하면서부터이다. 평강불초생, 이른바 '부모에게 불효를 범한 평강성에 사는 불초소생'이란 뜻을 지닌 독특한 필명은 샹카이란이 위안스카이(袁世凱)의 정치적 탄압을 피해 잠시 유학을 겸해서 일본에 체류하고 있었기 때문에 할아버지의 임종과 장례식에 참석하지 못한 것에 대한 참회와 자책의 뜻으로 지었다고 한다.[7] 이와 더불어 같은 해 자오환팅(趙煥亭, 1877~1951)의 『기협정충전(奇俠精忠傳)』이 발표되고, 『강호기협전』이 「불타는 홍련사(火燒紅蓮寺)」란 제목으로 영화화되는 등 무협소설이 삽시간에 유행을 타기 시작했다. 『강호기협전』은 곤륜파의 제자 유지(柳遲)가 악행을 일삼는 홍련사에 잠입하여 조정의 고관을 구출한다는 이야기로 스토리 라인은 비교적 단순하지만, 기(氣)가 발출되는 등 무협소설 특유의 기환성(奇幻性)과 재미 그리고 의협(義俠)이라는 윤리적 덕목 때문에 좌련(左聯)의 핵심인물이었던 작가 모순(茅盾)조차도 "우리 영화로서 관객의 감정을 크게 자극한 영화를 들라면, 그것은 '불타는 홍련사'가 단연 처음이자 으뜸"[8]이라고 격찬을 아끼지 않는 등 신마검협형(神魔劍俠型)[9] 무협의 장르적 원형과 틀을 완성해 낸 중요한 작품이라 할 수 있다.

남파(南派) 무협의 대표작가인 평강불초생의 『강호기협전』의 뒤를 이어 북파(北派) 무협의 대가이자 환주루주(還珠樓主)라는 필명으로 잘 알려진 리서우민(李壽民, 1902~1961)의 『촉산검협전』, 궁죽심(宮竹心) 바이위(白羽, 1899~1966)의 『십이금전표』, 정정인(鄭證因, 1900~1960)의 『무림협종』, 그

---

7) 양수중, 안동준·김영수 역, 『무림백과』, 서지원, 1993, 280~281면.

8) 위의 책, 283면에서 재인용.

9) 무협소설은 크게 손과 발 등 신체를 이용하여 대결이 이루어지는 현실성이 강한 기격무협(技擊武俠), 사회적 문제와 부조리를 고발하기 위하여 무협의 형식을 빌린 사회무협(社會武俠), 장풍으로 화살을 막는 등 환상성과 비현실적인 내용이 주조를 이루는 신마검협, 그리고 중국 통속 백화문학을 통칭하는 이른바 '삼언이박(三言二拍)'을 계승하고 남녀간의 사랑을 다루고 있는 언정무협(言情武俠) 등이 있다. 진산, 강봉구 역, 『중국무협사』, 동문선, 1997, 300면과 305면 참조.

리고 『와호장룡』의 작가로 유명한 왕두루(王度盧, 1909~1977) 등 걸출한 작가의 작품들이 쏟아져 나왔다.

그러나 1949년에 수립된 사회주의 정권이 1951년 6월 무협소설의 창작·출판·유통을 전면적으로 금지시키면서 일시에 무협소설은 커다란 위기를 맞게 된다. 위기의 직접적인 원인은 당시 계몽적 열정의 정점인 사회주의 (문예) 이념과 대중적 오락물로서의 무협소설이, 필연적으로 심각한 길항 관계를 이루고 있었기 때문이다. 당시 중국 사회주의 정권의 문예정책과 이념의 기조는 1942년 5월 2일부터 23일까지 3회에 걸쳐 연안문예계 작가들의 좌담회를 통해서 결정·형성되었는바, 이른바 저 유명한 「연안문예강화(在延安文藝座談會上的講話)」가 바로 그것이다.[10] 문예이론이라기보다는 일종의 정치적 실천 강령에 가까운 「연안문예강화」의 핵심적인 내용은 '(문학예술의) 인민대중과 현장과의 결합, 대중의 생활 및 언어의 일차적인 이해와 숙지, 인민대중을 위한 복무'[11] 등으로 요약할 수 있다. 그러한 좌련(左聯) 소속 작가들의 눈에 비친 무협소설은 봉건적이고 폭력적인 오락물들 ─ 말하자면 영웅주의·신비주의·도피주의 등으로 사회적 모순과 부조리를 은폐할 뿐만 아니라 대중들의 현실 인식과 정치의식을 마비시키는 민중의 아편이며 황당무계한 오락물 ─ 에 지나지 않았기 때문이었다. 무협소설사에서 이야기되는 신파/구파의 구분은 작품의 경향과 내용 그리고 미적 이념 등 때문이 아니라 무협소설 외적인 차원의 문제, 이른바 무협에 대해 비판적이고 적대적이었던 사회주의 정권의 수립에 따른 편의상의 분별에 지나지 않는 것이었다. 어쨌든 사회주의 정권의 등장으로 인해 무협소설의 중심이 대륙에서 홍콩과 대만으로 빠르게 이동되었으며, 이러한 과정을 거쳐 1949년 이전 중국 대륙의 것을 '구파 무협'으로 그 이후 홍콩과 타이완에서 생산된 것을 '신파무협'으로 부르는 관행이 이때에 생겨나게

---

10) 모택동, 이욱연 역, 『모택동의 문학예술론』, 논장, 1989, 92~137면 참조.
11) 위의 책, 95면.

되었다.[12] 물론 많은 연구자들의 지적대로 신파 무협소설은 구파무협과는 달리 '현대소설의 예술적 기교를 적절하게 활용하고 있으며, 심리적인 측면과 인물들의 불완전성을 작품에 반영하고 있는' 등 새로운 특징을 보여 주고 있기는 하다.[13]

그러나 역설적이게도 정치적 격변이 만들어 낸 신파무협시대는 무협을 위기에 빠뜨리기는커녕 오히려 무협의 전성기를 이루어 내기에 이른다. 신파무협을 대표하는 작가와 작품으로 량위성(梁羽生, 1922~)의 『칠검하천산』과 『평종협영록』을 비롯해서 무협소설을 일약 예술의 반열에 올려놓은 신필(神筆) 진융(金庸, 1924~)의 『사조영웅전』·『신조협려』·『의천도룡기』 등 이른바 『영웅문』 3부작을 포함하여 『소오강호』·『천룡팔부』·『녹정기』, 에로물과 추리소설의 형식을 결합하여 무협소설의 남근주의를 더욱 강화해 나간 구룽(古龍, 1937~1985)의 '초류향 시리즈'와 『절대쌍교』, 그리고 지금까지도 많은 국내 독자들을 확보하고 있는 워룽성(臥龍生, 1930~)의 『비연경룡』·『옥차맹』·『군협지』·『무림천하』 등을 꼽을 수 있다. 이밖에도 일일이 다 언급할 수 없을 만큼 유명한 작가와 작품들이 1950년대 초부터 1970년대 말까지 봇물처럼 쏟아져 나왔다.

한국에서의 무협소설사는 대만·홍콩을 중심으로 한참 절정을 향해 질주하고 있던 1960년대 초반 화교(華僑)들을 통해서 유입, 수용되기 시작되었다. 물론 조선 중·후기의 영웅소설(군담소설)들, 홍명희의 『임꺽정』, 윤백남의 『흑두건』·『대도전』 등 그 이전부터 역사적으로 실재했던 명장(名將)들이나 자객 혹은 의적 등을 소재로 한 작품들이 있긴 했지만, 무협이라는 명확한 장르의식 속에서 무협소설에 대한 창작과 향유가 이루어진 것은 1961년 6월 15일 김광주(1910~73)가 『정협지(情俠誌)』를 『경향신문』에 연재하기 시작하면서부터라고 할 수 있다. 이 작품은 1963년 11월 24일까지 3년여 간 총 810회 연재되었다. 원작은 신파 무협

---

12) 전형준, 앞의 책, 41면.
13) 진산, 강봉구 역, 앞의 책, 314면.

작가로 잘 알려진 웨이츠원(尉遲文)의 『검해고홍』이다. 이외에도 그는 『비호』(沈綺雲의 '天闕碑')를 1966년 7월 22일부터 1968년 6월 29일까지 『동아일보』에, 『하늘도 놀라고 땅도 흔들리고』(中和의 '龍鳳祥麟')를 1969년 3월 5일부터 1972년 3월 16일까지 『중앙일보』에 번역·연재하기도 했다.14) 이렇게 무협소설이 인기를 끌자 싸구려 날림 번역에 위룽성 등 유명작가들의 이름을 도용한 위작들이 성행하는 등 정크를 향해 치달려 갔고 침침한 대본소에서나 향유·유통되는 대표적인 싸구려 오락물로 추락해갔다.15)

그런 무협소설에 대한 부정적인 인식에 전기가 된 것은 1986년 1월 당시 중문과 교수였던 김일강(성선제)에 의해 진융의 『영웅문』 3부작이 번역되고 공전의 빅히트를 치면서부터이다. 또한 김광주의 뒤를 이어 검궁인·사마달·야설록·금강·박영창·외룡강 등 역량 있는 작가들에 의해 본격적인 창작무협의 시대가 개막되고, 손창섭이나 최근의 장산부(채영주)와 같은 본격문학 진영의 작가들도 간간이 창작무협을 내놓으면서 요즘에 와서는 싸구려 정크픽션이라는 인식과 이미지가 다소 완화되고 있는 것으로 보인다.

그러나 공식문학(formula literature)16)이라는 별호대로 무협소설의 천편일률적인 이야기에 대한 독자들의 염증은 무협소설 장르나 작가들에게는 피할 수 없는 난제였다. 그러므로 '전혀 같지도 않으면서도 아주 다르지도 않은 이야기'를 만들어 내기 위한 장르문학 작가들의 고투는 거의 필연에 가까운 것이라 할 수 있다. 무협소설 역시 이 같은 운명에서 자유로울 수 없었으니, 전과는 전혀 다른 새로운 감각과 미학을 가지고

---

14) 이상 무협소설의 번역 양상에 대해서는 이치수, 「중국 무협소설의 번역 현황과 그 영향」, 『무협소설이란 무엇인가』, 예림, 2001을 참조할 것.
15) 전형준, 앞의 책, 60면.
16) 대중문학(popular fiction)을 공식문학(formula literature)으로 지칭한 연구자로 존 카웰티 (John G. Cawelti)를 꼽을 수 있다. 여기에 대해서는 카웰티의 *Adventure, Mystery and Romance* (Chicago Univ. Press, 1977)를 참조할 것.

등장한 '신무협 작가들'의 등장은 지극히 당연한 결과라고 할 수 있다. 한국 창작무협에 새로운 경향을 만들어 내면서 무협의 지형도가 바뀌게 된 것은 용대운의 『태극문』(1994)과 좌백의 『대도오』(1995)가 등장하면서부터이다.

무협사의 한 분기가 된 좌백의 『대도오』는 선악의 이분법이나 권선징악 따위와 같은 종래의 무협소설의 상투적인 공식들을 타파하고 있을 뿐만 아니라 서술 방식에 있어서도 기존의 무협과 커다란 차이를 보여 준다.[17] 예컨대 주인공 대도오는, 기존의 무협영웅들과는 달리 사생아 출신의 비천한 하급 낭인무사로 명문 정파에 속해 있지도 않고 의협(義俠)이니 역사적 사명이니 하는 추상적인 대의명분들과도 애초부터 거리가 먼 인물이다. 이를테면 그는 완전무결한 영웅이 아니라 생존을 위해서 철기맹이라는 무림의 한 방파의 용병으로 활동하면서 살아가는 반영웅(半英雄)이며 수많은 인간적인 약점을 가진 반영웅(反英雄)이기도 하다. 신무협의 두드러진 특징의 하나는 이와 같이 '영웅적 주인공'이 등장하는 것이 아니라 '소시민적 주인공'이 전면에 등장한다는 사실이다. 『대도오』의 신무협으로서의 특이점은 예서 그치지 않는다. 이른바 정크 장르로서는 이례적으로 대도오가 조장을 맡고 있는 '흑풍조'의 조원인 매봉옥을 비롯하여 노대와 반효 등 다양한 인물의 시점에서, 곧 시점의 통일성이 해체된 상태에서 스토리가 전개되는 것이다.

최근에는 이와 같이 무협의 이념과 형식이 파괴된 신무협조차도 낡은 형식으로 간주되곤 한다. 이언 플레밍의 '007시리즈'를 패러디한 김호의 소설 『노자무어(怒者無禦)』[18]라든지 노팔룡이라는 반 편 같은 인물

---

17) 한 가지 흥미로운 사실은 소설보다 영화에서 이 같은 변화가 훨씬 더 빨리 출현했다는 점이다. 예컨대 비장미·남성성·영웅주의 등으로 무장한 이소룡 영화가 신파무협의 전형이었다면, 코믹과 유머로 무장한 비영웅적(非英雄的) 영웅(英雄)인 청룽(成龍)은 반무협적인 영웅에 가깝다고 할 수 있다. 향후 신무협에 미친 영화의 영향에 대한 상세한 검토가 필요하다.

18) 노자무어는 007시리즈로 유명한 영화배우 '로저 무어'의 한자음이다. 신무협과 반무협

이 거듭되는 우연한 행운에 힘입어 고수의 반열에 오른 7명의 미녀들을 애인으로 만들고 이들과 연합해서 상대를 제압(사실 이 작품의 안타고니스트인 막비는 무리한 수련으로 인한 부작용으로 주인공 필룡과 대결이 시작되기도 전에 어이없이 폭사해 버리고 만다)한다는 파격적이고 황당한 내용을 담고 있는 『독보강호』[19] 같은 만화들 그리고 판타지와 무협을 결합시킨 전동조의 『묵향』 등 반무협이나 퓨전형 무협들도 이제는 더 이상 낯선 형식이며 실험으로 취급되지 않기 때문이다.

본고의 주요 분석 대상 『열혈강호』는, 앞에서 언급한 바와 같이 신무협과 반무협의 사이에 긴 신개념의 무협만화이다. 이를테면 『열강』은 한편으로는 신무협과 반무협의 경향을 부분적으로 계승하면서 다른 한편으로는 코믹 버디무협이라는 독자적인 세계를 구축하고 있기 때문이다. 이런 점에 비추어 『열강』은 문학, 만화, 영화, 판타지, 컴퓨터 게임 등 온갖 장르들이 뒤섞이고 혼합된 퓨전시대 무협의 특징을 압축적으로 잘 반영하고 있을 뿐만 아니라 우리 시대의 문화를 읽어 내는 데 필요한 텍스트라 할 수 있다.

3. 코믹무협과 위기에 빠진 남근의 만화적 대응

『열강』은 신무협[20]과 반무협[21]의 특징을 공유하고 있는 퓨전형 코믹

의 특징과 그 양상에 대해서는 육홍타, 「시장의 측면에서 본 한국 무협소설의 역사」, 『무협소설이란 무엇인가』, 예림, 2001, 133~140면을 참조할 것.
19) 반무협의 특징을 잘 보여 주는 이 만화의 서지 사항은 다음과 같다. 검궁인 원작, 한가람 그림, 『독보강호』 전7권, 초록배매직스, 2001.
20) 신무협이란 좌백의 『대도오』 이후, TV·영화·만화·컴퓨터 등 현대의 첨단 미디어들의 영향 속에서 성장하고 여기에서 형성된 새로운 가치와 감수성을 가지고 있는 신

만화로 현대무협의 흐름과 특징들을 압축적으로 보여 준다. 이 버디무협에는 수많은 인물들이 등장하고 박진감 넘치는 사건이 계속해서 이어지지만, 이를 담아내고 있는 서사 구조는 비교적 단순하다. 주인공 한비광과 미모의 여검객 담화린이 함께 동행하면서 강호의 고수들과 치열한 대결을 벌이고 모험을 겪는다는 피카레스크식 구성이 『열강』의 서사적 근간을 이루고 있기 때문이다.

우선 기존의 무협과 『열강』의 차이점은 인물 구성에서 찾을 수 있다. 주인공 한비광은 신무협의 원조인 '대도오'보다 훨씬 더 현대적이고 파격적이다. 그는 호색한이며 적당히 타락하고 속물적인 데다가 무협영웅들의 필수 요건인 무술실력을 갖추지 못한 함량미달의 불구적 영웅, 비유컨대 총을 쏠 줄 모르는 서부영화의 총잡이와 같다. 물론 이와 같은 한비광의 형상은 호조 츠카사의 인기만화 『시티 헌터』의 주인공 우수한 그리고 이노우에 다케히코의 스포츠만화 『슬램 덩크』의 주인공 강백호의 모습을 연상케 한다. 이런 점에서 그는 상호텍스트성을 지닌 인물, 다시 말해서 대중문화의 주인공을 바탕으로 만들어진 또 다른 대중문화의 주인공인 셈이다.

그야 어쨌건 만화 속에서 그는 가볍게 허공으로 날아오르고 빼어난 스피드로 달릴 수 있는 뛰어난 경공술의 소유자이며, 한번 본 무공의 초식을 그대로 따라할 줄 아는 천재적인 모방 능력을 가진 아주 복잡한 인물이다. 요컨대 그는 무술을 거의 할 줄 모른다는 점에서 분명 무협의 주인

___

세대 무협(소설, 만화) 작가들을 통칭하는 편의상의 용어이다. 사이버공간에서 연재되는 무협의 경우는 연재중인 작품을 놓고 작가와 독자들이 의견을 주고받는가 하면, 작품 속의 주요 인물들도 '의'니 '명분'이니 하는 추상적 가치보다 현실적이고 개인적인 욕망과 가치를 인정하고 이를 중시하는 경향을 보인다. 아울러 중국 무협의 영향에서 많이 벗어나 있다는 것도 신무협의 한 특징이라 할 수 있다.

21) 반무협이란 기존의 무협과는 달리 등장인물들의 이름을 거창한 별호대신 쥐·고양이·닭 같은 짐승들의 이름을 활용하여 명명하는가 하면, 유명한 무협과 대중문화를 기상천외한 방식으로 패러디하는 등 무협의 공식과 이념을 송두리째 부정하는 경향을 보여 주기도 한다. 이상 반무협의 특징에 대해서는 육홍타, 앞의 책, 136~137면 참조.

공으로서는 치명적인 결함을 가지고 있는 반(反)영웅이지만, 뛰어난 경공술과 모방 능력(암기 능력)으로 무공 실력이 나날이 진보한다는 점에서 보자면 여느 무협물들의 주인공들처럼 아주 비범한 천재적 인물—그의 비범성은 예기치 않은 장면에서 우연히 발휘되며, 이런 그에게 담화린은 잠깐씩 매력을 느끼기도 하며, 작품의 후반부로 갈수록 그는 담화린의 마음속에서 지울 수 없는 소중한 존재로 각인된다—이기도 하다. 작품 속에서는 그의 이 같은 반(反)영웅적 모습과 (뭇 고수들과 끝없이 대결해야 하는) 현실과의 갈등이 위기 상황을 자초하기도 하고, 작품의 극적 긴장을 더욱 더 고조시키는 요인으로 작용한다. 대중적 서사물답게 이 불구적 영웅의 약점을 메워줄 수 있는 장치들이 마련되어 있거니와, 검황의 손녀로 그와 함께 강호(江湖)를 여행하게 되는 미모의 여검객 담화린, 사파의 지존이며 그의 스승인 천마신군, 그리고 천마신군의 직속 친위부대인 흑풍회 등과 같은 조력자(helper)들의 존재가 바로 그것이다.

한편『열강』의 신무협(혹은 반무협)적 경향은 여기서 그치지 않는다. 그것은 선악 이분법적 대립의 해체, 주변부와 소수자에 대한 옹호, 도저히 시간과 공간을 짐작조차 할 수 없는 크로노토프(chronotope)의 모호함, 소림사의 부재, '의(義)'니 '협(俠)'이니 하는 허울뿐인 명분들에 대한 철저한 부정 등에서 거듭 확인된다. 사파의 제왕인 천마신군의 여섯 번째 제자인 한비광이 벽풍문이나 송무문 등 정파의 고수들과 치열한 격전을 치르는 과정에서 잘 드러나 있듯이 정·사파가 서로 뒤바뀐 것이 아닌가 할 정도로 사파가 때로는 정파보다 더 도덕적이고 의로운 모습으로 그려진다.22) 아울러 작품이 배경이 되는 시공간이 언제 어디라고 분명

---

22) 34권이 발행된 2004년 6월 30일 현재 유원찬과 한비광은, 정파와 사파 간의 오랜 반목과 갈등을 넘어설 수 있는 새로운 우정과 인간 관계를 선보이고 있다. 예컨대 음험하고 위험하기 짝이 없는 둘째 사형 도월천의 모략에 걸려 무모하게 송무문을 함락시키는 셋째 사형 진풍백의 공격을 목숨을 걸고 막아내는 한비광과 위기에 빠진 한비광을 끝까지 지켜 주고 두둔하는 유원찬의 모습이 바로 그러하다. 한편 2006년 9월 현재『열강』은 41권까지 출판되었다.

하게 제시돼 있지 않으며, 모든 무협물들에서 항상 등장하는 소림사가 이 만화에서는 아예 언급조차 되지 않는다. 다음은 주인공 한비광이 송무문의 문주인 유원찬과의 대결 과정에서 드러나는 장면으로 그런 『열강』의 특징을 잘 보여 주는 대목이다.

한비광 : 뭐야? 졌으면 어서 꺼지지 않고!

유원찬 : 무…… 무슨……? 넌……, 날 죽이려고 한 게 아니었나?

한비광 : 나 참! 농담이라도 그런 소리 하지 마! 난 단지 네 건방진 버릇을 고쳐주려고 한 것뿐이라고!

유원찬 : 흥! 이 세상에는 쓰레기보다 못한 악한 놈들이 널리고 널렸다. 그런 놈들 몇 명을 죽였기로서니 그것이 무슨 죄가 된단 말이냐?

한비광 : 놀고 있네! 이봐! 그 악한 놈들이라는 건 대체 누구를 기준에 놓고 하는 말이야? 그것은 어디까지나 네 기준에서 결정한 이기적 판단의 결과가 아닌가?

유원찬 : 이…… 이 자식……. 어디서 그런…….

한비광 : 똑바로 들어둬! 혼자 잘난 송무문주님! 세상에 악한 자란 없어! 단지 서로 생각이 조금씩 다른 사람들이 살아가고 있을 뿐이라고!![23]

두 인물간의 대화에서 잘 드러나듯 한비광은 통상적인 무협물들의 주인공과는 다른 가치와 인식 태도를 보여 주고 있으며, 유원찬으로 대표

23) 전극진 글, 양재현 그림, 『열혈강호』 5권, 대원문화출판사, 1995, 136~138면. 이하 권수와 면수만 표시함.

되는 보수적인 기득권층과 엘리트들을 일깨워주기도 하는 자유로운 주변인이다. 물론 작품 속에서 한비광이 신지(神地)[24] 출신이며 검마(劍魔)의 후예임이 언급되는 등 아주 특별한 인물임이 반복적인 방식으로 강조되고 있지만, 현실 속에서의 그는 여전히 무공 실력도 별 볼 일 없고 여자에게는 늘 차이고 담화린에게 핀잔이나 듣는 주변인이며 소시민적인 인물이다. 이렇게 볼 때 잡초처럼 강호를 정처 없이 떠도는 한비광은 뿌리 뽑힌 소수자—그는 무림인들의 경원의 대상인 신지와 검마의 후예이며, 정파 무림인들의 위협과 무시를 받는 사파(邪派)에 속한 인물이다—의 한 상징이라 할 수 있다. 이렇게 뭐라 명확하게 규정하기 어려운 복잡한 성격을 띠고 있는 한비광이지만, 그가 명분 정파의 젊은 문주로서 엘리트주의적인 자존심과 오만으로 똘똘 뭉쳐 있는 유원찬을 인용문처럼 질타하는 모습을 그린 대목은, 쉽게 지나치기 어려운 복잡한 의미를 가지는 것이다. 비록 그것은 대단히 소박하고 상식적인 수준에서 이루어지는 것이기는 하지만, 기존의 무협소설들에서 항상 반복되던 상투적이고 허울뿐이던 일체의 추상적 명분과 가치들을 부정하고 있을 뿐만 아니라 소외된 소수자가 어떤 경우에는 엘리트 코스를 밟은 기득권층보다 더 도덕적이고 인간적이며 그들의 부도덕성을 적나라하게 드러내는 비판자로서의 면모를 보여 주는 데서 보다 분명하게 드러낸다.

물론 이러한 부정과 비판은 무협물로서의 자신의 정체성에 대한 전면적인 부정처럼 보이지만, 사실은 자신의 정체성을 강화하고 만들어나가려는 또 다른 무협의 논리라 할 수 있다. 그야 어쨌건 이 같은 『열강』의 독특한 특징은 벽풍문의 후계자이자 무림의 꽃미남으로 자처하는 천운학과 한비광과의 대결(8~9권 참조)이 펼쳐지는 과정에서 또 다시 빛을 발

---

24) 아직까지 연재중이라 작품 속에서 신지가 공간인지 절세의 무공을 가리키는 말인지 암시만 되어 있기 때문에 아직까지도 그것이 무엇인지 알 수 없다. 또한 한비광이 '검마'의 후예라는 사실이 잠시 언급되고 있으나 이 또한 무엇을 의미하는 것인지 확인할 수 없다.

휘한다. 여기에서 묘사된 천운학은 상류사회에 속한 기득권층의 한 상
징일 터인데, 만화에서는 천운학을 철저하게 희화화함으로써 무림(사실
은 현실)에서 멸시받는 주변 부인들의 분노와 고통을 코믹한 방식으로 드
러내고 해소시켜 준다. 그것이 연민이든 공감이든 다른 무엇이든 간에
이런 점들이, 주류 사회나 기득권층에 편입되지 못한 기층민중 출신의
젊은 독자들 내지 경기 침체로 인한 취업 대란과 온갖 사회적 금제들로
입사식을 통과하지 못한, 어떤 측면에서는 사회적 소수자이자 주변인인
신세대 젊은 독자들을 매료시키는 요인들의 하나라 할 수 있다.

　　그 외에 영악해질 대로 영악해진 성인 대중독자들(smart mob)들조차 열
광하게 만드는 『열강』의 매력은 기발한 만화적 상황연출과 재치있고
유치찬란하며 인터렉티브한 대화(개그)들을 꼽을 수 있다. 다음은 구체
적인 예이다.

백무흔 : 그만!! 독자 서비스는 거기까지다!
인물A : 엥? 아직까지 남아있는 놈이 있었어? 뭐냐 네 놈은!!
백무흔 : 내 이름은 백무흔(白無痕), 서울 강동구 명일동에 사는 모 독자분의
　　　　요청에 의해 태어났다. 보고 계세요? 팬레터 보내주신 '오현식'군 덕
　　　　분에 등장한 '백무흔'입니다~. 그 외에도 열혈강호 앞으로 팬레터를
　　　　보내주신 독자 여러분들께 이 자리를 빌어[려] 감사드립니다!! 단, 러

브 레터는 자제해 주셔요~. 작가들이 심란해서 원고를 안 해요~.

인물A : 뭐 저런 놈이 다 있어?! 급조된 캐릭터의 최후가 어떤지 똑똑히 보여주마! (6권, 86~88면)

그렇다면 고수들 간의 박진감 넘치는 무공 대결, 절세 미녀들과의 짜릿한 로맨스, 통쾌한 권선징악과 행복한 끝내기 등 재래의 무협물들의 공식과는 달리 기발하고 재치있는 대화, 독특한 상황 설정, 개성만점의 인물들이 빚어내는 『열강』의 유머와 웃음의 의미는 무엇인가. 그것은 독자들을 텍스트 속으로 끌어들이려는 기법이자 장치에 불과한 것인가, 아니면 그 이상의 의미를 가지고 있는 현상인가. 일차적으로 이는 웃음을 유도해 내려는 고도의 기법이며 장치이지만, 다른 한편에서 그것은 단순한 유머기법이나 개그가 아니라 동시대의 사회·문화적 상황을 반영하는 유의미한 현상으로 보아야 한다. 이를 작품에 나오는 실제 장면들이 포함된 몇 개의 사례들을 통해서 검토해 보기로 하자.

〈사례 1〉

담화린 : 어쨌든 귀찮은 여자를 쫓아줘서 고맙소!

한비광 : 귀·찮·다·고? 그게 건강한 사내(담화린이 남장을 하고 있기 때문에 한비광이 그녀를 남성으로 오해하고 있다 —인용자)가 할 말이야? 세계가 구역화되어 가면서 인간의 민족과 혈통의 개념조차 변형되어, 단지 서로의 경제적 ·정치적 이득만을 위해 지탱해 나가는 이 시점에서, 인간의 가장 기본적인 이념마저 싸구려 상품마냥 동적(動的)으로 빠르게 변화한다면 …… 이 세상  의 가치 기준은 어떻게 변하리라 생각해 본 적이 있는가? 알겠어? 결국 중요한 것은 여자란 말이야! (1권, 14면)

〈사례 2〉

노　호 : 젠장! 젠장! 형님의 복수도 못하고 이런 곳에서 죽을 순 없어!!

한비광 : 야! 진정해!! 이성적으로 생각해!! 그렇게 미친 듯이 날뛰어봐야 도움
　　　　　 될 건 없어!！

노　호 : (혼잣말로) 이 녀석 …… 이런 상황에 저렇게 침착해질 수 있다니. 그
　　　　　 럼 넌 무슨 방법이라도 ……?

한비광 : 음 …… 좋은 방법이라 ……. (갑자기 돌변하여) 밖에 누구 없어!! 살
　　　　　 려줘! 이런 곳에서 죽고 싶지 않아~!

노　호 : 야! 진정해!! 이성적으로 생각해!

한비광 : 이런 상황에서 이성적인 생각 같은 게 될 리가 없잖아!! (20권, 36~
　　　　　 37면)

위의 사례들에서 잘 드러나고 있듯이 『열강』은 여느 무협물들과는
달리 비장하고 진지하기보다는 코믹하고 기발하며 발랄하다. 이렇게 스

피디한 작품 전개와 돌발적인 개그에 독자들은 폭소를 터뜨리게 되기보다는 피식하고 실소를 흘리게 된다. 그 동안 『열강』 판매 부수라든지 인터넷을 떠도는 유머들 그리고 「개그 콘서트」와 같은 신개념의 코미디 프로들이 보여 주고 있듯 우리 시대는 어언 폭소와 홍소가 사라져버린, 실소와 냉소의 시대로 접어 들어가고 있다.25) 무협의 형식과 웃음의 코드가 이렇게 바뀌었다는 것, 그리고 이러한 형식의 유머 텍스트26)들이 독자들에게 커다란 공감과 호응을 얻고 있다는 것은 어떠한 의미를 갖는 것인가.

웃음은 참을 수 없는 기쁨과 즐거움에 대한 정서적 · 심리적 표현이며 반응이다. 웃음에 관한 어떤 임상실험보고서에 따르면, 웃음은 일종의 '정신적 조깅(internal jogging)'으로서 순환기, 소화기, 혈압, 심장박동, 엔돌핀 분비 촉진, 스트레스 해소, 근육이완, 성인병 예방 등 건강증진에 매우 유익하다고 한다. 또한 한 개인의 건강 문제를 넘어서 웃음은 사람과 사람의 마음을 융화시켜 주는 융화 작용은 물론 사회와 정치에 대한 풍자 등 다양한 기능을 갖고 있는 중요한 사회(심리) 현상이며 문화이다. 그런데 『열강』을 포함한 유머 텍스트와 각종의 대중문화에서 그런 웃음의 형식이 점차 냉소와 실소로 바뀌어 간다는 것은 현재 우리 사회의 전반적 여건이 폭소를 터뜨리고 웃을 수 있을 만큼 상황이 아니라는 것, 그리고 이제는 사람들이 온갖 유형 · 무형의 유머와 웃음에 식상하여 종래의 강도와 수준으로는 더 이상 웃을 수 없을 정도로 영악해졌다

---

25) 웃음의 형식 변화와 의미에 대해서는 김동식, 「폭소에서 냉소로 웃음의 코드가 바뀌고 있다-'개그콘서트'가 보여주는 가벼움의 미학」, 『잡다-비평가 땡빵씨 문화의 숲을 거닐다』, 이마고, 2003; 박기수, 「'개그콘서트' 의미 없음의 즐거움」, 『대중문화 낯설게 읽기』(기호학연대 편), 문학과경계사, 2003을 참조.
26) 유머 텍스트란 "남을 웃기기 위해 의도적으로 만든 일정한 구조를 가진 이야기"로서 구비전승되는 설화, 야담, 삼행시, 시리즈형 농담, 「개그 콘서트」와 같은 TV 프로그램들, 그리고 풍자문학 등이 모두 여기에 해당된다. 여기에 대해서는 한성일, 「유머 텍스트의 원리와 언어학적 분석」, 경원대 박사논문, 2002; 김동식, 「폭소에서 냉소로 웃음의 코드가 바뀌고 있다」, 위의 책을 참조.

는 것을 보여 주는 증거라 할 수 있다.

그건 그렇고 『열강』과 같은 돌발적이고 기발한 개그가 불러일으키는 가벼운 웃음의 방식에 우리 남성 독자들이 폭넓게 반응한다는 것은, 어떤 측면에서 우리 시대의 남성들이 어떤 심각한 위기에 직면해 있다는 것의 반증으로 볼 수 있다. 조금 과장되게 말해서 직장에서는 선배 혹은 후배에게, 가정에서는 아내에게, 그리고 사회·제도적으로는 여권 신장과 호주제의 폐지 등 갈수록 남성들의 입지와 위상이 갈수록 위축되어 가고 있다. 이러한 상황에서 근육의 힘으로 세계를 제패하고 뭇 여성들의 주목을 받는 강한 남성영웅들의 이야기에 대한 남성 독자들의 열광은 남근의 위기가 이미 상당한 수준으로 진행되었으며 새로운 남성적 정체성을 강요당하고 있는 현실에 대한 심미적 저항이라 할 수 있다. 예컨대 한비광의 남근주의적 욕망이 담화린에 의해 매번 미수에 그치거나 좌절되어 버리고 마는 것은, 어떤 측면에서 오늘날 남성들의 생물학적·제도적 위상이 어떤 지경에 이르렀는가를 보여 주는 상징적인 사례로 볼 수 있다. 이런 관점에서 보자면 폭소가 아닌 실소를, 홍소가 아닌 냉소를 머금게 된다는 것은 남근의 위기와 현실 상황에 대한 남성들의 불만과 체념의 표현이라 할 수 있다.

그러나 『열강』의 주인공 한비광은 재래의 권위를 잃고 위기에 빠진 남근의 상징인 동시에 아무리 어렵고 힘든 위기적 상황이라고 하더라도 개그와 유머를 이를 견뎌내고 넘어서려는 모습을 보여 주고 있다는 점에서 일종의 긍정이고 위안이다. 세계화와 신자유주의의 파고 속에서 한없이 불안하기만한 이 혹독한 시대를, 거대서사나 전망이 없이 넘길 수 있는 유일한 방식은 현실에 대한 불신과 체념을 담은 냉소적 웃음밖에 없기 때문이다. 이런 의미에서 『열강』은 단순한 무협만화가 아니라 고개 숙인 남성들을 위한 위안이며, 남근의 위기에 대한 일종의 대중소설적인 대응이라 할 수 있다. 그러나 본질적으로 '타락한 시대의 타락한 대응 방식'에 불과한 이 만화적 대응은 잠시 동안의 웃음과 재미만을 제공해 줄 뿐이다. 책장을 덮자마자 독자들은 다시 차가운 텍스트 밖의 현실로 돌아와야 하기 때문이다.

4. 남는 문제들

인터넷 소설과 멜로드라마가 여성적인 장르라면, 무협물은 가장 남성적인 장르이다. 이제까지 살펴본 바와 같이 『열강』은 남근의 위기에 대한 일종의 만화적 대응이자 남성 독자들의 퇴행적인 저항이라 할 수 있다. 물론 이 같은 결론을 이끌어 내기 위해서는 다음과 같은 균형 잡힌 인식이 전제되어야 한다.

우선 『열강』에 나타난 웃음과 유머가 남근의 위기에 대한 반작용인 것은 분명하지만, 주인공 한비광의 경우에는 애초부터 남근 위기와 상관없이 텍스트의 논리에 따라 설정된 유머러스한 남근일 수도 있다는 점을 간과해서는 안 된다는 것이다. 이를테면 사회·문화적인 차원에서 볼 때 『열강』의 유머와 개그는 분명 남근의 위기에 대한 만화적 대응이요 반영이지만, 텍스트의 차원에서 볼 때 호조 츠카사의 만화 『씨티 헌터』의 주인공 우수한(사에바 료)의 모습에서 익히 보아 왔던 것처럼 한비광 역시 유머러스한 호색한으로 설정된 반영웅적 영웅이라는 것, 즉 독자들의 관심을 끌기 위한 수단에 지나지 않았을 수도 있다는 사실이다. 따라서 『열강』을 통해서 목격되는 남근의 위기는, 어쩌면 작가들의 의도와는 전혀 상관없는 우연한 결과일지도 모른다는 것이다.

또 하나는 『열강』에 나타난 이중성이다. 다시 말해서 『열강』이 남근의 위기를 반영하고 있지만, 사실은 남근의 위기를 활용하고 다른 한편으로 남근주의를 더욱 강화하고 있다는 점이다. 예컨대 초반부에서 당찬 신세대 여성의 면모를 보여 주었던 담화린이 갈수록 남성 독자의 관음증적 대상으로 묘사된다거나 한비광의 지극한 정성과 구애에 차츰 마음이 기우는 여린 여성으로 '순화'되어 간다는 사실이 바로 그러하다. 이는 그것이 신무협이었든 반무협이었든 간에 결국 무협물로서의 본질에서 벗어나지 않는다는 것, 다시 말해서 『열강』에 나타난 남근의 위기 역시 남근주의라는 동전의 양면에 지나지 않을 수도 있다는 사실이다. 『열강』이 입증하고 있듯이 대중예술들에 내재된 장르 법칙과 본성은 쉽사리 바뀌지 않는다. 왜냐하면 어떤 대중예술이든 간에 장르 규칙과 논리에서 벗어나는 순간, 해당 텍스트는 장르로서의 정체성을 잃고 다른 장르의 작품이 되어 버리기 때문이다.

일찍이 선구적인 대중문학 연구자인 존 카웰티(John G. Cawelti)는 그와 같은 대중적 오락물들 혹은 대중문학의 본질을 간파하고, 이를 가리켜 공식문학(formula literature)으로 규정한 바 있다. 이를테면 문학이든 만화든 영화이든 간에 일체의 대중적 오락물들 속에는 개별 장르들마다 수많은 에피고넨들을 양산해 낼 수 있는 고유한 법칙과 패턴과 영향력을 가지게 되기 때문이다.27) 다만, 문제는 그런 특정 장르의 법칙을 고수하고 있는 수많은 텍스트들 가운데서 하필이면 특정 텍스트 하나가, 다시 말해서 어떤 특정한 패턴이 동시대 독자들에게 널리 선택되고 읽힌다는 것은 대단히 흥미로운 일이다. 물론 그것은 단지 독자들 자신이 선호하고 재미있는 서사적 패턴과 내용을 선택한 것일 뿐인 우연한(아니면 출판 자본의 영업 전략이 만들어 낸 필연적인) 결과일 수 있다. 아니면 그것은 어디까지나 하나의 패턴이자 일시적인 유행이며, 단순한 취향들의 집적이 낳은 우연한 결과이지 지나치게 과장하고 과잉 해석할 필요가 없는 문제일는지도 모른다. 그러나 아무리 그렇다고 하더라도 어떤 문화 현상이 해당 시대의 구체적인 현실과 본질을 드러낼 때만이 학술적 탐구의

---

27) 우지연, 「꿈꾸는 세계가 있는 자만이 장르를 지지한다」, 『계간 북 페뎀』 5호, 한국출판마케팅연구소, 2004.8, 48면 참조.

가치를 가지게 되는 것은 아닐 뿐만 아니라 특정 패턴과 공식을 따르고 있는 대중적 오락물이 만 10년 동안 독자들에게 꾸준히 사랑을 받으며 그 인기를 유지해 나가고 있다는 것은 아무래도 단순하고 자연스런 현상으로 보아 넘기기는 어렵다.

> 무협소설이 유행하게 된 주원인은 당시 호협(好俠)과 서점상의 부추김 때문이 아니라 평민사회 구성원들이 자발적으로 선택한 결과였다. 무협소설 가운데 사람들에 의해 가장 많은 환영을 받은 무협은 영원한 평민사회의 한 요소였다. 무협은 그들이 지닌 출중한 무예, 강인한 인격정신으로 봉건 전제 사회 속에서 거침없이 노기(怒氣)를 띠고 질타했다. 그들은 강호를 다니며, 해를 끼치는 사람을 제거하여 백성들을 안심시켰고, 세상의 모든 불평등한 일을 일소하여 탐관오리, 악한 강도들을 떨게 함으로써 평민사회의 불평과 굴욕을 씻어 주어 움츠려든 평민들의 인격정신을 펼 수 있게 해 주었다.[28]

인용문에서 잘 드러나고 있듯이 무협은 출발부터 대단히 사회성이 강한 장르로 항상 연구자들의 사회학적 관심을 환기하는 대상이기도 했다. 무협의 먼 조상들이라고도 할 수 있는 협사와 걸사들을 활약상을 그린 전근대시대의 열전이나 속문학들은 부당한 봉건적 폭력 앞에 선 민초들의 심미적 대응이었고, 한국무협의 태동기였던 1960년대와 전성기를 구가했던 1970~80년대 역시 5·16군사쿠데타, 유신통치, 신군부의 철권통치 밑에서 시달리던 소시민 남성들의 울분과 욕망을 대행해 주던 반항적인 장르였기 때문이다. 이런 점에 비추어 볼 때 『열강』의 인기와 유행 역시 사회·문화적인 맥락 속에서 해석될 필요가 있는 것이다.

우리에게는 아직도 낯선 풍경이지만, 중국에서는 무협물들을 학술적인 차원에서 또는 사회학적인 층위에서 읽어 내려는 시도들이 줄곧 이어지고 있다. 사회적인 영향력과 높은 인지도 그리고 중국문화와 정신

---

28) 진산, 강봉구 역, 앞의 책, 312~313면.

을 잘 구현해 냈다는 공로를 인정받아 1990년대 와서 진융이 북경대학 교수로 임용되고 그를 본격적으로 연구하기 위한 〈김용학회〉가 만들어지는 것은 물론 각종의 무협 연구 논저들이 계속해서 이어지고 있는 중국의 경우는 좋은 예가 되며, 우리에게도 시사하는 바가 크다고 할 수 있다. 바로 이런 점에서 『열강』은 우리들의 연구 태도와 패러다임을 가늠해 볼 수 있는 바로미터이며, 좋은 문화 연구 텍스트라 할 수 있다.

문학의 확장을 위하여

문학과 만화의 교섭 양상을 중심으로

1. 문학 vs. 만화에서 만화 & 문학으로

　최근 우리 소설의 한 특징으로는 만화, 드라마, 영화, 컴퓨터 게임 등 대중적 예술과 오락물들의 수용을 꼽을 수 있다. 디테일의 강화 등 여러 가지 의도에서 작품 속에 유명상품·팝송·탤런트들을 등장시키는 것은 이제 더 이상 놀라울 것도 없는 일상적인 일들이 되어 가고 있다. 이 같은 경향을 확인시켜 주기라도 하듯, 지난 5월 문단에서는 자그마한 사건이 하나 일어났다. 제8회 문학동네 신인작가상 수상작으로 박민규의 경장편(輕長篇) 『지구영웅전설』이 선정된 것이다. 경장편이란 말대로 소설은 중편보다는 좀 길고 보통의 장편보다는 짧은 분량이며, 내용 자체도 유명 애니메이션과 만화영웅들을 소재로 한 것이어서 다소 가볍고 경쾌하다는 인상을 준다.

흡사 SF나 판타지만화의 제목을 방불케 하는 '지구영웅전설'이란 파격적인 제목에서 자연스럽게 떠오르는 작품이 하나 있다. 『묵향』, 『퇴마록』, 『로도스도(島) 전기(戰記)』 등과 함께 젊은 독자들에게 큰 반향을 불러 일으켰던 다나카 요시키(田中芳樹)의 SF 『은하영웅전설』이 바로 그것이다. 『은하영웅전설』은 대중문화를 정상적(?)으로 향유해 온 10대 후반~30대 초반의 독자들에게는 이미 'SF 삼국지'로 일컬어질 만큼 널리 알려진 소설이다. 특이한 것은 은하제국과 자유행성 동맹 사이의 대결을, 라인하르트와 양 웬리라는 각각 양 진영을 대표하는 천재적 전략가 사이의 대결을 통해서 전체주의와 공화주의의 체제의 허구성을 드러내려 한, 대중소설답지 않은 대중소설이라는 점이다. 세계적인 흥행 영화인 〈스타워즈〉시리즈와 동양의 고전 『삼국지』를 합성해 놓은 듯한 이 대중소설은 청소년독자층의 열광적인 반응에 힘입어 만화, 애니메이션, 컴퓨터 게임 등 다양한 형태의 제품으로 개발·출시됐으며 사이버 공간상에서 상당수의 팬 클럽을 거느리고 있을 정도로 엄청난, 그렇지만 제도권(?) 문단에는 거의 알려지지 않은 대형 베스트셀러의 하나였다. 그런 대중소설 제목을 의도적으로 차용하고 있는 데서 어느 정도 짐작할 수 있듯 『지구영웅전설』은 미국 대중만화영웅들의 이야기를 빌려 시종 말도 안 되는 엉뚱한 상상력을 펼쳐 보인다.

본격문학으로서의 최소한의 품위조차 과감하게 벗어 던진, 이 유치찬란한 제목이 보여 주고 있듯 『지구영웅전설』은 작품의 기원과 이념적 지향 그리고 미적 특질 등이 어떠한지 대번에 알아차릴 수 있게 한다. 이와 같이 고급예술이 대중예술로 침강(沈降)하는 것이 아니라 거꾸로 진지한 예술들이 대중예술을 모방하는 포스트모던한 역전 현상이 오늘에 이르러 더 이상 새삼스러울 일은 못되지만, 이번의 경우에는 진지한 예술에 영향을 미칠 정도로 대중예술의 위력이 갈수록 증대되어 가고 있음을, 그리고 상황에 따라서 만화 같은 키치예술도 빼어난 예술 작품이 될 수도 있다는 것을 보여 주는 아주 구체적인 사례라는 점에서 우리의 눈길을 끈다.

한편 지난 6월 『문학사상』은, 이와는 상반된 대단히 흥미 있는 기획 하나를 내놓았다. '최근 10년 동안 문학과 만화 도서의 출판 변화와 비교분석'이란 다소 긴 제목의 기획이 그것인데, 문학과 만화가 출판 시장에서 어떤 관계를 이루고 있는지, 만화가 문학에 어떤 영향을 끼치고 있는지 실증적인 조사와 분석을 시도하였다. 이를 통해서 『문학사상』은 다음과 같은 흥미로운 분석 결과를 제시하였다. 조사 결과에 따르면, 문학서적은 1993년 1,374부가 간행됐으나 2002년에는 1,278만 부가 발행돼 6.9%가 줄어들었다. 반면, 만화는 1993년 720만 부였던 것이 2002년에는 3,594만 부로 무려 399%나 증가했다는 것이다. 또한 출판시장 판도에 있어서도 문학서적이 전체 발행 부수의 10.8%, 발행 종수 14%, 시장 규모는 전체의 8%인 것인 것에 비해 만화책은 전체 간행 부수의 30.5%, 발행 종수 25%, 시장규모는 9.2%인 것으로 집계되고 있다는 점이다. 요컨대 경기 침체 등 경제 위기와 사회적 변화가 극심하면 만화가, 사회가 안정되면 문학을 찾는 상반된 현상이 뚜렷하다는 것이다.[1]

기실 그간 막연한 심증만 가지고 있었던 사실들에 대해 구체적이고 실증적인 조사를 통해서 확인할 수 있었다는 것이 아마도 이 기획의 성과이며 의미일 것이다. 그런데 한 가지 아쉬운 점은 만화와 문학을 대립적인 관계로 파악하면서 은연중에 만화를 문학의 영역과 입지를 잠식하는 달갑지 않은 존재로 간주하는 (듯한) 일반적인 관행과 태도를 그대로 반복하고 있는 것이다. 정말 조사 결과대로 문학과 만화의 관계가 대립적인지, 그리고 만화의 성장과 발전이 본격문학의 발전에 해를 입히는 것인지 다시 한번 따져볼 필요가 있을 것이다. 아울러 이와 함께 만화와 문학이 대립적이라면 과연 무엇이 어떻게 대립적인지, 또 그러한 대립의 구체적인 내용과 양상은 무엇인지 함께 검토해 보아야 한다

---

1) 여기에 대해서는 「출판진단—최근 10년 동안 문학과 만화도서의 출판변화와 비교분석」, 『문학사상』, 2003년 6월 참조.

는 것이다.

기실 누구라 할 것도 없이 우리는 이 같은 오해와 오류―곧 문학의 위기와 침체의 원인을 거대 이념의 붕괴나 만화와 영화 같은 대중예술의 성장으로 돌리는 과오―를 되풀이하고 있다. 언제나 자기 시대와 불화하고 길항하면서 치열한 고투를 요구하는 문학이 과연 위기를 겪지 않았던 때가 있었는지 또한 대중문화의 발흥이 고급예술의 위기를 초래한 원인이었는지 차분하게 따져 볼 필요가 있다.

이 두 개의 사례가 보여 주고 있듯이 문학과 만화를 대립적인 것으로 파악하는 관점이 지배적이라는 것, 그리고 이런 상황 속에서도 만화나 영화를 비롯한 문학의 대중문화 사이의 교섭과 퓨전이 갈수록 가속화되고 있으며 긍정적인 의미에서이든 부정적인 의미에서이든 그것이 이제는 더 이상 간과할 수 없는 시대적 대세로 자리를 잡아가고 있다는 사실이다.

그러나 문학과 만화가 이루는 관계에 대해서 꼼꼼하게 따져보는 것은 생각처럼 그렇게 쉬운 일이 아니다. 그것은 논의의 초점과 중심을 어디에 두고 있느냐에 따라 수많은 조합과 경우의 수를 만들어 내는 대단히 난감한 과제이기 때문이다. 예컨대, 문학과 만화란 두 개의 상수가 만들어 내는 조합들을 머리에 떠오르는 대로 대충 추려 보아도 다음과 같이 아주 복잡한 난맥상을 보인다. 첫째는 만화와 문학의 공통점과 차이점에 대해서 포괄적이고 원론적인 방식으로 접근하는 방식이다. 둘째는 만화로 재창조된 문학 작품들, 곧 만화가 된 문학 작품들에 대해서 검토해 보는 것이다. 셋째는 문학의 영역으로 들어온 만화들, 곧 문학이 된 만화에 대해서 살펴보는 것이다. 넷째는 빼어난 완성도와 작품성을 가지고 있는 몇몇의 문제적인 만화들, 혹은 문학적 예술만화들에 대해서 논의하는 것이다. 다섯째는 두 번째와 세 번째의 경우를 한데 묶어서 검토해 보는 것, 이를테면 만화와 문학의 교섭 양상들 가운데서 주목할 만한 주요 사례들을 살펴봄으로써 극심한 침체와 위기를 겪고 있는 문학의 새로운 방향과 돌파구를 모색해 보는 작업이다.

이상의 간단한 정리에서 잘 드러나듯 문학과 만화의 문제는 흥미롭고도 긴요한 비평적 과제지만, 현실적으로 다루기가 여간 까다로운 게 아니다. 만화와 문학을 대립적으로 볼 것이 아니라 문학과 만화의 발전과 활발한 교섭에, 그리고 다소 엄숙하고 닫혀 있는 우리 평단의 관심을 환기하자는 관점에 입각해서 이 글에서는 가장 현실적이고 절충적인 태도라고 생각되는 다섯 번째의 경우에 논의의 중심을 두고자 한다. 이를테면 소설의 만화화와 만화의 소설화 양상에 대해서 개괄적으로 검토해 보고 이를 통해서 멀티미디어의 시대 극심한 침체와 위기를 겪고 있는 우리 문학의 새로운 방향과 가능성에 대해서 비평적 관심을 환기하는 작업이 바로 그것이다.

2. 문학이 된 만화 또는 만화의 소설화

1909년 6월 2일『대한민보』창간호에 '삽화'라는 제목으로 실린 이도영의 한 칸(panel)짜리 만화를 한국만화의 효시로 본다면, 우리 만화사도 어언 1백 년에 가까운 역사를 이어오고 있는 셈이다.[2] 근대 출판인쇄산업과 저널리즘의 발전하면서 시작된 우리 만화는, 지식인들의 경멸과 무관심에도 불구하고, 결코 짧다고만 할 수 없는 역사를 이어오면서 고전과 걸작들을 자양분으로 꾸준히 성장을 거듭해 왔다.

한동안 키즈문화의 영역에 갇혀 있었던 만화에 대한 인식을 바꾸는 데 있어 중요한 계기를 마련해 준 것은 촌철살인의 풍자와 재치로 성인

---

2) 손상익,『한국만화통사』상권, 시공사, 1999, 13면.

들의 사랑을 한몸에 받은 일간신문의 시사만화들이었다. 게다가 1960년 대부터는 새로운 감수성과 재능을 지닌 뛰어난 작가들이 대거 등장하고 전문잡지들이 속속 출간되면서 만화의 시대가 활짝 열리면서 고전과 본격문학 작품들을 텍스트로 한 고품격 예술만화들이 쏟아져 나오기 시작했다. 가령 국내 최고의 스토리 작가라 할 수 있는 김세영을 비롯해서, 허영만·이현세·박흥용·권가야·한희작의 만화 등 본격문학 작품들과 어깨를 나란히 하는 문학적 만화들의 존재가 바로 그 증거이다. 여기에 문학을 적극적으로 만화화함으로써 만화에 대한 사회적 인식을 개선하고, 만화가 '예술' 또는 그림소설(graphic novel)로 격상될 수 있도록 하는 데 기여한 최근의 작가와 작품들로서는 오세영의 『부자의 그림일기』, 이희재의 『간판스타』·『삼국지』, 이두호의 『임꺽정』·『객주』, 백성민의 『장길산』, 변병준의 『프린세스 안나』 등을 꼽을 수 있다. 그리고 최근의 이 같은 인식과 상관없이 이미 오랜 전부터 만화를 넓은 의미에서 문학의 한 갈래로 보아야 한다는 선구적인 주장을 담은 비평이 발표된 적도 있었다.[3]

몇몇 작가주의 만화가들의 적극적이고 실험적인 노력에도 불구하고, 만화는 여전히 문학과 고급예술의 주변을 서성이면서 자기를 갱신하려는 노력을 전개해 왔다. 그런데 1990년대 중·후반부터 문학에서 만화로 일반적으로 침강(沈降)하던 일방적이고 수직적 관계가 역전되기 시작했다. 예컨대 만화가 문학을 모방하는 것이 아니라 문학이 만화를 모방하는, 만화의 문학화와 같은 포스트모던한 현상이 생겨난 것이다. 그 이전에도 유명상품이나 팝송 그리고 대중 스타 등과 같은 대중문화를 소설의 디테일로 활용하는 사례들이 없지 않았으나 요즘처럼 대중문화 그 자체가 소설로 작품화되는 경우는 그 유례를 찾아보기 어려웠다. 그러던 중에 영상문화의 압도적인 영향하에서 성장한 젊은 세대의 작가

---

3) 김현, 「만화는 문학이다」, 『뿌리깊은 나무』, 한국 브리태니커, 1977.1.

들이 대거 등장하면서 문학의 지형과 판도에 변화가 일기 시작했다. 김종광·김영하·백민석·하성란·박민규 등 대중가요, 컴퓨터 게임, 애니메이션, 순정만화 등을 소설 창작에 직접 활용하고 있는 작가들의 경우가 바로 그러하다. 이 중에서 백민석과 박민규는 만화와 애니메이션 등을 적극적으로 모방하고 실험하는데 그 누구보다 더 적극적이다.

백민석은 『내가 사랑한 캔디』, 『헤이 우리 소풍간다』, 『믿거나말거나 박물지』, 『목화밭 엽기전』 등의 작품에서 TV 프로그램이나 애니메이션 등을 소설 속으로 끌어들임으로써 영상세대 소설(가)의 출현을 알린 작가이다. 그의 문학세계를 지탱하고 있는 두 기둥은 만화적 상상력과 글로벌한 감수성이라 할 수 있는데, 과연 그의 상당수의 작품 속에는 캔디, 딱따구리, 오로라 공주, 손오공, 뽀빠이 등의 만화영화 캐릭터에서 KFC, 포르노 비디오, 팝송, SF 영화, 탤런트 등에 이르기까지 각종의 대중문화들이 녹아들어 있다. 이런 백민석의 시도에서 한 발 더 나간 작가가 바로 박민규이다. 제8회 문학동네 신인상 수상작인 『지구영웅전설』을 통해서 그는 편집증 환자의 잠꼬대만큼이나 황당하고 엉뚱한 이야기를 만화적 상상력을 동원해서 쏟아내고 있다.

소설은 미국의 한 정신병원에서 깨어난 주인공 '바나나맨'의 신병이 한국으로 인도되기 직전의 상황을 그리는 일종의 프롤로그로 시작된다. 그리고 나서 바나나맨의 어린 시절인 1979년의 상황으로 돌아가면서 이야기가 본격적으로 전개된다.

"아기를 만드는 법은 친구를 통해, 지구멸망설은 잡지를 통해, 알리와 이노키의 대결은 TV를 통해, 맥은 백과사전을 통해 알게"[4] 된 '나'는 나머지 공부를 밥 먹듯이 하는 열두 살짜리 지진아 초등학생이다. 그러던 어느 날 기지촌에 사는 동급생 친구와 함께 포르노 잡지를 보다 발각되고, 절망과 환멸에 빠진 나머지 나는 계모가 청소부로 일하고 있

---

4) 박민규, 『지구영웅전설』, 문학동네, 2003, 26면.

는 빌딩에서 투신자살을 감행한다. "죽음 이후의 소문과 손가락질"[5])이
두려워 슈퍼맨 흉내를 내다가 죽은 것처럼 위장하기 위해 빨간 망토를
두르고 가슴에 S자를 그려 넣은 채. 그런데 때마침 근처를 순찰 중이던
'나'는 슈퍼맨에게 구출되고, 슈퍼맨을 따라 '슈퍼 특공대'의 비밀기지
인 '정의의 본부'에 들어가게 된다. "링컨 기념관 맞은편에 우뚝 서 있
는"[6]) 정의의 본부에서 나는 슈퍼맨, 배트맨, 로빈, 원더우먼, 아쿠아맨
등 지구를 지키는 "아메리칸 히어로"들과 함께 생활하게 된다. 그곳에
서 '나'는 그들을 위해서 패스트푸드, 두통약, 생리대 따위 등을 사다 나
르는 잡심부름을 해주다가 마침내 정의의 본부의 일원이 되면서 '바나
나맨'이란 영광(?)스런 별호를 얻어 내기에 이른다.

철저한 인종차별주의자들인 슈퍼특공대원들이 '나'에게 붙여준 바나
나맨이란 이름은 우스꽝스럽고 코믹하면서도 사실은 대단히 불쾌한 호
칭이다. 그것은 속이 하얗게 변할 정도로 미국식 대중문화의 세례를 받
고 철저하게 그 추종자가 되었지만, 절대로 그들과 동화되거나 혹은 받
아들여질 수 없는 유색인종으로서의 한계를 나타내는 은유이기 때문이
다. 이런 점에서 볼 때 작품의 전반부에서 바나나맨의 신원을 파악하기
위해서 정신병원 직원들이 미국의 유명한 만화산업체인 DC 코믹스의
모든 작품을 샅샅이 뒤졌으나 결국 그의 존재를 확인하지 못한다거나
그가 다시 한국으로 추방되는 것은 그래서 더욱 더 상징적으로 읽힌다.

이 블랙 코미디 같은 이야기가 조금 더 진행되다가 바나나맨은 결국
정신병원으로 보내지고 치료를 받은 다음, 한국으로 송환된다. 강제로
한국으로 귀환된 나는 비록 미국 시민사회나 대중영웅그룹에 편입되지
는 못했으나 정의의 본부에서 '하우스 보이'로 일한 경험을 되살려 학
원에서 영어를 가르치며 살아가게 된다. 만화의 영웅들로부터 버림을
받았지만, 나 바나나맨은 잘 나가는 영어학원강사로 여전히 슈퍼 특공

---

5) 위의 책, 34면.
6) 위의 책, 38면.

대의 존재를 믿으며, 항상 그들의 꿈을 꾸며 살아간다.

이런 바나나맨의 이야기가 잘 읽히지만 결코 즐겁지만은 않은 것은, 블랙 코미디 속에 감춰져 있는 재귀적(再歸的) 조롱과 풍자 때문이다. 예컨대 표면적으로는 작가가 자신의 페르소나인 바나나맨을 조롱하고 풍자하는 것처럼 보이지만, 사실 그러한 풍자와 조롱이 미국식 대중문화에 취해 살아가고 있는 우리의 일상과 우리 안의 바나나맨들을 겨냥하고 있는 것이기 때문이다.

그런데 대중예술을 통해 대중예술을 비판하는 예술은 그리 낯선 시도가 아니다. 가령 앤디 워홀의 「마돈나」(1962)나 로이 리히텐슈타인의 「꽝!」(1963)과 같은 그림들처럼 키치 예술의 형식과 기법을 활용해서 소비자본주의의 일상과 문화의 본질을 날카롭게 그려내는, 정치적 팝 아트[7]들을 통해서 익히 보아 왔던 것들이기 때문이다. 그런 박민규의 시도가 비록 독창적인 것은 아니라 할지라도 만화와 같은 대중예술들을 통해서 우리 문학의 지평을 넓혔다는 점과 만화의 소설화에 있어서 기억할 만한 성과라는 점에 대해서만큼은 평가되어야 할 필요가 있다.

3. 만화가 된 문학 또는 소설의 만화화

흔히 만화를 영화(제7)와 TV(제8)에 이어 제9의 예술[8]이라 한다. 제9의 예술이란 명칭 속에는 만화가 가지고 있는 복합적인 성격뿐 아니라 기존의 예술관과 패러다임에 대한 도전의 의미를 내포하고 있다. 그런 별칭대로 만화는 대단히 복잡한 의미를 가진 장르이다. 그 이유를 다음과

---

7) 존 A. 워커, 정진국 역, 『대중매체시대의 예술』, 열화당, 1987, 30~46면.
8) 프랑시스 라깡쌩, 심상용 역, 『제9의 예술 만화』, 하늘연못, 1998.

같이 정리해 볼 수 있을 것이다. 첫째, 만화는 가장 대중적인 예술이면서도 예술로 공인받지 못하고 있는 비엘리트적인 예술이라는 것이다. 둘째, 만화는 키치와 본격예술의 경계 위에 위태롭게 서 있는 장르로서 문학과 미술의 특징을 동시에 가지고 있으면서도 결국 그 어떤 장르에도 완전하게 귀속되지 않는 독특한 정체성을 가지고 있다는 점이다. 셋째, 만화는 글과 그림의 결합체로서 '그려진 서사', 혹은 "형상화된 이야기"[9)]로 스토리 작가, 만화가, 문하생 등 긴밀한 협력 구조 속에서 만들어지는 종합예술로서의 면모를 가지고 있다. 넷째, 제9의 예술이란 용어에는 기왕의 예술관과 제도에 대한 저항의 의미, 이를테면 시각에 호소하는 만화의 형식이 다른 예술들에 비해 훨씬 덜 이성적이며 이런 저런 이유들로 아직도 만화를 문화와 예술의 자리가 아닌 오락과 소비의 자리에 위치시키는 일반적 관행과 통념에 대한 저항의 뜻이 담겨 있다. 제9의 예술이란 용어의 다양한 내포가 보여 주고 있듯이 만화는 간단하게 규정짓기 어려운, 복잡한 함의를 지니고 있는 장르이다.

이러한 특이성에도 불구하고 만화는 대표적인 서사장르 가운데 하나이며 대표적인 인쇄예술이라는 점 등 문학과 높은 친연성(親緣性)을 가지고 있는 장르이다. 앞에서 언급한 바처럼 만화의 문학화와 문학의 만화화는 최근의 경우를 제외하고 그 사례를 모두 정리하여 제시할 수 없을 만큼 빈번하고 장구하면서도 잘 알려져 있지 못하다. 그것은 만화에 대한 제도권 학술 담론의 무관심 그리고 여기에 덧붙여 한 해에도 수천 수백여 종이 출판됐다가 사라지는 등 만화 장르가 지닌 짧은 유통주기와 지질(紙質)과 부피 등으로 인한 취약한 보존성 등의 이유 때문에 그렇다. 따라서 문학의 만화화 문제는, 부득이 대표성을 갖는 최근의 몇 작품을 중심으로 해서 살펴보는 수밖에 없다. 이를 예술적 완성도와 대중적인 호응 등에서 모두 성공을 거둔 이두호·오세영 두 화백을 중심

---

9) 위의 책, 17면.

으로 살펴보도록 한다.

이두호는 『임꺽정』·『객주』·『장바우』·『바람소리』·『판돌이』·『머털도사와 108요괴』 등 토속적인 주제와 이야기 그리고 이웃집 사람같이 편하고 친숙한 인물을 개발·창작함으로써 가장 한국적인 만화가라는 평가를 받고 있는 작가이다. 과연 세간의 평가대로 그는 사어(死語)가 되다시피 한 우리 고유어들을 적극 활용하고 있는가 하면, 전통사회의 민초들의 삶과 생활상을 손에 잡힐 듯이 생생하게 묘사함으로써 그만의 고유한 작품세계를 구축했다. 그렇지만 이두호의 민족주의와 민중지향성은 프랑스식 영웅주의와 문화민족주의의 전형인 『아스테릭스(Asterix)』[10]와도 다르고, 변혁운동의 민중주의와도 다른 어떤 것이다. 기실 어떤 측면에서 르네 고시니(R. Goscinny)가 스토리를 맡고, 알베르 우데르죠(A. Uderzo)가 원화를 담당한 『아스테릭스』는 로마의 패권주의 — 실제로는 미국 대중문화의 국가주의와 영웅주의 — 에 대항하는 골족(Gaul은 지금의 프랑스이다) 영웅들의 이야기로 국민국가 이념을 구현하고 있는 만화이기 때문이다.

만화화의 성공적 사례이면서 이두호의 대표작이기도 한 『임꺽정』과 『객주』는 각각 홍명희와 김주영의 작품을 원작으로 하고 있는 작품들이라 할 수 있다.[11] 알다시피 『임꺽정』의 경우는 설화문학의 전통과 계급의식을 담아낸 한국 근대소설사의 한 정점에 올라선 작품으로 평가되는 대하역사소설이며, 『객주』 역시 상업자본의 형성, 임오군란, 개항 등 근대화의 물결이 거세게 일기 시작한 조선 후기의 역사를 배경으로 보부상(褓負商)들의 삶과 애환을 그려낸 민중적인 대하역사소설이기도

---

10) 여기에 대해서는 성완경, 「프랑스의 유머와 자존심의 상징」, 『세계만화탐사』, 생각의나무, 2001, 102~109면.

11) 이렇게 소설을 만화화하는 것의 의미에 대해서 주목하는 논문이나 문학과 만화 사이의 미적 구성 방식의 차이와 연관성에 주목하는 연구들이 계속해서 이어지고 있지만, 아직까지 만화에 대한 학계와 평단의 관심은 그리 높은 편이라 할 수 없다. 여기에 대해서는 임청산, 「문학과 만화의 구성요소와 상관 관계 고찰」, 대전대 박사논문, 1998; 장하경, 「소설 '임꺽정'과 만화 '임꺽정'의 비교 연구」, 숙명여대 석사논문, 2001 등을 참조.

하다.

　누구나 짐작할 수 있듯이 소설과 만화는 모두 대표적 서사 장르지만 서사 구성 방식과 형상화에 있어 커다란 차이를 보인다. 대체로 소설이 고도로 추상화한 언어를 이용하여 독자들의 상상력과 비판적인 사고를 요구하는 데 비해 만화는 시각을 특권화하여 이미지를 직접 제시하는가 하면, 주요 캐릭터들에 대한 의존도가 대단히 높은 편이라는 차이점을 가진다.[12] 간단한 예를 하나 들어 보도록 하자.

　구레나룻과 윗수염도 숱이 많거니와 아랫수염이 채가 길었다. 검은 눈썹 아래에 큰 눈이 박히고 넓은 얼굴 복판에 우뚝한 코가 솟아서 어느 모로 보든지 장부다운 중에 시커먼 좋은 수염이 장부의 위풍을 돋아보이었다. 이 수염 임자가 양주 임꺽정이다.[13]

〈그림 1〉[14]

---

12) 장하경의 논문에서 이미 소설 『임꺽정』과 만화 『임꺽정』에 대해서 자세하고 치밀하게 비교 · 분석하였다.
13) 홍명희, 「양반편」, 『임꺽정』 3권, 사계절, 1985, 245~246면.
14) 이두호, 「권신시대」, 『임꺽정』 제2부 1권, 프레스빌, 1995, 38면. 원작에서는 성년이 된 임꺽정의 모습을 소설에서는 「양반편」에서, 만화에서는 「권신시대」에서 각각 묘사 · 형상화하고 있다.

임꺽정이 의제(義弟) 장학봉과 갖바치가 살고 있는 양주 집을 찾았을 때의 그의 달라진 모습을 묘사한 대목.

인용문과 같이 소설에서는 임꺽정의 외모에 대한 묘사를 통해서 그의 영웅적인 기상과 자질을 드러내 보이며, 이 부분을 읽는 독자들은 순간적으로 그간의 현실 경험을 통해서 임꺽정의 모습을 머리 속에서 상상력을 동원하여 재구성할 수밖에 없다. 그러나 만화의 경우에는 이런 독자들의 재구성의 과정을 차단하고 오로지 그림이라는 완성된 이미지로 제시된다. 〈그림 1〉에서 알 수 있듯 임꺽정의 모습이 고정·완결된 이미지로 제시된다. 이와 동시에 임꺽정을 강조하기 위해 중앙으로 집중시킨 사선은 시각적 효과를 극대화하기 위한 만화식 표현기법이라 할 수 있다.15) 이런 점을 두고 엘리트 예술가들은 만화가 원작의 아우라를 훼손하는 왜곡이 일어난다고 비판한다. 그리고 이는 흔히 만화를 열등한 예술로 평가절하하는 데 있어 유력한 논거로 활용되기도 한다.

이러한 원초적 왜곡은 우선 만화를 통해 주어진다. (…중략…) 청소년들은 이 만화를 봄으로써 문학 작품을 엉뚱한 형태로 먼저 본다. 만화가 보여주는 이마주는 진짜 작품을 접하기 전에 이미 청소년의 마음 속에 박힌다. 『삼국지』나 『수호지』를 읽기 전에 고우영의 만화를 통해 이미 제갈량이나 관우, 노지심의 이마주를 가지게 된다. 이렇게 만화를 통해 이미 형성된 느낌은 진짜 작품을 읽을 때 그 맛을 결정적으로 흐트려 놓는다. 마치 단 사탕을 먹은 뒤에는 사과 맛이 제대로 나지 않듯이. 대중문화는 우리가 진짜 예술 작품들을 접하기도 전에 이미 우리의 감성을 망가뜨리는 것이다.16)

이 글은 만화와 같은 대중예술에 대한 지식인들의 대체적인 인식과 입장을 대표하는 글이라 할 수 있다. 저자가 자신의 실제 경험을 바탕

---

15) 여기에 대해서는 박기준, 『만화기법강좌』, 우람, 1987, 77~82면 참조.
16) 이정우, 『인간의 얼굴-탈주와 회귀 사이에서』, 민음사, 1999, 202~203면.

으로 만화를 보고 원본인 문학 작품을 읽게 될 생겨나는 심미적 문제점을 설득력 있게 잘 정리하고 있다. 저자가 주장하는 바의 요체는 만화와 TV 사극과 같은 대중문화가 명작과 역사를 우리 스스로 주체적이고 능동적으로 향유할 기회를 박탈하고 어떤 강렬한 이미지들과 패턴을 통해서 애초부터 왜곡된 의식을 주입시킨다는 것이다. 실로 온당한 지적이다. 그렇지만, 이러한 비판은 만화를 보고 원작인 문학 작품을 볼 때 생겨날 수 있는 경우만을 예로 들면서 대중예술의 문제점과 문학의 만화화에서 발생하는 부작용에 대해서 비판을 가하고 있다. 그러니까 다른 많은 경우의 수들과 만화가 예술의 대중화와 예술적 지평의 확장과 같은 긍정적인 측면들에 대해서는 언급하고 있지 않다. 이 점에서 만화와 같은 대중문화가 문학이나 예술 한편으로는 왜곡하면서도 다른 한편으로는 문학과 예술의 지평을 확장하며 여러 가지 이유로 문화적 향유의 기회를 박탈당한 이들에게도 문화적 향유의 기회를 증진시켜 주는 긍정적인 측면도 없지 않다는 점에 다시 한번 주목할 필요가 있다. 이를테면 대중예술이 한편으로는 예술에 대한 주체적인 향유의 기회를 박탈하고, 원작의 아우라를 훼손하는 등의 부정적인 측면도 있지만, 다른 한편으로는 예술에 대한 향유의 기회를 증진하여 예술의 지평과 영역을 확장하는 긍정적인 측면이 분명히 있기 때문이다.

덧붙여 문학의 만화화에 의해 생성되는 예술적 지평의 확장이란 문제에 대해서 조금만 더 생각해 보기로 하자. 독자반응이론의 핵심적 주장 가운데 하나는 텍스트는 침묵하는 구조이고 작품의 진정한 의미는 독자들의 읽기에 의해 생성된다는 명제이다. 이 명제에 무조건 동의할 필요는 없지만, 독자들의 읽기 그리고 만화가들의 원작 읽기와 독자적인 해석(물론 왜곡이 일러날 수도 있다)을 통한 이미지화와 장르적 확대는 텍스트의 확장이며 문학적 지평을 넓히는 측면이 있다는 점만큼은 부인하기 어렵다. 따라서 문학의 만화화 문제에 대해서 언급(비판)할 때는 마땅히 다양한 면모와 경우의 수들이 함께 검토돼야 한다. 만일 이를 외면한다면, 독법에 문제가 있는 것이거나 대중예술을 펌하하기 위한 어떤 특별한 의도나 편견 등에 지나지 않는 것일 수 있기 때문이다.

이두호의 『임꺽정』과 『객주』가 홍명희와 김주영의 작품을 훼손하고, 독서를 통해서 얻을 수 있는 진정한(?) 감성과 감동을 망가뜨렸다는 증거는 어디에도 없다. 또 대중문화에 대한 오염이 없이 독서를 통해서 순수하게 얻는 감동만이 진실한 감동이라고 생각하는 것이 오히려 감동의 외연을 지나치게 축소시키는 측면이 있다는 점에 주목할 필요가 있다.

뿐만 아니라 문학의 만화화에 있어서 만화가 원작을 그대로 모방한다는 것 역시 오해일 따름이다. 문학과 만화는 장르상의 차이로 인해서 상호 교차가 일어나는 순간 다양한 경우의 수가 존재한다. 왜냐하면 만화화로 인해서 전달력이 간결하고 강렬해질 수도 있고, 문학의 영역 더욱 더 넓어질 수도 있기 때문이다. 물론 그 반대의 경우도 있다. 또 다른 이항대립이며 오류를 범하는 것이 수도 있겠지만, 이를 구체적인 예들을 통해서 확인해 보자.

〈그림 2〉[17]는 조소사를 잃고 홀아비가 된 주인공 천봉삼이 뻑쇠와 함께 자신의 아이 행길이를 달래고 있는 정경을 하나의 시퀀스로 처리하고 있는 장면들이다. 여기서 행길이 뻑쇠의 얼굴에 오줌을 싼 모습을 코믹하게 처리하고 있는 장면은 소설이나 현실에서는 있을 수 없는 특유의 만화적 표현이며 과장이다.[18] 〈그림 3〉[19]은 천봉삼과 송만치와의 격투 장면을 연속 화면으로 구성한 경우이다. 이와 같이 움직이는 장면을 그려야 하는 경우, 정지된 그림들의 집합체인 만화가 가장 한계를 느끼는 부분이다. 이때 한 동작을 분할해서 그려준다거나 각 장면에 동작과 속도감을 부여해 주기 위해 사선을 그려 넣는 방법들이 동원된다.

---

17) 이두호, 『객주』 10권, 바다출판사, 2002, 70~71면.
18) 박성봉은 사실주의적 묘사를 '극화체(realistique)'로 코믹하고 비현실적인 묘사를 '개그체(cartoonesque)'로 구분하자고 제안한 바 있다. 『느낌표의 예술』, 일빛, 2002, 222~223면.
19) 이두호, 『객주』 4권, 바다출판사, 2002, 144~145면.

▲ 〈그림 2〉

▲ 〈그림 3〉

그러나 역설적이게도 독자들은 만화의 이런 장면에서 문학 작품을 읽을 때보다 더 강렬한 긴장감과 재미를 느끼게 된다.

〈그림 4〉,[20] 〈그림 5〉[21]는 각각 안회남의 단편 「투계」(1939)와 「말」(1946)을 저본으로 오세영이 극화한 것이다. 주지하듯 「투계」는 실직자가 된 심가의 궁핍한 일상을 코믹한 에피소드들로 형상화한 소설이고, 「말」은 징용에 끌려갔다가 귀환한 소작농 덕만의 이야기를 통해서 외세에 의해 주어진 반 쪽짜리 해방이 갖는 한계와 해방이 됐어도 그 혜택을 누리지 못하고 가난에 시달리며 살아갈 수밖에 없는 뿌리뽑힌 자들의 삶을 그려내고 있는 작품이다. 「투계」가 검열 등으로 인해 겨우 술의 힘을 빌려서나마 울분을 풀고 삶의 무게를 견뎌내야 하는 조선인 노동자의 삶을 피상적으로 그려낸 데 비해 「말」은 상황에 따라서 쫓겨간 일본군, 반 쪽짜리 해방을 맞이한 조국, 전쟁이 끝나자 무용지물이 되고 만 군마(軍馬)처럼 버려진 노동자들의 모습 등 다양한 내포를 지닌

---

20) 오세영, 「투계(鬪鷄)」, 『부자의 그림일기』, 글논그림밭, 2001, 158~159면.
21) 오세영, 「말」, 위의 책, 228면.

▲ 〈그림 4〉

▲ 〈그림 5〉

메타포로서 기능한다. 냉정하게 말해서 안회남은 일급의 작가도 아니고 소설사적 성과도 그렇게 높게 평가될 정도는 아니다. 「투계」와 「말」 같이 초점이 없이 중언부언 전개되는 세태소설 유(類)의 작품들이 압도적 다수를 차지하고 있기 때문이다. 이러한 안회남의 한계가 오히려 만화가 오세영의 손을 거치면서 압축적이고 내포가 풍부한 근사한 작품으로 거듭나게 되었으니, 〈그림 4〉와 〈그림 5〉의 경우가 대표적인 예이다.

〈그림 4〉만 하더라도 원작은 21행의 긴 문장으로 전개되는 삽화로 작품 내에서 어떤 특별한 역할도 하지 못하는 불필요하고 지루한 장면일 뿐인데, 오세영은 이를 감칠맛나는 이미지들로 생생하게 되살려냈다. 〈그림 5〉 역시 원작에서는 11행에 걸쳐 덕만에게 부상을 입혔던 말의 최후를 장황하게 설명하고 있는 데 비해서, 이 11행을 생략해 버리고 말이 사라져 버린 것에 대해 안도감과 해방감을 느끼는 덕만의 모습을 그려내는 정도로 해서 작품을 더욱 더 간결하게 만들었다. 오세영의 경우에서 잘 드러나고 있듯이 오히려 원작의 부족한 부분을 보충해 주거

나 그림으로 장황한 묘사나 해설을 생략함으로써 문자로 이뤄지는 원본 텍스트의 한계를 넘어서 표현 영역을 더욱 확장해 준다.

한편 해체기에 접어든 조선 후기 사회를 역사적 배경으로 하여 봉삼과 조소사의 운명적인 사랑, 남성적인 의리와 상도, 장돌뱅이들의 애환과 민초들의 고단한 삶, 그리고 망국의 위기 앞에서 민생이나 국권을 위한 노력보다는 가문의 영달과 일신의 안일을 추구하는 부패한 정치권력의 모습을 그려내고 있는 남성적인 이야기인『객주』역시 만화가의 노련하고 안정감 있는 화면 구성과 독창적인 화풍(畵風)이 잘 조화를 이뤄 읽는 재미를 한층 더 배가시켜 준다.

이처럼 만화『객주』는 원작을 충실하게 보완하고 다듬어서 작품을 보다 구체적이고 생생한 이미지들로 되살려내고 텍스트의 외연을 크게 확장하고 있다. 뿐인가. 정말 먹고사는 게 바빠서 책을 볼 틈도 없이 살아가는 동시대인들, 아니 삶의 조건 자체가 문학과 가까워질 수 없는 이들에게『객주』나『임꺽정』과 같은 고품격 만화들이야말로 현실적인 대안(차선)이 될 수도 있는 것이다. 문학의 만화화가 갖는 의미는 바로 여기서 찾을 수 있다.

4. 결론에 대신하여

문학과 만화가 이루는 관계는 반드시 대립적이지도 일방적이지도 않다. 지금까지 검토한 바와 같이 실제로 양자의 관계는 이보다 훨씬 더 복잡하고 다원적이다. 이 둘은 상황과 맥락에 따라서 대립적이며 보완적이기도 하고, 퓨전과 하이브리드가 이루어질 수 있는 긍정적인 측면은 물론 장르간의 인터렉티브한 소통이 예술적 지평의 확장에 얼마나 많은 기여를 할 수 있는가를 보여 주고 있다.

그런데도 여전히 문학과 만화를, 문학과 대중문화를 대립적으로 파악하는 일반적 관행은 어인 일인가. 그것은 최근 우리 문학에 불어닥치고 있는 극심한 변화와 침체 등에 따른 제도권 문단의 자기 보호본능과 피해의식의 소산이거나 양자 사이의 어떤 대립적인 부분에만 과도하게 집착해 왔기 때문인지도 모른다. 아니, 어쩌면 만화는 저급한 문화적 쓰레기라는 무지막지한 연역적 대전제 아래 만화에도 진중한 예술만화에서부터 순수하게 기분 전환만을 목표로 하는 오락만화에 이르기까지 다양한 수준 차와 스펙트럼이 존재한다는 자명한 사실은 외면한 채 질적 수준이 떨어지는 일부 만화를 평가의 기준으로 삼아 전체 만화를 싸잡아 매도하는 제도권 예술가들의 그릇된 관행이 불필요한 대립각과 오해를 만들어 내고 있기 때문인지도 모른다. 물론 그렇다고 해서 진지한 예술들에 비해 만화라는 이름 뒤에 숨어 안이하게 수준 이하의 만화[22]들을 제작하고 있는 만화 관계자들의 책임이 저절로 탕감되는 것은 아니다.

지금은 멀티미디어의 시대이다. 최첨단 테크놀로지로 무장한 대중예술들에서 진지한 예술들에 이르기까지 매체상의 기반을 달리 하는 장르들 간의 경쟁은 거의 필연적이며, 그 때문에 문학의 위상에 많은 변화가 생겨나는 것은 분명히 피할 수 없는 대세이다. 이런 점에 비추어 박민규·이두호·오세영 등의 시도는 여러 가지로 시사하는 바가 크다고 하겠다. 거대 이념이 흔들리고 어떤 뚜렷한 전망마저 보이지 않은 지금, 만화와의 연대는 문학이나 만화로부터 그리 많은 것을 얻을 수 없는 동시대인들에게 작은 위안과 재미라도 제공해 줄 수 있을 것이다.

---

22) 그렇다고 이런 만화들이 다 사라져 버린다면 이 역시 끔찍한 일이다. 예들 들자면 1980~90년대 만화 대본소에서 절정의 인기를 누렸던 고행석의 '불청객 시리즈'의 주인공인 구영탄이 철학자처럼 진지해진다거나 이현세가 창조해 낸 대표 캐릭터인 '까치 오혜성'처럼 비장한 모습을 보이거나 한다면 그 역시 얼마나 끔찍한 일인가. 만화가 만화다워야 한다는 것마저 부정하는 것은 아니다.

꿈과 전망을 상실한 이 시대의 사람들에게 꿈을 꿀 수 있게 하거나 즐거움을 주는 것 역시 문학과 만화에게 주어진 사명의 하나일 수 있기 때문이다. 그렇다고 해서 일부러 문학과 만화와의 연대와 소통을 이루려고 일부러 노력할 필요는 없지만, 기왕의 패러다임과 닫힌 예술관의 틀에서 벗어나 우리 문학과 문화의 지평을 넓히려는 이들의 창의적인 시도는 지속되어야 하고 또한 마땅히 존중받아야 할 것이다.

대중문학과 문화콘텐츠로서의 『삼국지』

나관중에서 컴퓨터 게임까지

1. 서사의 제국으로서의 『삼국지』

동아시아의 독자들에게 『삼국지』는 한번쯤은 거쳐가게 되는 작품이다. 기록상 현존하는 최고(最古)의 『삼국지』 판본은 "명나라 홍치(弘治) 7년(1494), 가정(嘉靖) 원년(1522)의 서문이 붙은 이른바 가정본 — 그런데 관행적으로 이 가정본을 홍치본이라 한다 —"이다.[1] 그러니까 홍치 갑인년에 간행된 작품을 기준으로 하면 511년이고, 가정본을 기준으로 한다고 하더라도 무려 483년의 장구한 세월 동안 읽혀온 셈이다. 소설 텍스트가 아니라 설화 내지 잡극의 형태로 유통된 것까지 따지면, 『삼국지』는 무려 1,700년이 넘는 세월 동안 동아시아인들의 사랑을 받아온 셈이

---

1) 김문경, 『삼국지의 영광』, 사계절, 2002, 83면.

다. 『삼국지』의 형성과 유통에 대해서는 뒤에서 자세하게 상론하기로 하고, 1913년 조선서관에서 근대식 활자로 출판된 『산수 삼국지』[2]부터 2004년 12월 현재까지 간행된 『삼국지』 한국어판본은 소설·만화·드라마·실용서 등을 모두 포함하면 342종을 상회한다.[3] 단일한 한 텍스트가 이렇게 다양한 판본을 쏟아내면서 오랜 세월 동안 많은 사람들에게 읽히고 사랑을 받는다는 것은 실로 놀라운 일이며, 이것 하나만으로는 『삼국지』의 영향력과 규모가 어떠한지를 보여 준다. 이런 점에서 『삼국지』야말로 가장 대중적인 대중소설[4]이며 그 자체가 일종의 문화 현

---

2) 1904년 『수정 삼국지』(전5권)가 박문서관에서 근대식 활자본으로 출판되었다는 기록은 있으나 아직 원본을 발견하지 못하였다. 현재 확인한 바에 따르면 근대식 활자본 『삼국지』로서 1913년 조선서관에서 나온 『산수 삼국지』가 가장 빠르며, 『수정 삼국지』는 같은 출판사에서 1920, 1928년 연속해서 간행되었다. 여기에 대해서는 인하대 한국학연구소 기초학문연구단 편, 『'삼국지 한국어 역본 해제』(인하대 한국학연구소, 2005. 6)를 참조.

3) 인하대 한국학연구소 기초학문연구단(과제명―『삼국지』 한국어 역본과 서사변용 연구)에서는 2004년 9월부터 2005년 6월까지 현존하는 삼국지 판본 342종을 수집·조사·정리·해제하였으나 제한된 시간에 이루어진 연구임을 감안하면 누락된 판본들도 상당수가 존재할 것으로 추정된다.

4) "대중소설의 개념과 범주에 대해서는 크게 세 가지 측면에서 접근과 정리가 가능하다. 하나는 현실경험과 문학적 통념에 따라 특정한 작품들을 대중소설로 분류 혹은 정의하는 것이고, 다른 하나는 개별 작품의 서사구성원리와 미적 특질 그리고 작품의 내용과 이념 등을 고려하여 그 개념을 규정하는 것이며, 끝으로 정전(canon)의 목록에서 배제되거나 타자화한(혹은 된) 작품들을 대중소설로 정의하는, 이른바 반정립적(反定立的)이고 부정적인 방식으로 정의하는 것이다. 이에 입각하여 대중소설의 범주와 개념의 가변성과 수정가능성을 열어 놓고 정리해 보면 다음과 같다. 첫째는 현실경험에 비추어 대중소설이라고 생각되는 작품들, 이른바 ① 대중들을 겨냥해서 창작·출판된 상업적·대중적 지향이 분명한 작품, ②대중들의 삶과 이야기를 다룬 통속적인 작품, ③ 대중들이 오락과 자기 위안을 목적으로 보는 작품들이다. 둘째는 대중사회의 도래와 함께 신문·잡지·TV·영화·컴퓨터 등 대중매체를 발판으로 상업성을 띠고 등장한 문화상품들 곧 대중들의 위안과 오락 욕구에 부합하는 흥미를 추구하고 있으며 관습과 규범에 순응하는 한편, 일정한 서사적 패턴과 도식성을 가지고 있는 작품들이다. 요컨대 공식문학과 장르문학으로서의 성격이 보다 분명한 작품들이다. 셋째는 정전의 목록에서 배제된 작품들이다. 전문적인 고등연구기관에서 집중적으로 연구되고 교육을 목적으로 선정된 모범적인 텍스트들, 또는 연구자들의 다양한 해석을 견디어 내면서 살아남은 작품들로서 지속적으로 연구되고 보존될 만한 가치가 있다고 특정 공동체에서 널리 인정받고 있는 고상한 작품들, 이른바 정전(正典)의 목록에서 배제되었거나 이와 같

상이라 할 수 있다. 『삼국지』를 대중적인 대중소설이라 하는 것은 작품의 성격, 질과 양, 그리고 활용과 변용의 측면 등을 모두 포괄한 말이다. 작품을 읽었든 읽지 않았든 동아시아 독자들은 『삼국지』라는 거대하고 광대무변한 서사의 제국에서 자유로울 수 없기 때문이다.[5)]

기실 『삼국지』는 단순한 소설 텍스트라기보다는 소설 이상의 소설 내지 장구한 역사성을 갖는 문화 현상이라고 해야 할지도 모른다. 예컨대 삼고초려(三顧草廬)니 칠종칠금(七縱七擒) 등 일상생활에서 널리 사용되는 고사성어들을 비롯해서 판소리 「적벽가」, 『관운장 실기』와 『적벽대전』 등 한국문학사의 한 자리를 차지하고 있는 전근대적 문학들, 조선 후기의 만주어 학습교재였던 『삼역총해(三譯總解)』(1704), 근대계몽기의 역사전기소설인 유원표의 『몽견제갈량』(1908) 등은 『삼국지』의 폭넓은 활용과 영향력을 보여 주는 사례이다. 그리고 이런 변용 및 활용의 전통은 현재까지도 계속해서 이어지고 있는바, 고우영·박봉성·야설록·요코야마 미쓰테루 등 인기만화가들의 작품들, 애니메이션과 드라마, 그리고 비디오/컴퓨터 게임 〈삼국지〉에 이르기까지 『삼국지』는 우리의 일상생활 구석구석에서 소비되고 있는 상황이다. 이처럼 『삼국지』는 '낭송하고 듣는 삼국지'에서 '보고 읽는 삼국지'로 다시 '직접 참여하여 즐기는 멀티미디어형 텍스트'로 변용되는 등 폭넓고 다양한 스펙트럼을 보여 주고 있다. 『삼국지』를 대중적 소설 텍스트가 아니라 문화현상이라고 한 것은 이런 이유에서이다.

연구 성과 또한 여기에 못지않은데 1969년부터 2004년까지 『삼국지』

은 패러다임에서 명시적 혹은 묵시적으로 대중소설로 간주되는 작품들이다. 그러나 이같은 방식으로 개념을 규정하고 정리하는 것은 그 자체로 많은 문제점을 안고 있다. 왜냐하면 본격소설과 대중소설과의 경계가 대단히 자의적이고 모호할 뿐만 아니라 그 경계를 자유로이 넘나드는 것이 문학의 한 속성이기 때문이다." 이상의 대중소설의 개념에서 대해서는 조성면, 「대중문학」, 『21세기 지식키워드』(강수택 외), 한국출판마케팅연구소, 2003, 74~75면.
5) 『삼국지』의 대중성에 대해서는 '2-2장 『삼국지』의 대중성과 서사 구조'에서 상론할 것이다.

에 관한 연구는 논저를 포함하여 115편 이상이 쏟아져 나왔다.6) 이런 풍성한 성과에도 불구하고 『삼국지』는 한국문학 연구 분야에서 본격적으로 연구되지 못한 채 여전히 낯선 대상으로 남아 있다. 그 이유로 텍스트 자체가 갖는 자기 규정력과 폐쇄적인 분과학문의 체제 그리고 연구자들의 심리적 부담감 등을 꼽을 수 있다. 요컨대 학문간 영역의 분명하게 고정되어 있는 상황에서 중국문학이자 한국문학이며 중국발(發) 동아시아 공동문학이기도 한 텍스트 자체의 복잡한 성격으로 인해 한국문학 연구자들이 연고권을 주장하기가 난처했다는 점, 중국문학 전공자들에 의해서 이미 많은 연구 성과를 이루어냈다는 점, 그리고 웬만한 전문가의 수준을 능가하는 고급 독자층이 많은 텍스트라는 점 등이 연구자들에게 큰 부담과 심리적인 압박으로 작용하고 있기 때문이다. 이에 본고에서는 고립되고 폐쇄적인 분과학문의 차원을 넘어서 『삼국지』가 갖는 복합적인 성격 및 그 양상에 주목, 동 텍스트를 문화론적 층위에서 살펴보고자 한다.

---

6) 한국문학연구사에서 『삼국지』에 대한 연구가 아예 없었던 것은 아니지만, 주요 성과들은 대개 중국문학의 영역에서 이루어져왔거나 제도권 밖의 매니아들에 의해 이루어져 왔다. 참고로 『삼국지』와 관련하여 이루어진 국내 연구자들의 주요 연구 성과들은 다음과 같다. 이재수, 『삼국지연의가 아국소설에 끼친 영향』, 선명문화사, 1969; 이경선, 「삼국지연의의 비교문학적 연구」, 서울대 박사논문, 1973; 오수미, 「삼국지연의의 연변 및 비교문학적 연구」, 서울대 석사논문, 1974; 유연환, 「관운장 실기와 삼국연의의 비교연구」, 고려대 석사논문, 1982; 홍순효, 『三國志演義硏究』, 臺灣師範大 박사논문, 1983; 김태관, 「歷史小說與三國演義 水滸傳」, 『중국어문논총』 9집, 고려대 중국어문연구회, 1994; 민관동, 「삼국지연의의 국내 유입과 판본연구」, 『중국소설논총』 4집, 한국중국소설학회, 1995.3; 정원기, 『삼국지연의의 연구동향』, 중문출판사, 1998; 한국정신문화연구원, 『삼국지연의의 학술적 분석』, 한국정신문화연구원, 1998; 허원기, 「서포 김만중의 삼국지 평설」, 『정신문화연구』, 2000년 가을; 박재연, 「조선시대 삼국지연의 한글 번역 필사본의 연구—서울대본을 중심으로」, 『삼국지통속연의』, 이회, 2001; 송강호, 「삼국지를 찾아서」, 『작가들』 제10호, 소명출판, 2004.6 등 2004년 현재까지 총115편의 논저가 있다.

2. 『삼국지』 텍스트의 형성과 역사 그리고 대중성

1) 『삼국지』 텍스트의 형성과 전개[7]

소설 『삼국지』의 정확한 이름은 『삼국지연의』이며, 경우에 따라 『삼국지통속연의』 또는 『삼국연의』라 부르기도 한다. 연의(演義)란 문자 그대로 역사적 사실에 허구를 가미하여 부연하고 재구성한 이야기라는 뜻이다.

오늘날 우리가 『삼국지』라 통칭하는 텍스트의 원형이 집대성되고 완성된 것은 원말명초의 극작가이자 통속소설가였던 나관중(羅貫中, 1328~1398)[8]에 의해서이며, 흔히 홍치본으로 통용되는 현존하는 최고의 『삼국지』 판본은 가정 원년(1513)에 나온 책이다. 소설 『삼국지』는 나관중의 독자적인 창작이라기보다는 편찬 및 재구성된 장회소설로서 역사서와 민간에 떠도는 설화 등을 통합한 작품이다. 이를테면 소설 『삼국지』는 진수(陳壽, 233~297)의 정사(正史) 『삼국지』와 후대에 이를 토대로 주석과 일화를 덧붙인 배송지(裴松之, 372~451)의 『삼국지주(注)』 등의 공식적인 기록물들, 당대의 변문(變文), 송대의 화본(話本)들, 원대의 잡극(雜劇)과 지치 연간(至治年間, 1321~1323)에 간행된 『전상평화삼국지(全相平話三國志)』 그리고 민간설화 등이 덧붙여지고 변용되는 등의 과정을 거쳐 형성·발전되어 왔던 것이다. 『삼국지』 텍스트의 이 복잡한 갱신과 변용은 나

---

7) 『삼국지』 텍스트의 형성과 발전 과정에 대해서는 조성면, 「한용운 삼국지의 판본상의 특징과 의미」, 『한국학연구』 제14집(인하대 한국학연구소, 2005.10)에서 이미 상론한 바 있으며, 텍스트의 역사에 대해서는 이미 이경선, 『삼국지연의의 비교문학적 연구』(일지사, 1976)에서 자세하게 해명된 바 있다. 특히 2-1의 경우에는 이명선의 글과 필자의 기발표 원고를 토대로 재구성된 것이다.
8) 나관중의 출생연도에 대해서는 여러 이설이 있으며, 아직까지 분명하게 확인되지 않고 있다.

관중 이후 지금까지도 줄곧 이어지거니와, 완역, 축역, 평역, 창작적 번역 등 다시 쓰기(re-writing)라는 독특한 현상을 보여 주고 있다.

나관중 이후 중국에서 생산된 중요 판본으로서는 명대 이지(李贄, 1527~1602)의 『이탁오 선생 비평 삼국지』와 청대 모륜(毛綸), 모종강(毛宗崗) 부자가 '성탄외서(聖嘆外書)'라고 하여 김성탄(金聖嘆, ?~1661)의 비평본인 것처럼 꾸며서 순치원년(順治元年, 1644)에 간행된 『삼국지통속연의』(1664)를 꼽을 수 있다. 이 가운데서 '모종강본 삼국지'는 '요시카와 에이지(吉川英治)본 삼국지'9)와 함께 한국에서 가장 널리 통용되는 판본이며, 모든 『삼국지』의 판본의 원형이 되는 텍스트라고 할 수 있다.

근대 이전 국내에서의 『삼국지』의 수용과 유통의 양상은 크게 두 개의 큰 흐름으로 대별될 수 있다. 수입·방각·필사 등 한문본 텍스트의 수용과 유통이 그 하나이며, 시조 및 판소리 「적벽가」를 비롯하여 『관운장 실기』나 『적벽대전』 등처럼 인물이나 주요 사건을 특화한 파생 장르들의 출현과 유통이 바로 그러하다. 기록상 국내에서 『삼국지』가 본격적으로 유통되고 소비되기 시작한 것을 확인할 수 있는 것은 조선 중기부터인데 선조 2년(1569) 기대승이 왕에게 올린 「상계(上啓)」를 비롯하여 허균의 『성소부부고』, 이식의 『택당집』, 홍만종의 『순오지』, 김만중의 『서포만필』 등에서 『삼국지』의 수용과 유통의 양상을 짐작해 볼 수 있다.10)

한문본·현토본·언해본 등 다양한 형태의 판본으로 유통되던 『삼국지』가 근대적인 판본으로 변화하기 시작한 것은 20세기 초엽인 1910년대였다. 이때부터 근대식 인쇄술이 도입되고 저널리즘의 발흥에 힘입어 『삼국지』 역시 급격한 변용과 발전을 거듭하게 되었다. 예컨대 근대화

---

9) 요시카와 에이지의 『삼국지』는 『추가이쇼교신포(中外商業新報)』에 1939년 8월 26일부터 1943년 9월 5일까지 연재되었으며, 국내에서는 일본어 신문인 『경성일보』와 꼭 1주일의 시차를 두고 연재되었다.

10) 여기에 대해서는 이경선, 「삼국지연의의 한국 전래와 정착」, 앞의 책, 120~129면.

가 진행되던 근대 계몽기에도 『삼국지』는 1913년 조선서관에서 나온 한글본 『산수 삼국지』, 1916년 영창서관에서 나온 한문본 『현토 삼국지』를 포함하여 필사본, 석판본, 방각본, 구활자본, 현토본, 근대식 활자본 등 다양한 형태의 텍스트들이 공존하고 있었던 것이다.

『삼국지』 연구의 선편을 잡은 이경선에 따르면, 근대식 활자로 간행된 한국어 역본 『삼국지』로서 가장 빠른 것은 1904년 박문서관에서 나온 『수정 삼국지』이다.[11] 그러나 현재 확인한 바에 의하면, 근대식 활자로 출판된 『삼국지』 한국어 역본으로서 가장 앞선 것은 1913년 조선서관에서 출판된 『산수(刪修) 삼국지』이다. 그밖에 회동서관(1916), 박문서관(1917), 대창서관(1918) 등 모종강본을 토대로 한 근대식 활자로 인쇄된 한국어 역본들이 이 시기에 집중적으로 출판[12]되고 있는 것으로 보아 『삼국지』의 폭넓은 인기와 대중성을 확인할 수가 있다. 우선, 1913년 이후 지금까지 출판된 대표적인 판본들의 서지사항을 간략하게 도표화하면 다음과 같다.

〈표 1〉 1913~2004년 사이에 출판된 주요 역본

저자명	서명	출판사	출판/연재연도	권수/연재횟수	특기사항
불명	산수 삼국지	조선서관	1913	전집(상중하) 3권, 후집(목화토금수) 5권, 총8권	근대식 활자본
불명	수정 삼국지	박문서관	1914, 1920	전5권	해방 이전 널리 유통된 판본
양백화	삼국연의	매일신보	1929.5.5 ~1931.9.21.	859회 연재, 완역	최초의 신문연재물
한용운	삼국지	조선일보	1939.11.1 ~1940.8.10.	281회(실제로는 272번 연재) 미완	방응모의 권유로 연재

---

11) 위의 책, 132~133면.
12) 구활자본 『삼국지』 한국어 역본에 대해서는 권순긍, 「1910년대 활자본 고소설 연구」 (『활자본 고소설의 편폭과 지향』, 보고사, 2000), 24면과 권용선, 「구활자본 '삼국지'의 유통과 양상」(『한국학연구』, 인하대 한국학연구소, 2005.10), 25~27면을 참조.

박태원	완역 삼국지	신시대 / 정음사	1941.4~ 1943.1 / 1945	연재중단 / 미완	직역투를 벗어난 최고의 판본
최영해	삼국지	정음사	1953~1956	5~10권, 12종	박태원본의 계승
박종화	삼국지	삼성출판사	1967	5권, 9종	박태원본 이후 가장 대중적인 판본
김구용	(완역정본) 삼국지연의	일조각, 솔	1974 / 2000 / 2003	5권, 7권, 10권 등 3종	완역본
이문열	삼국지	민음사	1988	3판, 2004년 6월 현재 개정판 19쇄 발행	최고의 베스트셀러
황석영	삼국지	창작과 비평사	2003	2004년 2월 현재 초판 8쇄 발행	민족문학 진영의 판본

이외에도 김동성·조풍연·김광주·방기환·김동리·황순원·허윤석·양주동·이용호·이인광·정비석·조풍연·채정현 등의 문인들이 펴낸『삼국지』역시 대중들의 사랑을 받은 주요 판본들로 꼽을 수 있다. 뿐만 아니라 고우영의『만화 삼국지』, 요시카와 에이지의『삼국지』를 저본으로 한 요코야마 미쓰테루의 60권짜리『전략 삼국지』, 박봉성과 야설록의『삼국지』그리고 이문열본을 원작으로 한 이희재의『만화 삼국지』등의 만화들도 주목할 만한 텍스트들이다. 이처럼 많은 문인들에 의해 만들어진 다양한 판본들의 존재는『삼국지』의 대중적 인기를 보여 주는 것이라 할 수 있다.

한편 국내에서 출판된『삼국지』역본들은 크게 모종강 계열과 요시카와 에이지의 계열로 대별되며, 여기에 독자적인 재창작 및 혼합형 판본을 포함하여 진순신(陣舜臣), 기타가타 겐조(北方謙三), 미요시 토오루(三好徹) 등 몇 종의 이질적인 판본들도 있다. 위의 도표에서 제시한 주요 판본들은 모종강본을 토대로 역자의 해설과 비평을 덧붙인 혼합형인 이문열의 평역『삼국지』를 제외하고는 모두가 모종강 계열이다. 요시카와 에이지 계열의 판본으로는 김동리·황순원·허윤석 공역, 이용호·이인광·양주동·김광주·방기환·김용제·채정현 등이 대표적이다.

▲ 요시카와 에이지의 『삼국지』를 저본으로 한 요코야마 미쓰테루의 만화 『삼국지』의 표지와 첫 장면. 사진은 1975년
2월 『소년중앙』에 연재되기 시작했을 당시의 표지.

도도히 굽이쳐 흐르는 강물,
그 이름은 중국의 젖줄인 황하,
때는 후한 말기 지금으로 부터
약 1,800년 전 쯤의
이야기이다.

2

1 도원결의편

고우영 만화 삼국지

자유문화사

▲ 요코야마 미쓰테루의 만화 『삼국지』와 유사한 구성을 보여 주는 고우영의 만화 『삼국지』(자유문화사, 1975)의 표지와 첫 장면. 청소년을 대상으로 한 만화로 고우영의 초기작이다.

1. 황 건 적

황하는 오늘도 예나 다름없이 유유히 흐르고 있다.

......

3

그렇다면 모종강본과 요시카와 에이지 계열의 판본상의 주요 특징은 무엇이며, 이들 판본은 구체적으로 무엇이 어떻게 다른가. 이는 다음과 같이 정리할 수 있다.

〈표 2〉 모종강본(本)과 요시카와 에이지본(本)의 차이와 특징[13]

모종강 계열	요시카와 에이지 계열
1. 장회소설로서 120회	1. 구성 : 10편 315부
2. 중요 장면과 각 장의 말미에 삽입 한시	2. 한시 부재
3. 춘추필법, 편년체	3. 독자적 재창작, 각색
예) "천하대세란 나뉜 지 오래면 합쳐지고 합쳐진 지 오래면 반드시 나누어지는 법이라 했으니" 하는 춘추필법으로 시작하여 영제 이후의 변란과 환관들의 횡포에 대해서 서술	예) 제1권 도원편의 1부에서 9부까지 번역이 아닌 독자적인 창작이다. 유비가 차를 사는 장면에서 시작하여 황건적에 사로잡힌 유비를 장비가 구해 준다.
4. 회평(回平)이 있음	4. 회평을 없애버림
5. 전지적 시점과 과잉 찬사, 비분강개형 문체	5. 심리묘사와 합리적 설명 및 묘사
6. 공명의 전기적 사실에 대한 자세한 설명과 묘사가 없음	6. 공명의 집안 내력과 황승언의 딸인 박색의 부인과 살아가는 공명의 모습을 그리고 있음

2) 『삼국지』의 대중성과 서사 구조

『삼국지』는 후한(後漢) 영제 원년(184)에서 진(晋) 무제 원년(280)까지 97년 동안에 벌어진 전쟁과 정치적 사건을 다루고 있는 대중적인 전쟁역사소설로서 『서유기』·『수호지』·『금병매』 등과 함께 사대기서의 첫손에 꼽히는 작품이다. 작품의 분량이나 내용에 비추어 볼 때 『삼국지』는 단순히 규모가 큰 대하장편소설의 경계를 넘어선다. 독서의 여부와 상관없이 한중일 삼국에서는 그 누구도 『삼국지』의 서사적 자장에서 비

---

13) 이 판본 비교표는 현존하는 국내 판본들 가운데서 원문을 가장 충실하게 번역한 두 개의 대표 판본, 즉 모종강본을 완역한 김구용, 『삼국지연의』 전10권(개정신판: 솔, 2003)과 요시카와 에이지본을 완역한 이용호, 『삼국지』 전5권(선일문화사, 1982)을 토대로 작성한 것이다. 이용호가 대본으로 삼은 요시카와 에이지(吉川英治)의 『삼국지』는 1966년 고단사(講談社)에서 3권짜리로 발행된 것으로 요시카와 에이지 전집 26, 27, 28권이 여기에 해당된다. 吉川英治, 『三國志』(『吉川英治全集』 26~28), 東京 : 講談社, 1966.

껴가기 어렵다. 우리의 현실 경험으로도 미루어 짐작할 수 있듯이『삼국지』는 단순한 대하소설이 아니라 동아시아 최고의 대중소설이며 일종의 문화이기 때문이다. 문화란 말조차 무색할 정도로『삼국지』는 소설 · 만화 · 영화 · 실용서 · 게임 등 장르와 영역을 넘나드는 '원 소스 멀티 유즈(One Source Multi-Use)'의 한 전형적 사례이면서 경우에 따라서는 소설의 차원을 넘어서 인생학의 교과서이자 삶의 지혜를 일깨워주는 지침서로서의 역할을 하는 등 그 영향력의 폭은 실로 넓고 방대하다.

그렇다면 도대체『삼국지』의 이 같은 대중성은 어디에서 기원하는 것인가? 이 같은 위험과 어려움을 감수하고서 가능한 범위 내에서『삼국지』가 갖는 대중성은 일단 내재적 측면과 외재적 측면으로 대별하여 생각해 볼 수 있다. 그리고 이 내재적 · 외재적 측면은 다시 각각 세 가지의 요인들로 세분 · 정리할 수 있다.

먼저 내재적 측면. 첫째, 남성 독자들을 단번에 사로잡을 정도로 무협소설적인 재미와 박진감을 가지고 있다는 점을 꼽을 수 있다. 호뢰관 싸움에서 보여 준 관우의 무용(武勇)과 유비 삼형제와 여포의 격전, 장비가 보여 준 장판교에서의 위용, 단기 필마로 유비의 적손 아두를 안고 적진을 누빈 조자룡의 무용, 허저와 전위의 대결 등『삼국지』특유의 과장과 긴장감이 넘치는 장수들 간의 대결과 무용이 그것이다.『삼국지』의 이 같은 무협소설적 측면은 1989년 〈삼국지 1〉을 시작으로 2005년 현재 〈삼국지 10〉이란 이름으로 출시된 코에이사(KOEI社)의 컴퓨터 / 비디오 콘솔 게임에서도 활용되는데, 이른바 〈일기토〉라고 하여 장수와 장수의 대결 등을 삽입한 것을 대표적인 예로 꼽을 수 있다. 다음은『삼국지』에서도 가장 인상적인 장면의 하나로 남을 여포와 유비 삼형제의 대결(편의상 유비가 끼여든 장면을 생략함)을 그린 대목이다. 이 대결을 통해서 무명에 가깝던 유비는 마침내 전국의 제후들 앞에서 자신의 이름과 능력을 확실하게 보여 주고 각인시키게 된다.

장비가 휘두른 장팔사모가 여포의 방천화극에 부딪치며 불꽃을 튀긴다. 창날이 휘돌아가고 창봉이 엇갈리면서 마치 범과 용이 구름에 휩싸인 듯, 50여 합에 이르도록 좀처럼 승부가 나지 않는다.

　이를 지켜보던 관운장이 춤을 추듯 82근짜리 청룡언월도를 휘두르며 내닫는다. 여포와 장비 사이로 비집고 들어선 관운장이 청룡도를 휘둘러 허공을 베면서 달려들자, 장비는 장팔사모의 창끝으로 독사가 이빨을 내어 꿈틀대며 공격하듯이 찔러 들어간다. 당황한 여포는 재빨리 방천화극의 창날로 청룡언월도를 퉁겨내고, 장비의 창끝을 어깨 너머로 간신히 비켜낸다. 세 마리 말이 정(丁)자 모양으로 어우러져 30여 합을 더 싸웠으나 여포는 좀처럼 물러설 기미를 보이지 않는다.14)

　둘째, 장회소설의 특징을 잘 살려서 매 장마다 별다른 군더더기가 없이 스케일 큰 전쟁과 찬탄을 금치 못하게 하는 신출귀몰한 각종의 책략들 그리고 장수들 간의 박진감 넘치는 대결로 이어지는 『삼국지』 서사의 고유한 특성, 이른바 사건 위주의 빠른 전개를 꼽을 수 있다. 이 같은 서사적 속도는 과거의 독자는 물론 스피디하게 전개되는 할리우드 영화에 길들여진 현대 독자들마저 단숨에 사로잡는 흡인력의 원천이라 할 수 있다.

　셋째, 서사의 남성성이다. 오랫동안 흔하게 관습적으로 남성적인 것이라고 간주되어 왔던 가치와 특징들, 이를테면 『삼국지』에는 전쟁·의리·비장미·충효·성공 등의 요소들로 온통 차고 넘친다는 것이다. 우선 기울어져 가는 나라를 위해 목숨을 초개처럼 바친 왕윤, 부귀영화를 마다하고 오관참장의 용맹을 발휘하며 의리를 지키기 위해서 유비를 찾아가는 관우, 동생들의 복수와 의리를 위해서 모든 것을 '올인'하는 유비, 삼고초려의 수고를 마다하지 않고 자신을 무한한 신뢰로 받아준 선주(先主) 유비와 한(漢)에 대해서 보여 주는 공명의 충의와 절의 등의 유교적 덕목들이 그렇다. 그리고 이러한 유교적 이념과 정신으로 인해

_____

14) 황석영, 『삼국지』 1권, 창작과비평사, 2003, 132면.

『삼국지』가 중세의 위정자들에게 거부감 없이 수용될 수 있었을 것이다. 따라서 민중적 독자들의 유비에 대한 지지와 강한 정서적 유대감은 이 같은 위정자들의 묵인 내지 권장, 그리고 유비의 애민정신 등의 계급적 연합 내지 공모 때문이었다고 할 수 있다. 그러나 무엇보다도 독자들이 『삼국지』에 열광하는 이유는 그것이 전형적인 성공담(sucess story)이며 인생의 역설과 삶의 철학을 담은 인생학의 교과서요 장엄한 비극이라는 점 때문이다.

성공담은 대중문학의 가장 전형적인 사례인바, 사회에서 추방되거나 변방으로 밀려났던 인물이 시련을 이겨내고 그 사회의 영웅으로 성공하는 이야기가 주종을 이루고 있다. 가령 현재 한류의 열풍을 만들어낸 드라마들, 〈동의보감〉이니 〈대장금〉이니 〈불멸의 이순신〉이니 하는 작품들 모두가 한결같이 신분적 차별, 성적 차별, 나아가 정치적 곤경을 극복하고 성공을 거두는 (민중적) 영웅들의 이야기라는 점이다. 『삼국지』 역시 한미한 신분으로 낙척 불우의 삶을 살아가던 유비 삼형제가 삼척검과 충의로 떨쳐 일어나 나라를 세우는 이야기 곧 민중적인 성공담의 일종이다. 그러나 이들은 결국 자신들을 성공으로 이끌었던 대의명분과 의리로 인해 모두 비극적인 최후를 맞이하게 된다. 이러한 영웅들의 시련과 성공과 좌절의 이야기는 결과적으로 독자대중들을 더욱더 열광에 빠뜨리는 요소로 작용하게 된다.

일종의 영웅비극이라 할 수 있는 『삼국지』의 첫머리에는 명나라 때 문인이었던 양신(楊愼, 1488~1559)의 「서사」가 있으며, 『삼국지』의 남성성 곧 성공과 실패 그리고 인생의 덧없음을 일깨워주는, 이른바 『삼국지』의 전모와 본질적인 성격을 압축적으로 보여 준다. 이 점에서 이 양신의 「서사」는 『삼국지』의 시작이며, 끝이라 할 수 있다.

장강은 넘실넘실 동쪽으로 흐르는데
물거품처럼 사라진 영웅이여

시비승패 모두 눈 깜짝할 사이에 공(空)으로 돌아갔구나
청산은 옛날 그대로인데
붉은 석양은 몇 번이나 지나갔나
강가에서 고기 잡고 나무하는 백발 늙은이
가을달 봄바람 익히도 보았으리
한 병 탁주로 반갑게 만나서
고금의 수많은 사건들을
모두 다 웃으며 이야기하면서 붙여나 보세

—「서사」전문15)

　　다음으로 『삼국지』가 갖는 대중성의 이유를 외재적인 차원에서 살펴
보기로 하자. 첫째는 『삼국지』 특유의 독서 관성 때문이다. 『삼국지』가
조선 중기부터 본격적으로 소비된 것은 충과 의와 같은 유교적 덕목들
과 무협소설적 면모 그리고 처세술 등이 중세의 독자들을 매료시켰고
여기에서 시작된 독서의 관행이 『삼국지』를 계속해서 소비하게 만든
기원이며 원동력이라 할 수 있을 것이다. 이런 점들로 인해 『삼국지』는
일상생활문화 속으로 자연스럽게 흡수되면서 필독서의 반열에 오를 수
있었으며, 이러한 독서 분위기와 텍스트의 명성이 다른 독서에의 욕망
을 끊임없이 만들어 내면서 그 수요를 지속적으로 재생산해 내는 어떤
기제를 만들어 낸 것이 아닌가 한다. 오늘날 이루어지고 있는 『삼국지』
의 수용과 소비에 대해서는 현실 경험이 입증하고 있으니 더 이상의 첨
언은 필요 없을 듯하고, 참고삼아 조선시대 『삼국지』가 어느 정도였는
가를 보여 주는 구체적인 사례를 제시해 본다. 다음은 김만중의 『서포
만필』의 한 대목이다.

---

15) 황석영, 위의 책, 20면. 「서사」의 원문은 다음과 같다. "滾滾長江東逝水 / 浪花淘盡
　　英雄 / 是非成敗轉頭空 / 靑山依舊在 / 幾度夕陽紅 / 白髮漁樵江渚上 / 慣看秋月春風 /
　　一壺濁酒喜相逢 / 古今多少事 / 都付笑談中."

소위 『삼국지연의』라는 것은 원나라 사람 나관중에게서 비롯하여 임란 후 우리 해동에서 크게 성행하여 아녀자들도 모두 능히 외울 수 있다. 우리나라 의 많은 이들이 역사서들을 긍정적으로 읽지 않는 까닭에 건안 이후, 도원결 의니 오관참장이니 육산기산이니 성단제풍 등의 수백 년의 일을 여기에서 취하여 믿을 정도이다.16)

조선시대에도 『삼국지』의 대중적인 인기와 열풍은 대단한 것이어서 초동급부(樵童汲婦)들도 주요 내용들을 줄줄 외고 다닐 정도였다는 서포 의 말을 액면 그대로 믿기는 어렵겠지만, 이 진술 하나만 가지고도 『삼 국지』의 인기가 어느 정도였는가를 짐작해 볼 수 있다.

둘째는 시장의 논리 또는 출판업자들의 영업전략 때문이다. 『삼국지』 가 1913년부터 2004년까지 91년 동안 무려 342종을 상회하는 판본이 나 올 수 있었던 것은 텍스트 특유의 대중성 때문만이 아니라 출판업자들 의 이해 관계, 다시 말해서 『삼국지』가 아무리 극단적인 상황을 맞게 되더라도 피해를 최소화할 수 있고 또한 언제나 기본적인 판매가 보장 되는 인기 품목이기 때문이다. 물론 이 관계는 순환적이며 결과론적이 기는 하다. 텍스트 자체가 빼어난 대중성을 가지고 있어서 언제나 수요 가 있어서 공급이 촉진되기도 하고 다른 한편에서 언제나 충분한 공급 이 이루어지기 때문에 계속적으로 수요가 발행하고 독서의 욕망이 재 생산되는 등의 순환기제가 만들어지는 것이기 때문이다. 그러나 『삼국 지』에 대한 소비를 부추기고 무수한 독서에의 욕망을 만들어 내는 출판 업자들의 마케팅 전략(이해) 역시 『삼국지』를 스테디셀러로 정착시키는 중요 요인으로 꼽을 수 있다.

셋째는 일반화하기는 어렵지만, 『삼국지』 텍스트가 국가 권력이나 교 육 이데올로기와 결합되어 있기 때문이라는 점을 꼽을 수 있다. 조풍연

---

16) "所謂 三國志演義者 出於元人羅貫中 壬亂盛行於我東 婦孺皆能誦說 而我國土 子多不肯讀史 故建安以後數百年之事 擧於此而取信焉 如桃園結義 五關斬將 六出 祁山 星壇祭風之類 ……."

이 편역, 각색한 『학생판 삼국지』는 대표적인 예이다. 이 책은 모종강 계열의 판본으로 홍성찬이 삽화를 맡았으며 출판사와 연대 그리고 권수만을 달리하여 각각 계림문고(1980, 1982, 1985), 신태양사(1992)에서 같은 책이 네 차례에 걸쳐 출판되었다. 출판 시기가 서슬 퍼런 5공화국시대였고, 청소년들을 대상으로 한 작품 때문인지 애국심, 모험정신, 충과 효 등의 교훈을 표나게 강조하고 있다는 점이 특히 눈에 띤다. 예컨대 어려운 환경과 조건에도 불구하고 충의의 기치를 내건 유비 삼형제가 온갖 역경을 딛고 나라를 세우고 중원을 공략하는 것을 조국통일운동으로 해석하고 이들의 애민정신을 5공식 국민윤리의 목표인 국가에 충성하는 민주적(?) 시민의 가치로 받아들이도록 유도하는 작품 해설과 편집 체계가 바로 그러하다.

> 이제 나는 우리나라 소년, 소녀들을 위하여 내 나름의 『삼국지』를 엮게 되었다. 새 시대의 소년, 소녀란 무슨 뜻인가? 양단된 국토의 평화적 통일을 외치며, 나라의 위신과 부강을 위해 줄기차게 앞으로 나아가고 있는 대한민국의 내일의 일꾼들인 우리나라의 소년, 소녀들이 바로 여러분들이기 때문이다.[17]

인용문에서 잘 드러나고 있듯 『삼국지』는 교육적인 목적으로 활용(지금도 『삼국지』는 청소년 권장 도서로 선정되어 각급 학교에서 구입, 비치하고 있다)되기도 하였으며, 이런 교육용 『삼국지』를 읽고 자란 청소년들이 다시 미래의 『삼국지』 독자가 되는 등 어떤 '삼국지 소비'의 재생산 구조를 만들어 내는 중요한 요인으로 작용하고 있음에 주목할 필요가 있다. 이와 같이 『삼국지』는 국가 권력이나 교육기관에서 교육용으로 활용되기도 하였으며, 이것은 새로운 『삼국지』 독자들을 만들어 내는 한 요인으로 작용하고 있다.

---

17) 조풍연, 『삼국지』 1권, 계림문고, 1985, 4면.

앞에서 검토한 바와 같이 『삼국지』는 대단히 복잡한 성격을 지닌 작품—역사소설이자 전쟁소설이며, 나아가 정치소설이자 무협소설로서의 면모를 지닌 대중적인 대하소설—이다. 오늘날 가장 널리 유통되는 『삼국지』의 체계와 원형을 만들어 낸 모종강본은 '호걸 세 사람은 도원에서 잔치하여 의형제를 맺고 영웅은 황건적을 죽여서 처음으로 공을 세우다'(제1회)에서 시작하여 '노장은 두예를 천거하여 새로운 계책을 바치고 손호는 항복하고 삼분천하를 하나로 통일하다'(제120회)에 이르기까지 총120장으로 구성된 장회소설이다. 120회를 가로지르는 『삼국지』의 핵심적인 내용은 유비 삼형제의 거병에서 건국 그리고 비극적인 최후를 축으로 구성되어 있다. 이를테면 『삼국지』는 '제85회 유선주는 조서를 남겨 외로운 아들을 부탁하고 제갈양은 편안히 앉아 다섯 방면을 평정하다'에서 유비가 죽고, 이들의 유지를 이은 공명이 최후를 맞는 '104회 큰 별이 떨어지자 제갈양은 하늘로 돌아가고 사마의는 나무로 만든 상을 보고 기겁하다'에서 사실상 막을 내린다. 나머지 105회부터 120회까지는 진제(晉帝) 사마염에 의한 천하통일의 과정이 상대적으로 간략하게 처리되고 있음을 확인할 수 있다.

엄청난 분량 자체가 잘 보여 주고 있듯이 『삼국지』에는 인간학 사전이라고 해야 할 정도로 수많은 인물들이 등장하며, 수많은 책략과 일화들이 뒤섞여 있다. 따라서 『삼국지』의 전체적인 이야기 구조와 내용을 압축적으로 제시하기가 대단히 난감하다. 따라서 보다 심층적인 분석과 설명을 위하여 『삼국지』텍스트의 전체적인 구성과 내용을 쉽게 파악할 수 있는 적절한 분석틀과 접근 방식이 필요하다. 그 유력한 접근 방식의 하나가 바로 전체적인 스토리라인을 실제의 역사적 사실과 관련지어 보다 큰 단위로 범주화하고 단락화하여 이해하는 것이다.

역사전쟁무협에 가까운 텍스트의 성격에 비추어 볼 때 『삼국지』는 정치적 지형과 서사 전개의 중요한 분기를 이루는 5대 전쟁을 축으로 서사를 5개로 단락화하는 것이 상당한 현실성을 갖는다. 『삼국지』의 5

대 전쟁은 바로 호뢰관 싸움, 관도대전, 적벽대전, 이릉전투, 오장원 싸움(공명의 6번째 북벌)이다. 호뢰관 싸움은 사실상 한나라의 붕괴와 전국시대의 개막을 알리는 전쟁이라는 점에서, 관도대전은 조조가 최대의 군벌인 기주의 원소와의 싸워 이기고 중원의 패자로 등극하게 된 전쟁이고 적벽대전은 삼국 정립의 토대가 되었다는 점에서, 이릉전투는 유비 삼형제의 몰락과 퇴장을 가져온 싸움이며 오장원 싸움은 유비의 계승자인 공명의 북벌 실패와 죽음으로 종결되어 사실상 삼국통일의 결정적인 원인으로 작용하게 되었다는 점에서 그러하다. 이렇게 5대 전투를 중심으로 살펴보는 것은 정치적 지형과 서사 구조상 커다란 변화를 동반하는 단락이라는 점에서 『삼국지』의 서사 구조와 전체 맥락을 이해하는 데 있어서 적잖은 도움을 받을 수 있는 유용한 분석 방식이라 할 수 있다.18)

3. 문화콘텐츠로서의 『삼국지』

최근 들어 우리 인문학, 특히 한국문학계에 불어닥친 유의미한 변화 가운데 하나는 문화(연구)에 대한 논의와 관심이 부쩍 높아졌다는 점이다. 특히 거대이론의 붕괴와 인문학의 위기 그리고 학제개편 등의 요구 등과 맞물리면서 한국문학계 역시 중대한 변화의 기로에 직면해 있는 것처럼 보인다. 모집단위를 광역화하고 학부제를 신설하는 등 급변하는 학문적 상황 속에서 현재 한국문학계는 모색의 진통을 겪으면서 새로운 변화를 모색하고 있는 중이다. 그 중의 하나가 바로 통합학문적인

18) 『삼국지』를 5대 전쟁을 통해서 분류하고 분석하는 방식에 대해서는 권정현, 『청소년 삼국지』 전5권(이룸, 2004)의 부록인 제6권의 해설편을 참조할 것.

성격을 강화하면서 인문학의 실용화의 한 방편으로 각 대학에서 적극적으로 추진하고 있는 문화콘텐츠학(과)의 창설이다.

콘텐츠(contents)란 말은 최근 한국에서 만들어진 신조어이다. 이 말은 본래적인 의미는 내용 또는 목차란 뜻이지만, 2001년에 제정된 문화산업진흥법에 의하면 그것은 '부호·문자·음성·동영상 등 다양한 형태로 이루어진 정보 및 그 내용물들을 의미하는 것으로서 산업적 가치를 갖는 모든 자원들'을 가리키는 말이다. 2004년 현재 국내에는 "4년제 대학교 13개교, 2년제 대학 11개교, 대학원 10개교 등에서 디자인·공학·신문방송학·인문학 중심으로 미디어·콘텐츠·웹·정보통신·문화 등"19) 다양한 관련 학과를 개설, 운용중에 있다. 이들 학과에서는 그야말로 전방위적이고 실용적인 교과 과정의 운용을 통해서 "멀티미디어 기획자·게임 디자이너·작가·편집자·내용 전문가·아트 디렉터·인터페이스 디자이너·시각 디자이너·그래픽 디자이너·일러스트레이터·사진작가·이미지 디자이너·2D 애니메이터·3D 애니메이터·사운드 프로듀서·특수 음향 전문가·사운드 기술자·비디오 전문가·프로그래머·웹마스터"20) 등의 전문 인력의 양성을 목표로 하고 있다.

이와 같이 문화콘텐츠학(과)은 다학문적인 면모를 보여 주고 있을 뿐만 아니라 인문학의 실용화의 한 양상이라 할 수 있다. 그러나 문화콘텐츠학이 과연 한국문학의 확장인지 이와 전혀 상관없는 독자적인 전공 영역인지 아니면 과연 이를 학문의 실용화로 보아야 할지 아니면 시장의 논리에 대한 굴복으로 보아야 할 것인지 어떤지에 대해서는 시간을 두고 좀 더 면밀하게 따져보아야 할 것이다.21)

그런데 이런 최근의 흐름에서 한 가지 특기할 만한 사항은 『삼국지』

---

19) 박지선, 「문화콘텐츠 교육을 위한 교과과정」, 『문화콘텐츠학의 탄생』, 다홀미디어, 2005, 186면.
20) 위의 책, 177~178면.
21) 조성면, 「반성과 전망—대중문학과 문화연구의 성과와 과제」, 『21세기 문학』, 2005년 가을, 148~149면.

가 과거부터 지금까지 다양한 분야에서 응용되어 왔거나 활용되고 있는 문화콘텐츠의 원조라는 사실이다. 요컨대 현재 중세국어 연구의 주요자료로 인정받고 있는 『삼역총해』(1704)가 그러한데, 이 책은 『팔세아(八歲兒)』·『소아론(小兒論)』 등과 함께 조선 중·후기의 대표적인 만주어 학습교재로써 『삼국지』를 적극적으로 활용하고 있는 것이 눈에 띤다. 『삼국지』를 학습교재로 활용하는 전통은 대단히 장구한 전통을 가진 흐름이었던 것으로 여겨지는데, 그 유력한 증거의 하나가 바로 1991년 성원규라는 재야학자(그는 전북 장수군 출신으로 정통 서당교육만을 받았으며 '청빙서원'과 '광록서당'을 운영하는 운영자이며 훈장이다)에 의해 번역된 10권짜리 『원본 정통 직역 삼국지』이다. 역자는 이 책의 서문에서 항간에 존재하는 대다수의 『삼국지연의』 판본들이 시구들의 운(韻)이 맞지 않고 대구도 이뤄지지 않아 이를 바로 잡았으며 나아가 "한자교육의 효율성"을 고려하여 본서를 번역했노라고 주장하고 있다.[22] 이것은 『삼국지』가 오락물이며 심심풀이용 읽을거리였을 뿐만 아니라 한학(漢學)에 지친 피교육자들의 학습의욕을 북돋아주기 위한 방편으로 널리 활용되고 있었음을 보여 주는 증거라 할 수 있다.

이러한 전통(?)은 지금까지도 계속해서 이어지고 있는바, 인하대학교 한국학연구소 기초학문연구단의 조사에 따르면 1913년부터 2004년까지 만 91년 동안 출판된 342종의 판본들 가운데서 112종이 만화·영화·드라마·처세·경영학 등의 실용적인 콘텐츠들이다. 112종 중에서 압도적인 다수를 차지하는 것은 만화로 모두 55종이며 여기서 15종은 일본과 대만(홍콩)의 만화를 번역한 것이다. 극장르는 애니메이션이 9종, 중국어 교육용 비디오가 1종, 라디오 드라마가 4종, 시나리오 2종, 연극 1종 등을 합하여 모두 17종에 달한다. 또한 참고(실용)서도 사전류 1종, 안내서 22종, 학습서 9종, 경영학 2종, 처세학(술)이 6종을 포함하여 모두

---

22) 성원규, 『직역 삼국지』 1권, 복용헌사, 1991의 역자 서문 참조.

40종에 달한다.[23)]

문화자본이 시장을 공략하는 유력한 마케팅전략은 바로 대중적 인지도와 호응이 높은 하나의 히트 상품을 장르와 종을 바꾸어 다양한 제품으로 개발하여 시장에서의 실패의 확률을 줄이고 제품에 대한 시너지 효과를 극대화하는 것 ─ 이른바 '원 소스 멀티 유즈(OSMU)'이다. 장구한 세월 동안 대중들에 사랑을 받아온 『삼국지』는 OSMU의 한 전형이라 할 수 있다. 『삼국지』는 대중성과 높은 인지도 그리고 게임화하기에 용이한 서사 구조로 인해 아주 초창기부터 일찍 게임화되기 시작했다. 필자가 조사한 바에 따르면, 1989년 코에이사(KOEI社)에서 전략 시뮬레이션 게임 〈삼국지 1〉을 개발, 발매하기 시작한 이후 2005년 현재까지 『삼국지』를 소재로 한 게임은 만 16년 동안 대략 69종이 넘는 게임(한국·중국·일본·대만 등에서 개발, 수입된 게임 포함)이 출시되었다. 이들 69종의 〈삼국지 게임〉은 비디오 콘솔 게임(플레이스테이션), 오락실용 게임, 컴퓨터 게임 등으로 대별되며, 이는 다시 전략 시뮬레이션 게임, 아케이드 게임(액션 게임 포함), RPG, PC 게임, 모바일 게임(13종)[24)] 등으로 세분[25)]할

---

23) 인하대 한국학연구소 기초학문연구단, 『'삼국지' 한국어 역본 해제』, 2005.6, 309~440면.

24) 참고로 현재 모바일 게임으로 개발되어 서비스되고 있는 것은 다음과 같다. 삼국지 결전(SKT, RPG), 삼국지 결전(SKT, RPG), 삼국지 공명출려(LGT, RPG), 삼국지 투신전(LGT, 액션), 삼국지 전기(LGT, RPG), 삼국지 천하통일(SKT / KFT, 전략 시뮬레이션), 삼국지 영웅전─관우전(SKT, 액션 RPG), 삼국지 영웅전─장비전(좌동), 삼국지 영웅전─조운전(좌동), 삼국지 영웅전 조자룡전(LGT, 액션 RPG), 삼국지 영웅전 천하통일(SKT, 액션 RPG), 컴투스 삼국지(SKT, RPG / 어드벤처), 삼국지 무한대전(SKT / KTF, 액션 RPG). 괄호에서 처음은 통신회사명이며 쉼표 이후는 게임의 장르명이다.

25) ① 아케이드는 간단한 키 조작을 통해 각 단계에 등장하는 물체나 사람을 조종하여 승리하거나 목표점에 도달하면 다음 단계로 넘어가는 게임이다. 슈팅, 스포츠, 퍼즐, 보드 게임이 여기에 해당된다. ② 어드벤처는 게임에서 미리 설정된 줄거리에 따라 주인공이 사건이나 문제를 적절히 대처하고 해결하며 게임의 최종 목적지를 향해 가는 게임이다. ③ 시뮬레이션은 실제 또는 가상의 상황을 컴퓨터에서 재현하도록 한 게임이다. 게임 과정에서 동일성을 갖지 않으며 대부분 끝을 보기 어렵다는 특징이 있다. ④ 롤 플레닝은 등장인물들을 각기 자신의 역할을 수행하게 함으로써 그들을 성장시켜 나가는 게임이다. 텍스트형 MUD 게임과 그래픽형 MUG 게임이 있다. ⑤ 기타 '컴

수 있다.

전략 시뮬레이션: 삼국지 배틀 필드, 공명전, 신삼국지, 삼국지 2000, 삼국 군영전 1~4, 승룡 삼국지, 적벽대전, 삼국장군전, 공명전, 조폭 삼국지, 워크 삼국지, 삼국지 천명, 쌈국지, 삼국천하, 삼국지 1~10
RPG: 랑그릿사 밀레니엄, 삼국지 조조전, 삼국패업, 삼국지 온라인, 환상 삼국지, 삼국지 조자룡전 1~2
모바일 게임: 삼국지 무한대전 외 12종
오락실용 게임(아케이드 및 액션): 워리어 오브 페이트, 나이츠 오브 밸류어, 퀴즈 삼국지, 삼국지 풍운천하, 삼국지 오델로, 삼국지 무장쟁패 1~2
비디오(콘솔) 게임: 결전 1~2, 진삼국무쌍 1~4, 삼국지 전기 1~2

동아시아의 대표적 서사문학인 『삼국지』를 이용한 게임은 비디오, 컴퓨터, 모바일 등 플랫폼과 시뮬레이션, 아케이드, RPG 등 장르에 따라 다양한 방식으로 분류할 수 있을 만큼 수많은 하위 장르들로 나뉠 수 있다. 제품 사양(仕樣)과 테크놀로지에 따라 해상도나 게임의 규모에 부분적으로 영향을 받기는 하지만, 이들 게임에 나타난 가장 주목할 만한 현상은 서사의 분절화와 시점의 다변화를 꼽을 수 있다.

요컨대 롤 플레이닝 게임의 경우에는 유비 삼형제나 그 휘하 장수들을 중심으로 게임이 진행되거나 아예 원작을 무시하고 조조 등 『삼국지』에 등장하는 주요 등장인물들(다양한 장수들) 가운데서 게이머가 자신의 취향과 판단에 따라 장수를 선택하여 게임을 진행하기도 한다. 이로 인해 『삼국지』의 기본적인 특성이자 이야기의 근간을 이루고 있는 촉한 정통론적(蜀漢正統論的)인 서사의 무시 내지 해체로 이어지는바, 1998년 KOEI사에 출시한 〈삼국지 조조전〉은 대표적인 예다. 이 〈조조전〉은 조

퓨터'와 '게이머'가 겨루는 PC 게임과 〈테트리스〉, 〈고스톱〉, 〈푸시푸시〉 등 휴대전화 즐길 수 있는 모바일 게임이 있다. 게임의 종류와 특징에 대해서는 라도삼, 이재현 편, 「가상공간의 전경과 삶의 단편들—리니지」, 『인터넷과 온라인 게임』, 커뮤니케이션북스, 2001, 328면 참조.

▲ 게임 〈삼국지 10〉의 인물콜렉션의 일부분

조의 관점에서 진행되는 RPG 게임으로 액션 RPG인 〈조자룡전〉처럼 유비 중심의 관점을 무너뜨리고 조조를 새로운 것(세계)을 추구하는 개척자로 그려진다는 것이다. 특히 〈삼국지 10〉의 경우에는 7개의 기본 시나리오에 760명의 캐릭터가 있다. 이러한 게임의 특성으로 인해 게이머의 참여와 플레이 그리고 선택에 따라 얼마든지 새로운 이야기와 서사가 형성될 수 있는 것이다.

그리고 『삼국지』가 게임화 내지 서사변용과 관련하여 특기할 만한 사항은 서사의 분절화 혹은 에피소드화이다. 이것은 과거에서부터 현재에 이르기까지 계속해서 반복적으로 나타나는 흥미로운 현상이기도 하다. 이를테면 판소리 「적벽대전」이나 구소설 「조자룡 실기」 그리고 현대의 게임에 이르기까지 『삼국지』의 주요 장면이나 주요 이야기가 하나의 독립된 서사물로 변용되는 현상이 바로 그러하다. RPG 게임 〈삼국지 조자룡전〉의 경우가 대표적인 예이다. 이 게임은 오호장군의 한명으로 충의와 뛰어난 무용을 지녔던 조자룡을 주인공으로 특화하여 그의 일대기를 축으로 하여 내용이 펼쳐진다. 2002년 엠 드림에서 출시한 액션 RPG는 RPG답게 각종의 아이템을 사용하여 전투를 치르며, 이 과정에서 레벨이 올라가게 되어 있다. 이 같은 현상은 〈진삼국무쌍〉 같은 플레이스테이션 게임으로 가면 더욱 더 심화되어 각 영웅마다 특화되어 있어 게이머들은 애초의 『삼국지』와는 전혀 다른 형태의 텍스트와 서사를 경험하게 된다. 그러니까 문학텍스트 『삼국지』와 달리 RPG와 같은 게임 텍스트로서의 〈삼국지〉에서는 게이머가 어떤 관점(취향)에 서느냐에 따라서 프로타고니스트와 안타고니스트가 수시로 바뀔 수 있으며 또 어떤 캐릭터를 선택하느냐에 따라서 『삼국지』 서사가 전혀 새로운 이야기나 내용으로 탈바꿈되거나 재탄생된다.[26]

이와 같이 『삼국지』가 각종의 게임 콘텐츠로 활용되면서 생겨난 변화는 대단히 복잡하고 다양하다. 심지어는 기본적 소재만 차용하여 원작과 전혀 상관없는 전혀 다른 이야기로 변용되는 경우도 있다. 이를테면 게임 〈삼국지〉에서는 독자나 관객은 없고 모두가 주인공이 되며, 게임의 진행과 함께 탄생하는 서사는 모두 1인칭적 경험으로 환원된다.[27] 게임학(ludology) 연구자들은, 수용미학이론가들이 문학 작품을 인쇄된 책인 베르크(werk)와 독서를 통해서 독자들의 머릿속에 형성되는 심미적인 구성물인 텍스트(text)로 구분하는 것처럼 '게임 개발자에 의해 만들어진 텍스트인 텍스톤(texton)과 게임 사용자에 의해 구현된 텍스트인 스크립톤(scripton)'[28]을 구분할 것을 제안한다. 게이머의 참여와 상호작용을 통해서 생성되는 스립톤은 일종의 이상적 스토리(ideal story)[29]로서 게이머

---

26) 한혜원, 『디지털 게임 스토리텔링』, 살림, 2005, 84~85면.
27) 위의 책, 43면.
28) 이인화, 『한국형 디지털 스토리텔링』, 살림, 2005, 72면.
29) 한혜원, 앞의 책, 31면.

가 게임을 플레이하는 과정에 생성되는 어떤 심미적 효과 내지 결과라 할 수 있다. 따라서 게임 개발자들이 "서사물 작가(narrauthor)"라면 게이머는 "시뮬레이션 작가(simauthor)"[30]라 할 수 있다. 나아가 쓰는 자가 읽는 자이며 독자는 작가와 함께 작품의 공동생산자라는 저 유명한 수용미학의 미학적 명제가 컴퓨터 게임이라는 디지털시대의 새로운 서사들과 만나 게이머들을 작독자(作讀者, wreader)로 만들면서 현실문화 속에서 실제로 구현되는 것이다.

그런데 문제는 게이머들이 만들어 내고 1인칭으로 경험하는 스크립톤이 현존하는 텍스트가 아니라 이들 시뮬레이션 작가들의 머릿속에서나 존재하는 상상 속의 가공 텍스트요, 심미적 경험이며, 플레이의 결과 내지 효과에 지나지 않는 것임으로 이를 문학의 범주에 편입시켜야 할지 어떤지 나아가 이들 게임을 문학의 확장으로 보아야 할 것인지 아니면 디지털 예술로 보아야 하는지의 여부에 대해서는 좀 더 세밀한 고찰이 필요하다는 점일 것이다.

이러한 논란의 여지에도 불구하고 『삼국지』가 동서고금을 막론하고 다양한 장르에서 지속적으로 활용/확장되고 있다는 것은 대단히 유의미한 현상이라 할 수 있다.

4. 『삼국지』가 의미하는 것

『삼국지』는 '천년의 베스트셀러'라는 별칭대로 장구한 세월에 걸쳐 오랫동안 대중들의 사랑을 받은 동아시아 최고의 서사문학 가운데 하

---

30) 위의 책, 18면.

나이자 장르를 초월하여 다양하게 변용 / 활용되고 있는 대중적 문화 현상이기도 하다. 『삼국지』가 이렇게 다양한 면모를 보여 주고 있는 것은 텍스트의 복합성, 요컨대 처세·전쟁·무협·정치 등의 풍부한 서사적 내포를 지니고 있는 전형적인 성공담이며, 얼마든지 변용과 활용이 가능한 독립적인 이야기들로 구성된 대중적인 장회소설이라는 점에서 찾을 수 있다. 이와 같은 장회소설적·대중소설적 특성으로 인해 『삼국지』는 전근대시대에는 수많은 변종 장르들을, 근대에 이르러서는 신문연재물로서 발 빠르게 변신할 수 있는 등 시공의 한계를 넘어서는 놀라운 적응 능력을 보여 주었다. 『삼국지』를 대중소설로 보는 것은, 앞에서 이미 검토한 바와 같이 동 텍스트가 지닌 무협소설로서의 측면, 전형적인 성공담으로서의 성격, 폭넓은 활용과 변용을 가능케 하는 풍부한 이야기성과 대중성 때문이다. 이러한 대중성과 서사적 성격으로 인해 『삼국지』는 영화, 만화, 드라마, 어학 교재, 처세, 경영학, 비디오 및 컴퓨터 게임 등으로 활용되고 있기도 하다.

그렇다면 이러한 『삼국지』는 어떤 의미를 가지는 것인가. 이제까지 살펴본 바와 같이 『삼국지』는 우리 문학을 비교문학적이고 통시적으로 살펴볼 수 있게 하는 유력한 수단이면서 오늘날 우리 문학을 둘러싸고 있는 문화적 환경과 그 변화의 양상의 일단을 살피는데 대단히 유용한 전략적 대상이라는 점에서 그 의미를 찾을 수 있다. 뿐만 아니라 급변하는 시대적 환경 속에서 연구 방법, 범주, 관점 등 패러다임과 새로운 담론의 체계로의 전환 내지 정립을 강요받고 있는 우리 한국문학 연구의 현실에 비추어 『삼국지』는 대단히 유용한 연구 대상이라 할 수 있다. 우리 한국문학 연구자들에게 『삼국지』가 진정한 의미는 바로 이런 데서 찾을 수 있을 것이다.

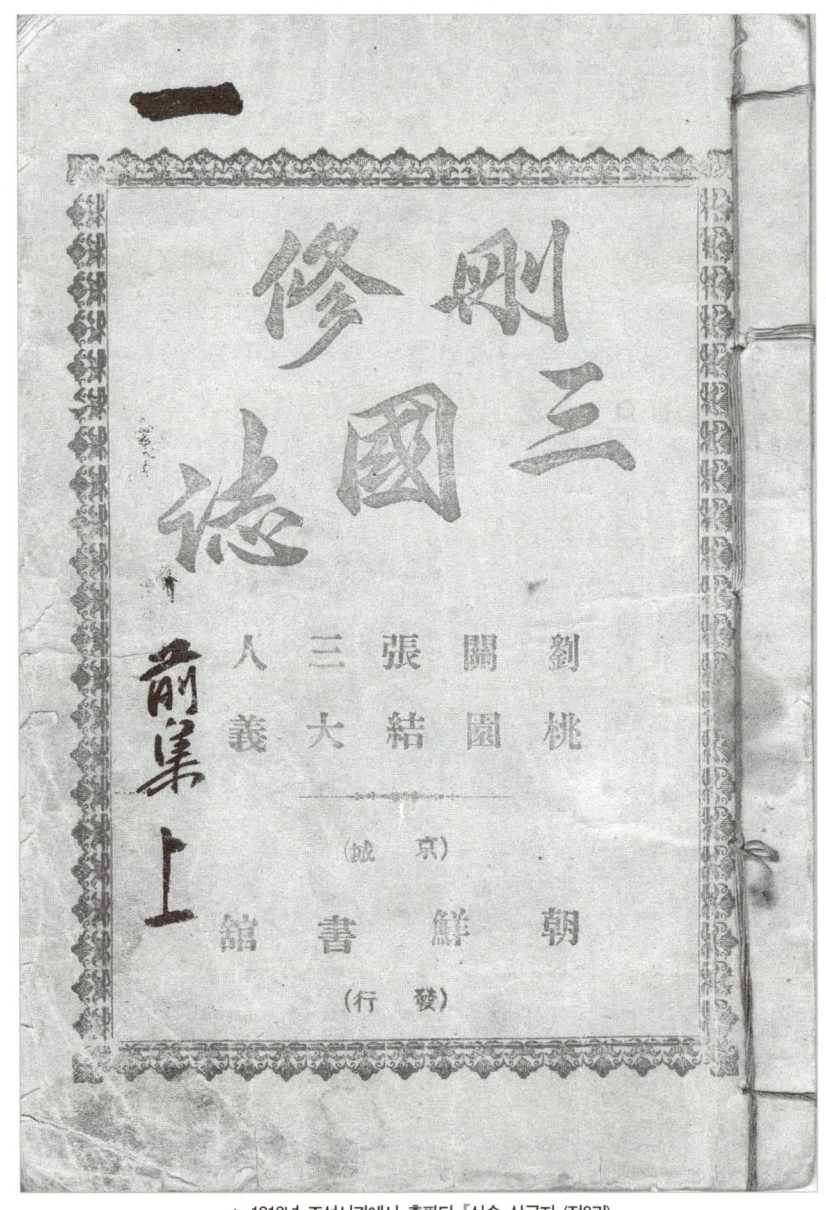

▲ 1913년 조선서관에서 출판된 『산수 삼국지』(전8권)

▲ 1914년 박문서관에서 나온 『수정 삼국지』(전5권)

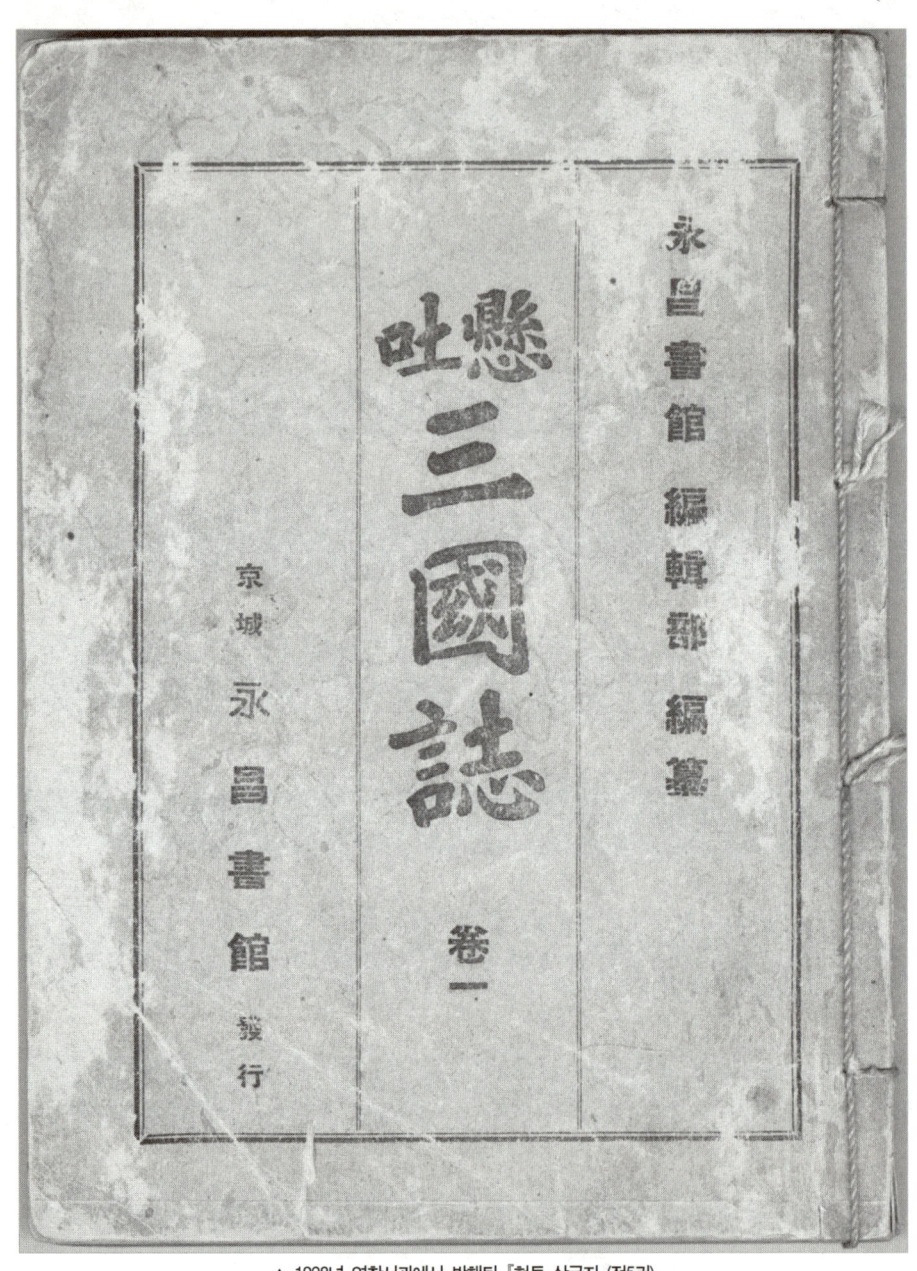

永昌書館 編輯部 編纂

懸吐三國誌 卷一

京城 永昌書館 發行

▲ 1928년 영창서관에서 발행된 『현토 삼국지』(전5권)

志國三

遠　泰　朴　篇亮葛諸
澤　奎　金・畵　――（回七第）――

164

▲ 박태원 『신시대』에 연재했던 『삼국지』(1941.1~1943.1) 미완에 그쳤다.

▲ 1958년 선진문화사에서 출판된 『삼국지 연의』
'요시카와 에이지 삼국지'를 저본으로 이성학이 번역했다. 표지 그림은 운보 김기창이 그렸다.

最新完譯
正本 三國志①

桃園結義篇
群　星　篇　合本
佳　人　篇

羅貫中原作・金東里・黃順元・許允碩・譯編

▲ 김동리·황순원·허윤석이 펴낸 『정본 삼국지』(박영사, 1958)
'요시카와 에이지의 삼국지'를 번역했으며, 총5권이다.

▲ 『조선일보』(1939.11.1~1940.8.10)에 연재되던 '한용운 삼국지'
모종강 본을 저본으로 번역 연재하였으나 『조선일보』의 폐간으로 미완에 그쳤다.

반성과 전망

대중문학, 문화 연구, 그리고 문화콘텐츠[1]

1. 요즘 시장의 쌀값은 얼마인가?

『도덕경』에 이런 말이 나온다. 화광동진(和光同塵)!

"화기광(和其光) 동기진(同其塵)"에서 유래한 이 말의 문자적 의미는 깨끗하고 밝은 빛과 더럽고 어두운 티끌이 조화를 이루며 한데 어울려 있다는 뜻이다. 그러나 이 사자 성어는 도교적 범주에서 벗어나 불보살들이 자신의 능력과 본색을 감춘 채 탐욕과 갈등으로 가득한 인간 세상에

---

1) 이 글은 지난 2005년 6월 17일 서울대 국어국문학과와 하버드대 동아시아문화학과
가 공동으로 개최한 '제2회 한국문학 연구를 위한 국제교환 프로그램(주제 : 한국문학
연구의 새로운 방향을 위한 모색)'에서 발표했던 논문을 수정한 것이며, 아울러 제2장
의 경우에는 2001년에 발표한 바 있는 필자의 원고(「새로운 한국문학 연구를 위한 도
전으로서의 문화론」, 『민족문학사연구』 18호, 민족문학사연구소, 2001.6) 일부를 토대
로 개고한 것임을 밝혀둔다.

투신하여 중생과 함께 한다는 대승불교의 이념과 정신을 표현하는 말로 곧잘 활용되곤 한다. 속(俗)이 있음으로 해서 성(聖)이 있고 성(聖)의 진정한 가치는 속(俗)에서 실현된다는 것, 나아가 종교적 보편윤리나 구도자로서의 자세와 각오는 최소한 이러해야 한다는 것이 바로 이 넉 자에 담긴 내포적 의미일 터이다.

내친 김에 일화 한 편을 더 살펴본다.

8세기경 당나라 때의 일이다. 육조(六祖) 혜능(慧能)의 제자로 초야에 묻혀 은인자중하며 사는 청원(青原) 선사에게 한 수행자가 찾아와서 물었다.

"스님, 불법의 대의(大儀)가 무엇입니까?"

청원이 말했다.

"요즘 시장의 쌀값은 얼마이더냐?"

수신자의 근기와 수준에 따라 다양한 의미와 해석을 낳게 될 일천 이백 년 전의 이 활구(活句)의 방향을 다시 오늘날의 우리 인문학 향해 던져 본다.

"요즘 시장의 쌀값은 얼마인가?"

지난 10여 년 동안 우리 한국문학연구사는 숭고한 아카데미즘의 성채에서 저자 거리로 내려와 시장의 쌀값이 얼마인지를 묻는 작업을 진행하고자 했다. 짐작하는 바 같이 대중문학(Popular Fiction)과 문화 연구(Cultural Studies)가 바로 그러하다. 이 글에서는 '성과와 과제'라는 관점에서 이들 연구의 동향과 문제점을 짚어보는, 이를테면 우리의 역사와 문화의 현실에 질문을 던지고 해답을 찾고자 했던 질문 방식에 문제가 없었는지 그 의미는 무엇인지 나아가 여기에 덧붙여질 새로운 질문은 무엇이 되어야 하는지 함께 고민해 보기로 한다.

문화이론이 국내의 인문사회과학계에 소개되어 관심을 끌기 시작한 것은 1990년대 들어와서이다. 그런데 문화론의 도입된 1990년대라는 시기 자체가 우선 대단히 문제적이라 할 수 있다. 이른바 '1987년 체제'라는 변혁운동의 큰 틀 속에서 진행되던 1980년대 문화운동이 동력을 잃고 잦아드는 시점에서 문화이론이 도입되었기 때문이다. 안타깝게도 역사의 천시(天時)를 놓친 대가는 만만치 않았으니, 이 1990년대야말로 이론과 운동의 괴리라는 한국문화 연구의 불행한 전통이 만들어지는 시점이었던 것이다.[2] 여행이 끝난 뒤에 참고할 만한 지도를 얻고 로드맵을 작성한 격이라고나 할까. 이처럼 문화론은 상황적 필요성과 시기적 부정합이 공존하는 뭐라 표현하기 어려운 기묘한 시기에 등장했고, 이것이야말로 한국문화 연구의 외연을 규정하는 중요한 특징의 하나라 할 수 있다.

이 같은 상황적 특수성에도 불구하고 문화론의 도입과 유행은 일종의 필연에 가깝다. 그 필연성이란 무엇인가. 현실사회주의의 잇따른 붕괴와 거대 이념의 소멸, 전지구적 자본주의의 가속화, 포스트모더니즘의 유입, 대중문화의 급성장 등 한국문학(연구)을 둘러싼 내재적·외재적 변화들이 바로 그러하다. 이렇게 연구자들의 위기의식이 높아지고 현실과 학문 사이의 균열이 갈수록 벌어지자 그 틈새를 비집고 들어온 문화론은 순식간에 한국문학계의 한 흐름을 형성할 만큼 강력한 학문 담론으로 성장하게 된다. 그러나 현실사회운동과 격절된 문화론이 지식사회에서 선풍적인 인기를 끌며 유력한 담론으로 정착되자 이에 대해 우려하고 질타하는 목소리도 곳곳에서 들려오기 시작했다.

언제부터인가 사람들은 노동과 계급이라는 말보다는 소비와 문화라는 말에 더 익숙해졌다. 노동과 계급을 말하는 이는 과거의 향수에 젖어 현실과 괴리된 이들 정도로 치부되었으며, 소비와 문화를 말하는 이들은 과거의 억압된 틀에서 벗어나 자유와 진보를 추구하는 이들로 여겨졌다. 대학에서는 노동과 계급을 가르치는 많은 강의들이 소비와 문화를 가르치는 강의들로

---

2) 하윤금, 「맑스주의와 문화연구-패러다임 위기」, 『지구화 시대 맑스의 현재성』 1(맑스코뮤날레 조직위원회 편), 문화과학사, 2003, 267~268면.

대체되었다.3)

인용문대로 1990년대 들어서면서부터는 강의실에서였든 비평담론에서였든 또는 그 어떤 영역이었든 간에 문화론은 지식사회의 패션이 됐으며, 다른 한편에서는 문화론의 이 압도적인 기세와 폭발적인 유행을 지켜보는 학계와 평단의 불안감과 의구심 역시 갈수록 증폭되어 갔던 것이다. 1987년 체제를 발전적으로 계승하려 한 비판적 인문사회과학자들과 '참여적' 비평가들의 깊은 우려에도 불구하고 문화론은 삶과 사회와 역사에 대한 진지한 탐색과 비판의 형식이었던 사회과학적 사유를 담론의 중심부에서 밀어 내고 단숨에 그 빈자리를 차지해 버렸다. 세계 10위권 수준의 교역 국가답게 달면 삼키고 쓰면 뱉으며 필요에 따라 다른 상품들처럼 이 지적·학술적 상품도 그냥 수입하여 쓰면 되는 것인가. 정녕 이 지식 박래품(舶來品)은 믿을 만한 것인가.

이 같은 의문은 단지 대중문화를 다루거나 문화이론을 소개하는 글들이 많아졌다는 양적 차원의 문제라기보다는 변혁 지향적 담론 전통과는 맥락이 다른 상황이 만들어지고 있다는 일종의 질적인 변화의 문제로서 우리 인문학의 이념은 물론 정체성과 관련된 문제이기도 하다. 이에 비추어 현재 우리의 문화론은 각계에서 들려오는 우려의 목소리를 격려의 박수로 변화시킬 수 있도록 자신의 위상을 운동과 실천의 장으로 재맥락화하는 한편, 고립과 도탄에 빠진 우리 인문학을 갱신해 내는 새로운 동력을 만들어 내야 하는 이중의 과제 앞에 직면해 있다.

이에 비해 하룻밤 자고 나니 갑자기 유명해지고 단숨에 담론의 중심부로 진입한 문화론과는 달리 여전히 학술담론과 평단의 주변을 위성처럼 맴도는 영역이 있다. 이른바 대중문학이라고 통칭되는 의심스런 작품들을 다루는 연구 내지 (장르문학) 비평들이 바로 그러하다.

---

3) 최항섭, 「노동과 계급의 재생산」, 『경제와사회』 52호, 2001년 겨울, 270면.

김정현의 『아버지』, 김정현의 『무궁화꽃이 피었습니다』, 이우혁의 『퇴마록』, 이영도의 『드래곤라자』, J. R. R. 톨킨의 『반지의 제왕』과 조앤 롤링의 '해리포터 시리즈', 귀여니의 『그놈은 멋있었다』 등처럼 지근거리에서 커다란 영향을 줄 때는 잠시 관심을 보여 주다가도 다시 관심의 궤도에서 멀어졌다가 유행하는 작품이 출현하면 다시 관심의 대상으로 격상되곤 하는 대중문학은 학술담론세계에서 제자리를 찾지 못하고 순환을 거듭하는 위성에 비유할 수 있다. 이렇다 할 방법론이나 외연을 확정하지 못한 채 영향력 있는 학회나 유력 매체의 기획에 따라 끝없이 부침을 거듭하면서 담론의 세계를 떠도는 오디세이형(Odyssey-type) 담론이 바로 대중문학이기 때문이다.[4]

이러한 대중문학이 학문적인 대상으로서 본격적으로 다루어지기 시작한 것은 비교적 최근의 일이다. 그 동안 학계의 냉담한 반응과 별로 우호적이지 않은 상황[5]이었음에도 불구하고, 대중문학이 새로운 연구대상으로 인정받게 된 것은 광범위한 대중적 영향력과 잇따른 상업적 성공 때문이었고 할 수 있다. 대중문학에 대한 연구는 이와 같이 객관적인 상황에 의해 촉발되고 강제된 측면이 강하다. 요컨대 문화 연구가 그러했듯이 한국문학(연구)의 이념과 외연을 지탱해 왔던 거대 이념의 쇠퇴와 포스트모더니즘과 같은 신사조(新思潮)의 득세, 자본과 첨단기술을 등에 업은 대중문화의 가파른 성장, 그에 따른 본격문학의 위축, 그리고 더 이상 학문적·사회적 이슈를 생산해 내지 못한 채 분과학문으로서의 위상과 입지가 갈수록 흔들리는 것에 대한 연구자들의 위기의식 등등이 바로 대중문학에 대해 주목하게 한 원인들이었다고 할 수 있다. 게다가 본격문학과 대중문학의 경계가 갈수록 약화되는 데다가 우리 문학에 결정적인 영향을 미치는 다양한 문화적 현상들을 분석·해

---

4) 유성호, 「베스트셀러의 미학적 가치 — 이른바 대중문학을 대상으로」, 『베스트셀러의 사회학』, 제15회 한국독서학회 발표문, 2005.4.23, 54면.

5) 위의 글.

명해야 할 현실적 필요성 또한 대중문학 연구를 가속화하는 중요한 계기로 작용하였다. 어쨌든 이런 새로운 변화들은 기왕의 보수적이고 엄숙한 연구 및 비평적 태도와 인식에 대해서 반성적으로 돌아보도록 끊임없이 우리들을 자극하고 있다. 그러나 저 일천한 담론의 역사가 스스로 웅변하고 있는 것처럼(또는 주체적 자각과 의지보다는 오히려 외부로부터 주어지고 강제된 담론들의 운명이 그러하듯) 현재의 대중문학 연구는 새로운 도정에 들어선 연구들이 안고 있는 여러 가지 문제점을 안고 있다. 문화론과 마찬가지로 대중문학(연구)이라는 '위안의 형식' 또한 '생(生)의 구경적(究竟的) 형식'이나 '거대 이념의 기획에 심미적으로 참여하는 형식'에 못지 않은 중요한 과제라는 것을, 나아가 현실과 담론의 괴리를 해소할 수 있는 성과를 내놓은 것으로써 자신의 존재증명을 해야 하는 과제와 맞서야 하는 위기에 직면해 있는 것이다.

과연 한국문학 연구는 인문학의 근본적 관념성과 아카데미즘을 넘어서 나아가 이 야수적이고 파멸적인 전지구적 자본주의의 전횡 속에서도 시장의 쌀값이 어떠한지 제대로 탐사하면서 변혁의 열정과 화광동진할 수 있을 것인가.

2. '작은 글쓰기'들의 폭발─문화론과 1990년대 이후 한국문학 연구의 동향과 흐름

1990년대 이후의 한국문학연구사의 큰 흐름은, 한마디로 거대 이념과 리얼리즘에 조응하는 이른바 '큰 글쓰기'들의 쇠퇴와 패션, 연애, 도박, 광고, 성, 육체, 장르문학(genre literature), 하위문화(sub-culture) 등 자잘한 일상적 사실들을 복원하고 그 미시적인 의미들에 주목하는 이른바 '작은 글쓰기'─김윤식 교수의 표현에 의하면─들이 주도하고 있는 형국이다.

앞에서 언급한 바와 같이 1990년대 한국문학 연구는 세계사적 정세의 변화, 대중문화의 광범위한 확산, 그리고 인문학의 전반적 침체와 위축이라는 아주 어려운 상황에서 시작되었다. 문화론은 이른바 1990년대적 상황에 대한 학문적 대응으로 일종의 위기담론이지만, 다른 한편에서는 기왕의 국문학 연구에서 보여 주지 못했던 새로운 가능성과 지평을 열어 보이고 있다는 점에서 학문적 발전으로 볼 수 있다.

문화론의 범주에 넣을 수 있는 1990년대 이후 한국문학 연구의 흐름은 ① 문학에 대한 연구에서 문학 자체에 대한 연구로의 이행 곧 근대문학—근대문학의 형성 과정과 이데올로기 그리고 개념 등—그 자체를 문제삼는 연구, ② 출판·인쇄·풍속·패션 등 문학의 물질적 조건을 문제삼는 미시적(微視的) 연구, ③ 탈정전적(脫正典的) 경향의 대중문학 연구, ④ 방법론적 모색으로서의 고전문학 연구, ⑤ 인터넷소설, 하이퍼텍스트문학, 컴퓨터 게임 등의 사이버문학과 디지털 서사들에 대한 연구와 인문학의 실용화를 지향하는 문화콘텐츠와 관련된 논의 등으로 대별될 수 있다. 이들 연구의 공통된 특징으로는 과감하게 학제적 연구(interdisciplinary)를 시도하고 있으며, 재래의 국문학 연구 패러다임과는 다른 접근 방법과 관점을 선보이고 있다는 점을 꼽을 수 있다.6)

먼저 ①은 한국 근대문학의 기원·개념·인식 등을 연구의 대상으로 삼고, 문학이 고정불변의 실체가 아니라 역사적 과정을 거쳐 형성·제도화한 지식 체계이고, 따라서 상황과 조건에 의해 국문학에 대한 인식과 그것의 대상과 외연이 얼마든지 새롭게 구성될 수도 있음을 보여 주고 있는 연구들이다. 이를 선구적으로 입증해 보인 이는 황종연이다.7)

---

6) 이하 1990년대 이후의 문화론과 한국문학연구사에 대해서는 이미 학술지에 발표된 바 있는 필자의 원고(「새로운 한국문학 연구를 위한 도전으로서의 문화론」, 『민족문학사연구』 18호, 민족문학사연구소, 2001.6)를 수정하고 보완한 것임을 다시 한번 밝혀두는 바이다.

7) 황종연, 「문학이라는 역어」, 『동악어문론집』 32호, 동악어문학회, 1997.

그는 한국문학이라고 하는 지식과 관념의 체계가 역사적 과정을 거쳐 제도화된 관념이라는 새로운 관점을 제시하고 이광수를 통해서 이를 논증하고자 하였다.

"문학에 대한 근대적 지식의 생산이라는" 관점에서 볼 때 이광수는 재래의 문학과 근대문학이 확연하게 분기되는 장소인바, 그의 「문학이란 하오」(1916)는 학문 또는 문장 일반을 지칭하는 전통적인 문학 개념과 담론상의 단절이 이루어지는 한 지점이라 할 수 있다. 이광수는 "정(情)의 만족이 문학의 목적"임을 강조하고, 정치·교육·학문·철학·논설 등과 문학을 구별하고, 이를 통해서 문학을 심미화한다. 문학이라는 단어는 물론 이광수 이전부터 있었지만, 이광수에 와서 비로소 그것은 서구의 리터러처를 일역(日譯)한 분가쿠(文學)로 대체되었다는 것이다. 이에 의하면 결국 한국에서의 근대문학이란 관념 내지 지식 체계는 내발적이고 자생적인 것이 아니라 외부로부터 주어진 것, 곧 "번역된 근대(translated modernity)"였던 셈이다. 이광수는 이 같은 배타와 구별을 통해서 문학을 심미화시키는 동시에 내셔널리즘과 밀접한 관련을 갖는 미학 이데올로기를 산출해 내게 되고, 우리의 근대문학은 이러한 과정을 거쳐 계몽의 기획에 심미적으로 참여하게 되었다는 것이다. 정선태 또한 '근대계몽기', 특히 1898년을 전후하여 등장한 담론들인 서사논설에 대한 실증적인 분석을 통해서 논설이 서사문학에서 차지하는 위상과 의미를 드러내고, 이를 통해서 한국문학의 근대화 과정을 면밀하게 추적한 바 있다.[8]

김동식은 여기에서 한발 더 나아가 근대적 문학 개념의 형성 과정을 실증적으로 추적해 들어감으로써 문학이란 개념과 제도가 근대 사회에 이르러 구축된 지식 체계라는 점을 밝혀내고 있다.[9] 이를테면 그는 19세기 말부터 1910년에 이르는 시기 동안에 걸쳐 일어난 '문학'이란 단

---

8) 정선태, 『개화기 신문 논설의 서사 수용 양상』, 소명출판, 1999.
9) 김동식, 「한국의 근대적 문학 개념의 형성과정 연구」, 서울대 박사논문, 1999.

어의 "의미 변환과정과 문학 양식의 위상 변화에" 천착하는 한편, 계몽 담론과의 관련 속에서 문학 양식이 어떻게 사회적 승인을 획득해 나갔는가를 분석함으로써 문학이 "초역사적이며 영속적인 실체가 아니라 계몽주의 이후에 제도화된 관념의 체계"라는 사실을 입증하려 하였다. 근대계몽기의 주도적 담론이었던 계몽은 "근대국가와 계몽된 주체를 산출하고자 하는 역사적 기획"이었으나 1910년 국치를 기점으로 계몽의 기획은 실패하고 "문학은 유학자들에 의해 보수화되거나 저널리스트들에 의해 상업화"되고 만다. 그러나 계몽의 기획은 목표의 절반 이상이 실패했지만 개인과 사회를 매개하는 공공영역(public sphere)을 탄생시켰다는 점에서 다시 주목되어야 한다. 근대적 문학 개념은 공공영역의 탄생·분화와 밀접한 내적 관련성을 가지고 있기 때문이다. 특히 인쇄술과 같은 테크놀로지의 발전은 문학과 함께 서로를 매개하면서 공공영역을 형성해 나갔으며, 광범한 지식의 생산과 보급을 통해 경전(經典)들을 탈중심화하는 한편, 언어를 표준화하고 동질화한다. 이 과정에서 글쓰기가 서서히 분화·발전되고 문학과 비예술적인 영역들과의 단절과 구분이 생겨나기 시작한다. 이와 같이 문학은 단순한 번역어의 문제가 아니라 계몽의 기획과의 밀접한 관련을 가지고 형성된 근대적 현상이라 할 수 있다. 그러나 일제의 강점으로 계몽주의는 크게 좌절되거나 굴절되어 버리고 결국 공공영역의 빈자리에 근대문학이 들어서게 되었다는 것이다. 이러한 새로운 독법[10]은 기존의 미학적 범주와 인식 그리고 가치들을 재생산해 왔던 재래의 문학 연구 방식과 다른 우리 근대문학에 대한 새로운 접근 방식이라는 점에서 주목을 끄는 것이다.

②는 근대, 민족, 계급, 리얼리즘, 모더니즘, 근대문학의 기점, 근대성 등 거대한 주제와 특정한 작가와 작품에 집중하고 있었던 종래의 연구

---

10) 여기에 해당하는 주요 연구 성과로는 이현식, 「문학의 자율성, 주체의 발견, 근대라는 미망」, 『문학과사회』, 1998년 가을; 권보드래, 『한국 근대소설의 기원』, 소명출판, 2000 등을 꼽을 수 있다.

관행에서 벗어나 패션, 인쇄소, 서점, 출판사, 백화점, 책 광고, 풍속, 도박, 스포츠, 연애, 독서, 학교 등과 같이 작고 일상적인 것에 주목하는 이른바 미시사적(微視史的) 연구들이다. 편의상 '작은 것을 통해서 새롭고 다르게 읽기'라고 이름할 수 있는 이들 연구는 아주 사소하지만 흥미로운 질문을 던지면서 시작한다. 가령, 박태원의 소설에 등장하는 '홈부라'라는 생소한 단어는 도대체 무슨 의미인가?[11] 애국계몽기의 책값은 얼마였고 출판사와 서점은 몇 개나 있었는가?[12] 그리고 1930년대 경성에서 최고로 세련된 여성은 어떤 모습이었을까?[13] 미시적 연구는 바로 이런 의문들을 낯선 층위에서 텍스트를 읽고 다르게 해석해 내고자 한다. 대체로 문학사적으로 주요 텍스트들을 어떻게 읽고 해석해 왔는가 하는 것은 후대의 연구자가 그것을 읽고 해석하는 데 결정적인 영향력을 행사하는 일종의 선험적 억압으로 작용한다. 이 점에서 작은 것들을 통해서 새롭게 다르게 읽는 연구는 특정 텍스트와 작가에 집중되던 기존의 해석의 관행에서 벗어나 텍스트를 새롭게 해석함으로써 한국문학 연구의 지평을 확장시켜 줄 수 있는 새로운 해석학적 전략으로서의 의미를 지닌다고 할 수 있다. 예컨대 박태원의 『여인성장』에 등장하는 '홈부라'는 혼마찌(명동)를 어슬렁 어슬렁거리는 사람으로 이른바 1930년대의 오렌지족을 일컫는 단어이다. 이 홈부라들의 출현은 "점점 상업화되고 있는 도시공간과 교환가치적 욕망의 체현자인 도시의 소비자(주체)가 맺게 된 근대적 관계 양식과 깊이 관련"된 문화적 징후로 마침내 자본주의적 생활양식이 동시대인들의 일상은 물론 작품 속으로까지 침투되어 있음을 보여 주는 증거라 할 수 있다. 이와 같이 미쯔코시 백화

---

11) 이경훈, 「미스코시, 근대의 쇼윈도우-문학과 풍속」, 『현대문학연구』 15집, 한국문학연구학회, 2000.8, 7~8면.
12) 강명관, 「근대계몽기 출판운동과 그 역사적 의의」, 『민족문학사연구』 14호, 민족문학사연구소, 1999.6.
13) 김주리, 「근대적 패션의 성립과 1930년대 문학의 변모」, 『현대문학연구』 7집, 한국문학연구학회, 1999.

점으로 대변되는 자본주의 문화는 근대인의 삶을 재편성시켰을 뿐만 아니라 박태원·이광수·김남천·이태준 등을 포함한 상당수의 작가들의 작품에까지 영향을 끼치게 되었다. 따라서 풍속과 일상문화에 주목하는 이경훈의 논문은 미시적 접근을 통해서 어떤 과정을 거쳐 근대적 주체가 형성되고 있으며, 그것의 문학사적 의미가 무엇인지를 탐색하는 새로운 텍스트 읽기 방식의 가능성을 보여 준 연구라고 할 수 있다.

김주리 또한 개항 이후부터 밀려들기 시작한 서양의 패션에 주목한다. 신여성의 화려한 양장과 "개화기의 양복은 새로운 문물, 새로운 지식의 상징물로 여겨졌으며, 개화파가 상징하는 정치의 상징"이면서 "근대적 자아를 강조하는 서구적 사고방식의 산물"이라 할 수 있다. 양장과 양복으로 표상되는 패션은 근대의 개성적 자아를 만들어 내는 구별짓기(la distinction) 이상의 의미를 지니는 것이었는바, 이 같은 현상은 전형기인 1930년대 후반의 세태소설들과 "유진오의 시정의 리얼리즘, 김남천의 관찰문학론" 등의 문학론에서까지 목격된다. 그러나 근대화가 어느 정도 진척되자 패션이 지니는 구별짓기 기능과 "이데올로기적 가치가 사라지고, 전통적인 사회화 형식"은 종언을 고하고, "사물과 의미는 영원히 순환하게" 되고 말았다는 것이다. 그는 이러한 분석틀을 더욱 확장하고 다듬어 스포츠 등의 근대적 신체 담론과 패션 등 일상사의 디테일들이 우리 근대문학 속에서 어떻게 반영되었는지 나아가 이와 같은 문화적 기호들의 모더니티에 대해서 검토하였다.[14]

이경훈과 김주리의 연구에서 살펴본 바와 같이 풍속과 일상 등에 대한 문화론적 접근을 통해서 동시대의 구체적 실상에 다가서려는 시도는 해당 시기의 문학사적 상황을 복원시켜 텍스트와 컨텍스트에 대한 올바른 이해를 확보하고자 하는 노력이다. 이 문화론적 문학 연구들은 재래의 미적 분석 방법과 범주 등에 의지하지 않고서도 얼마든지 문학

---

14) 김주리, 『모던 걸, 여우 목도리를 버려라—근대적 패션의 풍경』, 살림, 2005.

텍스트들을 읽어낼 수도 있다는 것을 실증으로 보여 주고 있으며, 국문학 연구 대상의 확장이라는 점에서 주목을 끈다. 다만 작은 것을 통해서 새롭고 다르게 읽으려는 이들 연구가 현재까지는 층위와 맥락만을 달리한 채 기존의 연구 방식과 결론으로 다시 환원되는, 또는 이미 연구됐던(혹은 이미 보편화되어 널리 인정되고 있는) 사실들을 층위만을 달리해서 읽고 재확인하는 차원에서 벗어나지 못하고 있다는 사실은 아직 시작단계에 머물러 있는 미시사적 연구의 불가피한 한계일지도 모른다. 게다가 근대적 주체를 만들어 내고 근대를 추동하는 진정한 동력이 무엇인가에 대한 명확한 인식이 없이 그저 쇄말적인 현상에 주목하는 낮은 차원의 풍속사 또는 문학사회학적 연구에서 벗어나지 못하고 있다는 사실은 이들 문화론적 연구의 분명한 문제점으로 지적되어야 할 것이다.

그밖에 도박·백화점·유행 등을 고찰한 강심호,[15] 1920~30년대의 연애와 여성 잡지 등을 통해서 동시대 풍속과 문화를 분석한 권보드래[16]와 김미지,[17] 카페, 잡지 광고, 만화 및 대표작가의 작품들을 에로티시즘과 그로테스크 그리고 넌센스라는 코드로 읽어냄으로서 웃음과 축제에 담긴 민족적 정서와 근대적 감수성의 형성 과정을 분석한 소래섭,[18] 근대의 대표적 교육제도인 학교의 등장과 정착의 과정 그리고 근대적 주체의 형성과 관련한 실증적 자료들을 정리하고 이를 흥미롭게 분석해 낸 이승원,[19] 검열과 식민지 미디어들의 문화 정치적 논리를 실증적으로 분석한 한기형과 박헌호[20] 등의 논의 역시 이 같은 문화론적

15) 강심호, 『대중적 감수성의 탄생－도박, 백화점, 유행』, 실림, 2005.
16) 권보드래, 『연애의 시대』, 현실문화연구, 2004.
17) 김미지, 『누가 하이카라 여성을 데리고 사누－여학생과 연애』, 살림, 2005.
18) 소래섭, 『에로 그로 넌센스－근대적 자극의 탄생』, 살림, 2005.
19) 이승원, 『학교의 탄생』, 휴머니스트, 2005.
20) 한기형의 「문화정치기 검열체제와 식민지 미디어」와 박헌호의 「문화정치기 검열과 그 대응의 내적 논리」(『식민지 검열체제의 역사적 성격』, 성균관대 동아시아학술원, 2004.12.17) 참조.

지향성을 지닌 연구 성과들이다. 한기형과 박헌호의 논의가 이 지점에서 각별한 의미를 갖는 것은 미시사적 연구가 범하기 쉬운 오류들을 교정하고 올바른 균형을 잡아 준다는 점에서, 요컨대 일제강점기 시기가 자유로운 근대의 공간이 아니라 억압과 검열의 기제가 일상생활 구석구석에까지 작동되는 동시대적 상황을 환기시키는 동시에 문화 연구에 있어서 선명한 정치적 관점이 얼마나 중요한가를 입증하고 있다는 점에서 더욱 그러하다.

덧붙여 이 같은 문화론적 연구의 한 절정으로서 근대적 독자의 탄생과 독서문화의 형성 과정을, 문학 작품은 물론 광고나 잡지 등에 대한 방대한 실증적인 자료조사를 통해 흥미롭게 분석해냄으로써 한국문학 연구의 본령이 원래 학제적(interdisciplinary)이고 통합 학문적임을 보여 준 천정환의 『근대의 책읽기―독자의 탄생과 한국 근대문학』을 결코 빼놓을 수 없다.21)

③ 탈정전주의적 경향의 대중문학 연구는 1990년대 문화론적 연구에서 빼놓을 수 없는 중요한 성과이다. 대중문학에 대한 논의와 연구는 물론 그 이전에도 있었지만, 대체로 그것은 사회적 반향을 불러일으킨 몇몇 작품에 대한 비평적 진단이었거나 본격문학을 연구하기 위한 보조적 수단에 지나지 않았다. 그러나 한국문학의 이념과 외연을 규정해 왔던 거대 이념의 약화와 대중문화의 비약적인 발전으로 인해 국문학계에서도 더 이상 대중문학에 대하여 침묵을 지키기 어렵게 되었다. 게다가 포스트모더니즘과 후기 구조주의 이론의 유입은 본격문학과 대중문학의 대립과 경계를 현저하게 약화시키는 한편, 기왕의 정전 중심적 연구와 이항대립적인 문학 인식에 대한 반성의 계기로 작용하게 되었다.

1990년대 들어와서 본격화되기 시작한 대중문학 연구는 여러 면에서 지난 시기의 연구들과는 확연하게 구별된다.22) 지난 1970~80년대의 연

---

21) 천정환, 『근대의 책읽기―독자의 탄생과 한국 근대문학』, 푸른역사, 2004.
22) 여기에 해당하는 주요 연구 성과들은 다음과 같다. 학위논문으로 한명환, 「1930년

구가 대중사회론이나 비판이론 등에 근거하여 대중문학의 저급성, 상업성, 이데올로기적 효과 등에 대한 비판에 집중[23]되어 있었던 것에 비해, 1990년대의 대중문학 연구는 이론과 인식상에 있어서 전향적인 면모를 보여 주고 있다. 우선, 대중문학에 대해서 가장 기본적인 질문을 제기한다. 대중문학은 과연 무엇이며 대중문학을 구성하는 하위 장르들의 미적 특성과 문학사적 전개 양상은 어떠한가? 대다수의 사람들이 좋아하고 즐기는 대중적 문학들이 왜 무시되고 제대로 논의되지 못하고 있는가? 대중문학과 본격문학을 나누는 기준은 무엇이며, 기준과 원칙이 있다면 이 기준과 원칙은 누가 정하는가? 그리고 그 기준과 원칙은 정당한가 등에 관한 물음들이 그러하다.[24]

현재의 대중문학 연구는 종래의 본격문학 / 대중문학이라는 이항대립적 접근 방식과 인식에 대하여 이의를 제기한다. 이 도전적인 인식론은 모든 문학적 가치는 상대적으로 구성되는 것에 불과하며, 텍스트의 의미는 고정되어 있지 않다는 포스트모던한 주장 위에 서 있다.[25] 예컨대 문학 작품이 자족적이고 통일적이라면 해당 작품은 언제나 동일한 의

대 신문소설 연구」, 홍익대 박사논문, 1995; 강옥희, 「1930년대 후반 대중소설 연구」, 상명대 박사논문, 1998; 이정옥, 「대중소설의 시학적 연구」, 서강대 박사논문, 1998; 조성면, 「한국 근대 탐정소설 연구」, 인하대 박사논문, 1999; 김동윤, 「1950년대 신문소설 연구」, 제주대 박사논문, 1999 등을, 단행본 연구서들로는 조성면 편, 『한국 근대 대중소설 비평론』, 태학사, 1997; 조성면, 『대중문학과 정전에 대한 반역』, 소명출판, 2002; 김창식, 『대중문학을 넘어서』, 청동거울, 2000; 김재국, 『사이버리즘과 사이버 소설』, 국학자료원, 2000 등을, 그리고 대중문학연구회의 『대중문학이란 무엇인가』, 평민사, 1995; 『신문소설이란 무엇인가』, 국학자료원, 1996; 『추리소설이란 무엇인가』, 국학자료원, 1997; 『연애소설이란 무엇인가』, 국학자료원, 1998; 『과학소설이란 무엇인가』, 국학자료원, 2000; 『무협소설이란 무엇인가』, 예림, 2001; 전형준, 『무협소설의 문화적 의미』, 서울대 출판부, 2003 등을 꼽을 수 있다.

23) 염무웅, 「도시-산업화 시대의 문학」, 『민중시대의 문학』, 창작과비평사, 1979; 김주연 편, 『대중문학과 민중문학』, 민음사, 1979; 김종철, 「상업주의 소설론」, 『한국 문학의 현단계』 2, 창작과비평사, 1983 등을 이 시기의 대표적인 논의로 꼽을 수 있다.

24) 대중문학 연구의 의미와 일반적 문제에 대해서는 Bob Ashley, The Study of Popular Fiction, London : Pinter Publisher, 1989, pp.1~6.

25) 안토니 이스트호프, 임상훈 역, 『문학에서 문화연구로』, 현대미학사, 1994, 63~66면.

미로만 해석되어야 할 것인데 실제로는 그렇지 못하며, 따라서 문학 연구에 있어서 텍스트는 없고 해석만 있을 뿐이며 나아가 본격문학과 대중문학의 구분도 아주 자의적인 것 곧 제도화된 기왕의 문학연구 패러다임에 의해 구축된 허구에 불과하다는 것이다. 후기 구조주의 이론에 근거하고 있는 1990년대 대중소설 연구의 이와 같은 인식론은 근대 지식 권력이 생산해 낸 패러다임과 제도를 상대화하고 있을 뿐만 아니라 우리의 일상 속으로 깊이 파고든 대중문화를 문학적인 틀로도 얼마든지 해석할 수 있다는 자신감과 가능성을 보이고 있다는 점에서, 일단 긍정적인 문제제기로 평가할 수 있다. 특히 대중문학 연구는 국문학이라고 하는 미학적 범주와 이념을 재생산해 내고 있는 대학(원)과 같은 고등교육기관의 보수적인 문학제도들과 충돌하고 이를 상대화함으로써 문학적 제도와 인식이 갖는 근대성을 객관화하고 이를 탈중심화하는 비판자로서의 가능성 역시 앞으로 주목해 보아야 할 대목이다.

그러나 문제는 대중문학 연구가 이와 같은 도전적인 문제제기에 비해 여기에 호응하는 연구 성과를 충분하게 보여 주지 못하고 있다는 점이다. 그것은 대중문학 연구자들의 충분하게 축적되어 있지 못한 학문적 역량과 대중문학 연구가 가지고 있는 자기 모순에서 찾을 수 있다. 즉 무엇이 대중문학이며 어디까지를 대중문학으로 보아야 하는가 하는 범주 설정과 개념 규정의 문제이고, 대중문학에 대한 기왕의 통념들을 넘어설 수 있는 구체적인 연구 성과를 제시해야 하는 어려움이다. 다시 말해서 분과학문으로서 한국문학이 근대지식권력이 구축한 허구이며 대중문학을 주변화·타자화하고 있다는 주장을 입증하기 위해서는 역설적이게도 기왕의 이항대립적(binary oppositional)이고 정전 중심적인 구도에 의존할 수밖에 없고, 또한 국문학 연구를 지탱해 왔던 정전이 무엇인지를 규정하면서 이를 비판해야 하는 어려움을, 대중문학 연구 스스로가 고스란히 감당해 내야 하기 때문이다.

④다른 세부전공 영역들에 비해 상대적으로 보수적이고 엄숙했던

고전문학계에서의 문화 연구 역시 주목을 끄는 중요한 흐름이다. 특히 '국문학과 문화'라는 주제하에 1999년 여름부터 2001년 현재까지 연간 2회씩 총4회에 걸쳐 진행된 한국고전문학회의 심포지엄은 언어문화·생활문화·민족문화·매체문화 등 다양한 주제와 관점을 가지고 새로운 접근을 시도하고 있다는 점에서 각별히 주목해 볼 필요가 있다.26) 김대행·김현주·심경호·류준필·김종철·이강옥·최재남·김진순·염은열·권순긍·성기옥·안대회·노진한·신동흔·김동환·최미정·김수업 등 모두 17명의 전공자들이 참여한 이 학술기획은 국문학 연구의 문화적 패러다임, 생활문화로서의 국문학, 민족문화로서의 국문학, 21세기 문화의 시대와 고전의 재창조 등 네 개의 세부 주제를 중심으로 고전문학 연구의 위상과 방향에 대하여 집중적인 논의와 조명을 시도하고 있다. 우선 국문학 연구를 특정 문헌과 텍스트로 제한하는 재래의 패러다임에서 벗어나 국문학의 외연을 보다 확장하여 언어문화27)·예술문화28)·정신문화29)·생활문화30)로 보아야 한다는 논의를 비롯하여 세계화에 능동적으로 대처하기 위해서 고전문학 연구를 민족적 정체성의 수립을 위한 방편으로 활용하는 한편, 이를 사이버 공간31)이나 다른 매체를 이용하여 고전문학을 재창조32)하고 적극 활용해야 한다는 주장도 제기되었다.

그러나 이 도전적인 문제의식(위기의식)에 비해 한국고문학회의 문화론은 매우 온건한 상호학제적 연구라는 일정한 한계를 노정하고 있다. 그것은 한국고전문학회의 문화론이 근대 분과학문체제와 이념에 강력

---

26) 최근 한국고전문학회는 이를 단행본으로 묶어 출판하였다. 이하 고전문학계에서의 문화론에 대해서는 한국고전문학회 편, 『국문학과 문화』, 월인, 2001을 참조.
27) 김현주, 「언어문화로서의 국문학」, 위의 책, 27~42면.
28) 심경호, 「예술문화로서의 국문학」, 위의 책, 43~62면.
29) 류준필, 「한국문학연구의 문화론적 전통과 이념」, 위의 책, 63~84면.
30) 최재남, 「사림의 생활문화로서의 시가활동」, 위의 책, 159~178면.
31) 신동흔, 「사이버세상과 고전문학의 길」, 위의 책, 357~382면.
32) 김동환, 「미디어를 통한 고전의 재창조」, 위의 책, 383~398면.

하게 도전하려는 학술운동의 소산이라기보다는 오히려 분과학문의 하위분야로서 고전문학의 정체성을 굳건하게 지켜 나가려는 기획 의도에서, 즉 현재 고전문학계가 겪고 있는 학문적 위축과 극심한 침체를 타개해 보려는 한 방편 혹은 방법론으로 문화론을 활용하려고 하기 때문이다. 김대행의 총평은 이를 확인시켜 주는 구체적 사례라 할 수 있다. 이를테면 그는 기획 심포지엄 '국문학과 문화'의 성과로 '문제의식의 다변화, 인간과 삶의 회복, 미래를 향한 과거의 천착, 예술론에서 문화론으로의 영역 확장, 민족적 정체성의 탐구' 등을 꼽으면서 '문화론'이라는 새로운 관점과 방법을 통해서 '고전문학 연구의 실용성을 재인식하고 분과학문으로서의 고전문학의 자기정체성(인문학적 본질로 되돌아가기)을 회복하고, 이를 통해서 민족적 정체성을 추구(집단표상의 모색)하는 한편, 문학교육 방법에 대한 새로운 시도'를 하자고 제안한다.[33] 이는 고전문학 진영에서 제기된 문화론이 재래의 분과학문에 대한 전면적인 반성과 도전을 의미하는 것이 아니라 위기에 직면해 있는 분과학문으로서의 고전문학을 그대로 유지·존속시키고자 하는 의도에서 기획된 일종의 방법적 사유임을 보여 주는 것이라 할 수 있다.

⑤는 1990년대 이전과 이후를 구별하는 변별적 특징 가운데 하나는 사이버문학으로 통칭되는 디지털 서사(digital narrative)들의 등장 내지 인문학의 실용화(산업화)로서 문화콘텐츠로의 편입(확장)을 꼽을 수 있다. 기술결정론적인 오류의 위험성에도 불구하고, 유례를 찾아볼 수 없을 만큼 1990년대 들어서 장르문학이 크게 활성화하게 된 원인으로 모뎀을 이용한 PC통신문학을 거치면서 순식간에 우리의 일상생활을 뒤바꿔 놓은 인터넷의 등장을 들 수 있다.

잘 알려진 바와 같이 한국에서의 디지털문학시대는 1986년 데이콤에 의해서 국내 최초의 컴퓨터 통신망인 에이치 메일(H-Mail)의 구축과 함께

---

33) 김대행, 「국문학과 문화 논의의 성과와 과제」, 위의 책, 460~469면.

개막되었다. 거의 동시에 케텔(Ketel)이라든지 하이텔(Hitel) 등의 통신망이 구축되기 시작했으며, 국내 최초의 통신문학인 이성수의 『아틀란티스의 광시곡』 이후, 공전의 대히트를 기록한 이우혁의 『퇴마록』이라든지 사상 초유의 베스트셀러 판타지인 이영도의 『드래곤 라자』 등이 모두 전자통신과 인터넷을 매개로 창작, 소비되고 유통되었다.[34]

그런데 인터넷이 몰고 온 파장은 단지 과학소설이나 판타지와 같은 장르문학을 활성화하는 정도에서 끝나지 않았다. 그것은 기성문단 권력의 해체, 작가와 독자의 엄격한 구별이 약화 내지 해체되는 작독자(作讀者, wreader)의 탄생을 가져왔으며, 나아가 출판 시장의 새로운 마케팅 전략이며 활로가 되기도 했다. 그러나 이런 디지털시대의 도래는 다른 한편으로 문학의 영향력과 대중성을 더욱 약화시켰다. 기존의 선형적 텍스트의 개념에 충격을 가하는 하이퍼텍스트문학과 같은 새로운 실험이 진행됐고, 컴퓨터 게임과 문학 범주의 제휴 등이 모색되었다. 문학의 개념도 진보하고 발전한다는 전제하에 컴퓨터 게임의 서사성에 천착한 최유찬,[35] 디지털시대의 문학의 동향과 흐름을 문화론적인 차원에서 짚어본 최혜실[36]과 장노현,[37] 그리고 사이버시대의 도래를 선구적으로 예감하고 종합적인 논의와 정리를 시도한 이용욱[38] · 김재국[39] · 최병우[40] 등 다양한 시도가 이루어지기도 했다.

아울러 문화에 대한 관심과 점증하는 사회적 수요에 발을 맞추어 '문화콘텐츠학'으로 그 영역을 확장해 나가는 최근의 경향에 대해서도 관

34) 조성면, 「디지털시대의 문학」, 『대중문학과 정전에 대한 반역』, 소명출판, 2002; 조성면, 「어째서 또 다시 사이버문학인가」, 『작가들』 9호, 다인아트, 2003.12.
35) 최유찬, 『컴퓨터 게임의 이해』, 문화과학사, 2002.
36) 최혜실, 『모든 견고한 것들은 하이퍼텍스트 속으로 사라진다』, 생각의나무, 2000; 『디지털 시대의 문화읽기』, 소명출판, 2001.
37) 장노현, 「하이퍼텍스트 서사에 관한 연구」, 한국학중앙연구원 박사논문, 2002.
38) 이용욱, 『사이버문학의 도전』, 토마토, 1996.
39) 김재국, 『사이버리즘과 사이버소설』, 국학자료원, 2000.
40) 최병우 외, 『다매체 문화와 사이버소설』, 푸른사상, 2002.

심을 갖고 주목할 필요가 있다. 왜냐하면 이 문화콘텐츠학 자체가 교육학 · 신문방송학 · 문화기호학 · 서사학 · 경영학 · 행정학 등 다양한 학문 방법론과 이론들이 적용되는 등의 다학문적인 면모를 보여 주고 있을 뿐만 아니라 학문의 실용성을 극단으로 밀고 나가고 있다는 점에서 뭐라 속단하는 어렵고 좀 더 시간을 두고 지켜보아야 할 흐름이라 할 수 있기 때문이다. 그러나 문화콘텐츠학이 과연 한국문학의 확장인지 아니면 독자적인 영역으로 보아야 할 것인지의 문제와 함께 과연 이것이 인문학의 실용화인지 시장의 논리에 대한 일종의 타협으로서 곡학아세에 지나지 않는 것인지의 여부에 대해서는 조금 더 면밀하게 고찰해 볼 필요가 있다.[41]

3. 파수공행(把手共行) ─새로운 연대를 위하여

먼저 문화론. 문화론 내지 문화 연구는 문화 전반을 연구하거나 다루는 학문적 경향 내지 그 실천의 총체를 가리키는 말로써 어떤 단일한 통일성을 부여하기가 대단히 까다로운 담론이다. 문화란 개념만큼이나 그 정체성과 외연이 대단히 애매모호한 이 연구는 1964년 버밍엄대학에 석사 후 과정의 연구소로 설치된 현대문화연구소(Centre for Contemporary Cultural Studies)의 수립과 함께 시작되었다. CCCS 혹은 버밍엄학파의 핵심 이론가들인 R. 호가트, 레이먼드 윌리엄즈, 스튜어트 홀, E. P. 톰슨, 테리 이글턴 등 일군의 연구자들은 신좌파의 이론적 입장을 토대로 분과학

---

41) 여기에 대해서는 미디어문화교육연구회 편, 『문화콘텐츠학의 탄생』, 다홀미디어, 2005; 우정권 편, 『한국문학콘텐츠』, 청동거울, 2005; 김수복 편, 『한국문학 공간과 문화콘텐츠』, 청동거울, 2005 등을 참조.

문의 틀을 넘어서 과감한 학제적 연구를 시도하게 된다.[42] 요컨대 이들의 노력은 상부 구조의 능동성과 자율성을 인정하지 않는 등 경제적 환원주의와 산업자본주의시대의 패러다임에 묶여 있는 맑스주의의 경직된 틀과 리비스주의(또는 탐색학파, Scrutiny School)나 아널디즘(Arnoldism) 등처럼 엘리트주의적이고 귀족주의적인 영국의 전통적 문화이론의 한계에서 벗어나 새로운 대안적 사회분석 틀과 운동 양식을 만들어 내는 데 집중되어 있었다. 그러한 초창기의 문화 연구는 영국의 전통적인 엘리트주의 문화론의 반정립으로 등장한 문화주의(E. P. 톰슨)와 현대 인문사회과학의 중요한 흐름을 이루고 있는 구조주의(리차드 존슨) 두 갈래로 진행되었으며, 이후에는 여기에서 비롯된 내부의 갈등을 조정하려는 스튜어트 홀의 헌신적인 노력(두 개의 패러다임론)과 1970년대의 하위문화 연구 등에 의해 봉합되어 다양한 이론적 성과를 자기화하면서 지금까지 다양한 탈근대주의적 담론들을 생산해 내고 있는 중이다.[43]

그러나 내부의 갈등이 봉합되고 온갖 이질적인 이론들이 섞여 들고 세계화하면서 문화 연구는 초창기의 운동성과 참신성을 잃고 온갖 문제점들을 노정하기 시작했다. 문화 연구에 대해서 비판적인 태도를 보이는 이론가들이 지적하는 문제점들은 다음과 같다.

첫째, 문화 연구가 세계화 특히 미국화하면서 주의주의(voluntarism)적 경향[44]의 폐해가 노골화하고 전면화하기 시작했다는 것이다. 말하자면

---

42) 물론 이들이 연구소의 설립과 동시에 모두가 함께 참여한 것은 아니다. 이들의 내부적 결속력이 보다 강화되고 문화 연구라는 큰 흐름을 형성할 수 있었던 것은 1966년 8월 레이먼드 윌리엄즈의 발의로 '메이데이선언위원회'가 결성되고, 이것을 계기로 다양한 신좌파 이론가들이 참여하고 결집하게 된다. 여기에 대해서는 김용규, 『문학에서 문화로―1960년대 이후 영국 문학이론의 정치학』, 소명출판, 2004, 146면.

43) 이상 문화 연구의 형성과 전개 과정 그리고 전반적인 특징에 대해서는 존 스토리, 박모 역, 『문화연구와 문화이론』, 현실문화연구, 1994; 원용진, 『대중문화의 패러다임』, 한나래, 1996; Douglas Kellner, "Critical Theory and Cultural Studies : The Missed Articulation", Jim McGuigan ed., *Cultural Studies*, SAGE Publications, 1997; 존 스토리 편, 백선기 역, 『문화연구란 무엇인가』, 커뮤니케이션북스, 2000; Toby Miller ed., *A Companion to Cultural Studies*, BLACKWELL, 2001 등의 논저들을 참조.

자본주의사회에 대한 비판과 분석을 위한 실천의 일환이었던 통합 학문적(이론적) 경향이 대학 교육제도를 개선하려는 행정 편의주의로 도구화[45]되거나 사회적 모순의 '마술적 해결'의 경향이 생겨났다는 것이다.

> 딕 헵디지(D. Hebdige)의 청소년 하위문화론은 청소년 집단을 통해 사회문제를 기호와 도상을 사용하여 상상적으로 해결하려는 '스타일의 정치(politics of style)'를 주장하였으며 이와 같은 '기호학적 실천(semiotic practice)'은 결국 1980년대 중반 이후 대중 미디어들을 통하여 주류문화 속에서 편입되고 문화 상품화되고 만다. 청소년 주체의 의복과 장신구를 통한 문화적 저항이 모순된 사회문제에 대한 해결책이 될 수 있다고 주장한 이와 같은 주의주의적 해석은 당시 실망한 노동자계급의 진보성을 보상하기 위한 것이라 하여도 이는 주변부 문화에 대한 지나친 '낭만화(romanticization)'이자 마술적 해결책이라고 지적되었다.[46]

이는 대중매체와 연구에서 좀 더 명료해지는데, 인기 스타들이나 〈X파일〉 또는 〈스타워즈〉 등을 문화텍스트로서 꼼꼼하게 분석하여 그것들의 사회적 의미나 정치적 중요성 등을 드러내고자 한다. 물론 이 같은 분석은 흥미롭고 그 자체로 대단히 의미심장한 비평 행위이지만, 정치적 토론 프로그램이나 인기 드라마 등을 시청하는 것이나 연애소설 읽는 것을 힘없는 집단이 권력에 저항하는 실천으로 해석하는 것은 너무나 지나친 과잉 해석이 아닌가 하는 점이다. 이와 관련하여 1990년 이래 점차 비판적이고 정치적인 기획을 잃고 일종의 지적 스캔들로 퇴행해 가는 문화 연구에 대한 신랄하게 비판을 가하고 있는 논의들이 계속

---

44) 주의주의란 전통적인 노동운동과 대원칙에 대한 불신과 회의 그리고 보수당의 대처리즘(Thacherism)조차도 긍정적으로 평가하는 등의 문화 연구 진영에 나타난 신수정주의적 경향들을 가리는 것이다. 여기에 대해서는 하윤금, 앞의 글, 274~275면.

45) 송승철, 「곤경 속의 출구—학부제, 인문학, 문화연구」, 『문화이론과 문화콘텐츠의 실제』(인하대 문과대학특화사업단 편), 인하대 출판부, 2005, 11~12면.

46) 하윤금, 앞의 글, 277면.

해서 제기되고 있기도 하다. 다음은 대표적인 사례이다.

반면에 정치경제학은 문화연구가 사사로운 것들의 정치적 성격을 과장하면서 정작 중요한 정치적 사안들은 외면한다고 본다. 문화연구가 정치경제적 지배구조를 전복하려는 저항과는 거리가 먼 도피성 실천에 과도한 관심을 보인다고 꼬집는 니콜라스 간햄이 그런 경우다. 토드 기틀린도 "문화 연구는······ 1980년대 이르러······ [정의와 민주적 권리를 위한] 운동과 [일상적] 유행을 재결합하고 말았으며, 이 결과 예컨대 마돈나식 옷 입기가 낙태의 권리를 위한 시위에 상응하는 '저항'인양 추켜세워지고, 가정폭력을 다루는 토크쇼 시청이 저항으로 치부되었다"고 비판한다.47) ([ ]은 인용자)

둘째는 문화이론의 특징이자 문제이기도 한 혼종성과 문화정치적 사고의 실종(약화) 현상이다. 문화 연구는 단일한 체계가 아니라 다중적인 담론 체계이다. 그러나 현재의 문화 연구는 담론의 숲에서 길을 잃고 애초의 정치성과 실천력을 잃고48) 순수한(?) 이론적 작업이나 신자유주의의 문화정책에 동원되기도 하는 등의 퇴행적인 모습을 보여 준다는 점을 들 수 있다. 따라서 문화 연구에 있어서 무엇보다 시급하게 요구되는 것은 문화적 지형과 텍스트들을 읽어 내는 학문적 의지와 역사적 현실을 변혁할 수 있는 다양한 가능성을 검토하면서 이를 실천에 옮기려는 정치적 의지의 결합(혹은 연대) — 어쩌면 원래 모습의 복원일지도 모른다 — 이다.49)

셋째, 문화 연구의 학제성 곧 필요와 상황에 따라 어떤 이론이든 맥락을 고려하지 않고 가져다 쓰는 데서 발행한 문제인데, 우리의 경우에는 좀 더 심각하여 서구이론의 번역 양상에 따라 이론적 지평이 결정되는 서구추수성 내지 모방성을 보여 준다는 점을 꼽을 수 있다.50)

---

47) 강내희, 「계급투쟁의 의미생산과 문화정치」, 『지구화 시대 맑스의 현재성』 1권(맑스 코뮤날레 조직위원회 편), 문화과학사, 2003, 313면.
48) 위의 글, 284면.
49) 강내희, 『문화론의 문제설정』, 문화과학사, 1996, 71~75면.

우리나라에서 1980~1990년대 '문화연구'의 이론적 틀의 변화는 시기나 문맥은 다르나 영국문화연구의 이론적 틀의 변화와 흡사하다. 이는 우리나라 문화연구의 많은 부분이 영국문화연구로부터 이론적 자양분을 흡수하고 연구 토픽들을 그대로 들여오는 형태로 진행되었기 때문일 것이다. 특히 우리나라에서 있었던 1970년대 고급문화 대 저급문화 논의나 1980년대 민중문화에 대한 개념 형성은 영국에서 매튜 아놀드(M. Arnold)나 리비스(F. R. Leavis)의 문화논의, 노동자문화에 대한 문화주의적 해석과 그 틀이 유사하다.[51]

이와 같은 여러 가지 문제점에도 불구하고 문화 연구는 오늘날 문화와 역사적 현실을 분석하는데 대단히 유용하며, 위기에 봉착한 인문학의 새로운 활로가 될 수 있다는 점에 주목할 필요가 있다. 가령, 다음과 같은 문화 현상은 하나의 좋은 사례이다. 오늘날 10~20대 청년(녀)문화 가운데 하나로 휴대전화와 문자 메시지를 꼽을 수 있을 것이다. 전철에서 공원에서 캠퍼스에서 쉴 새 없이 엄지손가락을 놀리는 이들 문자 통신 이용자들을 가리켜 엄지족(Thumb Tribes)이라고 한다. 흔히 최첨단 기기와 컴퓨터 네트워크로 연결된 이들 새로운 첨단 대중문화의 소비자들의 출현을 우리는 흥미롭고 또 당혹스런 눈길로 바라보곤 한다. 그러나 이것은 일방적인 시선이고 편견에 지나지 않는다. 우리 시대의 대표적인 소비 집단으로 간주되는 이들 n세대는 문자 메시지를 통해서 시청 앞의 '붉은 악마'가 되기도 하고 때로는 효선이와 미선이를 추모하며 대통령에 대한 부당한 탄핵 철회를 요구하는 '시위대'가 되기도 하는 다중성을 보여 준다. 재래의 정통 맑스주의의 계급이론 등으로는 설명할 길이 없는 이 같은 복합성을 어떻게 해석해야 하는가. 여기에서 문

---

50) 일찍이 방민호는 이를 '이론주의적 경향'이라고 명명하면서 한국문학(연구)의 이 같은 경향을 비판한 바 있다. 방민호, 「한국 근대문학 연구의 이론주의적 경향」, 『한국근대문학연구』(한국근대문학회 편), 태학사, 2001년 상반기, 12~15면. 또한 한국문화연구의 일방적인 수용 태도에 대한 비판도 있었다. 송승철, 「서구와 한국의 교차점—문화, 대중, 변혁, 진실」, 『창작과비평』 117호, 2002년 가을, 72면.
51) 하윤금, 앞의 책, 269면.

화 연구를 받아들여야 하는 현실적 필요성과 문화론의 도구화와 탈정치성을 어떻게 극복해 나가야 하는가 하는 이중의 딜레마가 발생하는 것이다. 이야말로 문화 연구가 지닌 아이러니와 양면성을 보여 주는 사례일 것인데, 우리 문화와 역사적 현실이 다중적이고 복합적이듯이 우리의 문화 연구에 대한 태도와 관점 역시 보다 다중적이어야 하는 것은 이런 이유에서이다.

다음으로 대중문학 연구. 그 용어와 범주가 문화론만큼이나 대단히 문제적인 대중문학은 철두철미하게 근대문학이다. 대중문학이 근대식 보통교육의 확산, 인쇄술의 발전, 근대 저널리즘과 미디어들의 발달, 산업혁명과 시민계급의 등장, 상업주의 등과 맺고 있는 관련성에 대해서 더 이상 재론할 필요는 없을 듯하다. 당연하게도 대중문학의 역사에 비례하여 이에 대한 논의 역시 줄기차게 이어져 내려왔다.[52] 요컨대 해방 이후와 1970~80년대는 말할 것도 없고 일제강점기에 발표된 다음과 같은 논의들, 즉 대중화 논쟁을 촉발시킨 김기진의 「통속소설소고」(1928)를 비롯하여 이종명의 「탐정문예 소고」(1928), 통속생(김동인)의 「신문소설 강좌」(1933), 그리고 임화의 저 유명한 「통속문학의 대두와 예술문학의 비극」(1938) 등은 대표적인 예다.

그러나 이런 비평적 논의의 차원에서, 또는 매체의 기획에 따라 산발적으로 이루어지던 대중문학에 대한 논의가 본격화한 것은 임성래·송덕호·김중현 등에 의해 결성된 대중문학연구회의 『대중문학의 이해』가 출간된 1995년을 기점으로 보아야 할 것이다. 왜냐하면 대중문학연구회에 의해 하위 장르들에 대한 학술적인 접근이 본격적으로 이루어지기 시작했고, 대중문학 연구의 학술적 의미와 타자성 등에 대한 분명한 자각이 이때부터 나타났기 때문이다. 다양한 문학이론들과 문화 연구의 성과들이 도입, 분석에 활용된 것도 이 시기부터이다. 대중문학 연

---

52) 대중문학론의 전개 양상과 기초적인 서지 사항에 대해서는 조성면 편, 『한국 근대 대중소설 비평론』(태학사, 1997)을 참조.

구는 예의 시장의 쌀값을 문제삼는 현실성과 실용성 그리고 우리의 문학 연구 태도와 패러다임을 객관화할 수 있는 잣대가 된다는 점에서 단연 돋보인다.

하지만 앞에서 언급한 바와 같이 대중문학 연구는 몇 가지 문제점을 보이고 있기도 하다. 그것은 다음과 같이 정리할 수 있다.

첫째는 방법론의 빈곤이다. 이것은 한국문학 연구가 안고 있는 보편적 문제이지만, 대중문학 역시 이렇다 할 방법론이 없이 필요와 상황에 따라 다종다기의 방법론이 동원되는 난맥상을 보이고 있다는 점 역시 문제점으로 지적할 수 있을 것이다.

둘째는 대상 자체가 주는 규정력으로부터 탈피하는 것이다. 결국에는 연구자들의 개인적 역량 내지 한국문학 연구의 전체수준과도 관련된 것이지만, 대상의 상투성과 정크(junk)성을 상쇄하고도 남는 분석력과 기획을 보여 주어야 할 것이다.

셋째는 연구의 정당성을 대중문학에 내재된 저항성이나 기왕의 정전 중심의 연구 패러다임에 대한 비판에서 찾을 것이 아니라 새로운 방식의 인정투쟁 내지 논리를 개발해 내는 문제이다. 대중문학 연구가 푸코 유의 억압가설론에 의존하고 있다는 일각에서의 비판은 아마 이러한 연구 태도 내지 연역적 전제들 때문일 것이다.

끝으로 문화 연구와 대중문학. 문화론이 본래의 모습을 회복하는 한편, 다양한 정치적 실천들과의 연대가 시급한 것처럼 대중문학 역시 문화 연구의 다양한 모델을 비판적으로 섭수(攝受)하고 변혁의 열정 등과의 연대나 결합을 모색할 필요가 있다. 대중문학이든 문화 연구든 간에 중요한 것은 대상에 대한 지식과 정보를 제공(생산)하는 데서 끝나는 것이 아니라 이들 속에 내재된 이데올로기를 들춰내고 대중적 자각을 불러일으키는 데 기여해야 할 것이다. 막연한 원칙론의 반복에 지나지 않지만, 한국문학 연구든 대중문학 연구든 또는 문화 연구든 이러한 원칙 하에서 새로운 연대와 가능성을 모색하는 것이 중요하지 않을까 한다.

온갖 분열과 갈등을 딛고 넘어서 다시 본래 초발심으로 돌아가 힘껏 손을 마주잡고 함께 행동하는 파수공행의 학문적(비평적) 윤리와 문화의 정치성을 복원53)하는 일, 이것이야말로 한국비평은 물론 문화 연구와 대중문학 연구 앞에 놓인 가장 시급한 최대의 과제라 할 것이다.

---

53) 문화 연구의 정치경제학과 문화의 공공성 등을 끝없이 환기시키면서 문화 연구가 그 본래의 정치성을 회복하고 현장성과의 새로운 연대를 모색하자는 논의가 이미 제기된 바 있다. 강내희, 「계급투쟁의 의미생산과 문화정치」, 『지구화 시대 맑스의 현재성』 1(맑스코뮤날레 조직위원회 편), 문화과학사, 2003, 325~329면.

2부

한국의 근대문학

한용운 재론

아버지 지우기와 비극적 세계관

1. 한용운 연구의 현황과 몇 가지 문제점

문학이 열린 체계의 양식이라면, 문학적 해석은 언제나 하나의 가능
성이다. 만해(萬海) 한용운(龍雲, 1879~1944)의 시편들은 그의 다양한 생애
의 이력과 활동만큼 다양한 문학적 함의와 풍요로움을 가지고 있는 그
런 작품에 해당한다. 그로 인해 그가 남긴 주옥의 명편들은 이제까지 수
용자의 입장과 보는 각도에 따라 여러 가지로 다양하게 해석되어 왔다.
그것은 그의 시편들이 지닌 상징적 의미의 폭이 매우 넓은 데서 기인[1]한
다. 그럼에도 만해의 작품을 식민지 지식인의 상실감과 구도 의지의 한
표상으로 해석하는 것은 대체로 학계에서 폭넓은 지지를 얻고 있는 것

---

1) 윤영천, 「복종과 자유의 변증법」, 『한국문학의 현단계』 4(백낙청·염무웅 편), 창작과비
평사, 1984, 189면.

으로 보인다. 그러나 기왕의 만해(문학) 연구에 대해서 완료형의 문장으로 동의하기에는 여전히 무엇인가 미진하다는 인상을 받게 되는데 비단 이러한 느낌이, 문학은 열려 있는 체계이고 또 항상 새로운 해석의 가능성 위에 놓여 있다고 하는 원론적인 차원의 문제에서 제기되는 아쉬움만은 아닐 터이다. 그것은 이제까지의 만해 연구가 한 인간의 진솔한 삶과 고뇌를 읽어 내기보다는 일방적인 영웅찬가로 흐르고 있다든지 또는 그의 작품을 통해서 그가 남긴 위대한 업적을 재확인하는 식의 보이지 않는 편향을 범해 왔기 때문일 것이다. 이러한 의미에서 이 글은 기왕의 연구에서 부분적으로나마 범해 왔던 그런 '의도의 오류(intentional fallacy)'를 극복하고자 하는 일종의 반성적 성찰의 성격을 갖는다.

한용운의 생애와 문학에 대한 연구는 1960년대 들어서 본격화되기 시작했다. 물론 그에 대한 논의는 그 이전부터 있었지만 대부분이 짤막한 촌평 내지 인상비평 같은 소박한 수준의 것[2]이었고, 박노준 · 인권환의 「한용운 연구」(1960)와 송욱의 「유미적 초월과 혁명적 아공」(1963)에 와서 비로소 한용운은 적극적으로 평가되기 시작했다. 1960년을 전후한 시기까지 만해가 학술적인 차원에서 본격적으로 평가받지 못한 이유는 이때까지의 우리 국문학(사) 연구가 문단사 중심의 연구에서 크게 벗어나지 못하고 있었고, 또한 그로 인해 문단에 소속되지 않은 문인들에 대한 학문적 배려에 상대적으로 취약할 수밖에 없었기 때문이다. 이 점

---

[2] 박노준 · 인권환의 연구가 나오기 이전에 나온 만해에 대한 논의는 22편이나 있었으나 가벼운 감상담 또는 만해의 업적을 기리는 추모사가 대부분이었다. 예컨대 해방 이전에는 유광열의 「'님의 침묵' 독후감」(『시대일보』, 1926.5.31), 주요한의 「애의 기도, 기도의 애―한용운씨의 근작 '님의 침묵' 독후감」(『동아일보』, 1926.6.22~26), 유동근의 「만해거사 한용운씨 면영」(『혜성』, 1931.8.1), 춘추학인의 「심우장에서 참선하는 한용운씨를 찾아」(『삼천리』, 1936.6.1) 등 고작 4편의 논의가 있었을 뿐이며, 그나마도 독후감, 탐방기, 인상기의 수준에서 벗어나지 못하고 있다. 그리고 해방 이후에는 김법린 · 김정설 · 장도환 · 최범술 · 조영암 · 조지훈 · 서정주 · 정태용 · 조연현 · 허명 · 홍효민 · 박요순 · 김상일 등의 논의가 있는데 이들 또한 본격적인 만해 연구라고 할 수 없는 글들이다. 여기에 대해서는 신동욱 편, 『한용운』(문학세계사, 1993) 가운데 포함된 「한용운 연구자료 총목록」을 참조할 것.

에서 "만해의 생애와 사상, 그리고 불교와 문학에 대한 종합적인 분석과 성찰을 보여"[3] 박노준·인권환의 연구와 만해와 타고르(tagore)를 비교문학적 관점에서 논의한 송욱의 연구야말로 만해 연구의 가장 앞자리를 차지한다고 할 수 있다.

　이제까지 한용운에 관한 연구는 크게 세 가지 방향으로 진행되어 왔는바 전기적 연구, 작품론적 연구, 사상적 연구가 그것이다. 한용운에 대한 전기적 연구는 박노준·인권환의 연구를 위시하여, 외솔회[4]·박경혜[5]·최범술[6]·김병익[7] 그리고 고은[8]의 연구를 꼽을 수 있다. 이들의 연구에 의해 만해의 생애와 활동의 대강이 정리되었으나 그의 가문과 출가 이전의 행적에 대해서 치밀하게 논증하고 있지 못하다. 안병직[9]은 만해의 가문이 명문 사대부이며, 만해가 유년의 나이에도 불구하고 동학운동과 의병운동에 가담하여 눈부신 전공을 세웠다는 기왕의 주장들에 대해 의문을 제시하면서 만해의 가문이 평민 이상은 아니었고 이 때문에 만해가 봉건적 세계관을 극복하고 근대적 자유주의 사상을 받아들일 수 있었을 것이라는 새로운 견해를 제시하였다. 한편 이 점에 대해서는 고은도 어느 정도 동의하고 있으나 그는 주로 만해의 일생을 육당 콤플렉스, 서연화 보살과의 열애 또는 창작의 동기 등과 같은 흥미 위주의 사건을 중심으로 다루고 있어 논점이 흐려지는 등 다소 객관적이지 못한 한계를 보이고 있다.

　전기적인 문제를 작품의 해석과 연결한 논의로는 우선 최원식의 연구를 꼽을 수 있다. 최원식[10]은 만해를 지나치게 이상화하는 연구 태도

　3) 김재홍, 『한용운 연구』, 일지사, 1982, 9면.
　4) 외솔회, 「해적이」, 『나라사랑』 2집, 1971.4.
　5) 박경혜 편, 「만해, 그 생의 완성자」, 『문학사상』, 1973.1.
　6) 최범술, 『한용운 전집』 6, 신구문화사, 1973.
　7) 김병익, 「만해 한용운」, 『동아일보』, 1973.5.30~31.
　8) 고은, 『한용운 평전』, 민음사, 1975.
　9) 안병직, 『3·1운동』, 한국일보사, 1975.
　10) 최원식, 「여성주의와 아버지 부재의 문학적 의미」, 『또 하나의 문화』 3, 평민사,

의 위험성을 경고하면서 만해의 가문이 명문 사대부이며, 만해가 유년 시절에 동학운동과 의병운동에 가담했다는 것은 그가 남긴 위대한 업적에 가려 그를 객관적으로 대상화하지 못한 데서 오는 일종의 영웅 신화일 가능성이 높다고 지적했다. 그는 이러한 쟁점을 자료학의 수준에서 문학적 해석의 차원으로 끌어 올리고 있기도 한데, 만해 문학의 핵심을 여성주의11)로 보고 정서·정철·김만중·김소월 등과의 비교를 통해 만해 문학에 나타난 여성적 편향이 만해의 아버지 콤플렉스에서 비롯된 것이라는 괄목할 만한 견해를 제시하였다.

이처럼 만해 문학의 여성주의적 경향을 중심으로 논의하는 것은 작품론적 연구의 뚜렷한 한 흐름을 이루게 되었는바, 이러한 분야의 연구 성과로는 김윤식12)·김현13)·김재홍14)·마광수15)·신동욱16)·오세영17)·신달자18)의 연구가 꼽힌다. 이 중에서도 가장 최근에 이루어진 신달자의 연구는 정신분석학을 동원, 최원식의 그것처럼 만해 문학을 그의 아버지와의 관계를 중심으로 그의 문학에 나타난 여성주의19)를 집중적으로 분석하고 있어 눈길을 끈다. 그러나 신달자의 연구는 만해

1987.

11) 그가 말하는 여성주의는 페미니즘의 단순한 번역어가 아니라 시 속에서 남성 시인이 여성으로 전환되는 현상을 가리키는 매우 제한적이고 특수한 의미로 사용되고 있다. 최원식 교수는 이 같은 여성주의의 현상과 전통을 만해와 소월에게서뿐만이 아니라 정서·김만중·정철 등 과거 문인들의 작품 속에도 찾아내고 있다. 이에 대해서는 최원식, 위의 글.

12) 김윤식, 「한국 시의 여성적 편향」, 『현대시 연구』, 정음문화사, 1984.

13) 김현, 「여성주의의 승리」, 『현대문학』, 1969.10.

14) 김재홍, 앞의 책.

15) 마광수, 「한용운 시의 상징적 기법」, 위의 책.

16) 신동욱, 「'알 수 없어요'의 심상」, 위의 책.

17) 오세영, 「마조히즘과 사랑의 실체」, 위의 책.

18) 신달자, 「소월과 만해시의 여성적 지향 연구」, 숙명여대 박사논문, 1991.

19) 신달자는 만해 문학에 나타난 '여성주의'를 여성 상징물적 시어' '여성형 존칭보조어간과 어미' 등을 이용하여 설명하고 있으며, 이것을 융 심리학의 중요한 개념의 하나인 아니마(Anima, 남성의 무의식 속에 있는 여성적 요소)로 정리하고 있다(신달자, 위의 글, 22면).

문학의 특질과 구조를 분석하는데 상당한 성과를 거두고 있는 것은 사실이나 앞서 미결의 쟁점으로 제시됐던 문제들, 가령 그의 가문, 아버지와의 관계, 출가 이전의 행적에 대한 실증적인 논증의 문제 그리고 이같은 전기적 사실을 어떻게 작품 해석의 차원으로까지 연결할 수 있을 것인가에 대한 구체적인 해명에까지는 이르지 못하고 있다.

　이상의 검토를 통해 볼 때 만해 연구에서 우선적으로 해결되어야 할 것은 바로 출가 이전의 시기에 대한 정확한 작가연보의 작성 문제, 특히 만해의 출신과 가문 그리고 아버지 한응준(韓應俊)과의 관계를 구명하는 일이다. 따라서 이 글은 앞선 연구 성과를 바탕으로 새롭게 발굴된 자료를 통해 만해의 생애사를 올바로 복원, 위인전기가 아닌 한 인간의 진솔한 삶의 궤적과 고민에 주안점을 두고 살펴볼 것이며 더 나아가 이제까지 만해 연구에서 간과된 의미망을 드러내고자 하는, 바로 그런 의도에서 쐬어진다.

2. 비극적 세계관의 서막―아버지 지우기와 여성주의

　만해 한용운은 1879년 8월 29일 충청남도 홍성군 결성면 성곡리 발철부락에서 한응준의 둘째 아들로 태어났다. 만해는 본관이 청주(淸州)이며, 이양공(以襄公) 한명진(韓命溍)의 20세손이다. 이양공 한명진은 가형 한명회(韓明澮)와 함께 세조의 친위 쿠데타인 계유정난에 가담, 이때 세운 공으로 좌명공신(佐命功臣)에 봉해진 인물이다.[20] 그러나 이양공파는

---

20) 1994년 당시 충남 홍성군 광천읍 신진리에 살고 있던 종손 한수만 씨가 소장하고 있는 자료 「判下事目」(조선시대 상벌기관인 충훈부에서 발행한 일종의 판결문서)에 따르면 이양공 한명진은 계유정난 때 세운 공으로 좌명공신의 직첩을 받았으며, 만해

15대 배원(培元)·배영(培永)·배유(培儒)·배준(培雋)·배륜(培倫)에 와서 가문의 위상에 어떤 커다란 변화가 일어난 것으로 보인다. 조선시대의 집권층, 특히 명문 사대부의 가문사를 집대성한 『한국계행보』가 15대 이후의 이양공파에 대해 어떠한 기록도 남겨두고 있지 않기 때문이다.[21] 이것은 두 가지 가능성, 이를테면 이양공파가 15대에 들어서 절손이 됐거나 아니면 가문의 위상에 변화가 생겼음을 의미한다. 그러나 이양공파의 직계 후손이 5명이나 되는 것으로 보아 절손의 가능성은 극히 희박하고 집권층에서 탈락해 향반 내지 그 이하의 신분으로 몰락했을 가능성이 크다고 하겠다.

만해의 직계 선조들은 홍주(지금의 홍성)에 자리잡은 이양공파의 한 지손(支孫)이다. 그러나 그들은 엄연한 사족(士族)의 신분이었음에도 불구하고 가문의 몰락과 경제적인 문제로 인해 한미한 향반 내지 향리의 신분으로 살아야 했던 것으로 보인다. 종손 한수만 씨가 소장하고 있는 자료(필사본 가승)와 다른 연구서들에 따르면, 만해의 증조부 광후(光厚)는 용양위 부호군(龍讓衛 副護軍) 겸 가선대부(嘉善大夫)이고, 조부 영우(永祐)는 선략장군(宣畧將軍) 겸 행훈련원(行訓練院) 첨정(僉正)을 지냈으며, 아버지 응준은 충훈부(忠勳府) 도사(都事)이자 중군(中軍) 벼슬을 지냈다고 한다.[22] 그러나 이러한 기록은 여러 가지 점에서 많은 의문점이 제기된다. 이미 안병직·염무웅·김재홍·최원식·신달자 등에 의해 이의가 제기됐듯이 이러한 기록의 대부분이 후대(만해 사후에)에 와서 만들어진 자료들이며, 또한 필자가 조사한 바에 의하면 진사(進士) 이상의 사람들을 빠짐없이 기록하고 있는 한국정신문화연구원 소장본 「청주한씨대동보(淸州韓氏大同譜)」나 「이양공파보(夷襄公派譜)」 그 어디에서도 이 같은 기록

의 아버지 한응준이 이양공 한명진의 19대 손임을 증명한다는 기록이 나와 있다. 다음은 「판하사목」의 내용 가운데 일부이다. "…… 今次 忠淸道 洪州居 韓應俊 卽 太宗朝 佐命功臣 西原君 夷襄公 韓命譜 十九世孫也 ……."

21) 『한국계행보』, 보고사, 1992, 1793~1802면.
22) 종손 한수만 소장, 「청주 한씨 가승」(필사본).

을 찾아볼 수가 없었기 때문이다. 더구나 만해의 어머니(창성 방씨)23)가 벌열가문과는 하등의 관련이 없는 가문이었던 것으로 봐서 그의 집안은 어느 정도의 유교적 교양을 가진 중류층 내지는 향반 정도였던 것으로 추정된다. 이처럼 현실적 조건이 명문 사대부로서의 자존심을 만족시키지 못하는 경우 흔히 몰락 양반들은 두 가지 태도, 이를테면 재기를 위해 모든 수단을 강구하거나 또는 새로운 사회로의 비약을 위해 혁명에 투신하는 모험을 꿈꾸게 된다. 아버지 한응준은 물론 전자의 길을 선택했고, 아버지 세대의 그 같은 낡은 질서에 대해 깊은 회의를 가지고 있었던 만해는 아버지의 세계와 필연적인 갈등을 겪을 수밖에 없게 된다. 만해의 비극적 세계관24)과 여성주의적 편향은 바로 여기서부터 시작된다.

한응준은 일정한 정도의 유교적 교양을 지닌 전근대적인 인물로 가문의 재기를 위해 평생을 바친 전형적인 봉건형의 인물이었다. 예컨대 구체적으로 어떤 공을 세웠는지 확인할 길은 없으나 이를 통해 끝내 1885년에 충훈부로부터 공신의 후예(엄밀히 말해서 양반의 후예)임을 승인 받은 사실25)이라든지 궁핍한 가계의 여건26)에도 불구하고 어려서부터 비범한 천재성을 보인 아들 만해를 동리의 서당에 보냈던 것은 그가 봉건적

---

23) 이제까지 그의 어머니는 온양 방씨로 알려져 있었다.
24) 만해의 문학을 비극적 세계관으로 규정하고, 이에 근거하여 만해를 논의한 선행 연구로는 김우창의 「궁핍한 시대의 시인―한용운의 시」(『문학사상』, 1973.1)가 있다.
25) 광서(光緒) 11년 충훈부박에서 작성한 「判下事目」이 그 증거이다. 여기에 대해서는 주 20을 참조할 것.
26) 1994년 4월의 답사에서 필자가 현재 만해 생가의 관리인이자 외손자인 김종대 씨, 그리고 종손 한수만 씨의 진술을 들은 바에 의하면, 만해가 태어나 성장한 당시의 결성면 성곡리 박철부락은 벼 한 포기 꽂을 데가 없이 그저 잡목만이 우거진 오지였으며, 따라서 농사는 물론 다른 여타의 경제 활동이 아예 불가능한 궁벽한 산골이었다고 한다. 오늘날에 와서도 이 같은 사정은 전혀 달라지지 않은바 1994년 당시에도 홍성군과 성곡리를 오가는 버스가 하루에 고작 여섯 차례밖에 운행되지 않을 만큼 이곳은 매우 낙후된 지역이다. 이러한 사실들을 종합해 볼 때 당시 만해 집안의 가세가 그리 넉넉하지 못했음을 간접적으로나마 확인할 수가 있었다.

가치와 덕목에 얼마나 경사했는가를 보여 주는 단적인 예이다.

> 나는 조석으로 좋은 말씀을 들었으니, 선친은 서책을 보시다가 가끔 어린 나를 불러 세우시고 역사상에 빛나는 의인·걸사의 언행을 가르쳐주시며 또한 세상의 형편, 국가사회의 일을 알아듣도록 타일러주셨다. 이러한 말씀을 듣는 사이에 내 가슴에는 이상한 불길이 일어나고……[27)]

평생을 자신의 유년 시절과 가문(특히 아버지)에 대해서 침묵으로 일관했던 만해가 아버지를 술회하는 이 유일한 대목에서 우리는 몇 가지 중요한 사실을 확인할 수가 있다. 하나는 아버지 한응준이 의리와 충의 같은 봉건적 가치와 덕목을 숭상하는 인물이었다는 점이고, 다른 하나는 그가 감수성이 가장 예민할 시기의 어린 만해에게 '가슴에 커다란 불길이 일어날' 정도로 커다란 영향을 주었다는 사실이다. 그리고 또 다른 한편에서 보았을 때 아버지의 얘기를 듣고 가슴에 불길이 일어났다는 것은 만해가 이미 이 시기부터 어떠한 외압에도 흔들리지 않고 대의를 위해 온몸을 바칠 수 있는 역사상의 위대한 의인·걸사적 삶에 크게 공명하였으며, 또 그 역시 한때나마 입신양명(혹은 신분상승)을 위해 아버지와 꿈을 같이 했었다는 것으로 풀이된다. 후일 만해가 모진 옥고를 치르면서도 「조선독립에 대한 감상의 개요」를 쓰고 또 일본인 검사 앞에서도 민족해방의 당위를 역설하는 당당함과 대승적 정신자세를 보인 것은 어쩌면 어려서 아버지로부터 받은 이 같은 교육의 결과였을지도 모르는 일이다. 그런데 여기서 제기되는 최초의 의문은 그토록 자신에게 지대한 영향을 끼친 아버지에 대해서 만해가 왜 일생 동안 줄곧 침묵으로 일관했어야 했는가 하는 점이다. 그리고 더 나아가 일생 동안 굽힐 줄 모르는 강골의 투사로서의 삶을 살았던 만해가 어떤 이유에서

---

27) 「시베리아를 거쳐 서울로」, 『한용운 전집』 1, 신구문화사, 1973, 254면. 이하 『한용운 전집』은 『전집』으로 약칭함.

문학, 특히 시집 『님의 침묵』에서만큼은 그토록 유약한 여성주의와 비극적 세계 인식을 보여 주어야 했는가 하는 점이다.

루시앙 골드만(Lucien Goldmann, 1913~70)은 자신의 박사학위논문 『숨은 신(Le Dieu Caché)』에서 비극적 세계관을, 절대로 포기할 수 없으나 결코 다가설 수 없는 '신' 또는 절대성을 가진 가치 등을 바라보는 인간의 세계 인식, 다시 말해서 자아와 자아 사이의 혹은 자아와 세계 사이의 모순적 존재 상황에서 발생하는 절망적인 인식으로 규정하고 있다. 그는 파스칼·라신느·칸트 등의 작품을 통해서 17세기 프랑스의 법복귀족(noblesse de robe)[28]들의 정신세계와 역사적 삶을 추적해 나간다. 대부분 장세니즘(Jansénisme)[29]을 추종했던 절대왕정기의 프랑스 법복귀족들은 자신들의 존립을 위하여 절대왕정에 충성해야 하는 한편 다른 봉건귀족들과 가열한 싸움을 벌여 나가야 했다. 그러나 그들은 곧 자신이 서 있는 모순된 처지를 발견하게 된다. 봉건귀족이 약화되고 왕권이 강화되면 될수록 거꾸로 자신들의 입지가 점점 더 위태로워지는 모순이 그것이다. 그들은 왕에게 정치적·경제적으로 철저하게 예속된 처지여서 절대적 충성을 바쳐야 했지만 다른 한편으로 왕에 대한 자신들의 그러한 충성이 도리어 봉건적 신흥 귀족계급이었던 자신들을 더욱 위태롭게 하는 요인으로 작용했기 때문이다. 왕을 위해 충성을 바쳐야 하면서도 충성을 해서는

---

28) 법복귀족이란 절대왕정기에 생겨난 신흥 귀족계급으로서 군대의 작위에 의해 또는 세습에 의한 16~17세기의 귀족들과는 달리 의회에서의 기능 또는 전문적인 지식을 바탕으로 획득한 신분을 유지하고 있었던 새로운 귀족계급을 통칭하는 말이다. 우리의 경우에는 중인들이 법조계를 장악하였다. 여기에 대해서는 루시앙 골드만, 송기형·정과리 역, 『숨은 신』, 연구사, 1990, 166~167면의 '용어해설'을 참조할 것.

29) 장세니즘은 르뱅(Revin)대학 교수였던 네덜란드 신학자 얀센(Cornelis Otto Jansen, 1585~1638)이 제창한 극단적인 아우구스티니즘에 입각한 신학사상을 말한다. 장세니즘의 핵심적인 내용은 그리스도가 "전인류를 위해 죽었다는 것, 선악에 대한 요청은 필연적이라는 것 등 로마교회의 교리를 부정하는 것"들이었다. 이 장세니즘은 프랑스와 네덜란드에서 광범한 지지를 얻었는데 프랑스에서는 뽀르루아얄(port-Royal) 수도원을 통해 이 사상이 수용되었고, 특히 파스칼·라신느가 이 수도원으로부터 많은 영향을 받았다고 한다. 자세한 내용은 루시앙 골드만, 위의 책, 166~167면을 참조할 것.

안 되는 이 기묘한 모순 앞에서 장세니스트(혹은 법복귀족)들은 심각한 고민에 빠져들게 된다. 절대왕정기의 장세니스트들처럼 한용운 역시 모순된 선택의 기로에서 심각한 갈등을 겪어야 했다. 만해 문학의 여성주의와 비극적 세계관의 결정적인 단서는 여기에서 찾아진다.

획득신분보다 귀속신분이 절대적 우위에 서는 전근대적 신분사회에서 아버지의 존재는 절대적일 수밖에 없으며 주체의 의지와는 상관없이 주어지는 선험적 체계이다. 이미 언급한 바 있듯이 아버지는 몰락한 가문을 회복하기 위해 견마의 노력을 불사했던 인물이었고, 그러한 노력의 내용은 곧 봉건왕조에 대한 절대적 충성과 그를 통한 신분의 상승이었다. 아버지 한응준이 동학농민군을 진압하는 데 적극적으로 가담한 것은 바로 이 같은 맥락에서였다.

> 이 해 가을에 동학군이 다시 일어나기 시작하여 그 세력은 전라도, 충청도, 경상도로 확장되어갔는데, 호서지방의 가장 요충인 홍주 지역에서는 목사 이승우(李勝宇)가 미리 7월에 모든 관속을 소집하여 동학당 방비계책을 상의하고, 그 결과로 먼저 성안에 있는 관속과 백성들을 군대에 편입하고, 한달 월급으로 백미 3두, 돈 석냥을 주고 각처에서 군사를 모집하여 중영, 지금의 참모본부와 그 밖의 5진을 만들고 각 군관의 부서도 마련하였는데 그 내용은 중군(中軍)에 이병돈, 참모에 한응준(韓應駿), 이주승, 박봉진, 향관에 장정식, 좌수에 이건태, 이방에 이종관……30)

아버지 한응준이 동학농민군을 진압한 장교로 참여한 일차적인 이유는 그가 홍주아문 소속의 관리였기 때문이기도 하지만, 보다 근본적인 이유는 이러한 기회를 틈타 공을 세워 당당한 양반가문으로 복귀하고자 하는 강한 욕망 때문이었다고 할 수 있다. 그리고 한응준이 중군 이병돈 휘하의 막료로서 진압에 참여했다는 기록으로 미루어볼 때 만해 집안의 가승이나 기존의 주장과는 달리 그의 집안이 대단한 권문세가

---

30) 홍성군지편찬위원회, 『홍성군지』, 홍성군, 1993(증보판), 225면.

가 아닌 향반 내지 실무를 담당하는 무반 정도였음을 알 수 있다. 중군의 참모는 대개 6품 이하의 관리나 휘하의 비장(裨將) 중에서 임용되는 것이 당시의 일반적인 관례였기 때문이다. 그렇다면 아버지가 동학운동을 진압하는 데 하급 관리로서 참여했다는 사실과 만해 문학에 나타난 여성주의와 비극적 세계관과는 대체 어떠한 연관을 갖는 것일까?

만해의 출가는 바로 이와 밀접한 관련을 가지고 있는바 기왕의 만해 연구에서는 간과되거나 해명되지 못했던 만해의 진정한 출가 이유가 무엇이었는가를 검토해 보기로 하자.

> 나는 원래 충남 홍성 사람으로 구식 조혼시대에 일찍이 장가를 들고 십구 세 때에 어떤 사정으로 출가하여 중이 되었는데 ……31)

만해는 자신의 출가 이유를 그저 '어떤 사정'이라고만 밝히고 있다. 아무리 세상의 시비 이해를 초탈한 선승이었다지만, 이 글을 쓸 당시(1930)에는 이미 환속하여 각종의 사회 활동에 적극적으로 참여하는 등 거사(居士)로서의 삶을 살고 있었던 그가 자신의 출가 이유에 대해서는 왜 이렇게 '어떤 사정'이라고 완곡하게 표현해야 했을까? 그리고 각종의 기록에서 만해는 자신의 출가 시기를 18세(1896),32) 19세(1897),33) 20세(1898)34)라고 하여 매번 엇갈린 진술을 거듭하는가 하면, 홍주성전투가 벌어진 1894년에서 1896년까지 만 2년 간의 행적은 물론 출가와 관련된 알리바이를 분명하게 밝히지 못하고 있다. 대단한 천재성을 가졌던 만해가, 더욱이 세상을 등지고 불문에 귀의한 선승으로서는 절대 잊을 수가 없을 출가의 동기와 시기에 대해서 왜 이렇게 애매한 태도를 보이는 것일까? 만일 만해 자신도 자신의 정확한 출가 시기를 알 수 없어서 그랬던 것이

---

31) 「남이 모르는 나의 아들」, 『전집』 1, 254면.
32) 「시베리아를 거쳐서 서울로」, 『삼천리』, 1933.9.
33) 위의 글.
34) 「심우장에 참선하는 한용운씨를 찾아」, 『삼천리』, 1937.6, 159면.

라면 그 진정한 이유는 무엇이었을까?

> 호서의 적이 홍주를 범하자 목사 이승우가 맞아 쳐서 크게 깨쳤다. 홍주는 내포의 큰 고을인데, 승우는 관리로서의 식견이 있어 가는 곳마다 능하다는 소문이 있고, 아전과 백성들도 그를 믿어서, 성에 의지하여 적을 소탕할 수 있었다고 한다. 이리하여 난이 일어나던 처음부터 헤어진 적 수백명을 사로잡아 베었다.[35]

이 글은 매천(梅天) 황현(黃玹)의 「동비기략초고(東匪紀畧草藁)」의 한 대목이다. 황현의 '동비(東匪)'라는 표현에서도 알 수 있듯이 당연하게도 당시의 유교적 지식인들의 동학운동에 대한 인식은 대단히 부정적이었다. 오늘날의 관점에서 보았을 때 동학이 긍정적인 역사운동으로 해석되는 것이지 당대인의 관점에서, 특히 보수적 지식인들의 입장에서 동학농민운동은 사회질서를 깨뜨리는 불온한 '난(亂)' 이상의 의미를 가질수가 없었다. 한응준의 동학에 대한 인식 또한 이 같은 범주에서 크게 벗어나지 않았을 것이다. 그렇기 때문에 항상 실추된 가문의 위상을 회복할 기회를 찾고 있었던 한응준에게 농민군을 진압하는 것은 하등 거리낄 것이 없는 일이기도 했다.

「동비기략초고」에 의하면, 당시 홍주성을 공격한 동학농민군은 만여 명을 상회하는 엄청난 규모였다고 한다. 이에 목사 이승우가 전투 경험이 없는 농민군의 사기 고양을 위해 부적을 붙이면 총알도 피해간다는 농민군 지도부의 심리전을 역이용하여 탄환을 빼고 공포를 쏘아 그들을 유인한 다음, 다시 탄환을 넣고 일시에 포격을 가하여 수천 명을 죽이고 그 여세를 몰아 수백 명을 사로잡아 죽였다고 한다.[36] 이는 당시의 홍주성 싸움이 동학농민혁명운동사에서도 그 유례를 찾아볼 수 없을 만큼 대단히 끔찍하고 치열한 것이었음을 말해 준다. 여러 정황으로

---

35) 황현, 이민수 역, 『동학란』, 을유문화사, 1983, 224면.
36) 위의 책.

미루어볼 때 만해가 말한 '어떤 사정'은 그의 홍주성전투에 대한 체험과 결코 무관치 않았으리라 여겨진다. 여기서 말하는 만해의 홍주성전투에 대한 체험은 기왕의 연구에서 주장하고 있는 것처럼 만해가 자신의 부형(父兄)과 함께 동학운동에 참여했다는 것이 아니다. 오히려 이를 둘러싸고 들려오는 여러 가지 풍설들, 예컨대 아버지 한응준이 사로잡힌 동학군들을 처형하고 혹독하게 취조했었다는 이야기들로 미루어보건대 한응준이 농민군 진압에 대단히 적극적이었으며, 따라서 만해는 수천 수백 명의 양민을 학살한 중심인물 가운데 하나가 바로 자신의 아버지였다는 사실로 인해 평생을 극심한 정신적 고통과 죄책감에 시달리며 살아야 했던 것이다. 이러한 상황에서 몰락한 양반가문의 후예이자 신분상승을 꿈꾸는 재기다능한 하급 무반의 아들이었던 만해에게 가능한 선택은 과연 무엇이었을까? 농민군을 선택할 수도 없고 그렇다고 무심하게 외면해 버릴 수도 없는, 또 아버지의 세계를 거부할 수도 없고 인정할 수도 없는 모순된 상황에서 그에게 주어질 수 있는 가능한 선택은 과연 무엇이었을까? 그것은 이 같은 양자택일의 문제를 아예 초월해 버리는 것, 다시 말해서 세상을 등지고 출가해 버리는 것이었다. 만해가 말한 '어떤 사정'이란 바로 이 같은 실존적 고민을 의미하는 것은 아니었을까? 만해는 부모형제를 버리고 고향을 떠나던 당시 자신의 심경과 정황을 이렇게 술회하고 있다.

　　…… 담뱃대 하나만 들고 그야말로 폐포파립(弊袍破笠)으로 나는 표연히 집을 나와 서울이 있다는 서북 방면을 향하여 도보하기 시작하였으니 부모에게 알린 바도 아니요, 노자도 일푼 지닌 것이 없는 몸이며 ……37)

　　만해는 고향을 떠나자마자 곧바로 출가의 길로 접어든 것은 아니었다. 고향 홍주에서 받은 정신적 충격 때문에 만해는 여러 해를 거쳐 속

---

37) 「나는 왜 중이 되었나」, 『전집』 1, 410면.

리산·원산·시베리아·하얼빈 등지를 전전하였고, 한참 뒤에야 본격적인 종교적 수행생활을 시작하게 되었는데 그곳이 바로 안변(安邊)의 석왕사(釋王寺)이다.[38] 만해가 자신의 출가 동기와 시기에 대해서 얼버무리거나 엇갈린 진술을 할 수밖에 없었던 것은 다음과 같은 두 가지 이유 때문이다. 첫째는 자신의 구체적인 출가의 변을 통해 드러나게 될지도 모르는 집안의 비밀—수천 명의 농민군을 잔혹하게 진압한 책임자의 한 사람이 자신의 아버지였다는 사실—을 감추려 했기 때문이고, 둘째는 가출-방랑-출가-방랑-정식적인 수행생활이라는 복잡한 출가의 경로와 정신적 방황 때문에 만해 자신으로서도 자기의 정확한 출가 시기를 밝힐 수가 없었던 것이다. 이것은 만해가 당시 홍주성전투로 인해 받은 정신적 충격의 강도가 어느 정도였던가를 단적으로 보여 주는 증거이다. 그렇다면 만해의 출가가 단순한 도피에서 그치지 않고, 어떻게 비극적 세계관과 여성주의라는 새로운 양상으로까지 발전하게 되었는가? 아래의 한시 두 편은 이러한 전기적 사실을, 그리고 그런 전기적 사실과 문학 사이의 밀접한 관계를 확인하는 데 귀중한 한 단서를 제공해 준다.

半生遇歷落　　　반평생 만나니 기구한 일들
窮北寂寥游　　　다시 북녘 땅 끝까지 외로이 흘러왔네
冷齋說風雨　　　차가운 방안에서 비바람 걱정하느니
晝回鬢髮秋　　　이 밤새면 백발 느는 가을이리라

—「孤避 二首」 중에서[39]

---

38) 위의 글, 410~411면.
39) 『전집』 1, 137면. 시 해석에 다소간의 문제점이 발견된다. 가령 1행의 역락(歷落)은 '길고 짧은 것이 늘어서다'라는 교착(交錯)이라는 뜻이어서 운명이 기구하다라는 말은 다소 지나친 의역이 아닌가 한다. 그리고 마지막 행의 주회(晝回)는 '낮이 돌아오다'의 뜻으로서 이 글귀는 전체적인 문맥과 어울리지 않는 구절이다. 그러나 이 글에서는 이 시 해석이 『전집』의 인용이므로 수정 없이 그대로 인용하였다(이에 대해서는 같은 곳 참조).

不堪回首十年前　십 년 전 일은 생각키도 끔찍한데
勿自依然景自遷　산천은 그대로되 흐르는 세월
常到林中非佛道　항상 절을 찾은 것도 道 탓 아니니
劍翹求死不求仙　죽고 싶은 것은 그것 그뿐 살 뜻은 없네
　　　　　　—수필 「약한 자여 그대 이름은 여자인가」 중에서40)

　이 두 편의 한시는 「심우장만필」과 그의 한시 모음들 가운데 포함된
작품이다. 심우장을 지은 때가 1933년이고 보면 이 한시들은 1933년 이
후에 씌어진 것으로 짐작된다. 그러나 여기서 문제가 되는 것은 이 작
품들이 언제 씌어졌는가 하는 연대 추정보다는 오히려 시 속에 투영되
어 있는 작가의 의식세계이다. 게다가 시에서 나오는 '십 년 전'도 물리
적인 시간이 아닌 막연히 먼 과거의 어느 시점을 가리키는 것으로 보이
기 때문에 문제삼아야 할 것은 바로 시의 내용이고, 여기에 드러나고
있는 작가의 의식세계이다.
　두 편의 한시를 종합해 보건대 서정 주체가 세상을 등지고 방랑을 거
듭하는 이유는 "생각키도 끔찍한" 어떤 사건 때문이다. 그 어떤 사건이
란 물론 만해의 극심한 정신적 고통에 시달려야 했고, 이 정신적 고통
은 종교적 믿음으로도 치유될 수 없는 성질의 것이었다. 그래서 서정
주체는 이 고통을 벗어나기 위해서라면 죽음도 마다하지 않겠다는 심
상치 않은 인식에 도달하게 된다. 두 가지 이유에서 이 두 작품은 아주
중요하게 평가되어야 한다. 하나는 이 작품을 통해서 작가가 자신의 불
운했던 삶을 고백하고 있다는 점이고, 다른 하나는 이 두 편의 한시가

---

40) 이 시 역시 「고피 이수(孤避 二首)」와 마찬가지로 해석상의 문제점을 가지고 있다.
　가령, 1행의 불감(不堪)은 '감당하기 어렵다' 정도의 의미인데 이를 '생각키도 끔찍한'
　이라고 새긴 것은 지나치게 자의적인 해석이 아닌가 한다. 그리고 이 시가 만해 자신의
　창작인지, 아니면 중국의 한시를 「약한 자여 그대 이름은 여자인가」라는 수필의 논지
　전개상 의도적으로 차용한 것인지도 불분명하다. 그러나 이 같은 해석상의 문제에도
　불구하고 이 시가 당시 시인의 세계 인식과 존재 상황을 반영하는 것으로 보고 『전집』
　에 수록된 원문 그대로 인용하였음을 밝혀둔다(『전집』 2, 199면).

그런 전기적 사실과 만해 문학의 여성주의와 비극적 세계관의 한 징후를 보여 주고 있다는 점이다. 기실 우리 근대시사에서 만해의 시만큼 내포와 메타포가 풍부한 작품은 별로 눈에 띄지 않는다. 이로 인해 그의 시편들은 다양한 각도로 해석되어 왔으며, 이미 수많은 연구자들에 의해 그의 시가 가지고 있는 구조·원리·경향 등 상당한 부분이 해명되었다. 기왕의 연구들을 통해서 밝혀진 바와 같이 그의 시가 단순하게 개인적 차원의 고민에 머물러 있지 않고, 민족적 차원의 문제로 승화되고 있으며, 한 걸음 더 나아가 심오한 불교철학의 경지에 도달하고 있음은 주지의 사실이다. 그럼에도 이제까지의 연구에서 보여 준 한 편향은 만해의 작품을 한 인간의 고뇌 어린 기록으로 혹은 그것의 반영으로서보다는 위대한 민족시인으로서 또는 그가 시인이자 선승이며 혁명가라는 그의 위대한 생애사의 업적과 연관지어 그의 작품을 해석하려 했다. 그래서 이 글에서는 이 같은 연구 방식에서 벗어나 격동의 근대를 살았던 한 인간의 내면과 고뇌를 읽어 내고자 하는 것이다.

이제까지 소략한 검토에 드러난 바와 같이 만해 문학의 핵심적 자질을 구성하고 있는 것 중의 하나가 바로 여성주의와 아버지 콤플렉스이다. 그것의 근본적인 이유는 꿈 많은 청년기에 겪어야 했던 기억하고 싶지 않은 체험과 결코 밝히고 싶지 않았던 가문에 대한 비밀, 곧 아버지 때문이었다. 흔히 엄격한 신분적 질서를 기저로 하는 봉건적 사회에서 아버지는 두 층위로 존재한다. 하나는 육친으로서의 아버지 즉 생물학적인 아버지이고, 다른 하나는 엄격한 가부장적 사회제도와 질서 그리고 국가와 절대적 질서 등을 의미하는 상징적인 아버지의 존재이다. 이러한 의미에서 만해의 작품에는 실재의 아버지와 상징적인 아버지가 동시에 존재하고 있는 셈이다. 그런데 이 두 아버지는 만해에게 매우 고통스럽고 부담스러운 존재였다. 먼저 실재의 아버지는 수많은 인명을 앗아가면서까지 부질없는 입신양명을 꿈꾸었고, 상징적인 아버지는 외세에 의해 무기력하게 짓밟혀버렸다. 여기에서 만해는 이러한 아버지의 세계에 대해 깊은 회의에 빠져들게 되었을 것이다. 곧 꿈 많은 천재청년 만해에게 더 이상 믿고 기댈 아버지가 주어지지 않았던 것이다. 그러므로 만해에게 있어 아버지는 절대로 부인할 수도 없으면서 용인할 수도 없는 모순된 모습으로 나타나게 된다. 이 같은 상황에서 그에게 남겨진 마지막 선택은 바로 아버지 시대의 그런 삶의 방식을 철저하게 외면해 버리는 것, 즉 아버지를 지워버리는 길뿐이었다. 이 때문에 만해의 시에서는 갑자기 아버지, 즉 남성이 사라져 버리고 주체의 의지와는 무관하게 일방적으로 피해를 입고 버림받은 여성이 서정 주체로서 등장하게 되는 것이다.[41] 만해 문학에서 여성주의적 편향이 나타나게 되는 것은 바로 이와 같은 모순적 상황의 결과이며, 이 아버지 부재와 여성주의는 만해 문학을 규정짓는 비극적 세계관의 결정적 계기가 된다.

3. 불교사회주의와 비극적 세계관

『님의 침묵』에 수록된 만해의 모든 시편들은 오로지 단 하나의 대상, 즉 '님'을 위한 지고의 헌사로서 바쳐지고 있다.[42] 그런데 문제는 그 님이 항상 결핍되어 있는 부재의 존재라는 점이다. 그렇다면 어떤 이유에서 만해의 시에 등장하는 님은 항상 결핍의 상태로 혹은 부재의 존재로만 나타나게 되는 것일까?

시가 시인의 의식을 일정하게 반영하며, 또한 그 의식은 반드시 이미 지나 시적 상징어를 통해서 표출된다고 할 때[43] 시적 중심어인 님이 항

---

41) 최원식, 위의 글, 339면.
42) 위의 글.
43) 신달자, 앞의 글, 97면.

상 떠나고 없는 부재의 존재로 나타난다는 것은 시인의 어떤 극단적인 상실감과 좌절을 반영하는 것이 된다. 만해가 시집 『님의 침묵』을 탈고한 것은 1925년 8월 29일 설악산 신흥사에서였다.[44] 두 차례의 실패를 경험한 만해에게 이 시기는 절망과 좌절을 딛고 새로운 활로를 찾아 나서던 일종의 모색기이자 시련기였다. 그러므로 만해가 님을 부재하고 침묵하는 존재로 인식하고 있는 것은 이와 같은 과거의 경험과 현재의 절망적인 상태, 곧 미래(민족해방의 전망)는 닫혀 있고 지향해야 할 과거(전통사회, 국가)는 이미 없어져 버린 당시의 절망적 상황의 반영으로 볼 수 있다.

> 당신이 오기로 못 올 것이 무엇이며
> 내가 가기로 못 갈 것이 없지마는
> 산에는 사다리가 없고
> 물에는 배가 없어요
>
> ―「길이 막혀」

> 야속한 두견새는
> 돌아갈 곳도 없는 나를 보고도
> 불여귀 불여귀
>
> ―「두견새」

> 가을 홍수가 적은 시내의 쌓인 낙엽을 휩쓸어가듯이 당신은 나의 환락의 마음을 빼앗아갔습니다 나에게 남은 마음은 고통뿐입니다.
>
> ―「요술」

「길이 막혀」의 시적 공간이 앞으로 나갈 수도 뒤로 물러설 수도 없는

---

44) 시집 『님의 침묵』의 끝장에 만해가 "乙丑 八月 二十九日"이라고 부기해 놓은 것으로 보아 『님의 침묵』이 탈고된 시기는 1925년 8월 29일인 셈이다. 이때 만해는 감옥에서 나와 서연화라는 부유한 재가신도(在家信徒)의 도움으로 각종의 저술 활동을 벌일 수 있었다고 전한다(고은, 앞의 책, 227면).

막막한 상황으로 설정되고 있는 것이 시인의 존재 상황과 심리 상태를 의미하는 것이라고 한다면, 「두견새」는 시인의 그와 같은 의식 상태를 상징하는 일종의 객관적 상관물이며, 「요술」에 가서는 결국 이 모든 것을 고통스럽고 괴로운 것으로 받아들이게 된다. 흔히 비극적인 세계 인식은 자아에 대한 깊은 우려와 위기의식의 발로이다. 그런데 이 위기의식이란 자아에 대한 일종의 경계경보와 같은 것으로서 시인 자신은 아직 파탄했거나 포기의 상태에까지는 이르지 않았음을 의미한다. 따라서 이 같은 인식은 미래에 대한 합리적인 전망과 결합될 경우 언제든지 희망찬 진군의 나팔소리로 전화할 가능성이 항시 그 속에 내재되어 있는 셈이다.

> 나는 님을 기다리면서 괴로움을 먹고 살이 찝니다. 어려움을 입고 키가 큽니다.
>
> ─「자유정조」

> 만일 당신이 아니 오시면 나는 바람을 쐬고 눈비를 맞으며 밤에서 낮까지 당신을 기다리고 있습니다
>
> ─「나룻배와 행인」

> 미친 불에 타오르는 불쌍한 영은 절망의 북극에서 신세계를 탐험합니다.
>
> ─「?」

위의 시에서와 같이 현재의 상황이 아무리 괴롭고 힘들더라도 끝까지 님을 기다리겠다는 확고한 의지를 보여 주고 있다든지, 또는 고난과 역경이야말로 자신의 그러한 의지를 키워내는 자양분이며, 그런 절망의 한가운데서도 신세계를 탐험하겠다고 선언하는 시인의 결연한 모습이 바로 그것이다. 비극적 세계관을 가진 인간의 특징은 어떠한 상황에서라도 결코 희망을 포기하지 않는다는 점이다. 비극적 세계관이 자아와

세계(또는 자아) 사이의 불화에서 생겨나는 것이며, 또한 한 가닥 희망이라도 남겨져 있는 인간에게나 가능한 인식 태도임은 주지의 사실이다. 왜냐하면 완전한 절망 상태 또는 포기 상태에 이른 인간의 그것은 비관적이거나 염세적인 것일 터이지 결코 비극적인 것이라 할 수 없기 때문이다. 부연하자면 자포자기한 인간에게서 더 이상의 비극이란 있을 수 없을 터이다. 이러한 관점에서 보았을 때 비극적 세계관은 미래에 대한 반어적 희망과 기대가 내포되어 있는 강한 긍정을 위한 부정의 정신, 곧 역설의 세계관으로서의 의미를 갖게 된다. 가령 『님의 침묵』 전편에 걸쳐 등장하는 '아니다'(41편), '아니하다'(20편), '않다'(24편)와 같은 부정형의 진술을 통해 볼 때 시인의 세계 인식이 매우 반어적이며 도전적[45]임을 알 수가 있는데 이는 시인이 세계와 자아에 대해 매우 큰 불만을 가지고 있으며 또한 상황이 극도로 불안정한 상태이긴 하지만, 이를 극복하고자 하는 의지가 아직까지 시퍼렇게 살아 있음을 보여 주는 것이다. 『님의 침묵』이 역설과 반어의 변증법적 구조로 짜여져 있는 것은 결코 우연이 아니다. 그것은 결국 "타고 남은 재가 다시 기름이" 된다든지 "걷잡을 수 없는 슬픔의 힘을 옮겨서 새 희망의 정수박이에 들이 붓겠"다든지 하는 시인 자신의 고백에서 거듭 확인되는 사실이기도 하다. 만해의 시가 한낱 얄팍한 손재주나 신파에서 그치지 않고 시적 보편성을 획득하고 있는 것은 바로 비극적 세계관이 제공해 주는 이런 역설의 힘 때문이었다고 할 수 있다. 만일 이러한 역설의 미학이 뒷받침되지 않았다면 만해의 시는 결코 그와 같은 긴장과 울림의 시학에까지 이르지 못하였을 것이다. 여기에서 『님의 침묵』 이후 만해의 변신의 동기와 그 단서가, 예컨대 불타의 세계에 안주하는 선승의 자리에서 내려와 사회주의운동 세력과 손잡고 〈신간회〉 경성지회 회장이 되기까지의 과정이 해명될 수 있다. 이러한 관점에서 볼 때 비극적 세계관은 현실에 대

---

45) 신달자, 앞의 글, 176면.

한 과학적·합리적 세계관으로 전화되기까지 거쳐야 할 지난한 과정을 담당했던 과도적 세계관으로서의 성격을 가지고 있는 셈이다.

만해의 사상적 전환의 또 다른 한 원인(遠因)으로는 그의 성장 배경과 청년기의 체험을 들 수가 있다. 앞서 언급한 바와 같이 만해가 태어난 홍성의 성곡리(박철부락)는 전형적인 구한말의 궁벽한 농촌이었다.46) 만해가 이렇게 척박한 곳에서 태어났다는 것은 매우 중요한 의미를 갖는다. 그것은 『님의 침묵』을 시발로 한 그의 진보적 사회사상이 단순히 『음빙실문집』이라든지 리카도의 경제학이나 헤겔 철학의 학습47)에서 비롯된 것이었다기보다는 생득적이고 현실적인 인식의 결과였음을 말해 주고 있다. 그러기에 "타고 남은 재가 다시 기름이 된"다는 그의 굳은 믿음과도 같이 그가 관념적이고 초월적인 세계에서 다시 실천적이고 현실적인 세계로, 또는 3·1운동의 실패를 딛고 일어서서 다시 실천적 운동가로 전환하게 된 것은, 태어나면서부터 겪었던 민중들의 궁핍한 삶에 대한 체험이 그를 새로운 방향으로 인도했기 때문이다. 만해에 대한 전기적 연구에서 아직까지 공백 상태로 남아 있는 부분은 홍주성전투가 일어난 1894년(만해가 16세 되던 해이다)에서, 출가했다고 밝히고 있는 1896년(18세 때로 사실 여부가 아직 확인되지 않았다)까지 만 2년 간의 행적이다. 실증적인 자료가 발견되지 않은 이상 추측의 차원을 넘어설 수는 없겠으나, 만해 자신의 고백으로 미루어보건대 유랑과 걸식생활의 연속이었을 것으로 짐작된다. 아마도 만해는 이 같은 유랑생활을 통해서 당시 민중들의 곤궁하고 비참한 삶에 대한 구체적인 인식을 얻게 되었을 것이다.

그러나 만해의 사상적 변화를 살펴보는 데 있어 반드시 짚고 넘어가야 할 것은 바로 몰락 양반들의 지향과 의식이다. 사회의 중심적 엘리트가 되기를 열망하는 해체기의 몰락 양반들이 선택할 수 있는 방법은

---

46) 주 24를 참조할 것.
47) 안병직, 앞의 책.

전통사회 안에서 재기를 위해 할 수 있는 모든 수단을 강구하는 길과 아니면 아예 현재의 낡은 사회 관계를 단숨에 뛰어넘는 혁명을 추구하는 길로 요약된다. 만해는 그 누구보다도 참된 가치를 실현하고자 하는 강한 의지를 가진 인물이었다. 물론 그것은 세속적인 출세를 지향하는 것이기보다는 오히려 보다 값지고 의미 있는 삶, 즉 의인·걸사의 삶을 지향하는 것이었다. 아버지의 영향으로 그 역시 한때나마 신분상승을 위한 열망을 가지고 있었으나 나중에는 그런 열망을 실현하기 위해 인명을 해치는 일까지도 서슴지 않았던 아버지 시대의 그와 같은 삶의 지향이 얼마나 공허하고 부질없는 것이었는가를 극명하게 깨닫게 되었다. 또한 3·1운동을 통해서 만해는 다시 한번 의인·걸사의 삶을 실현하고자 했지만, 무저항·비폭력을 통해 국제여론에 호소하는 식의 운동이 얼마나 낭만적이었던가를 분명하게 인식하였다. 결국 의인·걸사의 삶을 지향하는 방법들이 차례로 소거되고, 마지막으로 남게 된 것은 새로운 가치의 창출을 위해 아예 역사의 단계를 비약해 버리는 것, 곧 혁명을 추구하는 길뿐이다. 이렇게 볼 때 만해의 〈신간회〉에서의 활동과 불교사회주의론은 의인·걸사의 삶을 추구하려는 그에게 남겨진 마지막 선택이었던 셈이다.

1931년 11월에 있었던 『삼천리』지 기자와의 대담에서 만해는, 자신은 **불교사회주의자**이며 이에 대한 저술을 계획하고 있다고 밝히고 있다.

> 문 : 석가의 경제사상을 현대어로 표현한다면?
> 답 : 불교사회주의자라 하겠지요.
> 문 : 불교의 성지인 인도에도 불교사회주의자라는 것이 있습니까?
> 답 : 없습니다. 그렇지만 나는 이 사상을 가지고 있습니다. 그러므로 나는 최근에는 불교사회주의자에 대하여 저술할 생각을 가지고 있습니다. 기독교사회주의가 학설로서 사상적 체계를 이루고 있듯이 불교사회주의자가 있어야 옳을 줄 압니다.[48]

물론 만해가 불교사회주의에 대한 저술을 남기지 않았기 때문에 이 불교사회주의가 구체적으로 어떠한 것이었는가를 확인할 길은 없다. 다만 불교사회주의가 어떤 것이었는가에 대해서는 그가 남긴 저작물을 통해 그것의 일단을 검토해 볼 수 있을 것 같다.

① 유신이란 무엇인가. 파괴의 자손이요. 파괴란 무엇인가. 유신의 어머니다.[49]

② 농촌에 소비조합을 설립하고 농구, 비료, 기타 생활상 필요한 일용품을 공동으로 구입하여 쓰면 훨씬 싸게 사 쓸 수가 있을 것이다. 이외에도 문자보급과 미신타파에 대하여는 현재도 하고 있는 중이지만 이후에도 더욱 왕성할 것 ……[50]

불교사회주의(Buddhist Socialism)는 상구보제(上求菩提) 하화중생(下化衆生) 또는 사홍서원(四弘誓願)[51]과 같은 대승불교의 교리가 현대화된 것으로 볼 수 있다. 불교사회주의는 불법사회주의라고도 하거니와, 이것은 "종교와 정치이념을 대립되는 개념으로 받아들이는 것이 아니라 양자의 자연스런 조화"[52]를 통해 진정한 자유와 평등을 실현하고자 하는 일종의 정교일치(政敎一致)를 지향한다. 불교문화가 뿌리 깊은 라오스·캄보디아·싱가포르·스리랑카와 같은 동남아시아 국가에서 이것을 국가적 이념으로 채택하고 있는바 이 민족들은 한결같이 제국주의의 침략전쟁에 시달렸거나 식민화의 경험을 가지고 있다는 공통점을 가지고 있다.

---

48) 『전집』 2, 292면.
49) 「조선불교유신론」, 『전집』 2, 46면.
50) 「소작농민의 각오」, 『조선농민』, 1930.1, 8면.
51) 사홍서원이란 모든 불보살들이 간절히 간직하는 소원이며, 대승불교의 이념적·실천적 지향을 압축한 네 가지의 커다란 맹세와 바람으로 그 내용은 다음과 같다. ① 衆生無邊誓願度(맹세코 모든 중생을 다 구제한다), ② 煩惱無數誓願斷(맹세코 모든 번뇌를 끊는다), ③ 法門無盡誓願學(맹세코 무궁한 불법을 모두 배우고 익힌다), ④ 佛道無上誓願成(맹세코 무상의 불도에 다다른다).
52) 여익구, 『민중불교입문』, 풀빛, 1985, 273면.

이런 각도에서 보았을 때 불교사회주의는 일종의 대타의식으로서 단순한 종교적 동기에서뿐만 아니라 민족주의적 정서와 결합된 일종의 식민지 항쟁의 정신적 기반이자 미래의 이념적 지표로서의 성격을 갖는 것이다.

만해의 불교사회주의론이 대담 중에 그저 지나가는 말로 슬쩍 언급해 본 우연적인 발언으로 보이지는 않는다. 가령 1931년의 대담이 있기 전에 이미 ①과 같은 혁신적인 불교사상을 저술한 바 있고, 대담의 일부가 삭제되어 있기는 하지만 "석가께서는 재산축적을 부인합니다. 경제사의 불균등을 배척합니다. 당신 자신도 늘 풀로 옷을 지어 입으시고 설교하며 돌아다니셨습니다. 소유욕이 없이 살자는 것이 그분의 이상입니다"53)라고 하여 무소유와 경제적 평등을 불타가 지향하는 핵심적인 이념으로 명쾌하게 정리하고 있는 것이라든가 ②와 같이 향후 농민운동의 방향을 구체적으로 제시하고 있는 것이 단적인 예가 된다.

만해는 시 「당신을 보았습니다」를 통해서 자신의 혁신적 사회사상의 맹아를 보여 주고 있다.

> 당신이 가신 뒤로 나는 당신을 잊을 수가 없습니다
> 까닭은 당신을 위하느니보다 나를 위함이 많습니다
>
> 나는 갈고 심을 땅이 없으므로 추수가 없습니다
> 저녁거리가 없어서 조나 감자를 꾸러 이웃집에 갔더니 주인은 "거지는 인격이 없다 인격이 없는 사람은 生命이 없다 너를 도와주는 것은 죄악이다"고 말하였습니다
> 그 말을 듣고 돌아 나올 때에 쏟아지는 눈물 속에서 당신을 보았습니다
>
> 나는 집도 없고 다른 까닭을 겸하여 민적이 없습니다
> "민적 없는 자는 인권이 없다 인권이 없는 너에게 무슨 정조냐"하고 능욕

---

53) 『전집』 2, 292면.

하려는 장군이 있었습니다

그를 항거한 뒤에 님에게 대한 격분이 스스로의 슬픔으로 화하는 찰나에 당신을 보았습니다.

아아 왼갓 윤리, 도덕, 법율은 칼과 황금을 제사지내는 연기인 줄을 알았습니다

영원의 사랑을 받을까 인간 역사의 첫 페이지에 잉크 칠을 할까 술을 마실까 망설일 때에 당신을 보았습니다

— 「당신을 보았습니다」 전문

「당신을 보았습니다」는 『님의 침묵』 가운데서도 "만해의 역사의식이 가장 뚜렷이 부각된 작품"[54]이다. 여기에서 만해는 자신의 진정한 님, 즉 '갈고 심을 땅이 없는' 가난한 중생이야말로 자신의 진정한 사랑의 대상이라는 발전된 인식을 보이고 있다. 그것은 물론 자기 자신도 '집도 없고 민적'조차 없는, 삶의 근거를 송두리째 박탈당한 경제적 무산자라는 자각과 그들과의 일체감[55]이 있었기에 가능한 것이었다.

이 작품에는 크게 보아서 두 개의 대립적인 세력이 존재한다. 하나는 집도 없고 민적조차 없어서 인격마저 무시당하는 가난한 사람들이고, 다른 하나는 그들을 억압하는 칼과 황금이다. 「조선불교유신론」, 「유마힐소경강의」, 「불교대전」 등의 혁신적인 불교사상에서 알 수 있듯이 만해의 불교는 혼자만의 해탈을 추구하는 자폐적이고 소승적인 것이 아니라 사회를 구원하고 가난한 백성들을 해방하고자 하는 윤리적 수단이었다. 작품의 시적 페르소나를 가난한 사람으로 설정, 가난하여 인격조차 무시당하는 민적 없는 망국민과 시인 자신을 동일화하고 있다든지, 또는 윤리·도덕·법률이야말로 칼과 황금에 봉사하는 억압적 이데올로기들이며, 결국 이러한 것들은 본래 실체가 없는 무상한 것이라고 강변하고 있는 데서 그의 진보적 (불교)사상은 절정에 이른다. 그러나

---

54) 신경림·정희성 편, 『한국현대시의 이해』, 진문출판사, 1981, 95면.
55) 윤영천, 앞의 글, 207면.

이 시를 통해서 만해는 일정한 세계 인식상의 한계를 노출하고 있기도 하다. 가령 칼과 황금 같은 어둠의 세력들을 어떻게 극복하고 제사지내 버릴 것인지에 대해서 시인은 명확한 암시조차 남기고 있지 않으며, 인격과 민적이 없는 가난한 망국민을 억압하는 추악한 역사를 지우고 새로운 역사의 첫 페이지를 어떻게 써야 하는지 시인 자신도 끝없이 번민을 거듭하고 있기 때문이다. 그런 망설임 끝에 이른 결론이 바로 〈신간회〉에의 가담이고, 불교사회주의였다. 그렇지만 그의 불교사회주의는 미완의 이론이자 다소간 관념성을 띤 것이었고, 식민지시대의 절망감을 환치시켜 보려는 일종의 윤리적 운동의 성격을 가지고 있는 것이다. 예컨대 무엇인가 결정적인 순간에 도달할 때마다 "당신을 보았습니다"라고 하면서 모든 답변들과 결정들을 한꺼번에 유예시키고 있다든지 또는 결국에 가서는 이 모든 미결의 과제들이 '님' 또는 '당신'이라는 더 큰 차원의 문제로 확산되고 마는 것이 바로 그것이다. 그의 불교사회주의론의 한계는 바로 여기에 있다. 즉 식민지라는 역사적 현실과의 직접적인 대면이 만해로 하여 과학적 세계 인식을 향한 이행의 가능성을 보여 주기도 하였지만, 이 역설의 세계관과 경험주의는 단지 시대적 질곡을 극복하기 위한 전망을 어렴풋이 제시하는 데서 그치고 말았기 때문이다. 그것은 만해가 두 차례에 걸쳐 의인·걸사적 삶을 실현하고자 했으나 의인·걸사가 실현해야 할 세계가 모두 성공을 거두지 못한 채 결국 자신의 의인·걸사적 삶의 지향만을 만족시켰던 자신의 삶을 반영하는 것이며, 파쇼화한 일제의 야수적 탄압 앞에서 일체의 진보적·민족적 역량이 깨져 버린 당시의 상황과도 밀접한 관련을 가지고 있기 때문이다. 그의 불교사회주의론이 더 이상의 진전을 보이지 못한 것은 바로 이러한 상황의 결과였던 것이다.

4. 마무리

필자는 만해가 남긴 위대한 업적과 그의 시가 지닌 다른 측면에 대해서는 거의 언급하지 못했다. 이것은 필자가 만해를 민족사에서 지대한 업적을 남긴 위대한 인물로서보다는 한 인간으로서 겪어야 했던 내면적인 고뇌와 문학 작품 간의 상호 영향 관계를 중심으로 살펴보고자 했기 때문이며, 또 이에 대해서는 이미 선행 연구들에서 충분한 해명이 있었다. 그럼에도 이 연구는 만해의 생애와 문학에 대한 모든 것을 총체적으로 드러내지도 못했고, 그의 삶과 그 갈등을 논의하는 과정에서 연대기적 순서를 충분히 고려하지도 못했다. 그것은 그의 삶과 문학에 감추어진 새로운 의미를 읽어 내고 그의 삶을 재구성하려는 데서 생겨난 불가피한 현상이다. 이에 대한 보완작업은 다음의 과제로 미루어둔다.

만해의 시에 나타난 비극적 세계관과 아버지의 부재 현상은 다른 작가들에게서도 찾아볼 수 있는바 그만의 고유한 특징도 아니고, 또한 만해의 모든 시편들이 모두 여기에 해당한다고 할 수는 없다. 다만 이러한 측면이 그의 작품에서 특징적이고 뚜렷한 현상으로 나타나고 있으며, 그의 시편들의 한 자질을 이루고 있음은 분명하다. 따라서 『님의 침묵』에 나타나고 있는 다양한 제 현상은 그의 일관된 의인·걸사적 삶의 지향과 그의 가문에 대한 은폐심리(좀 더 정확히 말하자면 아버지에 대한 콤플렉스)와 국가의 상실과 3·1운동의 실패와 같은 외적 요인이 복합적으로 작용한 결과라고 할 수 있다.

이 글을 맺으면서 부기하고 싶은 것은 대상 작가에 대해서 보다 엄정한 학문적 거리를 유지하는 문제에 관한 것이다. 특히 그 작가가 위대한 업적을 남긴 인물이든 아니든 또는 그 작가에 대한 일반적인 인식과 통념이 어떠하든 간에 연구자들이 이러한 연구 외적 사실들에 대해서 보다 자유로워질 필요가 있다는 점이다. 예컨대 배일의식이 극도로 달했던 시기에 한용운이나 윤동주 같은 작가들이 문학적인 업적과 관계 없이(물론 만해와 윤동주의 문학이 그렇다는 뜻은 아니다) 집중적인 관심의 대상으로 떠오르게 되었다든가 혹은 그와 같은 사회적 분위기와 대중적 호응도에 따라서 연구의 방향과 논의의 한계가 결정되는 일이 그것이다. 만해를 논의해 나가는 과정에서 시종 필자를 압박했던 것은 바로이 같은 문제, 즉 위대한 업적을 남긴 민족의 대시인에 누를 끼치게 되지는 않을까 하는 점이었다. 기왕의 연구들이나 이 글의 경우에서와 같이 이렇게 생산적이지 못한 고민을 극복하기 위해서라도 앞으로의 연구에서는 어떠한 작가를 다루더라도 보다 엄정한 학문적 거리가 유지되었으면 하는 생각이 간절하다. 끝으로, 앞으로 있을 만해의 생애와 문학에 대한 연구에서는 이 같은 장애요소를 뛰어넘어 전기적·심리적·역사적·철학적인 제 측면들을 고려한 보다 폭넓은 연구가 나와 주기를 기대해 본다.

정만조의 「조선시문변천」과 근대 한국문학 연구

「조선시문변천」이 조윤제와 김태준의 문학사에 끼친 영향을 중심으로

1. 어째서 정만조인가

정만조(鄭萬朝, 1856~1936)를 학술적인 차원에서 공식적으로 거론한 것은 조동일 교수가 처음이다. 그는 『근대문학의 쟁점』과 『한국문학과 세계문학』이라는 일련의 저서를 통해서 정만조의 독특한 역할에 대해 각별한 관심을 표명한 바 있다.[1] 주지하다시피 정만조는 '경성제국대학'에 강사로 출강해서 김태준(金台俊, 1905~1949) · 조윤제(趙潤濟, 1904~1976) 등에게 전통학문을 전해 준, 이른바 매개자로서의 역할을 수행한 인물이다. 그럼에도 정만조는 이제까지 학계에서 본격적으로 논의되지 못했다. 그것은 이를 입증할 만큼의 충분한 방증자료가 발굴되지 못했고 또

---

1) 조동일, 「한문학 전통의 계승에 관한 논란」, 『한국문학과 세계문학』, 지식산업사, 1991, 198~207면; 조동일 외, 『근대문학의 쟁점』, 한국정신문화연구원, 1991.

한 그에 대한 전기적 사실이 학계에 전혀 알려지지 않았기 때문이었다. 그러나 우리 국문학계의 중요한 학문적 주제 가운데 하나인 전통학문과 근대문학과의 관련 양상을 해명하기 위해서 우리는 이제 어떤 한 개인의 학문적 업적과 상관없이 해당 인물의 신원 ─ 정만조는 대표적인 친일 인물이었다 ─ 에 과도하게 집착하는 결벽주의를 넘어서, 그리고 최원식 교수의 온당한 지적처럼 이식론과 내재적 발전론이라는 양 극단을 넘어서[2] 보다 유연한 태도를 견지해야 할 것이다. 이에 본고는 정만조의 「조선시문변천(朝鮮詩文變遷)」의 기술상의 특징과 체계를 중심으로 해서 그것과 김태준·조윤제의 문학사의 상호 영향 관계를 살펴보고 나아가 전통학문과 근대 한국문학 연구와의 관련 양상을 해명하고자 한다.

일제강점기의 한국문학 연구는 대체로 국학·실증주의·문예사회학 등 크게 세 개의 분파를 중심으로 전개되어 왔다.[3] 이 중에서 한국문학을 가장 선구적으로 연구했음에도 폭넓게 논의되지 못한 그룹이 바로 국학파이다. 국학파는 실학에서 싹튼 국학적 경향을 계승하고,[4] 한국문학을 연구하였으나 불행하게도 방법상의 추상성과 전공의식의 불철저함을 극복하지 못한 채 후대의 전문적인 한국문학 연구자들과 단절되고 만다. 국학파와 후대의 학자들이 유기적인 연대를 갖지 못한 이유는 3·1운동 이후부터 불붙기 시작한 민립대학(民立大學)설립운동[5]의 좌절

---

2) 최원식, 「이식론과 내재적 발전론을 넘어서」, 『임화 신문학사』(임규찬·한진일 편), 한길사, 1993에 대한 서평(『창작과비평』 81, 1993년 가을), 404~407면.
3) 최원식, 「안자산의 국학」, 『민족문학의 논리』, 창작과비평사, 1991(4판); 「한국문학 연구사」, 『한국문학 연구입문』(조동일·황패강 외), 지식산업사, 1982.
4) 최원식, 「안자산의 국학」, 위의 책, 248면.
5) 민립대학설립운동은 "敎育은 吾人의 進路로 開拓함에 在하여 唯一한 方便"이라는 민립대학기성회의 「민립대학설립취지문」(1923)에서도 알 수 있듯이 일종의 실력양성운동이다. 이처럼 민립대학설립운동은 비록 애국계몽운동의 연장선상에 놓이는 준비론적·개량주의적 차원의 운동이었다는 한계를 가지고 있으나 사회주의계열의 독립운동과 무장투쟁을 매개하는 거국적인 민족운동이었다는 데서 그 의의를 찾을 수 있다.

과 경성제국대학의 등장에서 찾을 수 있다.6) 일제가 이 땅에 경성제국대학을 세운 의도는 자명한 것이다. 그 이유는 다음과 같이, ① 범민족운동의 성격을 띠고 있는 민립대학의 설립운동을 분열시키고, ② 우리민족의 자주적인 학문적 발전을 조기에 차단하며, ③ 국제사회에 식민지 조선에도 공평하게 교육의 기회를 제공하고 있다는 것을 널리 선전하며, ④ 지배 구도의 안정화를 획책하는 토큰이즘(tokenism)7) 전략의 일환으로써 이 땅에 경성제국대학을 세운 것이다. 그리하여 국학파로 대표되는 우리 전통학문은 인재를 양성할 기회를 살리지 못하고 한국문학 연구의 이니셔티브를 상실한 채 커다란 위기를 맞이하게 되었다. 우리 문학의 연속성과 독자성을 입증하려는 대다수의 한국문학 연구자들은 이로 말미암아 근대학문과 국학파의 '단절'을 묵시적으로나마 인정하지 않을 수 없는 상태에서 일제강점기와 구한말을 뛰어넘어 실학시대에서 혹은 중세의 이기철학(理氣哲學)을 통해서 우리 문학의 연속성을 입증하려는 논리적 비약을 범하기도 하였다. 이는 당대의 현실을 충분히 고려하지 못하고 학문 외적 사실과 학문 자체를 동일선상에 놓고 파악하는 데서 생겨난 오류이다. 왜냐하면 표면적으로는 성대 출신의 학자들과 국학파 사이에는 현격한 거리가 있었음이 사실이지만, 다른 한편에서는 정만조, 여규형(呂圭亨, 1849~1922), 권순구(權純九, 생몰연대 미확인), 어윤적(魚允迪, 1868~1935) 등 동시대를 대표하는 당대의 학자들이 성대에 강사로 출강하고 있었고, 또 그들로부터 성대 출신의 학자들은 전통학문을 접하고 이를 충분히 섭취할 수 있는 기회를 얻을 수가 있었기 때문이다.

---

6) 최원식, 『민족문학의 논리』, 창작과비평사, 1991(4판).
7) 토큰이즘(Tokenism)은 지배체제의 안정화를 위해 평민 또는 피지배계급 가운데서 인물을 발탁하여 그들을 지배체제 속으로 끌어들임으로써 하층민들의 불만을 회석화시키는 고도의 통치술이다.

조선문화연구회라는 특색을 살리기 위해 이 관계 강의에는 조선인 가운데 사계의 권위자인 정만조, 어윤적, 권순구 등을 강사로 초빙했다. 이들이 맡은 강의 내용은 조선역대시선(朝鮮歷代詩選), 경서언해(經書諺解) 등이다.[8]

정만조가 새롭게 주목되어야 할 이유는 바로 여기에 있다. 즉 성대 출신의 학자들이 한국문학을 연구하는 데 있어서 일본의 관학(官學)인 실증주의에 바탕하고 있었음이 분명한 사실이지만 그들은 정만조 등을 통해서 전통학문을 접할 기회를 가질 수가 있었고, 정만조의 「조선시문변천」은 바로 이 같은 사실을 입증할 수 있는 근거가 되기 때문이다. 게다가 영문학을 전공했던 조용만(趙容萬)이 펴낸 국역 『당시선』 역시 정만조의 강의를 토대로 한 것[9]임을 미루어 볼 때 정만조가 성대 출신의 학자들에게 미친 영향이 어느 정도였는가를 짐작케 한다. 따라서 이 글에서는 정만조를 중심으로 그가 과연 어떠한 관점에서 「조선시문변천」을 기술하고 있으며 또 「조선시문변천」이 김태준과 조윤제의 문학사에서 어떻게 수용(반영)되고 있는가를 집중적으로 검토하고자 한다.

2. 정만조의 가계와 학통

김태준·조윤제의 문학사와 「조선시문변천」의 관련 양상을 검토하기에 앞서, 우선 정만조의 학문적 배경과 그의 가계에 대하여 검토해 보기로 하자. 정만조의 가계와 학통은 다음과 같다.

---

8) 이충우, 『경성제국대학』, 다락원, 1980, 162면.
9) 조용만, 『30년대의 문화예술인들』, 범양사, 1988, 30면. 조용만이 이때 배운 강의를 토대로 국역한 것은 『당시선』(출판사 및 출판연대 미확인 ─ 필자)을 포함하여 1986년 고려대 출판부에서 펴낸 『두시언해』 등 모두 2권에 달한다.

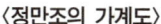

〈정만조의 가계도〉

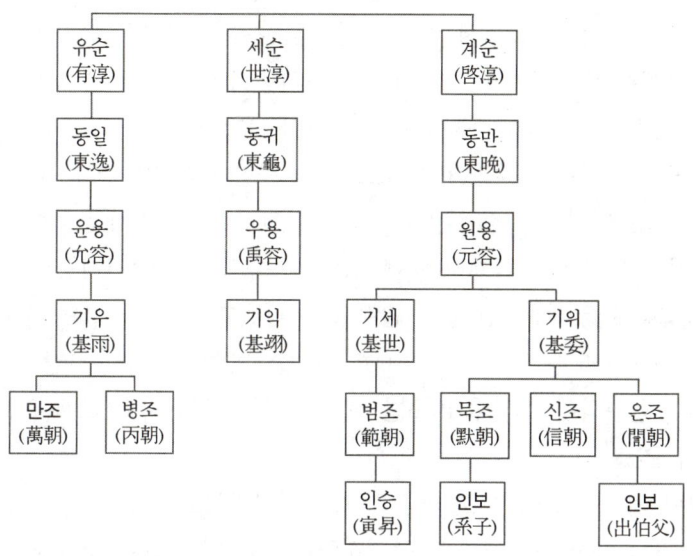

〈정만조의 학통관계도〉

민노행(閔魯行), 김정희(金正喜) → 강위(姜瑋) → 정만조

　정만조는 소론(少論)의 명가에서 태어나 엘리트 교육을 받고 자란 또 조선 후기 금석학과 고증학의 대가인 김정희와 강위의 학통을 이은, 말 하자면 전통학문의 마지막 계승자라고 할 수 있다. 실제로 그의 가문은 실로 대단한 권문세가였으니 고조 유순은 현감을 거쳐 이조참판에 추증되었고, 증조 동일은 사서(司書)를, 조부 윤용은 참의(參議)를, 아버지 기우는 군수를 거쳐 규장각의 제학에 추증되었으며, 친제(親弟) 병조는 찬의(贊議)를, 그리고 정만조 자신도 벼슬이 예조참의에 이르렀다. 한편 그의 집안의 방조(傍祖)인 원용은 1863년 12월 철종(哲宗)이 사망하자 대원군(代阮君) 이하응의 둘째 아들 명복(命福：고종의 兒名)을 보위에 오르게 하는데 공훈을 세워 영의정(원인대신)에 올랐고, 숙부뻘인 기세는 찬성(贊成)을, 같은 행렬의 범조는 우의정을 역임하였다. 게다가 조카뻘인 위당

정인보는 구한말의 양명학자로 명성을 떨쳤으니, 정만조의 가문은 이처럼 세도나 학문에 있어서 일세를 풍미하던 명문가였던 것이다. 그런데 여기서 각별히 주목해야 할 사항은 그의 집안이 정치적으로 대원군과 아주 친밀한 밀착 관계에 있었다는 사실이다.

정만조의 본관은 동래(東萊)이고, 호는 무정(茂亭)이며, 자는 대경(大卿)이다. 그는 임당공(林塘公) 정유길(鄭惟吉, 1515~1588)의 28대손으로 1889년 알성문과에 병과로 급제하여 예조참의와 승지를, 1894년에는 내부참의(內部參議)와 궁내부의관(宮內府議官)을 역임했다. 그러나 그는 대원군의 하야(下野)와 때를 같이 하여 1895년 팔월역변(八月逆變)과 시월무옥(十月誣獄)에 연루되어 마침내 1896년 4월 15년형에 처해져 진도에 유배되기에 이른다.

그런 와중에 1907년 고종이 강제로 퇴위당하고 순종이 즉위하자 동년 12월에 다시 관계(官界)로 복귀하였다. 1910년 국권이 강탈당한 이후에도 그는 여전히 권부(權府)에 머물러 있으면서 이왕직전사관(李王職典祀官)10)과 중추원 참의를, 1926년에는 경성제국대학 강사를 역임하였고, 1929년에는 명륜학원(明倫學院)의 총재가 되었다.11)

이 같은 친일행적으로 인해 조동일 교수의 단편적인 언급을 제외하고 이제까지 학계에서는 그에 대해서 이렇다 할 관심을 기울이지 않았다. 물론 그가 저지른 친일행위에 대해서는 마땅히 응분의 비판이 가해져야 하겠으나 이와 상관없이 그의 독특한 역할에 대해서만큼은 보다 철저한 주목이 요구된다. 그것은 정만조가 "천여 년 이어져온 한시문의

---

10) 이왕직은 융희(隆熙) 4년(1910)에 설립되어 궁내부(宮內府) 업무를 관장하는 곳이다. 창덕궁 내에 서치되어 있었으며, 직제에는 장관과 차관이 있었다. 요컨대 일제가 조선 왕실을 관리하기 위해 신설한 부서가 바로 이왕직이다.

11) 이상 정만조의 생애와 이력에 대한 사항을 정리한 문헌으로서는 이상은 · 이희승 · 박종홍 · 이상백 · 백철 · 한우근 · 정병욱 편, 『한국인명대사전』(신구문화사, 1986), 823면과 한국정신문화연구원(현 한국학중앙연구원)에서 펴낸 『한국민족문화대백과사전』 제19권(1991), 755~756면을 참조할 것.

문학론을 근대적인 학문방법에 입각해 한국문학 연구를 전념하고자 하는 세대에 전수하는"[12] 매개자로서의 역할을 수행하였기 때문이다.

지금까지 필자가 확인한 바에 의하면, 정만조가 남긴 문건은『용등시화(榕燈詩話)』,『과거급과문(科擧及科文)』,「조선시문변천」,『무정전고(茂亭全稿)』등 모두 4종에 달한다. 이 중에서『과거급과문(科擧及科文)』,「조선시문변천」은 경성제국대학 조선어문학과의 강의 교재로 사용되었다고 한다. 그러나 필자가 아직「과거급과문」을 구해 보지 못하였고 또「조선시문변천」과 후대 문학사의 관계를 중심으로 살펴보고자 하는 만큼『과거급과문』은 일단 논외로 처리해 두고자 한다.

당시 성대 예과 4회로 입학하여 정만조로부터 한문학 강의를 배운 바 있는 조용만은 정만조와 그의 강의에 대해서 이렇게 회고하고 있다.

> 무정 선생은 그 때 이미 칠순의 고령이었는데 키는 작고 머리를 박박 깎고 안경을 썼는데 한 가지 특색은 명주 두무마리의 고름에다 흰 수건을 붙들어 매두고서 무시로 나오는 콧물·눈물을 씻는 것이었다.
> 선생은 나 하나를 앉혀 놓고 강의를 시작하였는데 어쩐 일인지 金台俊이가 가끔 들러 두 사람이 될 때가 많았다. (……) 무정 선생은 唐詩 속에서 유명한 것을 몇 편씩 골라 프린트해 가지고 와서 때로는 읊기도 하고 때로는 소리 높여 익어 내려가면서 詩境을 해설해 나갔다. 둘이서 듣기 아까울 만큼 선생의 강의는 천하일품이었다.[13]

정만조의 한문학 강의는 일주일에 두 시간이었고 당시 중문학을 전공하고 있었던 김태준도 틈을 내서 항상 청강하러 왔을 정도로 그의 강의는 매우 탁월한 것이었다. 특히 김태준은 한문 실력이 출중해서 정만조로부터 각별한 총애를 받았다고 한다. 김태준의 한문 실력은 이미 예과 입학 시절부터 정평이 나있었거니와, 강의시간 도중 막히는 대목이

---

12) 조동일, 앞의 책, 270면.
13) 조용만, 앞의 책, 30면.

있을 때마다 조선어문학과 교수인 다카하시 도오루(高橋亨)가 그에게 '김선생'이라고 부르며 도움을 청했다는 것은 널리 알려진 일화이다.[14] 그런 김태준이 정만조의 강의를 빼놓지 않고 들으려 했다는 사실과 조선어문학과 교수인 다카하시가 정만조에게 아버지라 부르며 가르침을 받았다는 사실[15]은 정만조의 한문의 깊이와 성대(城大)에서 차지하는 그의 위상이 어느 정도였는가를 가히 짐작할 수 있다. 게다가 이때 성대 조산어문학과에서 강의한 교수는 『향가급이두연구(鄕歌及吏頭硏究)』로 우리에게 널리 알려진 오쿠라 신페이(小創進平)와 다카하시 도오루뿐이었다. 그러므로 이제 막 한국문학을 연구하기 시작했던 그들이 조선문학을 강의했다는 것은 어불성설이며, 조선문학과 교수였던 일본인들보다는 오히려 강사로 출강했던 정만조·여규형·어윤적·권순구 등이 실제로 조선어문학과의 강의를 주도했을 가능성이 크다고 하겠다.

한편 정만조는 시문과 변려문에 능했고 특히 글씨에도 뛰어난 능력을 가지고 있었다.[16] 이것은 그의 문재(文才)가 탁월했기 때문이기도 하지만, 무엇보다도 당대 최고의 문사로 이름을 떨쳤던 그의 스승 강위(姜瑋, 1820~1884)의 영향도 결코 간과해서는 안 될 것이다.

강위는 황현(黃玹, 1855~1910), 김택영(金澤榮, 1850~1927), 이건창(李建昌, 1852~1898) 등과 함께 조선 후기 4대가로 평가되는 대시인이요, 문장가이다. 강위의 본명은 강문위(姜文瑋)이고, 호는 추금(秋琴)이다. 본래 강위는 무반 출신이었으나 그의 학문을 높이 산 정건조(鄭健朝)가 물심양면으로 그를 후원해 주었다. 이를 계기로 강위는 소론과 깊은 인연을 맺게 되었고, 정만조가 강위로부터 사사받을 수 있었던 것은 바로 이 같은 집안의 배경이 복합적으로 작용했기 때문인 것으로 여겨진다. 한편

---

14) 이충우, 앞의 책, 120면.
15) 위의 책, 50면.
16) 서예로 일세를 풍미한 서예가 강암 송성룡 선생이 평생 동안 모은 유명인사들의 글을 모아 전주시에 기증하였고 이를 수합하여 전주시에서는 〈강암 서예 박물관〉을 세웠다. 〈강암 서예 박물관〉에 가면 무정 정만조의 작품을 만나볼 수 있다.

강위로부터 문학수업을 받은 이건창, 정만조, 정병조(鄭丙朝, 1863~1945), 여규형(呂圭亨, 1849~1922), 이중하(李重夏, 1846~1917) 등은 모두 당대의 문장가로 이름을 떨쳤고 당시 사대부 문단의 주도권을 장악하게 된다.[17]

강위는 실학자에서 개화사상가로 변신한 인물이었고, 그의 학문은 "실사구시의 정신에 바탕을 둔 비판적 실증주의를"[18] 바탕으로 하고 있다. 그렇지만 「조선시문변천」에 나타난 정만조의 사상을 통해 볼 때 그는 스승 강위의 학문과도 다르고 정인보를 중심으로 하는 소론파의 세계관, 즉 '강화학파(江華學派)'의 양명학과 일정한 거리를 유지하고 있었음이 발견된다. 이처럼 정만조는 비록 그것이 그의 학문적 지향과는 거리가 있었기는 하지만 동시대를 주도하고 있던 다양한 학문적 성과들을 폭넓게 수용할 수가 있었으며, 그 결과물이 우리가 주목하고자 하는 「조선시문변천」이다.

3. 「조선시문변천」의 체계와 기술상의 특징

1926년 무렵부터 경성제국대학 조선어문학과의 강의 교재로 사용되었던 것으로 추정되는 「조선시문변천」[19](이하 「변천」으로 약칭한다)은 일종의 한문학 약사(略史)이며, 여기에 나타난 정만조의 일관된 관점은 도문일치론(道文—致論)이다. 이 도문일치론은 물론 전형적인 주자학적 세계

---

17) 여기에 대해서는 주승택, 「강위의 사상과 문학관에 대한 연구」, 서울대 박사논문, 1990, 89~90면.
18) 위의 논문, 115면.
19) 이 글의 텍스트 「조선시문변천」은 영남대학 도남문고에서 발견된 것으로 조동일 교수의 개인 소장 자료이며, 1989년 1학기 한국정신문화연구원 한국학 대학원의 수업 교재로 사용되었던 것이다.

관이다. 그것을 단적으로 나타내고 있는 용어가 바로 '경학(經學)'이다.

> 그러므로 시와 문을 짓는 것은 반드시 경학에 근본을 두어야 한다. 경학은 바른 것이다. 그 일이 천하의 본보기가 될 수 있고, 그 말이 만세의 교훈이 될 수 있는 것이 바로 경학이기 때문이다.[20]

정만조와 같은 정통 유학자들에게 있어서 경학은 항구적 가치를 지닌 일종의 형이상학이다. 시문 곧 문학 작품의 우열은 그것이 경학에 얼마나 철저한가에 달려 있다. 따라서 경학은 문학이 추구해야 할 이념인 동시에 문학을 평가하는 절대적 기준이 된다. 정만조에게 있어서 가장 중요한 것은 바로 시문과 경학의 완벽한 조화이다. 그것은 시문의 내용이 곧 경학인 것처럼 경학의 외화된 형식이 바로 시문이기 때문이다. 정만조가 시문을 절대로 "유자들의 한 기예(技藝)일" 수 없다고 말한 것은 이러한 이유에서이다. 그렇다고 정만조가 시문 곧 문학을 경학에 종속되어 있는 한낱 경학을 드러내는 매개수단으로 취급하고 있었던 것은 아니다. 시문을 식자들의 파적거리일 수 없다고 말한 데서 드러나고 있듯이 그는 경학을 중심에 두고 있기는 하지만 문학 그 나름의 독자적 가치를 인정하고 있었던 것이다. 그가 시문과 경학의 조화에 깊은 관심을 나타내 보인 것은 바로 이 같은 이유에서이다. 그러나 시문과 경학의 완벽한 조화란 애초부터 있을 수 없는, 곧 객관적 사실이었다기보다는 차라리 희망사항에 가까운 것이었다. 그래서 「변천」은 편년적(編年的) 서술 방식을 따르고 있음에도 경학이라고 하는 일종의 형이상학에 과도하게 집착, 그 결과 이 글은 발전의 개념이 사상된 단순한 연대기적 서술에서 그치고 말았다. 이처럼 「변천」은 경학이 시문 속에서 어떻게 구현되고 있으며 각 시대마다 어떠한 편차를 보이며 전개되고 있

---

20) "故爲詩文 必本乎經學 經者 正也 其事可以爲天下法 其言 可以爲經學." 이하 경학에 대한 정만조의 관점에 대해서는 논문의 말미(末尾)에 있는 「조선시문변천」을 참조할 것.

는가 하는 점에 집중되고 있다.

「변천」의 또 다른 특징은 우리문학의 기원을 중국에서 찾는 일종의 외래문학기원설의 입장에 서 있으며, 문학의 개념과 장르에 대한 의식이 결여되어 있거나 매우 모호하다는 점이다.

> 오직 시와 문이 중국에서 흥성했는데 조선도 시와 문이 있었는 바 기자로부터 비롯되었다. 기자도 중국에서 동쪽으로 온 사람이어서 그 시는 단지 맥수가 한 구절뿐이었고, 문장도 홍범 한 책뿐이었다.[21]

정만조가 말하는 맥수가(麥秀歌)는 고대가요로서 기자가 은나라의 도읍을 지나다가 고국이 망하고 옛날의 왕궁 터가 폐허가 되어 보리밭으로 변해있는 것을 보고 지어 부른 노래이며, 홍범(洪範)은 기자가 주(周)무왕(武王)에게 가르쳐 준 세상을 다스리는 큰 이치와 원리로 『서경』에 수록되어 있는 글이다. 이처럼 정만조는 전통학문에 대한 해박한 지식을 바탕으로 하여 한국한문학의 대강을 제시하고 있긴 하지만, 문학을 해석하는 관점에서 있어서는 우리 민족과 민족문학의 기원을 기자의 동래(東來)에서 찾는 일종의 사대적 관점에 서 있다. 더욱이 홍범을 '문'의 원형으로 제시하고 있는 데서 알 수 있듯이 정만조가 말하는 문은 오늘날의 '문학'의 개념과는 상당한 거리가 있는, 말하자면 문화와 학술을 포함하는 광의의 개념을 가진 것이다. 문을 이렇게 "인간이 요구하는 지식이자 학문"[22]이며, "문장과 문학, 문장과 박학(지식)"[23]으로 규정하는 것은 바로 전통적인 유가(儒家)의 문학관이라고 할 수 있다. 또한 '시'를 논하는 자리에서 정만조는 시를 가리켜 사물에 감동하는 문채가

---

21) "惟詩文之興 倡於支那 以朝鮮之有詩('文'자를 빠뜨린 것 같다─인용자)始於箕子 箕子亦自支那東來者 其詩 只有麥秀歌一闋 文 只有頌洪範一書 而麥秀歌之漏於詩經."
22) 시창동, 김예호·최충식 역, 『중국의 미학사상』, 신지서원, 1994, 28면.
23) 위의 책, 29면.

있는 말이라고 하여 주자주의에 기대고 있음이 발견된다. 일찍이 주자는 시를 "사람의 마음이 물에 느껴져서 말로 나타난 여운[詩者 人心之感物而形於言之餘]"[24]이라고 규정, 그것을 사람들의 정서에 호소해서 감흥을 주고 인심을 순화시키는 수단으로 규정한 바 있다.[25] 이렇게 정만조는 실사구시의 정신에 바탕을 둔 스승 강위와는 달리 보수적인 주자학적 문학관에 서 있었다. 이는 명백한 퇴행 현상으로 조선 후기 한문학이 전통적 화이론(華夷論)을 극복, 자주적 문학론을 전개했던 것에도 못미치는 일종의 사대주의(事大主義)·의고주의(擬古主義) 문학관이라고 할 수 있다.

「변천」에 나타나고 있듯이 (사실은 너무나 당연하게도) 정만조는 장르에 대한 의식이 결여되어 있다. 그가 사용하고 있는 '시문'이라는 용어가 매우 모호한 용어이고, 또 민족어로 씌어진 작품들을 「변천」의 서술에서 철저하게 배제하고 있다는 사실은 그의 문학관의 어디에 기반하고 있었는가를 보여 주는 것이다. 이는 「변천」이 근대적인 문학이론에 바탕을 두고 씌어진 것이 아니라 전통학문, 곧 그의 해박한 한문학에 대한 지식을 바탕으로 조선어문학과의 강의에 맞춰 씌어진 것임을 보여 주는 것이다.

「변천」의 또 다른 기술상의 특징은 영·정조기의 문학을 매우 높게 평가하고 있다는 사실이다.

> 정조 때에 이르러 경학과 문장은 왕가의 할 바라고 여겼기 때문에 명사들이 많이 나오게 되었는데 연암 박지원, 사암 정약용, 참봉 이광려 같은 분들은 전무후무한 재질과 학식이 있어서 문운이 쇠퇴해져 가는 가운데에도 일어나는 분들이었다. 박지원의 문장은 한유의 문장과 매우 흡사하며, 이광려의 시는 직접 두보에 닿아있었다. 정약용같은 분은 경세제민에 특장이 있었다.[26]

---

24) 『詩傳』「序」. 최근덕, 「유교와 문학」, 『종교와 문학』(한국종교학회 편), 소나무, 1991, 111면에서 재인용.
25) 위의 책, 110면.

그에 의하면 조선 중기에 와서 문학이 발전하지 못한 이유는 그저 자구와 형식이나 따지는 과거제의 폐단 때문이다. 정만조의 관점이 어떠하든지 간에 그가 한국한문학의 개요와 대강을 만들어 내었을 뿐만 아니라 영·정조기(문학)를 높게 평가하고 있는 등 당시의 수준에 비춰보아 대단한 탁견을 보여 주고 있었다. 물론 영·정조기의 문학을 한국의 한문학의 새로운 절정기로 평가하는 것이 정만조만의 독자적인 견해가 아니라 당대 사대부 지식인들의 일반적인 인식이었을 가능성을 부인할 수는 없다. 그러나 이것을 문학사 서술에 적극적으로 수용하고 있다는 점 하나만으로도 정만조의 「변천」은 높게 평가되어야 마땅하다. 그럼에도 「변천」은 여전히 보수적인 주자학적 관점에서 벗어나지 못하고 있다. 예컨대 영·정조기에 와서 문학이 다시 부흥하게 된 것을 경학에 철저했기 때문이라고 해석한다든지 또는 시문이 비록 시대의 변천에 따라 부침을 한다고는 하지만 앞으로도 여전히 발전할 수 있을 것이라고 주장하고 있는 것이 단적인 예이다. 게다가 일제의 경학원 설립을 한문학 중흥의 다시 없는 기회로 파악하는 등 그의 보수적인 문학관은 더욱 나쁜 쪽으로 발전하고 있다. 경학원이 무엇이던가. 조선의 대표적인 수재들이 모여 학문을 연마하던 곳이요, 국가의 간성들을 길러내던 성균관이 일제에 의해 학원 수준으로 격하된 치욕적인 이름이 아니던가. 그렇다면 정만조가 시종 중국을 '지나(支那)'로 지칭한 것은 우리 문학에 대한 주체적 자각과 화이론의 극복과는 아무런 관련이 없는 다분히 일본을 의식한 용어사용에 지나지 않는 것이다.[27]

26) "至正祖時經學文章 爲帝王家創有 故名士輩出 朴燕巖趾源 丁侯䓖若鏞 李參奉匡呂之流 以曠前絶後之才學 起於文運中衰之餘 朴文酷似韓愈 李詩直接杜甫 丁長於經濟."

27) 조동일 교수는 이와 관련하여 "중국을 支那라 한 것은 주목할 만한 변화이다. 일본인들이 쓰는 용어를 가져다가 중국이 천하의 중심이라는 생각이 불식되게 했다"(『한국문학과 세계문학』, 200면)고 하면서 정만조가 '지나'라는 용어를 쓰고 있는 것에 대하여 적극적으로 평가하고 있다. 그러나 이미 앞에서 검토한 바와 같이 정만조는 보수적인 문학관에서 벗어나지 못하고 있었으며, 매우 친일적인 인물이었다. 따라서 이를

이상의 검토를 통해 살펴본 바와 같이 문학을 바라보는 정만조의 관점은 한마디로 결론 내리기 어려울 만큼 매우 복잡한 양상을 띠고 있다. 한편으로는 스승 강위처럼 무증불신(無證不信)이라는 전통적 고증학의 방법을 취하고 있으면서도 문학을 해석하고 평가하는 데 있어서는 다시 보수적인 주자주의로 환원되고 마는 모순이 그것이다. 이 같은 현상은 「조선시문변천」을 쓸 당시의 객관적 상황과 밀접한 관계가 있다. 그가 이 글을 쓸 당시에는 이미 당시 국권의 상실과 함께 조선사회를 지탱하던 주자주의가 현실적 힘을 상실했었던 상황이었고, 정만조 자신도 권좌에서 밀려나 한직—이 시기 그는 한낱 대학 강사에 불과했다—으로 떠돌던 상태였다. 현실 상황이 어려울수록 그리고 커다란 위기에 직면하게 될수록 과거에 대한 강한 향수와 집착을 갖게 되는 것은 너무나도 당연한 것이다. 「조선시문변천」에 친일과 보수가 복잡하게 착종되어 있는 이유는 바로 여기에서 말미암은 것이다. 이 글은 여러 면에서 수많은 한계를 가지고 있는 것이기는 하지만, 한국한문학사의 대강을 제시하여 조윤제와 김태준 등 후대의 한국문학자들이 우리 문학사의 전체적인 모습을 파악하는데 많은 기여를 했다는 데 그 의의가 있다.

4. 영향 관계—작용과 반작용

김태준과 조윤제의 글을 읽으면서 부딪치게 되는 커다란 의문은 도대체 그들이 어떤 연유에서 정만조와 국학파에 대하여 일언반구의 언급조차 하지 않고 있는가 하는 점이다.

화이론의 극복으로 보는 것은 다소 무리한 해석이 아닌가 한다.

①물론 거기에는 著者의 特殊한 尊重할만한 意見도 없지 않았으나 大體에 있어서는 著者의 先入見的인 理想이 더욱 높고 앞서서 文學的 事象을 客觀的으로 科學的으로 正確하게 把握하지 못하고 故意로 自己의 높은 理想에 끌어갈라 하얏기 때문에 多分히 觀念的 編論으로 흐르고 말었다는 嫌을 免하지 못할 것 같다. 그리고 本書(안자산의 『조선문학사』—인용자)는 國文學을 너무 넓게 解釋하야 一種의 文化史가 되고 말었다는 것은 본서의 곧 不足한 點이라 하지 않을 수 없다.28)

②그리하야 그들은 長久한 時間을 中國文字의 習得에 消費하야 그 文字로써 (···중략···) 그들의 行狀을 짓고 그들의 永續을 讚美하는 것이 그들의 文學 내지 學文의 전체였든 경우가 많다.29)

③眞正한 知識은 眞正한 科學을 知識하는데 있고 또 여기에만 眞理의 깨달음이 있으리라. 그러므로 漢文漢字를 알어도 우리는 그것을 無識하다고 볼 수 있는 것이다.30)

①은 도남(陶南)의 사후에 발표된 「도남유고」의 한 대목이다. 수많은 저서를 저술하면서 국학파에 대하여 시종 침묵으로 일관하고 있었던 도남이었지만, 이 글을 통해 볼 때 도남 역시 국학파를 크게 의식하고 있었음을 알 수 있다. 계속해서 도남은 안자산(安自山)의 『조선문학사』를 평가하는 자리에서 그의 문학사의 한계로 ① 방법론의 결여와 이상의 과잉, ② 자료의 불충분함과 비실증성, ③ 문학사와 문화사의 혼동, ④ 희곡과 소설의 혼동 등을 꼽으면서 그의 등장을 이해할 수 없는 뜻밖의 '돌출현상'으로 받아들이고 있다. 한편 ②와 ③의 예에서도 알 수 있듯이 국학파와 전통학문에 대한 김태준의 비판은 도남의 그것보다 훨씬 격렬한 것이었는바 '과학'에 근거하지 않고 전통적 사유 방식을 고집하

---

28) 조윤제, 「안확의 '조선문학사' 突現」, 『도남학보』, 1980, 54면.
29) 김태준, 『조선중앙일보』, 1936.5.15.
30) 위의 신문, 1936.5.19.

는 한 그것은 일종의 "봉건적 묵수주의(封建的 默守主義)"에 지나지 않은 것이라고 통박하였다. 여기서 주의해야 할 사항은 전통학문에 대한 그들의 신랄한 비판을 전통의 '단절'로 또는 '부정'으로 읽어서는 안 된다는 점이다. 어디까지나 그들의 비판은 학문적 차원에서 제기된 지적이지 전통학문에 대한 전면적인 거부가 아니었기 때문이다. 도남의 다음과 같은 진술은 이 같은 사실을 충분히 입증하고도 남음이 있다.

> 당시 '경성제국대학'의 강사로 있던 어윤적 선생은 한학에 있어 사학에 있어 또 국어학에 있어 깊은 지도가 있던 학자이거니와 선생께서는 또 희귀한 고서진본을 많이 비장하고 있었다. 나는 하루 선생의 서재를 방문하여 고서에 대한 많은 가르침을 받고 또 몇몇 고서를 구경도 하였는데, 그 중에서도 선생의 가장 비장본인 『훈민정음』을 다른 사람에게 널리 알리지 말라는 부탁을 받아가면서 배견(拜見)할 영광을 가졌다.[31]

> 나는 일전에 내 서재에서 국문학 관계의 연구도서를 뽑아 보았더니 안자산의 『조선문학사』, 김재철의 『조선연극사』, 김모의 『조선소설사』·『조선한문학사』, 안자산의 『시조시학』 (…중략…)[32]

경성제국대학 조선어문학과에 출강했던 인물은 정만조를 포함하여 어윤적·권순구·여규형 등 모두 4명이었고, 조윤제와 김태준은 이들로부터 강의만을 들은 것이 아니라 전통학문에 대하여 세심한 지도를 받기까지 했다. 도남이나 김태준이 직접적으로 언급하지 않고 있을지라도 그들은 이미 정위당이나 안자산 등의 저작을 충실히 탐독하고 있었던 것이다. 그렇다면 그들이 국학파와 전통적인 학자들에 대하여 시종 침묵으로 일관하거나 아예 언급조차하지 않은 이유는 무엇인가. 그 이유는 너무나도 분명하다. 첫째는 국학파를 위시한 전통적 학자들이란

---

31) 조윤제, 「'訓民正音'의 발견」, 『도남 조윤제 전집』 제5권, 태학사, 1988, 163면.
32) 조윤제, 「製書의 氾濫」, 위의 책, 255면.

외세의 동점에 시종 무기력하기만 했던 고루한 정주지학(程朱之學)의 후예들에 불과하다는 반감에서, 둘째는 자신들만의 득의의 영역으로 생각했던 한국문학 연구를 재야학자들에게 빼앗겼다는 제도권 학자들의 위기의식과 미묘한 경쟁의식 때문이다.[33] 그러나 도남(陶南)과 천태산인(天台山人)의 문학사 속에는 전통학문의 흔적이, 특히 정만조의 「조선시문변천」의 흔적이 도처에서 발견되고 있다.

도남의 문학사관의 핵심은 바로 '민족정신'이다. 그의 민족사관은 『조선시가사강』에서 맹아를 보이기 시작하여 『국문학사』와 『한국문학사』에 와서 비로소 완성을 보게 되었다. 그의 민족사관의 완결편이라고 할 수 있는 『한국문학사』에서 도남은 한국문학과 한국문학사를 이렇게 규정하고 있다.

> 국문학은 한국 사람의 사상과 감정 즉 심성생활을 언어와 문자에 의하여 표현한 예술이다. 그런데 사람의 생활은 시대에 따라 변천하고 문학도 그 시대의 생활을 반영하여 시대로 변하여 가는 것이나, 국문학사는 변하여 가는 그 시대 그 시대의 문학적 사상을 찾아 더듬어 현대의 국문학이 여하한 경로를 밟아 왔는가를 탐구하며, 동시에 오늘의 우리의 생활을 이해하려는 문학의 역사적 전개의 고찰이다.[34]

한국문학이 한민족의 사상·감정의 표현인 것처럼 한국문학사는 민족정신의 담지체인 한국문학의 전개사, 곧 민족정신의 전개사이다. 본디 도남의 민족사관은 일제에 맞서기 위한 일종의 대항논리였다. 민족정신을 올바로 인식하고, 이를 토대로 민족정신을 회복하자는 것이 도

---

33) 국학파와 김태준과의 갈등이 매우 치열했던 바 김태준의 시론 「조선문학에 나타난 승려들의 성생활」(『중앙시보』, 1936.5)을 둘러싼 권상로와의 논쟁은 대표적인 예이다. 권상로는 「천태산인의 浮泛荒雜 攻擊함」(『조광』 제2권 6호)이라는 글을 통해서 김태준을 가리켜 '浮泛荒雜하며 雜談辱說을 일삼는 자'라는 혹평을 가하고 있다. 이것은 국학파와 당시 성균관대 출신 학자들의 서로에 대한 인식의 일단을 보여 주는 것이다.
34) 조윤제, 『한국문학사』, 탐구당, 1984, 1면.

남의 한국문학 연구의 최종목표인 것이다. 도남이 실증주의에서 민족사관으로 돌아선 이유는 너무나도 당연하다. 그런데 한 가지 주목해야 할 것은 정만조의 「조선시문변천」이 '경학'이라는 만고불변의 형이상학적 원리에 기대고 있듯이 도남의 문학사도 민족정신이라는 형이상학적 논리에 의존하고 있다는 사실이다. 요컨대 정만조의 '경학'이 용어만 바뀐 채 '민족정신'으로 그대로 계승되고 있는 것이다. 스승 정만조에 대해 비판적 거리를 유지하고 있었던 도남이 정만조와 비슷한 논리로 돌아서게 된 이유는 과연 무엇이었을까. 그것은 다음과 같은,

> 옛사람이 이르시길 나라는 멸할 수 있으나 역사는 멸할 수가 없다고 하였으니 그것은 나라는 형체이고 역사는 정신인 때문이다. 이제 한국 형체는 허물어졌으나 정신만이 독존할 수는 엇는 것인가. 정신이 보존되어 멸하지 아니하면 형체를 부활할 수 있을 것이다.
>
> — 박은식, 『한국통사』(「서언」 중에서)

백암 박은식의 말에서도 알 수 있듯이 도남에게 한국문학 연구는 나라의 존망과 관계없이 절대로 멸할 수 없는 민족정신을 보존하고, 그것을 고취시킬 수 있는 유일한 대안이었던 것이다. 가령, "나는 나의 민족독립주의를 실천할 기회와 힘이 없음을 깨닫고 방향을 바꾸어 그 정력을 우리나라 민족정신의 결정인 고전문학의 연구에로 옮겨"[35] 갈 수밖에 없었다는 도남의 진술은 이 같은 사실을 입증한다. 이러한 목적을 수행하기에 성대에서 배운 실증주의는 너무나도 많은 한계를 가지고 있었던 것이다. 그 경로가 "학생시대에는 민족주의에 고민도 하여 보았고, 또 사회주의에도 흥미를 느끼어 일시는 외국으로 탈주"[36]할 생각을 가져보기도 했다는 도남 자신의 고백처럼 그가 오랜 학문적 방황 끝에 만난 것이 바로 전통이었고, 스승 정만조였던 것이다.

---

35) 조윤제, 「나와 國文學과 學位」, 『도남 조윤제 전집』 제5권, 태학사, 1988, 371면.
36) 위의 책, 370면.

이외에도 도남의 문학사에서는 정만조의 흔적이 곳곳에서 발견된다. 도남의 문학사의 특징 가운데 하나가 바로 '한국문학사를 외래문학과의 투쟁사'로 해석하고 있다는 점인데, 공교롭게도 그것은 「변천」과 정확히 반대되는 견해이다. 앞서 검토해 보았듯이 정만조는 우리 문학의 기원을 외래에서 찾는, 일종의 외래문학기원설의 입장에 서 있었다. 한국문학의 기원을 기자의 동래(東來)에서 찾는 것이 그것이다. 그런데 흥미있는 사실은 도남이 항상 정만조의 정반대편에 서 있다는 점이다. 정만조가 사대적 지향성을 보이고 있는 것에 반해 도남은 민족문학의 주체성 문제에 집중적인 관심을 나타내 보이고 있으며, 무정(戊亭)이 우리 문학을 외래문학(중국문학)에 의한 이식으로 해석하고 있는 것에 비해 도남은 한국문학사를 외래문학과의 투쟁사로 해석하고 있는 것이다. 말하자면 그들의 문학사는 정반대편에서 서로를 바라보고 있는 형국인 것이다. 이러한 의미에서 도남은 '거꾸로 선 정만조'라고 할 수 있으며, 도남의 문학사에 나타난 한국문학의 외래문학과의 갈등은 곧 스승 무정과의 갈등이고, 나아가 식민지 현실과의 갈등이기도 한 것이다. 이점에 있어서는 김태준도 마찬가지이다.

무정은 「변천」에서 조선 중기의 문학이 발전되지 못한 이유를 과거제의 폐단에서 찾고 있으며, 그 폐단이 극복되고 문예부흥이 이루어진 시기를 영·정조기라고 주장하고 있다. 김태준이 또한 정만조의 관점을 그대로 계승하여 영·정조기의 문학을 다음과 같이,

> 임진 병자양란을 지난 후의 자아적 각성에서 생겨난 경제적 문장이 필연적으로 요구된 것이며, 종래의 퇴계 우암 학도들이 전습하는바 공소(空疎)한 이론을 다소라도 의지와 기개가 있는 사람은 그것을 부정하지 아니할 수 없엇다.[37]

---

37) 김태준, 『조선한문학사』, 한성도서주식회사, 1931, 177면.

피할 수 없는 시대적 대세로 평가하고 매우 호의적인 시선으로 바라보고 있는 것도 결코 우연이 아니다. 그리고 그가 『조선한문학사』에서 무정과 마찬가지로 한국문학의 기원을 기자조선시대로 설정하고 있다거나, 최치원에 와서 한문학이 본격화하기 시작했다고 기술하고 있다든지 또는 조선 후기에 와서는 다른 모든 문사들을 제쳐놓고 「조선시문변천」과 같이 김택영·강위·황현 등을 높이 평가하는 등 무정과 매우 흡사한 논리를 펴고 있다. 그러므로 김태준이 "한문학사를 먼저 저술한 것은 한문학이 중요시되었기 때문이 아니고, 이미 정리해놓은 성과를 이용하기 쉬웠기 때문이"[38]라는 조동일 교수의 설명은 이와 같은 영향 관계를 직시한 올바른 지적이다. 그렇다면 기왕의 연구에서 정만조와 김태준의 관계에 주목하지 않거나 이러한 영향 관계를 인정하기 어렵게 만든 근본적인 이유는 무엇인가. 그것은 김태준이 전통학문을 어떻게 계승해서 근대문학 건설을 위해 이용할 것인가 하는 문제에 관심을 기울이기보다는 어떻게 극복할 것인가 하는 청산론 내지 부정론에 귀결됨으로써 후대의 학자들이 이를 단절로 해석할 오해의 여지를 남겨놓았기 때문이다.

그러나 김태준의 여러 논문에는 그가 정만조에게 많은 영향을 받았음을 짐작케 하는 흔적을 도처에 남겨 놓고 있는바 그가 잡지 『신흥』에 기고한 논문 「이조의 한문학의 원류」(1935.5)는 단적인 예가 된다. 이 「이조의 한문학의 원류」는 「변천」의 기본틀을 그대로 따르고 있는 논문이다. 그렇지만 김태준 역시 도남과 마찬가지로 한문학을 바라보는 근본적인 관점에 있어서는 철저하게 스승 무정과 대립하고 있었다. 예컨대 정만조가 일제에 의한 경학원 설립을 한문학 중흥의 계기로 해석하고 한문학이 다시 부흥할 것이라는 낙관론을 펴고 있는 반면, 김태준은 한문학이야말로 반드시 청산되어야 할 과거라는 청산론을 펴고 있으며

---

38) 조동일, 『한국문학통사』 제5권, 지식산업사, 1995, 254면.

나아가 기자조선설을 전면적으로 부정해 버리고 있다.[39]

정만조의 「조선시문변천」과 조윤제·김태준의 문학사는 여러 가지 점에서 많은 공통점과 차이점을 가지고 있다. 이것은 조윤제와 김태준이 전통학문, 특히 정만조와 밀접한 관련을 맺고 있음을 보여 주는 것이다. 물론 이들의 문학사에는 전통학문과는 전혀 이질적인 새로운 측면을 가지고 있고 어떤 측면에서는 극단적으로 대립되는 견해를 펴고 있기도 하지만, 그와 같은 강한 부정과 반발 역시 영향의 또 다른 측면인 것이다. 우리가 생각하듯 영향이란 그렇게 단선적이고 기계적인 것이 아니라 그 안에 이미 다양한 발전의 경로를 포함하고 있는 것이기 때문이다.

5. 결론에 대신하여

전통의 단절과 계승에 관계된 논의는 한국문학계의 최대의 쟁점 가운데 하나이다. 그런데 문제는 이식론이든 내재적 발전론이든 그 나름대로 타당한 논리적 근거와 설득력을 가지고 있는 것들이어서 이를 전

---

39) 김태준은 1936년 『중앙』에 발표한 「기자조선변」이라는 논문을 통해서 '기자동래설(箕子東來說)'을 조목조목 따져가며 비판을 가하고 있다. "실재조차 의심되는 기자가 아직도 반석기(半石器)를 사용하는 그 시대에 있어서 차라리 주무왕(周武王)에게 정복된 노예 노릇을 하였다면 가하되 무슨 충효절의의 도덕적 이데오로기가 벌써 그처럼 일찍 발전되어 고국을 등지고 산을 넘고 물을 건너 만여 리(萬餘里)나 되는 대동강 연안에 올 수가 있을 것인가."(88면) 말하자면 기자가 존재하던 시대는 B.C.1100년대이고 당시 중국은 청동기시대였다. 기자의 동래(東來)가 사실이라면 한반도에서도 마땅히 청동기 유물이 발견되어야 하는데 한반도는 그때까지도 여전히 신석기시대를 벗어나지 못하고 있었다는 사실을 들어 '기자동래설'을 김태준은 전면적으로 부정하고 있는 것이다. 이처럼 김태준은 기자동래설은 곧 주자주의자들의 사대적 발상에 지나지 않는 일고의 가치도 없는 논의라고 일축해 버리고 있는 것이다.

면적으로 거부할 수도 없고 그렇다고 해서 어느 한편만이 전부라는 극단론 모두 일정한 한계를 가질 수밖에 없다는 데 있다. 따라서 본고는 조동일 교수의 단편적인 언급을 제외하고 이제까지 학계에서 주목하지 못했던 성대 출신의 한국문학자들과 정만조와의 관계를 중심으로 하여 전통학문과 근대 한국문학 연구의 관련 양상—비록 그것이 정만조·김태준·조윤제에 국한된 것이었기는 하지만—을 검토하였다. 그 결과 근대 한국문학자들과 전통학문이 서로 밀접한 관계를 가지고 있음을 확인하였다. 성대(城大) 출신의 전문적인 한국문학 연구자들이 비록 일본의 관학인 실증주의에 많은 영향을 받았고, 또한 부분적으로는 극단적인 전통부정론(청산론)을 펴고 있었음도 사실이지만, 그들은 정만조·권순구·어윤적·여규형 등 전통학문을 대표할 수 있는 당대의 전방위적 지식인들로부터 그들은 전통학문을 배우고 익힐 수가 있었다. 이들 중에서 정만조는 영문학과 출신의 조용만조차도 국역『당시선』과『두시언해』를 펴낼 수 있을 정도로 후대의 학자들에게 많은 영향을 주었다. 특히 그의 「조선시문변천」은 최초의 한국 한문학 약사로서 조윤제와 김태준이 우리 문학사의 대강을 파악하게 하는데 크게 기여하였다. 물론 김태준과 조윤제의 문학사는 「조선시문변천」과 많은 부분에서 공통점이 있었지만, 반면 상충되는 부분들도 적지 않았다. 그러나 앞으로 많은 부분에서 보완과 검토의 과정이 거쳐야 하겠으나 김태준과 조윤제의 문학사에서 「조선시문변천」과 서로 상충되는 측면들이 항시 정만조와 정확히 반대되는 입장이었다는 사실은 시사하는 바가 크다. 기실 강한 부정이야말로 지대한 영향의 또 다른 측면이 아니겠는가.

필자가 단절이니 계승이니 하는 어느 한편에 서기보다는 영향사의 관점에서 근대적 한국문학 연구와 전통학문과의 관계를 조망해 본 것은 바로 이식론이니 내재적 발전론이니 하는 극단론에서 벗어나 새로운 관점을 제시하기 위해서였다. 이점에서 "이제 내재적 발전론을 근원적으로 다시 생각해 볼 때가 도래했다. 위대한 문명은 순결한 고립이 아니라 강력한 잡식성에서 창조되는 것"이라는 최원식 교수의 발언은 깊이 음미해 보아야 할 중요한 지적이 아닐 수 없다.

끝으로 필자가 시종해서 정만조·김태준·조윤제를 중심으로 논의를 진행시키다 보니 이 글은 많은 부분에서 숱한 문제점을 안고 있기도 하다. 아직까지 이와 관련된 방증자료가 발굴되지 않은 관계로 해서 정만조 외에 경성제국대학 조선어문학과에 출강했던 다른 학자들과의 관계를 전혀 언급하지 못한 것이 그 하나요, 정만조의 「조선시문변천」과 김태준·조윤제의 연관 관계를 보다 밀도 있게 해명해 내지 못한 것이 또다른 하나이다. 또한 이 글은 「조선시문변천」의 원형이라 할 수 있는 『동문선』, 『시화총림』 등과 같은 앞 시대의 문집들과의 관계도 정밀하게 따져 보지 못하였다. 앞으로 있을 후속 연구에서는 이 같은 한계를 넘어서 정만조의 전기적 사항에 관한 것은 물론 이 같은 문제점들을 보완해 줄 수 있는 보다 폭넓은 연구 성과가 나와 주기를 기대해 본다.

부록—조선시문변천(朝鮮詩文變遷)

무릇 시(詩)는 사물에 감동해서 그 정(情)을 드러낸 것이요, 문(文)은 그것을 말로써 서술한 것이다. 정(情)이 바르지 않으면 어떻게 그릇됨을 징계하고 선(善)함에 감응할 수가 있겠는가. 말이 바르지 아니하면 어떻게 앞일을 경계하고 후일을 비추어볼 수 있겠는가. 그러므로 시와 문을 짓는 것은 반드시 경학(經學)에 근본을 두어야 한다. 경(經)은 바른 것이다. 그 일이 천하에 본보기가 될 수 있고, 그 말이 만세에 교훈이 될 수 있는 것이 경이기 때문이다. 육경(六經)의 말(言)은 모두 문인데 유독 『시경』의 풍(風), 아(雅), 송(頌) 삼백 편의 말은 모두 시가 된다. 문이 많으나 시가 적으면 시와 문을 두 개의 도(道)라고 한다. 그러나 문 속에 시가 있고 시 속에 문이 있다. 주역의 괘상이 바로 문이다. 모두 압운(押韻)이 있고『상서(尙書)』(書經)40) 또한 문이다. 경례와 오자의 갱가(載及五歌 : 서경의 서문)가 모두 실려 있다. 송(頌)의 청묘제편(淸廟諸篇)41)과 같으니 곧 등가(登歌)의 시이나 운(韻)이 없는 것이 많다. 대개 옛날의 시와 문은 그 체제가 같지 않으나 그 쓰임은 다르지 않았다. 그것을 짓는 것은 마치 유자(儒者)의 한 기예에 지나지 않는 것 같지만 국가의 융성, 패망함과 풍속의 숭상하는 순리를 살펴 보건대 그 문채가 중하기 때문에 그 도도 시대에 따라서 변하지 아니할 수 없다. 오직 시와 문이 중국에서 홍성했는데 조선도 시와 문이 있었는바 기자(箕子)42)로부터 비롯되었다. 기자는 중국에서 동쪽으로 온 사람인데 그의 시로는 단지 「맥수가(麥秀歌)」43) 한 수뿐이고, 문장은 「홍범(洪範)」44) 한 구절뿐이었다. 「맥수가」는 『시경』

---

40) 오경(五經)의 하나로 중국 상고시대 정치의 기록이다. 당시에도 사관(史官)이 있어서 국가에서 일어나는 모든 정치 상황을 기록하였다. 옛날에는 이를 가리켜서 『서(書)』라고 불렀으나 때로는 왕조의 이름과 결합시켜서 『우서(虞書)』또는 『하서(夏書)』라고 불렀다. 이하 역주 가운데서 인명에 대한 것은 한국정신문화연구원 편, 『한국민족문화대백과사전』(한국정신문화연구원, 1990)과 이두희·박용규·박성훈·홍순석 외, 『한국인명자호사전』(계명문화사, 1988)을 참조할 것.

41) 『시경』은 크게 「국풍(國風)」·「소아(小雅)」·「대아(大雅)」·「송(頌)」 등으로 구성되어 있으며, '청묘제편'은 청묘지습(淸廟之什)·신공지십(臣工之什)·민여소자시습(閔予小子之什)·경지습(敬之什) 등 송에 포함된 네 편 가운데 하나이다. 이 청묘제편, 즉 '청묘지습'에는 모두 여덟 편의 노래가 있다.

42) 상고시대 사람으로 주왕에게 간하다가 감옥에 갇힌 것을 무왕이 풀어주었다고 하며, 은나라를 멸망시키고 천하를 차지한 뒤 무왕이 그를 찾아가 세상을 다스리는 큰 법인 홍범(洪範)을 그로부터 배웠다고 전해진다. 우리 민족의 시원을 기자에게서 찾는 것은 일종의 사대적 관점이나 최근 들어 이에 대한 새로운 해석이 이뤄지고 있다.

43) 「맥수가」는 고대가요이다. 기자가 은나라 도읍을 지나다가 고국이 망하고 옛날의 왕궁터는 폐허가 되어 있고 보리밭이 되어 있는 것을 보고 부른 노래라고 한다. 지금도 고국의 멸망을 한탄하는 것을 맥수지탄(麥秀之歎)이라 한다. 당시의 상황에 비춰 볼 때 정만조가 이를 「조선시문변천」의 서두에서 언급하고 있는 것은 매우 의미심장하다. 「맥수가」는 다음과 같다. "麥秀漸漸兮(보리 이삭은 점점 자라고) / 禾黍油油兮(벼와 기장 기름지기도 하다) / 彼狡童兮(저 교활한 아이는) / 不與我好兮(나와는 사이가 좋지 않네)."

44) 홍범구주(弘範九疇)는 중국 하나라 우왕(禹王)이 남겼다는 정치 이념으로 우왕이 홍

에서 빠진 시여서 알 수가 없다. 상(商)나라의 시는 단지 송만 있고 풍, 아는 없었는데, 이것이 노래이다. 또 송의 체제가 아니어서 아마 실리지 않은 듯도 하다. 「홍범」은 『서경』에 실려 있는데 글자는 겨우 천 글자 정도이지만, 하늘을 우러르고 신을 받들며 이용후생하여서 왕도를 펴고 인륜을 밝혀서 갖추지 아니한 것이 없었다. 참으로 천고의 대문자로 그 문장은 왕왕 황극(皇極 : 제왕의 도)으로 무편무파(無偏無破) 일장(一章)과 삼덕지정직(三德之正直) 이하 삼장(三章)과 서징지백곡용성(庶徵之白穀用成) 이하 7~8구 모두 압운이 있다. 기자 이후로부터 한 성씨가 전하게 되어서 천여 년이 지난 다음에 이르러서도 크게 혼란한 적이 없었고 윗사람을 죽이고 자리를 빼앗는 것이 없었으며 비록 위만(衛滿)이 와서 침범을 했더라도 진한, 변한이 번갈아 있어서 오히려 마한의 한 구역을 보전해 주기를 100년을 했으니 필시 홍범구주로써 치국(治國)의 교화를 편 것이다. 다만 문헌이 전하지 않아서 앉아서 먼 시대의 일까지 증명할 수 없는 것을 한스럽게 여길 뿐이다. 몇몇 단편의 문장이 전해진 것이 있으나 대부분 후대의 사람이 모은 것으로 당시의 문인과 선비의 붓에서 나온 것이 아님을 알 수가 있다. 신라·고구려·백제의 삼국이 정립한 이후로 문헌이 점점 많아져서 신교(神敎)로 나라를 세웠고 무(武)를 숭상해서 시인이나 문사 중에 이름을 전하는 이가 없다. 신라 말기에 이르러서 고운(孤雲) 최치원(崔致遠, 857~미상)의 시문이 세상에 유행하게 되어 개산초조(開山初祖)가 되었다. 그 역시 중국에 오래 머물면서 견문을 넓히고 학문을 더한 사람이다. 그 당시 중국은 이세민의 만당(晩唐) 시기로 시율만을 오로지 숭상하는 바여서 최치원 역시 시가 문보다 나았다. 당의 한유(韓愈, 768~824), 유종원(柳宗元, 773~819), 이고(772~841)는 모두 문이 두

수를 다스릴 때 하늘로부터 받은 낙서(洛書)를 보고 만들었다고 한다. 무왕이 기자에게 선정의 방안을 물었을 때 이 홍범구주로서 교시했다고 한다. 홍범구주는 ① 오행, ② 오사, ③ 팔정, ④ 오기, ⑤ 황주, ⑥ 삼덕, ⑦ 계의, ⑧ 서징, ⑨ 오복과 육극 등으로 구성되어 있으며 『서경』의 「주서(周書)」 「홍범」편에 수록되어 있다.

드러진 사람이다. 만당(晚唐)의 사람으로 본받고 사모한 이가 극히 적다. 때문에 최치원 또한 그것을 배우는 데는 미치지 못하였지만 문장을 지은 것이 많았으니 육조(六朝)의 변려문의 잔재였다. 그러나 『계원필경』 20권을 지은 것은 기자 이후 2000년 만에 처음 지어서 간행한 것으로 그 전체를 살펴볼 것 같으면 또한 경학에서 얻은 바가 있었음을 알 수 있다. 고려가 삼국을 통일한 뒤로 문풍이 삼국보다 더욱 진작되어서 개국 이후로 불법(佛法)을 숭상하여 시문을 전문으로 하는 사람이 많지 않았으나 고려 중엽 이후로는 점점 개발되어서 내전(內典 : 불경을 말함—역자주)을 버리고 육경을 존중하여 이름난 선비와 대학자가 우뚝우뚝 솟아 있는 것을 바라 볼 수가 있었다. 뇌산(雷酸) 김부식(金富軾, 1075~1151), 익제(益齊) 이제현(李齊賢, 1287~1367), 백운(白雲) 이규보(李圭報, 1168~1241), 도은(陶隱) 이숭인(李崇仁, 1349~1392) 같은 이들 중에 어떤 이는 문장이 낫기도 했고 어떤 이는 시가 낫기도 했다. 포은(圃隱) 정몽주(鄭夢周, 1337~1392), 목은(牧隱) 이색(李穡, 1328~1396)이 두 사람에 이르러서는 학문이 더욱 빛났고, 시와 문은 간결하면서도 고아했다. 시인 진화(陳華, 생몰연대 미상), 정지상(鄭知常, ?~1135) 같은 이는 경학이 어떤지는 알 수가 없지만, 그 시는 모두 융성하여서 대아(大雅)의 풍격(風格)이 있었다. 최치원 이후 전성기를 이룬(會) 것이다. 조선의 태조는 고려를 대신하여서 나라의 기틀을 세우는 초기에 문치(文治)를 오로지 숭상하였는데 양촌(陽村) 권근(權近, 1352~1409), 춘정(春亭) 변계량(卞季良, 1369~1430) 같은 사람들은 주자학으로써 번갈아 가면서 문단(文柄)을 주관하였다. 이로부터 등용된 선비들이 문체가 아주 훌륭하여 볼 만하였다. 이 시기는 나라를 연지 얼마 되지 않아서 문이 모두 소명(召命 : 왕의 명령, 조칙)과 장주(章奏 : 신하가 올리는 상소)와 같은 체(體 : 문체)였다. 그 시는 칭송하거나 기원하는 노랫말이 많았다. 문종, 단종 이후로 점필재(佔畢齋) 김종직(金宗直, 1431~1492), 사가(四佳) 서거정(徐居正, 1420~1488)은 문장이 아주 훌륭했으며 김종직은 문장이 승(勝)했고, 서거정은 시에 장기가 있었다. 모두 경학을 한 선비

들이다. 이 분들을 이어서 퇴계(退溪) 이황(李滉, 1501~1570), 율곡(栗谷) 이
이(李珥, 1536~1584) 같은 유현(儒賢)이 나오게 되어서 학설이 정몽주에 비
해서도 더욱 상세함이 있었다. 특별히 시문을 삼지 않았으니 시문이 모
두 순정하고 모범적(正典)이었다. 이때에 명나라 사신이 자주 왔음으로
접대하고 응대하는 이는 서로 시를 주고 받는 것을 잘하는 것을 재주가
있다고 여겼다. 그러므로 읍취헌(挹翠軒) 박은(朴誾, 1370~1422), 기재(企齋)
신광한(申光漢, 1484~1555), 호음(湖陰) 정사룡(鄭士龍, 1491~1570) 같은 분이
더욱 시를 잘했다. 나아가서 고죽(孤竹) 최경창(崔慶昌, 1539~1583), 옥봉(玉
峯) 백광훈(白光勳, 1537~1582), 손곡(孫谷) 이달(李達, 1561~1618) 같은 분들은
관직으로는 두각을 나타내지 못하였으나 모두 시명(詩名)이 있었던 사람
들이다. 음과 운이 맑게 울려서 그 모습과 윤택함(色澤)이 자연스럽고 화
려하여 국초에 비길만 하였지만 더 나은 것이 있었다. 문장으로는 일컬
을 만한 것이 없는 까닭에 오로지 시인으로서 본다면 동악(東岳) 이안눌
(李安訥, 1571~1637), 석주(石洲) 권필(1569~1612) 등은 시단(詩壇)의 깃발과
같은 분들이었다. 이때에 간이(簡易) 최립(崔岦, 1537~1612), 상촌(象村) 신
흠(申欽, 1566~1628), 월사(月沙) 이정구(李廷龜, 1564~1635), 청음(淸陰) 김상헌
(金尙憲, 1570~1652), 계곡(溪谷) 장유(張維, 1587~1638), 택당(澤堂) 이식(李植,
1584~1647) 같은 분들은 고문(古文)의 작가(作家)들로서 성대하게 일어났는
데, 그 학문이 모두 육경에 근본을 두고 있었다. 여러분들(陶鎔百家)이 그
문자를 깊이 궁구해 보면 혹 그 병폐들을 논할 수 있지만 조선에 고문
이 있게 된 것은 대개 이 분들로 말미암았다. 그 시도 모두 전아(典雅)하
여 읽을 만한데 김상헌은 시에 더욱 장기가 있었다. 그리하여 지금까지
도 선조·인조 때의 문화(文化)가 가장 융성하였다고 이른다. 이를 이어
서 미수(眉叟) 허목(許穆, 1595~1682), 우암(尤菴) 송시열(宋時烈, 1607~1689), 명
재(明齋) 윤증(尹拯, 1629~1711) 등 세 분의 큰 선비가 나왔는데 허목 같은
분은 퇴계에서 연원을 찾을 수 있는 분이고 송시열·윤증 같은 분은 율
곡에게서 연원을 찾을 수 있다. 그런데 허목은 기이하고 고풍스러운 것

을 숭상하였고 송시열은 호한(浩翰)·웅건함에 능했다. 윤증은 말이 아름답고 이치에 통달하였는데 학문에 있어서는 이 세 분이 모두 주자(朱子)를 숭상했고 또한 창주유의(滄洲遺意)가 있었으니 모두 도학과 문자를 두루 갖춘 사람들이었다. 정몽주와 이색 이후로 퇴계, 율곡이 있었고, 퇴계와 율곡 이후로는 이 세 분이 있었다. 그들의 논의가 합치되지 않았고 각기 당파를 세워서 후인들이 논의하기에는 이로 인해 공정하지 못하게 되었으니 매우 안타까운 일이다. 농암(農巖) 김창협(金昌協, 1651~1708), 삼연(三淵) 김창흡(金昌翕, 1695~1722) 형제와 서계(西溪) 박세당(朴世堂, 1629~1703) 같은 이들은 경술(經術)로 말미암아서 시문을 한 사람이고 농암은 당송팔대가를 더 잘 배웠다. 서계와 삼연은 성정(性情)의 시를 시작하여 멀리는 당을 좇고 가까이는 송을 좇아서 문장가로서 더욱 변화에 능통하였다. 원기(元氣)에 더욱 능숙하였지만 간혹 옛날에 미치지는 못하였다. 이후로 문화계(文化界)에 세 가지 커다란 병폐가 생겼는데 앞의 경학을 하는 사람도 모두 과거로 입신양명하는 것으로 말미암아서 반드시 임금에게 충성을 바치고 백성들에게 윤택함을 베풀려고 했기 때문에 공령(功令 : 조서, 조례, 규칙 등을 말함—역자 주)에서 관각(館閣 : 관청)의 문장에 이르기까지 갱수(賡酬)의 시를 섭렵하여 힘쓰지 않는 것이 없었으나 조선 중엽 이후로는 학자가 조용히 앉아서 성리설을 담론하였고 훈고만을 고집(株守)하여서 시를 짓는 것을 달가이 여기지 않았기 때문에 경학과 문장이 판연히 두 개의 도로 갈라졌으니 이것이 하나의 병폐이다. 조선에서는 과거로 선비를 뽑았는데 고려 때에는 원나라 사람 쌍기의 지침으로 시(詩), 부(賦), 표(表), 책(策), 의(義), 의(疑) 등 모두 과거(科擧)의 체제였다. 조선도 이 법을 계속해서 사용하여 시, 부, 표 등을 정하였으니 구절마다 정해진 자수(字數)가 있었고 표, 의, 의에는 행수(行數)에 제한이 있었지만 체제는 유사한 바가 있어서 모두 앞서 전해졌던 규칙을 넘어서지는 못하였다. 중엽 이전에는 오히려 심하게 구해되지는 않아서 그 제작된 바의 좋고 나쁨을 살펴볼 수가 있었으나 중엽 이후로 문장이 점차 앞 시대보다 못하여 과거를 보러가는 자들이 점점 많아지게 되자 심사관들이 그 격식만을 살피게 되니 처음에 떨끝만한 차이가 있게 되더라도 배척을 받게 되었다. 그러므로 과거를 보러가는 자들이 정해진 격식을 살피고 살펴서 잘못된 방식을 가려내게 되고 말았으니 어떻게 해서 재주를 다하여 뜻을 펼 수가 있었겠는가. 이것이 또 하나의 병폐이다. 당론이 극심해지게 되자 선비가 편벽되고 공박만을 해서 한번 세상에 명성이 나면 뭇사람들이 짓밟게 되니 이로부터 문장을 하는 선비들 중에는 초야와 암혈에 묻혀 있는 사람들이 많게 되었다. 조정에서는 볼 만한 것이 드물게 되었으니 이것 또한 큰 병폐였다. 정조 때에 이르러 경학과 문장은 왕가(王家)의 할 바라고 여겼기 때문에 명사들이 많이 나오게 되었는데 연암(燕巖) 박지원(朴趾源, 1737~1805), 사암(俟菴) 정약용(丁若鏞, 1762~1836), 참봉(參奉) 이광려(李匡呂, 1720~1783) 같은 분들은 전무후무한 재질과 학식이 있어서 문운(文運)이 쇠퇴해져 가는 가운데에도 일어나는 분들이었고 박지원의 문장은 한유와 이태백의 시와 매우 흡사하였으나 두보에게 닿아 있었고 정약용 같은 분은 경세제민(經世濟民)으로 특장이 있었다. 그러므로 시와 문에 전적으로 힘을 쏟지는 않았으나 그 붓끝에서 나온 문장은 모두가 읽을 만하여 진실로 세상을 가르치는 재주였다. 시의(時議)에 저촉되어 널리 드러낼 수 없었기 때문에 그 힘이 옛날을 끌어들여서 현재를 변화시킬 수는 없었다. 이 세 분은 조용히 앉아서 심성을 기르는 사람들에 지나지 않았기 때문에 세속의 사람들은 이 분들이 경학을 하는 선비들인지 알 수 없었다. 그러나 이로부터 문풍이 나아짐이 있어서 문장이 더욱 많아졌다. 이계(耳溪) 홍양호(洪良浩, 1724~1802) 같은 분은 아주 박식하고 전아했고 또한 대산(臺山) 김매순(金邁淳, 1776~1840) 같은 이는 아주 울울창창하고 씩씩하였다. 연천(淵泉) 홍석주(洪奭周, 1774~1842)에 이르러서는 순정하여 문원(文苑)의 종장(宗匠)이 되었다. 시는 아정(雅亭) 이덕무(李德懋, 1741~1793), 초정(楚亭) 박제가(朴薺家, 1750~1805), 영제(怜薺) 유득공(柳得恭, 1749~미상), 강산(薑山) 이서구(李書九, 1754~1825) 같은 분이 모두 우리나라의 고루함을 버렸으나 극진함에는 이르지 못했다. 자하(紫霞) 신위(申緯, 1769~1845)는 당시에 혼자 독주하여 대가라고 칭해졌다. 이들 여러 사람들이 모두 문장으로 자처했는데, 그 학문은 반드시 경에 근본을 두고 있었다. 이후로 백 년 동안 작가 중에 칭송할 만한 사람이 없지는 않았으나 기력이 점점 떨어져 갔다. 봉서(鳳棲) 유신환(兪莘煥, 1801~1859), 영재(寧齋) 이건창(李建昌, 1852~1898)의 학문과 문장이 모두 바른 길을 얻었으나 다만 시에서는 유신환이 이건창한테 미치지 못하였다. 추금(秋琴) 강위(姜瑋, 1820~1884)와 같은 분들은 시로써 알려져서 글을 배우는 자가 많았지만 모두 미치지는 못하였다. 강위 같은 분은 그 학문을 함이 경학 일서(一書)뿐이었음을 또한 미루어 볼 수가 있다. 이것이 최근(最近)의 변천과 흥망이다. 서양의 사조가 동쪽으로 와서 학교(學校)를 열고 과학(科學)에 전념하고, 소학(小學: 초등학교)의 교과에서도 한문을 폐하니 사람들이 모두 왕왕 한문이 무용하다는 말을 하며 한문의 종자가 끊어졌다고 하는데 나는 그렇게 생각하지 않는다. 옛날에 진시황이 분서갱유를 하였으나 협서(挾書)에 이르러서는 어찌되었는가. 육가(陸賈)와 숙손통(叔孫通) 같은 사람들이 그런데 통했던 분이었으니 한 문제 때에 접하여 일어났다. 요즘 사람들이 비록 한문을 폐하려고 하지만 그것이 할 수 있는 일이던가. 또한 공령(功令)으로써 속박하는 것들도 이미 영원히 폐지되었고, 당파의 알력도 사라졌으니 조용히 앉아서 성정을 기르는 학자들이 본받지 않을 것이다. 무릇 문학계(文學界)에서 장애가 되는 것은 확연하게 이미 다 쓸어 없애버렸으니 이후로는 반드시 참된 경학을 하고 올바른 문장이 나와서 선배(先輩)들보다 열배의 공이 있게 될 것이다. 또한 시운이 바뀜이 있은 즉 부흥함이 있을 것이다. 나는 눈을 씻고 그것을 기다리겠노라.

朝 鮮 詩 文 變 遷

鄭 萬 朝 述

夫詩者動於物而發於情文者載其事而述其言情而不得其正何以懲逸而感善言
而不得其正何以徵前而牖後哉故爲詩文必本乎經學經者正也其事可以爲天下
法其言可以爲萬世訓所以爲經也六經之言皆文而獨風雅頌三百篇爲詩若文多
而詩少又若詩與文爲二道然文中有詩詩中有文易象是文也皆有押韻尚書亦文
也廣載及五子之歌幷載焉如頌之淸廟諸篇卽登歌之詩而無韻者多盖古之詩文
其體不同而其用無殊其作者若不過儒者一技藝而其有關於國家之隆汚俗尚之
醇醨者甚重故其道亦不能無隨時而變遷焉惟詩文之興倡於支那而朝鮮之有詩
文始於箕子箕子亦自支那而東來者其詩只有麥秀歌一闋文只有洪範一書而麥
秀歌之漏於詩經未可知而商詩只有頌
而無風雅是歌非頌體故或不載也洪範則載之書經而書僅千字餘欽天敬神利用
厚生恢王道明人倫靡有不備洵千古一大文字而其文往往如皇極之無偏無陂一
章三德之正直以下三章庶徵之百穀用成以下七八句皆有押韻古人之詩文互用
尤可見也箕子之後一姓相傳至千有餘歲無大亂無弑奪維値衛滿之來侵不卜韓
之更迭尚保馬韓一區者白餘年必是以洪範九疇治國之遺化而但恨文獻不傳無
以徵遠或片言雙字之流傳者多後人傳非有當時文人良史之筆可以取信也自
羅麗濟三國鼎立文獻稍勝而以神敎建國以武力相尚絶無詩人文士之籍名者至
新羅之末崔孤雲致遠始以詩文行于世爲開山初祖而是亦久留於支那廣其見聞
以增其學時則支那李唐之晚專尚詩律崔亦詩長於文唐之韓愈柳宗元李翺之流
皆以文顯者晚唐之人效慕者絶少故崔亦未及學其所爲文多有六朝騈儷之遺然
所著桂苑筆耕二十卷卽箕子以後二千年間創爲之刊行而觀其全稿則亦其有得
於經學可知也高麗統合三國文風比三國稍振而開國以來崇信佛法爲詩文專門
者無多焉中葉以後稍稍開發舍內典而尊六經名士碩儒磊落相望於金雷山富軾
李益齋齊賢李白雲奎報李陶隱崇仁或長於文或長於詩至鄭圃隱夢周李牧隱穡
而學問尤光明詩與文又簡古如詩人之陳澕鄭知常未見其經學之如何而詩皆渢
渢有大雅之餘響矣此爲孤雲以後全盛之會也朝鮮太祖代麗而興自定鼎之初專
尚文治權陽村近卜春亭季良以圃牧之學逿主文柄自是登庸之士彬彬可觀而時
値開國初元故其文皆詔命章奏之體其詩多歌詠頌禱之辭自文端公以後金佔畢宗
直徐四佳居正以文章顯金以文勝徐以詩長然皆經學之士繼是而李退溪滉李栗
谷珥而儒賢出其學說比圃牧愈詳不刻意爲詩文而詩文皆醇正典則是時明使頻

來以接伴者唱酬警敏爲才故如朴挹翠誾申企齊光漢鄭湖陰士龍以善詩進如崔孤竹慶昌白玉峰光勳李蓀谷達官雖未顯皆有詩名音韻鏗鏘色澤流麗比國初時似稍勝而文無可稱故專以詩人目之惟李東岳安訥權石洲韠爲詩壇之赤職者於是崔簡易岦申家村欽李月沙廷龜金淸陰尙憲張谿谷維李澤堂植利古文作家尉然而興而其學皆根柢六經陶鎔百家深究其文或有疵纇之可論而朝鮮尤長於詩是以至今稱宣仁之際文化爲最盛也繼是而許眉叟穆宋尤菴時烈尹明齊拯三儒出許以退溪淵源宋尹以栗谷淵源許尙奇古宋贍博雄健尹辭婉而理達其學問皆尊崇朱子亦皆有滄洲遺意盖道學文章之俱備者圃牧後有退栗退栗後有此三家而三家以論議不合各立黨派後人之論因是而有不公良可惜也經有金農巖昌協三淵昌翕兄弟朴西溪世堂亦皆由經術爲詩文而農巖善學八家西溪三淵示爲性情之詩遠唐而近宋文章家以爲善變而大樸元氣或不及古也自是以後文化界有三大瘼前者經學人亦皆由科擧進身必欲致君而澤民故自功令至館閣之文賡酬之詩無不涉獵用力自中葉以後自命以學者着袍危座談性說理株守訓詁不屑爲詩文故經學與文章判爲二道此一廣也朝廷以科第取士而麗時有元人雙冀指授以詩賦表策義疑此所謂科文六體也朝鮮亦繼用此法而詩賦表篇有定句句有定字策義疑行數有限體裁有股皆客先定批賓不得違越而中葉以前猶不甚拘礙先關其製作之善否中葉以後文章漸不逮前而赴擧者日增考試者先察其格式一毫有違則黜之故赴擧者規規於守其定式揣揣於或有失法何以盡其才而展其意乎此又一瘼也一自黨論之劇士習以傾軋攻擊爲務一有聲譽衆輒抑之自是文章之士多在於草野巖穴之間而朝廷之上鮮有可觀焉此又一大瘼也至正祖時正祖經學文章爲帝王家創有故名士輩出朴燕巖趾源丁俟菴若鏞李參奉匡呂之流以曠前絶後之才學起於文運中衰之餘朴文酷似韓愈李詩直接杜甫丁長於經濟故不尊工于詩文而其出於筆下者字字皆可讀眞皆命世之才而亦爲時議所沮俱不得通顯故其力不能挽古而變今也此三人皆不着袍危座故俗人不知其爲經學者是尤可慨也然自是文風稍振文而洪耳溪良浩以博雅金臺山邁淳以蒼健至洪淵泉奭周以醇正宗丘文苑詩而李雅亭德懋朴楚亭齊家柳泠齊得恭李薑山書九始祛偏邦固陋而猶未盡善至申紫霞緯而獨步當時○爲大家此諸家皆以文章自命而其學必本之乎經也嗣後白年來作者非無可稱而氣力稍稍降矣惟兪鳳樓莘煥李寧齊建昌學問文章俱得正路但兪詩不及李姜秋琴文瑋以詩鳴學之者多而皆不及姜有庸學經緯一書其經學亦可推耳此爲最近之變遷興替者也一自西潮東來廣開學校專治科學往往有漢文無用之說小學則幷廢漢文之敎科人皆曰漢文種子絶矣余則以爲不然昔秦始皇坑儒焚書至有挾書偶語之律而隨何陸賈叔孫通之輩接武而起矣今人雖欲廢漢文其可得乎且功令之座縛者已永廢矣黨派之沮軋者已盡消矣着袍危座之俗學者皆無效矣近爲文學界障碍者廓已掃除從玆以後必眞經學眞文章出而有十倍於先輩者也又況時運變遷有替則有興耶余拭目以俟之.

독자를 통해서 본 미소분할기의 문학

1. 문제의 제기

이 글의 목적은 독자를 중심으로 미소분할기(美蘇分割期, 1945.8.15~1948. 9.9) 문학의 성격과 동시대 독자들의 존재 양상에 관하여 살펴보는 것이다. 독자는 그 동안 문학 연구에서 아예 무시되거나 단지 부분적인 차원에서만 언급되어 왔다. 문학 연구의 최종 목표가 작품의 이해와 해석에 있는 것이니 만큼 문학 연구가 작품에 집중되는 것은 지극히 당연한 것이다. 그러나 문학 작품이 연구자나 비평가들에게 연구되고 해석되기 위해서가 아니라 독자를 위해서 씌어지는 것이며, 항상 독자들의 능동적인 참여를 전제로 하고 있다는 점에 우리는 우선 주목할 필요가 있다. 특히 정치적 격변기였던 미소분할기에 와서 대중운동의 일환으로 창작된 작품들은 그 어느 시기의 문학 작품들보다 독자 지향적이었고, 또

문학 작품의 의미는 새로운 관점과 이질적인 측면들에 대한 인식을 통해서 더욱 풍요로워질 수 있다는 점에서 독자 중심적 문학 연구는 그 자체로 유의미한 작업일 뿐만 아니라 긴요한 연구 과제라 할 수 있다. 이제까지 기왕의 미소분할기 문학에 대한 연구에서 보여 준 이론적 태도는 암묵적으로 문학 이념과 문학단체운동을 평가의 기준으로 설정한 다음, 이 체계 안에 수용될 수 있는 작품과 논의를 연구하는, 다소 경직된 것이었다. 이럴 경우, 문학 연구는 이미 알려져 있는 사실을 문학 작품을 통해 재확인하는 동어반복적인 연구가 되기 십상이다. 윤영천 교수는 이와 관련하여 "문학운동적 측면이 유달리 강조될 수밖에 없는 당대적 특수성은 마땅히 고려되어야겠지만, 작품해석의 실제에 있어서 그 과도한 개입은 적극 지양되어야" 하며, "자료의 완벽한 정리를 통해서 작품 해석에 보다 충실"[1]하자는 견해를 제시하였다. 그러므로 문제는 역사적 맥락을 놓치지 않으면서도 어떻게 작품 해석에 충실할 수 있겠는가의 문제로 귀결된다. 아무래도 당대의 특수한 시대 상황을 고려해 볼 때 작품 자체에 집중하는 내재적 방법이나 작품 외적 세계에 관심을 갖는 외재적 방법 모두 객관성을 확보하기가 힘들기 때문이다. 이러한 점에서 심미적 인식과 역사적 인식의 간극을, 또는 역사주의와 형식주의의 대립을 넘어서기 위하여 문학 작품이 실현되는 현장인 독자에 주목하자는 수용미학의 제안[2]은 일종의 방법적 모색의 의미를 갖는다.

다음으로 이 시기를 지칭하는 해방기, 해방 직후, 해방공간, 미군정기 등의 용어들 대신 구태여 미소분할기라는 다소 도발적이고 과격한 용어를 선택하고 사용하는 이유에 대하여 살펴보기로 하자.

해방기(1945.8.15~1950.6.25)라는 용어(이하 각각의 용어가 '~이라는 용어'의 의미로 사용될 때에는 고딕으로 표기한다)는 현재 학계에서 가장 널리 통용되고 있는 말이다. 그러나 해방기는 동시대문학의 "다양한 이념적 지향을 섬

---

1) 윤영천, 「8·15 직후의 시」, 『한국근현대문학연구입문』, 한길사, 1990, 191면.
2) 차봉희 편, 『수용미학』, 문학과지성사, 1988, 26~31면.

세하게 반영해주지"[3] 못할 뿐만 아니라 이미 1948년 9월 9일에 이르러서는 새로운 민족국가의 건설과 민족문학의 수립을 위한 미소분할기 문학의 이념과 운동이 동시대문학사에서 더 이상 주도적인 역할을 수행할 수 없었는바 1950년 6월 25일까지 해방기로 설정하는 것은 실상에 부합하지 못하는 무리한 시기 설정이 아닌가 한다.

해방공간(1945.8.15~1948.8.15)을 공식적인 학술용어로 맨 처음 사용한 이는 김윤식 교수이다. 언어 — 특히 그것이 학술용어의 경우에 — 는 단순히 대상을 지시하는 데서 그치는 것이 아니라 언어사용자의 가치판단과 관점을 예각적으로 반영하는 것이라는 점에서 해방공간은 애초부터 근본적인 결함을 가지고 있는 낭만적인 용어라 할 수 있다. 김윤식 교수는 기본적으로 이 시기를 "모든 것이 가능했지만 아무런 가능성도 없던 공간[4]"으로 보는, 이를테면 아주 회의적인 시각을 보여 주고 있다. 그래서 자신은 "밀폐된 공간이며 정지된 시간"[5]을 의미하는 용어로 해방공간을 사용한다고 하였다. 그의 말대로 어쩌면 이 시기는 새로운 미래 건설을 위한 여행을 떠나기도 전에 이미 갈 길이 정해져 있었던 따라서 여행이 아무런 의미를 가질 수 없었던 진공속의 시간들이었는지도 모른다. 그럼에도 해방공간은 자칫 "민족사의 전진적 구심점을 위한 민중들의 비상한 열정"[6]과 고투를 무화시켜 버리고, 이 시기를 역사적 구심점이 없고 역사의식이 무중력 상태에서 표류하던 문학사적 진공기로 오해하게 할 수 있는 위험성을 내포하고 있다.

해방 직후(1945.8.15~1948.8.15)는 해방공간보다는 객관적이지만 지나치게 가치중립적이라는 데 문제가 있다. 그리고 과연 언제부터 언제까지를 직후라고 할 수 있을 것인지 하는, 말하자면 용어상의 외연이 불분명하

3) 윤영천, 앞의 글, 182면.
4) 김윤식, 「해방공간의 문학」, 『해방전후사의 인식』 2, 한길사, 1985, 478면.
5) 위의 글, 491면.
6) 윤영천, 앞의 글, 182면.

고 모호해서 **해방 직후** 역시 시대 구분의 용어로 적절하지 않다. 반면 **미군정기**(1945.8.15~1948.8.15)[7]는 당시의 역사적 상황을 분명하게 나타낼 수 있고, 시기 설정을 둘러싸고 불필요한 논쟁을 예방할 수 있다는 장점을 가지고 있다. 그렇지만 **미군정기**는 애초부터 북한(문학)을 배제하는 용어여서 민족문학의 전체상을 파악하려는 데 적잖은 문제점을 야기한다.

그러면 미소분할기는 어떠한가. 기본적으로 이 시기는 미소의 분할과 대립이라는 국제적 규정력으로부터 전혀 자유로울 수 없었던 시기였다. 1945년 10월 14일 평양에서 열린 김일성 환영대회나 1946년 6월 불거져 나온 이승만의 정읍발언 등은 민족통일과 완전한 자주독립국가수립을 위한 우리 민족의 주체적인 노력과는 별개로 이 시대의 본질과 성격을 적나라하게 보여 주는 대표적인 사건이다. 가령 미국과 소련의 정치적 이익을 대변하는 김일성과 이승만을 제외한 김구의 임시정부 세력, 박헌영 중심의 토착공산주의 세력, 김두봉·김무정의 독립동맹 세력 등 모든 정치 세력들이 합종연횡(合從連衡) 끝에 차례로 역사의 전면에서 탈락하고 결국 미소의 의도대로 분단체제가 성립된 것은 이 시기의 역사적 성격과 본질을 단적으로 보여 주는 것이다. 필자가 확인한 바에 따르면, '미소분할'이라는 용어를 가장 선구적으로 사용한 이는 『중국의 붉은 별』의 작가 에드가 스노이다. 그는 1946년 5월 18일자 『독립신문』에 기고한 자신의 글 「미소동점(美蘇同占)의 조선(朝鮮)의 현황(現況)」이라는 글을 통해서 동시대 한국의 역사적 상황을 '미소동점기'로 규정하면서 한민족이 주체적 역량을 결집하여 진정한 민주주의 국가를 건

---

7) 엄격하게 말해서 미군정기는 미군이 인천에 상륙한 1945년 9월 8일부터 1948년 8월 14일까지 군인이라는 특수한 신분을 가진 집단이 정치권력을 행사한 만 2년 11개월 동안의 시간을 의미한다. 그러나 영향이란 시간적인 것만으로는 설명이 불가능하고, 이미 1945년 8월 15일 일본이 항복하는 순간부터 대한민국 정부가 수립될 때까지 미국의 영향력이 작용하기 시작했다는 점에서 미군정기를 1945년 8월 15일부터 1948년 8월 15일까지로 설정하고 있는 경우가 많다. 여기에 대해서는 진덕규, 「미군정의 정치인식」, 『해방전후사의 인식』 1, 한길사, 1984, 37면을 참조할 것.

설하기 바란다는 요지의 글을 발표한 바 있다. 이상의 여러 가지 상황을 고려해 볼 때 미소분할기는 동시대문학 이념상의 대립은 물론이거니와 민족 분단의 결정적 계기였던 동서의 양극화 현상을 가장 잘 드러낼 수 있는 용어라고 생각된다. 요컨대 ①이 3년 동안의 미소대립과 그것의 현상적 표현이었던 좌우대립이 당시 한국의 정치·경제·사회·문화의 기본틀을 결정하였고, ②우리 현대사와 민족문학의 지형도가 이같은 역사적 조건에 따라 형성되었으며, ③문학 현실이 반드시 정치 현실과 일치한다고 할 수는 없지만, 이 시기의 문학 이념상의 또는 각 문학 세력간의 대립과 반목은 본질적으로 미소의 분할과 대립이라는 정치적 현실에서 기원하는 것이라는 등의 이유에서 이 시기를 미소분할기로 지칭하는 것이 합당하다고 생각된다. 그러나 미소분할기라는 용어는 앞으로 해결되어야 할 몇 가지 과제를 안고 있다. 가령 ①문학 용어로서의 정합성 문제, ②이 용어가 작품적 현실 얼마나 잘 반영해 줄 수 있는가 하는 문제, ③용어상의 몰주체성 문제 등이 그러하다. 그러면 이제부터 이러한 문제들에 대해서 각별히 유념하면서 왜 이 시기를 미소분할기로 규정할 수밖에 없는가, 나아가 동시대문학의 독자지향성이 당대문학에 어떻게 역동적으로 작용하고 있는가의 문제에 관해서 검토해 보고자 한다.

2. 미소분할기 독자의 형성과 존재 양상

근대 독자 형성에 직접적인 영향력을 행사한 주요 요인으로서는 흔히 자국어의 사용, 학교교육, 그리고 인쇄술의 발전 등이 꼽힌다.[8] 근대적 독자의 탄생을 이렇게 사회적 조건에 중심을 두고서 설명하는 방식은 이제 고전적인 방법으로 자리를 잡게 되었거니와, 로베르 에스카르피(Robert Escarpit),[9] 이언 와트(Ian Watt),[10] 임화[11] 등의 경우는 하나의 모범적 사례가 된다.

8 · 15해방을 맞이하자 그 동안 식민지 치하에서 억눌려왔던 민족의식과 온갖 욕구들이 폭발적으로 분출하면서 사회 세력들이 조직화되고, 새로운 사회 건설을 둘러싸고 팽팽한 긴장 관계가 조성되었다. 독자 형성에 절대적인 영향력을 행사한 학교교육 역시 이와 같은 시대 상황으로부터 전혀 자유롭지 못했다. 미소분할기에 있어서도 학교교육은 문자그대로 "독자를 길러내는 온상"[12]이었다. 김호(金乎)[13]에 의하면, 1945년 현재 초등학교가 3,314개교(학생수 2,803,400명), 중등학교가 385개교(학생수 159,950명), 대학교가 24개교(13,827명)였고, 성인층을 대상으로 한 공민학교도 무려 8,703개(777,677명)에 달하였다.[14] 이처럼 미소분할기는 정치의식만이 뜨겁게 불타올랐던 것이 아니라 교육과 배움에 대한 열정 또한 대단했던 시기였다. 그러나 우리 민족이 비록 일제의 압제로부터 해방은 되었으나 남북한 모두가 미소의 절대적인 영향하에 놓이게 됨으로써 한국교육의 주체성이 크게 약화되고 말았다. 이러한 저간의 사정을 웅변으로 말해 주는 것이 바로 미군정청의 「신교육방침」(미군정청 법령집

---

8) 홍정선, 「근대시 형성과정에 있어서의 독자층의 역할 연구」, 서울대 박사논문, 1992, 13~26면.
9) 로베르 에스카르피, 임문영 역, 『책의 혁명』, 보성사, 1985.
10) 이언 와트, 『소설의 발생』, 열린책들, 1988, 50~78면.
11) 임화, 「개설신문학사」, 『조선일보』, 1939.12.5~27.
12) 홍정선, 앞의 글, 27면.
13) 김호는 이승만 계열의 인물로 자신의 왕성한 사회 활동의 경험을 토대로 하여 정치 세력의 갈등에서 교육 문제에 이르기까지 해방정국의 모든 국면을 치밀하게 기록, 정리한 『해방조선』이라는 저서를 펴낸 인물이다. 8 · 15해방 이전까지 그의 사회 활동은 주로 미주지역에 국한된 것이었으나 1945년 8월 15일 이후, 동년에는 조선파견 대표단 위원을, 1947년에는 남조선 과도입법위원회 위원을 역임하였을 정도로 그는 해방정국의 전모를 소상히 파악할 수 있는 위치에 있었다.
14) 김호, 『해방조선』, 미주 하와이 재미한족연합위원회 집행부, 1948, 221~222면.

제6호, 1945.9.25)이다. 미군정 당국의 교육전략은 미국 국익 우선의 원칙 아래 여기에 부합되는 교육체제를 확립하고, 미국식 민주 이념을 관철 시키는 한편, 미국식 교육 방법과 이론을 한국교육에 도입·정착시키는 것이었다. 1946년 3월 30일에 이르러 미군정 당국은 자신들의 허가를 받지 않은 학교를 모두 폐쇄시키고 나아가 "전국 각지에서 범민족적으로 추진되던 문맹퇴치운동을 사회주의의 확산으로 여기고 금지시킬 만큼 이데올로기적인 편향성을 드러내"[15]고 있었다. 우리 민족의 감정과 자주성 등에 대한 배려가 없이 식민지 교육 기구인 조선총독부 학무국 을 그대로 접수하여 활용하는가 하면, 1946년 6월 19일에 발표된 「국립 서울종합대학안」[16]에서도 알 수 있듯이 그들의 관심은 오직 "민주주의 교육 실현=반공의식 고취=민족의식의 함양"[17]이라는 자신들의 의도 와 이념을 교육의 영역에서도 관철시키고자 하는 데 있었던 것이다. 이 러한 사실은 1946~47년에 시행된 초·중·고등학교의 교과 과정에서 도 거듭 확인된다. 사회·음악·공예 등 교양과목이 강화된 것은 분명 주목되어야 할 사항임에 틀림없으나 한국사가 교과 과정에서 아예 배 제되고 있거나 외국어(특히 영어)가 국어와 동일하게 5시간으로 배정되는 등 민족교육의 자주성이 크게 침해당하고 있는 실정이었다. 남한의 경

---

15) 한국교육연구소, 「해방공간의 교육과 교육세력의 갈등」, 『한국교육사』, 풀빛, 1993, 439면.

16) 1946년 중반부터 이듬해 1947년 중반에 이르기까지 지속된 이른바 '국대안사건'은 전국적으로 엄청난 파문을 불러일으켰다. 국대안의 주요 내용은 경성제국대학을 모체 로 하여 시울 시내와 근교에 분산되어 있었던 관·공립고등교육기관을 통합하여 국립 서울대학교를 창설한다는 것이었다. 국립대학교는 당연히 신생 독립국가의 교육정책 의 중심에 해당하는 것으로 식민지 교육의 잔재가 완전히 청산된 자주적인 민족의 대 학이 되어야 하는 것임에도 불구하고 미군정은 이 같은 민족의 열망을 저버리고 중앙 집권적인 교육통제를 강화하여 교육과 대학을 미국의 이념과 제도를 재생산하는 기구 로 활용하고자 하였던 것이다. 여기에 대하여 좌파와 양심적 민족주의 세력이 거세게 반발함으로써 세칭 '국대안사건'은 엄청난 정치적 파장을 불러일으켰다. 이상은 손인 수, 『미군정과 교육정책』, 민영사, 1992, 365~406면.

17) 위의 책, 445면.

우에는 이처럼 교양교육이 강화되고는 있었을지언정 미국의 이념을 선전하고 사회주의 이념의 확산을 차단하고자 하는 파행적 교육이 진행되고 있었다.

미군정청의 이 같은 파행적 교육정책에 대해 즉각적으로 반기를 들고나선 세력은 조선교육자협회와 민주주의민족전선(이하 민전으로 약칭)의 외곽단체들이었다. 조선교육자협회는 1946년 2월 17일 경성제국대학 법문학부 강당에서 좌파 세력과 진보적 민족주의 세력이 연합하여 결성한 교육운동단체로 주로 교육 일선에 있는 교육자체단체들에 대한 지원사업을 벌였다.[18] 민전의 핵심 세력인 남노당의 교육 이념과 정책은 매우 급진적인 것이었다. 그들은 대중교육·의무교육·무상교육을 정책의 최우선 목표로 설정하고, 교육의 이념과 내용을 "① 계급주의·가족주의·개인주의 철폐, ② 봉건사상·국수주의·관념주의를 극복한 과학교육, ③ 이론과 실천을 통합한 실천교육"[19]에 두는 등 미군정의 교육정책과 정면으로 맞부딪치고 있었다. 남노당의 이러한 교육운동은 광범한 예비독자라고 할 수 있는 학생층과 지식층에 커다란 영향을 끼치게 되었고, 이에 따라 청년학생운동은 정치운동·교육운동·문학운동 등과 보조를 맞추며 급속도로 발전하게 되었다.

미소분할기의 역사적 과제는 이 땅에서 외세의 간섭이 없이 독자적인 민족국가를 건설하는 것이었다. 폭넓은 대중적 지지기반의 필요성을 절감하고 있었던 당시의 정치 세력들은 자연스럽게 행동력과 지식을 갖춘 청년학생에게 눈길을 돌리게 되었고, 청년학생운동을 조직적인 정치운동에 참여시키기 위한 다양한 시도를 감행하기에 이른다.[20] 8·15 직후 급격한 정세의 변화로 인해 개학이 늦어지자 재건파 조선공산당

---

18) 위의 책, 454~455면.
19) 위의 책, 462면.
20) 한국역사연구회 근현대청년운동사 연구반, 「해방직후 청년의 초기 국가건설활동」, 『한국근현대청년운동사』, 풀빛, 1995, 534~535면.

240
한국문학·대중문학·문화콘텐츠

은 신속히 학생층의 공략에 발벗고 나서게 된다. 조선문학건설본부의 핵심분자인 김남천이 1945년 8월 18일 조선공산주의청년동맹을 결성하고 의장에 취임한 것21)은 당시의 좌파 세력의 청년학생들에 대한 관심의 정도를 나타내는 징표이다. 이처럼 좌파는 학생운동이 본격화되기 전부터 청년학생층에 대하여 지대한 관심을 보이고 있었다. 이후, 청년학생운동은 급속도로 발전을 거듭하게 되고, 드디어 1945년 12월 11일 「조선청년총동맹」을 출범시키기에 이른다. 결성대회는 천도교대강당에서 12월 11일부터 13일까지 3일에 걸쳐 진행되었고, 전국 13개도 20개시 192군을 대표하는 대의원 639명 중 602명이 참석하는 성황을 이루었다. 대회의 명예의장으로 여운형 · 김무정 · 김원봉 · 김일성 · 박헌영 등이 추대되는 등 좌파가 청년학생운동에 깊숙이 개입하게 되자 위기의식을 느낀 우파에서도 즉각 청년학생의 조직화 작업에 착수하였다. 그 결과 우파에서는 조선대동단결본부 · 유학생동맹 · 국민당청년부 · 고려청년당 · 애국동지회 · 무궁회 · 상록회 · 동북청년회 · 양호단 · 북선청년회 · 자유청년동맹 등을 통합하여 1945년 12월 21일 우익청년단체의 전국적인 엽합조직인 「대한독립촉성전국청년단체총연맹」을 결성하기에 이른다.22) 미소분할기는 이와 같이 치열한 정치투쟁의 시대였고, 미소분할기의 주요 독자라 할 수 있는 교육운동과 학생운동은 정치운동의 변화를 그대로 반영한 채 각 정파의 이해 관계에 따라 형성되고 재편되는 특이한 양상을 보여 주고 있었다. 이러한 과정을 거쳐 형성된 신세대 독자층과 해방 이전의 독자층, 그리고 읽는 것보다 듣는 것에 익숙한 청중적 독자가 한데 뒤엉켜 있었던 것이 바로 미소분할기 독자들의 존재 양상이었다.

　독자들의 존재 양상과 함께 반드시 검토되어야 할 사항은 독자들의 구매 능력에 관한 것이다. 1945년 11월 17일자 『대공일보』에 따르면, 당

---

21) 위의 책, 535면의 주 29를 참조.
22) 위의 책, 576~577면.

시의 물가는 고추 한 근에 40원, 토란 한 근에 5원, 배추 한포기에 3~5원, 감자 한 관에 6원, 고구마 한 관에 4원 50전 정도[23]였고, 쌀 한 말에 38원, 찹쌀 한 말에 68원인 것으로 기록되어 있다.[24] 당시 『백민』이 30~60원이었고, 『8 · 15 이후 방송소설걸작집』이 30원, 김영석 등이 번역한 구레하라 고레히토(藏原惟人)의 『예술론』이 무려 270원이었음을 감안해 볼 때 문학작품이나 교양서를 살 만한 구매 능력을 가진 독자들이 지극히 제한적일 수밖에 없었음을 알 수가 있다. 우리가 흔히 대중적으로 널리 보급되었을 것으로 생각하는 '야담류'도 권당 30원 이상을 호가하고 있었던 만큼 당시 대부분의 문학 독자들은 책을 빌려보거나 또는 다른 사람이 책을 낭독하는 것을 듣는 청자 단계의 독자들이 압도적 다수였을 것으로 짐작된다. 그러므로 문학이 비록 그 존재론적 조건상 만인의 것[25]이고, 또한 당시의 작가들이 문학의 대중화를 열망하고 있었다고 하더라도 실제로 당대의 문학과 독자들 사이에는 현격한 거리가 있었으며, 소수의 지식인들에 의한 창작과 수용이 주류를 이루고 있었을 가능성이 크다고 하겠다.

3. 독자를 통해서 본 미소분할기 문학

미소분할기는 격렬한 정치투쟁의 시대, 비평의 시대였다. 이 시대 문학이 비록 민족문학의 건설과 문학의 대중화를 향한 뜨거운 모색의 열정을 보여 주고 있었다고 할지라도 그것은 어디까지나 정치의 시녀이

---

23) 『대공일보』, 1945.11.17.
24) 위의 신문, 1945.11.20.
25) 김인환 · 성민엽 · 정과리 외, 『문학의 새로운 이해』, 문학과지성사, 1996, 4면.

기를 자처했던 정치학의 언어들이었다. 당시 문학운동에서 선편을 잡은 단체는 임화·김남천·이원조·이태준 등이 중심이 된 「조선문학건설본부」 세력이었다. 그들은 현단계가 부르주아민주주의혁명 단계인 만큼 문학운동도 인민적 신문화 건설을 목표로 해야 한다고 주장하면서 민중연대성을 문학의 이념적 원리로 제시하였다.26) 그들은 인민문학론27)에서 민주주의민족문학론28)으로 다시 인민적 민주주의민족문학론29)으로 이어지는 일련의 과정을 통해서 사회주의문학운동에서 흔하게 목격되는 민족이란 개념의 부재 내지 약화 현상을 극복하고 계급에서 민족으로 사유의 중심이 이동되는 발전적인 측면을 보여 주기도 하였다. 그러나 한 시기의 혁명단계를 논의하고 규정하는 것은 이미 문학적 논의를 넘어서는 정치적인 논의이고, 그들의 민족문학론의 핵심을 이루고 있는 인민성 또한 정치적 필요에 의해 제기된 전술적 용어의 성격이 강하다는 점에 주목할 필요가 있다. "정치의 우선법칙은 자기생존"이라는 브루스 커밍스의 말대로 당시 모든 이들의 지상최대의 관심사는 문단 장악을 위하여 문학 단체를 결성하고 문학 이념을 정립하는 것보다는 일제의 패퇴로 인해 생겨난 정치적 헤게모니를 누가 장악하느냐 하는 것과 어떻게 자신들의 정치적 영향력을 유지하고 강화시켜 나갈 수 있겠느냐 하는 데 있었다. 가장 발전된 형태의 민족문학론을 보여 주었던 임화·이원조·김남천 등의 비평적 논의들도 따지고 보면, 1945년 9월 25일에 발표된 조선공산당의 「8월테제」와 민전의 혁명운동 노선의 연장선상에, 또는 문학의 외피를 쓴 정견발표에 가까운 논설들이었다. 좌파 가운데서 비교적 개방적이고 유연한 태도를 보여 준 민전은 그 이름에 걸맞게 각 정파와 사회단체를 망라한 거대한 정치연합조

---

26) 최원식, 「민족문학론의 반성과 전망」, 『민족문학의 논리』, 창작과비평사, 1982, 351~57면; 하정일, 「해방기 민족문학론 연구」, 연세대 박사논문, 1992, 20~29면.
27) 임화, 「현하의 정세와 민족문화운동의 당면임무」, 『문화전선』, 1945.11.15.
28) 임화, 「민주주의민족전선」, 『인민평론』, 1946.3.
29) 청량산인, 「민족문학론」, 『문학』, 1948.8.

직이었다. 민전은 1946년 2월 15일부터 16일까지 종로 기독교청년회관 대강당에서 결성식을 갖고 민족 문제 해결, 민주주의 수립, 경제건설, 토지 문제 및 8시간 노동제 확립, 문화건설, 민생 문제와 식량 문제 해결을 실천강령으로 채택하였다.[30] 여기서 특히 우리의 눈길을 끄는 부분은 민전의 문학에 대한 관점이다.

> 민주문화란 것은 조선인민을 위한 민족문화를 말함이니 즉 민주주의민족문화이다. 현대문화건설에 있어서 과학을 적극적으로 장려하고 예술부분에 대한 민족의 창의성을 발휘하여 문맹퇴치, 계몽적 민중문화에 대하야 노동대중의 이익을 주요로 하는 경제적 정치적 건설과 보조를 맞이어 (……)[31]

민전은 이처럼 문학의 수단적 가치만을 강조하고, 문학을 선전부의 하위조직에 편입시킬 정도로 문학의 상대적 자율성이나 예술적 가치에 대해서는 거의 배려하지 않았다. 이것은 우리가 알고 있는 것과 달리 동시대의 문학의 현실적인 힘과 위상이 그렇게 대단할 것이 없는 아주 미미한 것이었음을 보여 주는 것이다. 이러한 사정은 북한의 경우에 있어서도 별다를 것이 없었다. 해방 직후부터 북한정권의 수립까지 북한의 정권기관의 변천 과정은 ① 소련군 진주 이전의 자생적 조직기, ② 소련군 진주 후에 조직된 인민정치위원회, ③ 5도행정국 시기(1945.11.19~1946.2.8), ④ 북조선임시인민위원회(1946.2.8~1947.2.21), ⑤ 북조선인민위원회(1947.2.21~1948.9.9), ⑥ 조선민주주의 인민공화국 등 크게 여섯 단계로 나눌 수가 있다.[32] 북한에서 중앙집권화가 이루어진 것은 ④의 시기로, 이때부터 김일성 일파의 동북항일연군 세력[33]을 중심으로 한 북조선 임

---

30) 민주주의민족전선 선전부, 『민주주의민족전선 결성대회 회의록』, 조선정판사, 1946. 2.25, 28~29면.

31) 위의 책, 36면.

32) 김용복, 「해방직후 북한인민위원회의 조직과 활동」, 『해방전후사의 인식』 5, 한길사, 1989, 182면.

33) 김준엽·김창순 외, 『한국공산주의운동사』 5, 청계연구소, 1986, 52~56면.

시인민위원회(1946.2.8~1947.2.21)가 정국을 주도하게 된다. 소련의 절대적인 지원을 등에 업고 있었던 북조선 임시인민위원회는 당시의 혁명운동의 성격을 반제 반봉건 민주주의 혁명으로 규정하고, 민주국가건설과 토지혁명을 구체적 실천과제로 설정해두고 있었다. 이러한 혁명운동론은 1946년 3월 25일에 결성된 북조선문학예술총동맹[34]의 문학론과 윤세평의 평론에 곧바로 수용되고 있다. 윤세평은 「신민족문화 수립을 위하여」(『문화전선』, 1946.11)라는 글을 통해서 현 단계 문학운동의 내용을 민족해방과 토지혁명으로 규정하는 북조선임시인민위원회의 방침을 그대로 직역하고 있다.

미소분할기는 이처럼 문학이 정치의 메가폰이고자 했던 정치 우위의 시대, 또는 문학적 실천보다는 정치적 실천이 우선되는 정치의 시대, 정론적 비평의 시대였다. 독자는, 물론 감추어지고 지워진 존재였다. 강렬한 독자지향성을 가지고 있었으되, 독자를 객체화하는 모순의 시대가 바로 이 시기 문학의 특징이다. 당시의 지도비평에서 허다하게 목격되는 독자들에 대한 모순된 관점, 말하자면 독자대중을 변혁의 주체로 인정하고 강렬한 독자지향성을 보여 주고 있었으면서도 독자를 진정한 주체가 아닌 이념적·문학적 교화의 대상으로 간주하는 모순, 바로 이 모순이 미소분할기 문학을 규정하고 있는 모순이다. 이처럼 미소분할기의 독자는 구호적 주체였지 실제로는 영원한 객체일 수밖에 없었던 타동사적 존재였다.

① 그러면 민족의 힘을 구체적인 생활면에서 창조하며 계승하며 발전시킨 전통적인 부대는 누구냐? 오인은 서슴치 않고 그는 노동자 농민 근로대중이었다고 외치는 바입니다. (…중략…) 그러나 노동자 농민을 생각하면서도 노동자의 생활과 농민의 생활을 잊어버린 비극이 이 가운데서 배태되었으며

---

34) 북조선문예총의 문학론과 문학운동에 대해서는 장노현, 「북조선문예총의 초기 문학운동에 대한 연구」(한국정신문화연구원 석사논문, 1993)를 참조할 것.

대중과 유리된 문화의 고고로운 기형이 도한 이 가운데서 산출되었다는 것을 누가 부인할 수 있는 일이겠습니까? 실로 오늘 우리의 민족문화는 광범한 인민대중주의 기초 위에서 양양한 전도를 개척하기 위하여 지금 바야흐로 농촌이나 공장들을 기타의 모든 기업장을 고향으로 하여 현주소로 하며 또는 발상지로 한 생신한 문화의 창조를 절실히 대망하며 염원하고 있다고 생각되어 집니다.[35]

②여기에 偉大한 感化力을 가진 教師요 指導者로서의 文學家의 啓蒙的 役割을 생각할 수 있는 것이오 (…중략…) 그러므로 오늘날 朝鮮에 있어서 文學家의 啓蒙的 役割의 焦點은 한마디로 말하면 文學作品을 通한 朝鮮 人民大衆의 社會敎育에 關한 問題라고 할 수 있는 것이다.[36]

당시에 간행된 『신천지』·『예술조선』·『문학』·『대조』·『백민』 등의 주요 문예지와 종합잡지를 보면, 『백민』을 제외한 그 어떤 잡지도 독자투고란이 없었거나 독자가 문학에 직접 참여할 제도적 장치를 전혀 갖추어놓고 있지 않았다. ①과 ②를 통해서 알 수가 있듯이 이 시기를 대표하는 진보적인 평론가들조차 대중추수주의 또는 시혜주의적인 태도에서 크게 벗어나지 못하고 있었다. ①의 경우처럼 대중을 역사의 주체로 인정하고 있으나 대중은 반드시 급진적 엘리트들의 지도하에서 참다운 변혁 주체로 거듭날 수 있다는 식의, 즉 독자를 불완전한 주체로 보는 관점과 ②의 경우처럼 노골적으로 대중을 계몽의 대상으로 간주하는 엘리트주의적 관점을 보여 주고 있다. 이런저런 한계에도 불구하고 그들의 독자지향성은 창작상에 있어서 상당한 성과를 이루어냈는바 행사시와 낭독시는 대표적인 예라 할 수 있다. "행사시는 집회에 참여한 대중의 의식을 고양시키고자 하는 목적으로 씌어진 낭독시"[37]이다.

---

35) 안함광, 「민족문학론」, 『현대문학비평자료집』 제1권(이선영·김병민·김재용 편), 태학사, 1993, 16~17면.
36) 정종석, 「문학자의 계몽적 역할」, 『문학』, 1947.4, 19~20면.
37) 이기성, 「해방기 신진시인 연구」, 이화여대 석사논문, 1991, 57면.

정치집회가 유달리 잦았던 미소분할기에 와서 좌파문인들에게 효과적인 대중운동수단으로 각광을 받은 이 행사시는 현장성을 바탕으로 시인과 독자의 거리를 좁히고 나아가 광범위한 대중적 공감을 창출해 내고 있다는 점에서 이데올로기의 반영과 선전에만 집착하여 시적 긴장을 잃은 카프시대의 개념적 서술시와는 확연하게 구별된다. 1946년 9월 1일 훈련원 광장(지금의 동대문운동장)에서 십만 관중을 열광시킨 유진오의 「누구를 위한 벅차는 우리의 젊음이냐」는 행사시의 한 전형으로 평가받고 있다.[38] 이 때문에 유진오는 미군정청 포고령 위반 혐의로 투옥되기에 이르는데, 이는 행사시의 대중적 영향력과 위력을 보여 주는 것이라 할 수 있다.

> 눈시울이 뜨거워 지도록
> 두팔에 힘을 주어 버티는 것은
> 누구를 위한 붉은 마음이냐?
>
> 깨어진 굼조각은
> 떨리는 손으로 주어모아
> 歷史가 마련하는 이 國土우에
> 옛날을 찾으려는
> 저승길이 가까운 슈監님들이
> 주책없이 중얼거리는 잠꼬대를
> 받아들이자는 우리의 젊음이냐
>
> 倭놈의 씨를 받어
> 소중히 길르든 무리들이
> 이제 또한 모양만이 달러진
> 새로운 ×××의 손님네들 앞에
> 머리를 숙여

---

38) 「소식과 통신」, 『문학』, 1946.11, 143면.

生命과 財産과 名譽의
積善을 빌고 있다.

　　누구를 위한 벽차는 우리 젊음이냐
　　　　　　──「누구를 위한 벽차는 우리의 젊음이냐」의 부분39)

　　유진오의 「누구를 위한 벽차는 우리의 젊음이냐」는 미소분할기에 있어서 압도적 다수를 이루고 있었을 청중적 독자에게 친숙한 3음보의 율격을 보이고 있다. "누구를 위한/ 벽차는/ 우리의 젊음이냐", "떨리는/ 손으로/ 주어모아", "주책없이/ 중얼거리는/ 잠꼬대를" 등의 시행을 통해서 알 수 있듯이 호흡과 의미가 정확하게 3등분되고 있으며 누구나 다 공감할 수 있는 현실 문제를 다루고 있다. 나아가 유진오는 서정 주체를 일인칭 복수 '우리'로 설정, 시인과 독자의 거리를 좁히고 있을 뿐만 아니라 이념을 매개로 한 논리적 설복의 과정을 생략, 청중의 감정에 직접 호소하여 시의 선동적 측면을 한층 강화하는 모습을 보여 주고 있다. 행사시는 이처럼 현실적 경험의 세계를 소재로 하되, 대중들에게 친숙한 전통적인 3음보의 율격을 채택하고, '우리'라는 집단적 서정 주체를 통해서 민중들의 정서를 조직화하고 대중과 긴밀한 연대성을 추구하고 있었다.40) 그러나 일부 시인들의 독자대중에게 다가가려는 시적 노력은 점차 격렬해져 가는 좌우대립 등 문학외적 상황이 악화되어 더 이상 발전되지 못하고 하나의 시적 가능성을 보여 주는 데서 그치고 말았다.
　　한편 감격과 혼란과 기대와 불안으로 가득했던 시대 상황에도 불구하고 독자가 꾸준히 성장을 거듭하고 있다는 기록도 발견되고 있어서 우리들의 관심을 끈다.

---

　39)『전위시인집』, 노동사, 1946, 66~67면.
　40) 이기성, 앞의 글, 65면.

3월 중 국립 도서관 열람자의 총수는 2만 2천 2백 80명에 달하고 있어 서울시민의 높아가는 독서열을 반영시키고 있다. 이것을 남녀별로 보면 남자가 2만 1천 2백 28명, 여자가 1천 5백 1명으로 단연 남자의 수가 압도적으로 많으며 대출도서수에 나타난 경향은 아래와 같다.

1위 문학·어학 3113회, 2위 의학·이학 3036회, 3회 예술·산업 1819회[41]

위의 인용문에서도 알 수 있듯이 미소분할기가 정치적 혼란기이기는 했지만, 동시대의 문학 현실은 우리의 생각과 많은 차이가 있었음을 보여 주는 것이라 할 수 있다. 국립도서관의 이용자가 2만여 명을 상회한다는 것은 당시의 상황에 비추어 특기할 만한 일임에 틀림없다. 그러나 최신작들이 곧바로 진열되는 지금의 상황과 현격한 차이가 있었을 당시의 도서관 수준을, 또한 읽는 독자와 청중적 독자와 이념적 독자가 혼재되어 있었던 당시의 상황을 종합적으로 고려해 보건대 아마도 당대의 본격문학보다는 세계명작, 고전, 일제강점기 때에 출판된 도서들이 대출과 소장의 주류를 이루었을 것으로 짐작된다. "종히값 인쇄비가 고통한 이 때에 잡지 발행이 지극히 어려운 문화사업이란 것은 사호(四號)를 내노으면서 더욱 느꼈습니다"라는 『백민』편집자의 하소연에 가까운 토로와 같이 이 시기는 용지난이 극에 달했던 열악한 시대였고, 작품창작 또한 대작이나 장편보다는 기동성이 뛰어난 시와 단편소설 그리고 정론적 비평이 주류를 이루었던 시대였다. 이로 미루어 볼 때 동시대 일반독자들의 문학 행위는 각 문학운동단체들의 기대와 달리 주로 고전이나 해방 이전에 발표된 작품들을 중심으로 이루어졌을 가능성이 크다고 하겠다. 실제로 극소수의 세련된 독자들 제외한 일반적인 독자들은 문학보다는 오히려 친일파 숙청, 적산처리, 토지분배, 물가안정 등과 같은 현실적이고 정치적인 문제에 보다 많은 관심을 가지고 있었다.

---

41) 「문학 어학이 수위–국립도서관 3월 중 독서경향」, 『독립신문』, 1947.4.10.

팔월 십오일 이후 이곳 함흥은 아주 딴세상이 되었다는 것은 풍편에 들어서 아실줄 압니다. 소련군이 들어오면서 우리 조선 사람은 그들과 힘을 합해서 일본군의 무장해제를 하고 곧 함흥인민위원회가 조직되어 보안대를 맨들어서 치안을 확보할 수 있었습니다. 그리고 함흥의 모든 일인의 착취기관과 관공서와 일인의 재산 등은 조선인의 손으로 들어오고 말았으며 행정(行政)은 인민위원회에서 맡아보게 되었습니다. (……) 우리 전 함흥시민들은 하루라도 빨리 우리의 정부가 수립되고 三十八도 경계선이 없어지기를 바라고 있습니다. 三十八도 경계선으로 인해서 교통이 두절되고 국내통일, 물가안정 등에 다대한 지장이 있기 때문입니다.

一九四五, 十一月 一日 최세조 올림[42]

최세조라는 『백민』의 구독자도 작품 감상과 잡지에 대한 구독 후기(購讀後記) 대신, 8・15 직후 북한 정치 상황을 소개하면서 하루빨리 자주적인 통일정부가 수립되어 안정된 생활을 했으면 좋겠다는 자신의 희망사항을 말하고 있다. 그는 북한에서 도주한 반민족행위자들이 서울의 부르주아지, 악질 통역관들과 함께 정치운동을 하고 있는 당시의 현실에 대하여 매우 비분강개하면서 과거의 부정부패를 청산하자고 주장한다. 또 서울에 살고 있는 H生이라는 어느 익명의 독자는 좌우파할 것 없이 모두 나라를 위해서 견마의 노력을 아끼지 않는 이 중요한 시기에 화창한 날씨에 도취되어 나들이하러 다니는 사람들이 매우 못마땅하다고 하면서 정파를 초월하여 공명정대한 투표를 통해서 참된 민족의 지도자를 선출하자고 주장한다.[43]

최세조와 H生은 잡지에 자신의 소감을 적어보낼 만큼 매우 적극적인 독자이다. 최세조와 H生의 글만을 가지고서는 미소분할기 독자의 현실과 문학에 대한 인식의 전모를 파악할 수는 없다. 그러나 이들은 자신의 입장을 개진할 정도로 적극적인 독자들이고, 어떤 측면에서 당대의 독

---

42) 「독자통신」, 『백민』, 1945.12, 51면.
43) 「독자통신」, 『백민』, 1946.6, 61면.

자들의 입장과 태도를 대변하는 대표적 개인으로 볼 수 있다. 미소분할기의 적극적인 독자들은 이처럼 당대의 정론적 비평가들과 마찬가지로 문학보다는 하루가 다르게 급변하는 현실정치에 깊은 관심을 가질 정도로 현실정치에 대하여 매우 민감하게 반응하고 있었다. 이것은 미소분할기가 문학의 시대가 아닌 격렬한 정치의 시대였음을 보여 주는 것이다. 이것이 바로 우리가 1945년 8월 15일부터 1948년 9월 9일까지 만 3년여의 기간을 미소분할기로 불러야 하는 또 다른 이유이기도 하다.

4. 결론에 대신하여

독자와 독자의 작품 이해를 문학 연구의 주요 대상으로 하는 수용미학이 새로운 문학연구방법론으로 주목을 받기 시작한 것은 1967년 4월 13일 콘스탄츠 대학 취임 연설에서 한스 로베르트 야우스(Hans Robert Jauß)가 「문예학의 도전으로서의 문학사」를 발표하면서부터이다. 야우스를 위시한 콘스탄츠 학파의 문학이론이 우리 학계에 처음으로 소개된 것은 1977년의 일이다. 차봉희 교수는 동년 10월 『문학사상』에 기고한 논문 「수용미학이란 무엇인가」를 통해서 형식주의 예술론과 맑스주의 예술론의 대립을 수용자의 심미적 체험 연구를 통해서 극복하자고 주장하면서 앞으로 수용미학을 새로운 문학연구방법론으로써 적극 활용하자고 제안하였다. 그럼에도 이제까지 수용미학은 국문학 연구에서 제대로 활용되지 못하였다.[44]

---

44) 독자 중심적 연구를 수행한 대표적인 연구 성과로서는 오타니(大谷森繁)의 「조선후기 소설독자 연구」(고려대 박사논문, 1985)와 홍정선의 「근대시 형성과정에 있어서의 독자층의 역할」(서울대 박사논문, 1992)을 꼽을 수 있다. 그러나 오타니의 연구는 이언

그것은 대체로 두 가지 이유에서 기인한다. 우리 국문학연구사의 특수성45)이 그 하나이고, 수용미학이 가지고 있는 이론적 결함이 다른 하나이다. 수용미학의 이론적 결함은 다시 세 가지로 정리할 수 있다. ① 여러 가지 긍정적인 측면에도 불구하고 수용미학의 범주에 넣을 수 있는 것이 한정이 없다는 점, ②지나치게 상대주의적이어서 객관적 평가기준을 세우기가 어렵다는 점, ③ 독자의 반응을 확인할 수 없는 경우, 그것은 수용자에 대한 연구가 되기보다 연구자 자신의 반응에 대한 연구로 환원될 수 있다는 점 등이 그것이다. 실제로 필자 역시 이 글을 준비하면서 이러한 문제로 많은 애로를 겪어야 했다. 그래서 동시대 독자들의 반응을 확인할 방법이 없었기 때문에 이 글에서는 독자들의 반응이 집약되어 있으리라고 생각되는 각 잡지의 '독자투고'를 적극적으로 활용하는 한편, 이 시기 문학의 강렬한 독자지향성이 문학에 어떻게 역동적으로 작용하고 있는가 하는 점과 아울러 독자에게 강한 영향을 행사했을 것으로 여겨지는 사회적 조건과 배경에 많은 비중을 두고 논의를 전개하였다. 그 결과, 미흡한 대로 다음과 같은 사실을 확인할 수가 있었다.

　　미소분할기는 격렬한 정치투쟁의 시대였고, 따라서 문학보다는 정치가 절대적인 우위에 서는 정치 우위의 시대였다. 이러한 사실은 당시의 시나 비평에서 확인해 볼 수가 있었다. 요컨대 당시 민족문학론의 가장 발전된 개념으로 주목을 받아 왔던 '인민성' 역시 남노당이나 민전의 정치적 노선과 전술적 필요에서 제기된 것이었지 문학론 자체의 발전

　　와트(Ian Watt)류의 문학사회학에 가까운 것이고, 분명한 방법론적 자각하에서 연구가 수행된 것으로서는 홍정선 교수의 논문을 전형적인 독자 중심적 문학 연구로 볼 수 있다.

45) 그 특수성이란 한마디로 한국문학 특유의 정론성(政論性)이다. 역사적 현실에 대한 문학적 대응으로서의 계몽주의·리얼리즘·민족문학·민중문학 등은 한국 근대문학의 이념과 외연을 규정해 왔던 틀로서 우리문학(연구)이 다른 여타의 방법론과 유파에 대해서 다소 비우호적이고 배타적인 태도를 갖도록 하였다.

으로만 생각할 수 없는 측면이 있었음을 확인할 수 있었다.

독자의 입장에서 미소분할기는 모순의 시대였다. 즉 이 시기의 독자는 구호상의 주체였지 실제상으로는 교화 내지 시혜의 대상에 불과했던 타동사적 존재였다. 예컨대 강렬한 독자지향성을 보여 준 주요 평론가들조차 기본적으로 시혜주의와 엘리트주의에서 벗어나지 못하고 있었으며, 『백민』을 제외한 어느 잡지도 독자투고란 또는 독자통신란 등과 같이 독자에게 보다 가까이 다가가려는 제도적 장치가 전혀 준비되어 있지 않았던 사실이 단적인 예이다.

이 시기 문학의 독자지향성은 다분히 징후적인 것이었다. 행사시 등을 통해서 새로운 문학적 가능성을 보여 주기도 하였으나 좌우대립이 보다 치열해지는 등 문학 외적 상황이 악화되자 일부 시인들의 시에서 보여 준 문학의 독자지향성은 더 이상 발전되지 못하고 말았다.

교육운동이나 청년학생운동을 통해서 확인한 바와 같이 당시의 독자들은 각 정파의 이해 관계와 노선에 따라 형성되고 재편되는 특이한 양상을 보여 주고 있었다.

당시의 물가시세, 독자들의 구매 능력 등을 종합적으로 검토해 본 결과 미소분할기 문학은 당시 독자층의 압도적 다수를 이루고 있었던 민중적 독자에 의해서가 아니라 소수의 식자층에 의한 창작과 수용이 중심을 이루고 있었다.

끝으로 시대 구분의 문제와 용어 문제에 관하여 살펴보았다. 비록 섬세하게 논증하지는 못하였으나 해방기, 해방공간, 해방 직후 등의 가치중립적인 용어보다는 상황을 잘 드러내줄 수 있을 것이라는 판단하에서 미소분할기라는 용어를 사용할 것을 제안하였고, 아울러 이 용어의 사용 가능성에 대해서 검토하였다.

철도와 문학

경인선 철도를 통해서 본 한국의 근대문학

1. 역사적 사건으로서의 경인선 그리고 철도

1899년 9월 18일 오전 9시. 노량진에서 미국제 '모걸(mogul)형(形)' 증기 기관차가 엄청난 굉음을 내며 제물포를 향해 힘차게 질주하기 시작했다. 경인선 열차의 첫 운행과 함께 마침내 한국에서도 철도의 역사가 개막된 것이다. 이튿날인 19일자 『독립신문』은 당시의 개통식 광경을 이렇게 보도하고 있다.[1]

철도개업례식

경인철도회샤에서 어젓긔 개업례식을 거행ᄒᆞᆫᄃᆡ, 인쳔셔 화륜거가 떠나

---

1) 이와 같이 도입부에서 경인선의 등장과 신문보도를 전면에 내세우는 접근 방식은 이미 박천홍이 『매혹의 질주, 근대의 횡단』(산처럼, 2002)에서 시도한 바 있다.

숨개 건너 영등포로 와셔 경셩에 내외국 빈객들을 슈례에 영졉ᄒ여 안치고 오전 구(九)시에 떠나 인쳔으로 향 ᄒᄂᆫ데, 화륜거 구ᄂᆫ 쇼리ᄂᆫ 우뢰 ᄀᆺᄒ야 텬디가 진동ᄒ고 긔관거에 굴독연긔ᄂᆫ 반공에 소소오르더라.

수례를 각기 방 ᄒ 갓새 되게 모드러 여러 수례를 쳘구로 련 ᄒ야 수미상 졉ᄒ게 이엇ᄂᆫ데 수례 쇽은 샹즁하 삼(三)등으로 수쟝ᄒ야 그 안에 배포ᄒ 것과 그 밧긔 치쟝ᄒ 것은 이로 다 형언ᄒᆯ 수 업더라.

수례 속에 안져 영창으로 내다보니 산쳔초목이 모도 활동ᄒ야 듯ᄂᆫ 것 ᄀᆺ 고 나ᄂᆫ 새도 밋쳐 ᄯᆞ르지 못ᄒ더라.

대한 리슈(里數―인용자)로 팔십리(八十里) 되ᄂᆫ 인쳔을 순식간에 당도ᄒ ᄋᆺᄂᆫ대 그곳 명거쟝에 배포한 범졀은 형형색색 황홀 찬란ᄒ야 진실로 대한 사롬의 눈을 놀내더라. (…즁략…)

그 즁에 더욱 가관되ᄂᆫ 것은 인쳔항에 거류ᄒᄂᆫ 일인들이 각기 집에서 국 긔를 셰윗스며 츅슈ᄒᄂᆫ 뜻을 표ᄒ야 유지 졔씨(有志諸氏―인용자)가 연회 쟝에 긔묘ᄒ 불노리ᄒᄂᆫ 여화 이십삼(二十三)발을 보죠ᄒ얏ᄂᆫ대 (…하략…)[2]

주지하듯 인력·축력·풍력 등 자연물의 의존과 구속에서 벗어나 기계를 교통수단으로 활용한 것은 철도가 처음이었다. 우리의 경우, 경인선 개통에 앞선 5월 17일 서대문에서 출발하여 종로와 동대문을 거쳐 청량리에 이르는 전차가 개통되어 이미 운행되고 있었다. 그러나 그 영향력이나 상징적인 의미에서 볼 때 전차는 결코 철도에 비할 바가 아니었다. 앞으로 검토하게 되겠지만, 철도의 등장은 정치·경제·사회·문화 등 거의 모든 분야에 걸쳐 압도적인 영향력을 행사한, 말하자면 그 자체가 일종의 '역사적 사건'이라 할 수 있기 때문이다. 철도가 지닌 이같은 의미가 좀 더 객관화되고 널리 인지되는 것은 한참 뒤의 일이고, 어쨌든 기자도 난생 처음 겪어보는 진귀한 경험에 압도되었는지 기사는 온통 흥분과 놀라움으로 가득하다. '산천초목이 살아 움직이는 듯하고 나는 새도 따라오지 못할 정도로 80리 길을 순식간에 주파하였다'는

---

2) 『독립신문』, 1899.9.19.

▲ 세계 최초로 실용화된 기차 로코모션호의 모형

대목에서 확인할 수 있듯 철도에 대한 동시대인들의 충격과 경이가 어느 정도였는지 짐작할 수 있다.

　여기서 잠시 철도의 기원과 역사에 대해서 살펴보기로 한다. 철도가 1814년 조지 스티븐슨(George Stephenson)이 증기를 동력으로 한 기관차를 발명함으로써 시작되었다는 것은 이미 널리 알려진 바와 같다. 그러나 철도의 기원이 된 증기 기관의 발명이 부족한 목재연료를 대신할 석탄을 채굴하고, 좋지 못한 식량 사정과 값비싼 사료 가격 때문이었다는 사실은 잘 알려져 있지 않은 듯하다. 증기가 동력으로 실용화된 것은 1712년 토머스 뉴커먼(Thomas Newcommen)이 석탄 광산의 물을 퍼내기 위해서 개발한 증기기관이었다.[3] 목재 부족이 석탄의 채굴과 뉴커먼 기관과 같은 증기 기관을 개발하도록 강제했다면, 증기철도의 건설은 사육비가 비싸게 먹히는 말을 대신할 새로운 대체 운송수단을 개발해야 할

---

3) 볼프강 쉬벨부쉬, 박진희 역, 『철도여행의 역사』, 궁리, 1999, 9면.

절박한 상황이었기 때문이다. 한 가지 흥미로운 사실은 아담 스미스 (Adam Smith)도 말 한 마리가 먹어치우는 사료 값이 노동자 여덟 명이 소비하는 식료품 구입비와 맞먹는다는 사실에 주목, 운송용으로 사육되는 말 100만 마리가 증기기관으로 대체되면 그 혜택이 800만 명의 노동자들에게 고스란히 돌아갈 수 있다며 효율적이고 경제적인 증기력의 사용을 적극적으로 옹호하고 나섰다는 것이다.4) 그러나 교통의 기계화와 산업화가 이뤄지기 위해서는 숱한 미결의 기술적인 난제들이 가로막고 있었다.

이러한 상황에서 그때까지 미결 상태로 남아 있었던 기술적인 과제들—기존의 증기 기관의 한계였던 직선 운동을 어떻게 회전 운동으로 전환시킬 것인가, 레일과 차륜 사이의 안정성을 어떻게 확보·구축할 것인가 등—이 속속 해결되면서 1825년 영국이 세계 최초의 철도인 리버풀과 맨체스터 사이를 잇는 노선의 역사적인 개통을 이루게 되었다. 영국에서 철도의 건설과 개통이 성공적으로 이루어지자 미국(1830)·프랑스(1832)·아일랜드(1834)·벨기에(1835)·이탈리아(1837)·멕시코(1850)·인도(1853)·일본(1872) 등 점차적으로 세계의 모든 국가에서 앞을 다투어 철도 건설에 나서게 되고 철도는 그야말로 근대자본주의 발전의 견인차로서 경제와 산업 발전에 엄청난 영향을 끼치게 된다.

그러나 이런 철도가 한국의 문화, 요컨대 문학에 어떤 영향을 끼쳤으며 그 양상은 어떠한지에 대한 연구는 아직도 부족한 실정이다. 비록 정재정에 의해 철도에 대한 방대한 역사학적 접근과 분석5)이 이루어진 바 있고 박노춘·박천홍·조성면·김창수 등 몇몇 논의들이 있기는 하지만,6) 정재정과 박천홍 등의 경우를 제외하고 그나마 존재하는 소수의

---

4) 위의 책, 13면.
5) 이에 대한 연구로서 정재정, 『일제침략과 한국철도 1892~1945』(서울대 출판부, 1999)를 가장 탁월한 성과로 꼽을 수 있다.
6) 물론 철도와 문학, 철도와 문화와의 관련 양상에 대해서 연구가 없는 것은 아니다. 이와 관련된 대표적인 성과로서는 홍이섭, 「내가 보는 철도—사학가가 보는 철도와 문

논의들조차도 학술적인 차원에서의 본격적인 연구라기보다는 평론이나 서평 형식의 짧은 글들이라는 한계를 갖는다. 철도와 문학, 특히 경인선의 등장이 갖는 문화적 의미에 대해서 가장 선구적으로 논의한 이는 최원식 교수가 처음인데, 비록 평론 형식을 빌린 짤막한 글이었지만, 여기에서 그는 후대의 연구자들에게 많은 시사점을 안겨줄 만큼 빼어난 문제의식을 제시해 보인 바 있다.[7] 그러나 한국 최초의 철도였던 경인선이 갖는 정치·경제·사회·문화적인 의미가 무엇인지 등에 대한 기초적인 자료조사와 종합적인 연구는 아직도 많은 부분에서 보완되어야 할 과제로 남아 있다. 따라서 이 글에서는 한국 최초의 철도였던 경인선과 근대문학사와의 관련 양상 및 그 영향 관계에 대해 주목하는 한편, 경인선이라고 하는 새로운 프리즘을 통해서 한국의 근대문학사를 새로운 관점에서 살펴보고자 한다.[8] 이를 위해서 본고는 경인선과 직접적인 관련을 맺고 있는 일제강점기에서 1960년대까지의 작품들을 조사·정리·분석하고 이를 토대로 장차 철도의 등장이 한국 근대문학의 형성 및 발전에 어떠한 영향을 주었는가를 살펴볼 수 있도록 인식론적 기초를 마련해 보고자 한다.

화」, 『철도』, 1964.8; 박노춘, 「철도를 소재로 한 개화기 문학」, 『철도』, 1968.3; 정재정, 「20세기 초 한국 문학인의 철도 인식과 근대문명의 수용태도—최남선·이광수·염상섭·이기영의 경우」, 『인문과학』 7집, 서울시립대 인문과학연구소 편, 2000.2; 박천홍, 앞의 책; 조성면, 「철도는 우리의 삶과 문학을 어떻게 변화시켰는가」, 『한국고속철도』, 2003.1~2; 조성면, 「근대문학 속의 철도와 지하철」, 『한국고속철도』, 2003.3~5; 김창수, 「철도와 기차의 노래」, 『월간손해보험』, 2003.5 등을 꼽을 수 있다.

7) 경인선이 갖는 역사적·문화적 의미에 대해서는 이미 최원식, 「경인선의 문화지리—동인천역의 상상적 복원」(『황해문화』, 1996년 가을)에서 가장 선구적으로 논의된 바 있다.

8) 이와 관련하여 이현식도 "한국문학사의 흐름 속에서 인천이라는 지역이 의미 있는 역할을 한 부분, 그리고 그렇게 해석될 수 있는 지점들을 찾아 제시"하여 인천문학연구의 새로운 지평을 만들어나가자는 제안을 한 바 있다. 이현식, 「지역문학사를 어떻게 이해하고 서술할 것인가」, 『문화도시로 가는 길』, 다인아트, 2004, 39면.

2. 경인선의 역사와 문화

한국 철도의 역사는 1899년 9월 18일 경인선의 개통과 함께 시작되었다. 이런 이유로 철도청에서는 9월 18일을 '철도의 날'로 지정하여 기념하고 있다. 그렇다면, 한국 철도사 나아가 문화사의 분수령이 된 경인선의 역사와 문화적 양상에 대하여 간략하게 검토해 보기로 하자.

"인천에 상륙한 근대"[9]라는 최원식 교수의 표현대로 경인선은 복잡다단한 한국 근대화의 한 축도라 할 수 있다. 그것은 경인선 철도의 부설과 개통 과정에서 보여 준 열강들의 각축과 암투 그리고 철도가 근대자본주의사회 발전의 견인차와 같은 역할을 했다는 점 등 철도의 역사속에는 파란만장한 우리 근대사의 모습이 잘 반영되어 있기 때문이다.

한국에서 철도에 대한 관심이 생겨난 것은 19세기 말, 그러니까 1877년 수신사(修信使)로 일본에 다녀온 김기수가 『일동기유』에 화륜거(火輪車)란 이름으로 기차에 대해서 소개하고 그 중요성을 역설하면서부터였다. 그로부터 꼭 10년 후인 1887년 주미공사 박정양(朴定陽)을 수행하고 돌아온 이하영이 철도 모형을 가지고 돌아오면서 조선정부 내에서도 철도를 건설하자는 논의가 일어나기 시작했다.[10]

이런 상황에서 미국인 사업가 모스(J. R. Morse)는 1891년부터 경인철도 부설권 획득을 위하여 조선정부와 접촉을 시도하였고,[11] 고종 또한

---

9) 최원식, 「경인선의 문화지리」, 『황해에 부는 바람』, 다인아트, 2000, 96면.
10) 한국에서 철도 건설을 둘러싼 역사적 추이에 대한 대표적인 논의로서 정재정의 『일제침략과 한국철도 1892~1945』(서울대 출판부, 1999), 정재정의 「한국철도와 20세기 한국인의 삶」(『박물관 휘보』, 서울시립대 박물관, 2002), 철도청 공보담당관실의 「철도 창설 이전의 철도문제」(『한국철도 100년사』, 철도청, 1999) 등을 꼽을 수 있다. 이밖에 中村進吾의 『朝鮮鐵道四十年略史』(京城 共盛堂, 1932), 龜岡榮吉의 『朝鮮鐵道沿線要覽』(朝鮮拓植資料調査委員會, 1934), 朝鮮鐵道史編纂委員會의 『朝鮮鐵道史』(朝鮮總督府鐵道局, 1937) 등이 한국 철도사의 양상을 살펴볼 수 있는 기초 자료들이라 할 수 있다.

▲ 경인선 기공식 장면.

1892년 모스를 초청하여 이완용과 이하영에게 철도 건설 문제를 논의하게 한 바 있다.[12) 모스는 주한 미국공사 알렌을 통하여 부설권을 획득할 경우, 왕실에 10만 불 그리고 관계대신들에게 5만 불을 상납하겠다는 의사를 타진하기도 했다. 이후 아관파천(俄館播遷) 등의 정치적 변화와 일본에 대한 국제사회의 압력과 견제 등이 작용하여 모스가 1896년 3월 29일 서울과 인천 간의 철도 부설권을 획득하게 된다. 그런데 모스가 철도 부설권을 얻어 내게 된 데에는 뜻하지 않은 행운도 작용했다. 왜냐하면 "경인선은 본래 일제가 군사용으로 계획했던 것"인데, "청일전쟁에서 일본의 승리가 너무 빨라 일찍이 주전장(主戰場)이 압록강을 건너 만주로 되면서 경인선의 군사적 효용이 떨어져 계획이 지연되는 사이에"[13) 벌어진 사태였기 때문이다.

졸지에 모스에게 경인철도 부설권을 빼앗기자 주한 일본공사 고무라 주타로(小村壽太郎)는 당시 외무대신이던 이완용에게 「경인철도 건설의

11) 『한국철도 100년사』, 철도청, 1999, 49면.
12) 한국철도청 홍보담당관실, 『철도박물관도록』, 한국철도, 2002, 20면.
13) 최원식, 앞의 책, 97면.

▲ 1899년 9월 18일 노량진에서 열린 경인선 개통식 장면.

일본 정부 사전 승낙의 필요의 건」이라는 장문의 항의공문을 보내왔다. 요컨대 1894년 8월 20일자로 체결된 '조일잠정합동조관' 제3조를 근거로 일본정부의 승낙이 없이 제3자에게 경인철도 부설권을 양도한 것은 조약 위반이므로 그 계약은 무효라는 것이었다. 이에 대해 이완용은 4월 1일자 답신에서 "잠정합동조관은 문자 그대로 잠정적인 것이므로 이제 효력이 없으며 또한 동 조관 가운데 철도 문제는 조일(朝日)간에만 적용될 성질이 아니며 미국과의 계약은 선약(先約)이기 때문에 구애받을 아무런 이유가 없다"는 요지의 회신을 보낸다.14) 이렇게 치열한 외교적 갈등과 우여곡절 끝에 조선정부와 모스 사이에 계약이 체결되고 이듬해인 1897년 3월 22일 모스는 우각리(牛角里)15)에서 기공식을 거행하였

14) 경인철도 부설을 둘러싼 외교적 갈등과 비화에 대해서는 이현희, 「한국철도개통비사－한국근대화와 경인철도」, 『철도』, 1964.10, 55~56면을 참조
15) 최원식 교수는 기공식이 거행된 우각리는 과거 인천의 도심과 외곽을 가르는 분기

다. 그러나 1898년 전체공정 중 절반 정도가 진척된 상황에서 모스가 자금 문제로 곤경에 직면하자 호시탐탐 철도 부설권을 노리고 있던 일본은 조선정부와는 아무런 상의도 없이 일방적으로 모스와 12월 17일 180만원에 양도계약을 체결, 부설권을 매입하였다.[16]

일본은 모스와의 계약이 체결이 성사된 직후인 1899년 5월 17일 이미 2년 전인 1897년 5월 4일 결성되어 있었던 「경인철도인수조합」을 합자회사로 변경, 시부자와 에이치(澁澤榮一)를 사장으로 하여 등기를 마쳤다. 이후 경인선 철도 건설이 탄력적으로 추진되어 9월 13일 제물포와 노량진을 잇는 총연장 21마일의 노선이 완료되고 임시영업을 개시하였다. 그리고 1900년 6월 한강철교가 준공된 동년 7월 8일 경인간 노선 26.26마일이 완공되고, 같은 해 11월 서대문에서 전통식(全通式)을 거행함으로써 마침내 경인선이 완성되었다. 경인선의 특징은 터널이 없다는 점이며, 아울러 경인간 철도 부설 당시에 투입된 재료는 "철강 1,200여 톤, 벽돌 120만장, 석재 5만개, 시멘트 5천통, 받침목 3천개, 기타 목재 6천재(材)로서, 총공사비는 약 40만원(400만 원의 오기인 듯―인용자)이었으며, 시공일수는 270일"[17]이 소요됐다. 또한 철도의 제원은 "최소곡선반경 6°, 레일은 56파운드, 침목의 두께 6인치, 폭 9촌, 길이 8피트로 하여 1마일 당 약 2,600정(挺)의 비율로 부설하였다."[18]

우여곡절 끝에 철도가 개통되기는 했지만, 경부(1905년 1월) 경의선(1905년 4월, 용산과 신의주 간의 직통운행은 1906년 4월 3일)[19] 등 주요 간선 철도가 완성되기 이전까지 몇 해 동안 경인선의 영업 실적이나 그 영향력은 역

였던 황골고개 근방으로 그 위치를 다음과 같이 추정한 바 있다. "우각리는 오늘날의 창영동이니 기공식 터는 아마도 지금의 도원역 부근으로 짐작된다." 최원식, 『황해에 부는 바람』, 다인아트, 2000, 97~98면.
16) 『한국철도 100년사』, 철도청, 1999, 52면.
17) 위의 책, 53면.
18) 위의 책.
19) 정재정, 「한국철도와 20세기 한국인의 삶」, 『박물관 휘보』, 서울시립대 박물관, 2002, 11면.

▲ 경인선 개통 당시에 운행되던 모걸형 기차의 모형

사적·문화적 지형을 삽시간에 뒤바꿀 만큼 크지 않았다. 아울러 수 천 년 동안 내려온 생활관습이나 여행관습 그리고 배일감정과 비싼 기차 요금 등으로 인해 철도 운영은 몇 해 동안 고전을 면치 못했다.[20]

그도 그럴 것이 경인선의 건설은 일제의 조선침탈을 위한 도구에 지나지 않았고, 그것은 객차의 운행 형태에서도 적나라하게 드러난다. "객실은 3등으로 나뉘어 있었는데 1등 객실요금은 1원 50전으로 외국인"과 귀족들만 이용할 수 있었고, 2등 80전으로 내국인만 그리고 3등실 요금은 40전으로 여성과 서민들이 이용하였다. 이를 당시 물가 시세로 환산해 보면 "면포 한 필이 1원 4전으로 1등실 값보다 더 쌌고", 2등실 요금인 80전은 계란 100개를, 3등실 요금은 40전으로는 닭 두 마리 값과 같았다고 한다. 당시 여인숙의 한 끼 식사대가 5전이었다는 것을 감안해 보면, 일반 서민들이 경인선 이용하는 것은 대단히 어려운 일이었다.[21]

---

20) 박천홍, 앞의 책, 22면.
21) 위의 책.

이와 관련하여 1900년에 나온 「경인철도회사광고문」은 경인선의 초창기 운영 실태는 물론 철도의 등장으로 인한 일상생활의 변모가 어떠했는지를 살펴볼 수 있는 좋은 사례이다.

경인철도회사광고문(京仁鐵道會社廣告文)
1900년

철도는 증기와 기계의 힘으로 여객과 화물을 장차(裝車)하여 육상을 쾌주하는 것이니 경인철도는 즉 경성과 인천 사이 팔십리 간에 포설(布設)한 철도요, 기속(其速)함은 비할 것이 없느니라. 가령(假令) 즉 경성에서 마포・용산에 가고 오는 시각(時刻)이 있으면 인천에 왕래함이 넉넉하고 기비(其費)도 불과 기분(幾分)이니 동문(東門)으로 남문(南門)까지의 교가(轎價)가 있으면 인천에 왕복하겠느니라.

차내는 삼등 구별이 있으되 유리창으로 바람을 막고 교의(交椅)는 안좌(安坐)에 편하고 대소변까지 별방(別房)에 변비(辨備)하니 추호팔차(推戶八車) 즉(則) 우설대풍(雨雪大風)은 인사(客事)아니라. 유유히 안좌하여 사방광경(四方光景)을 보면서 담소지간(談笑之間)에 즉도(卽倒) 인항(仁港)하리라. 고로 경성에 사는 자가 매일 인천에 와서 시무(視務)하며 인천에 사는 자가 매일 경성에 사진(仕進)하며 좌사(座肆)하는 것이 해롭지 아니 하니라. 약부상도탐광(若夫上途探光) 즉(則) 노량철교(鷺梁鐵橋)는 미국에서 제조한 최근 신법이요 천하에 희견(希見)할 배라. 연장삼천척(延長三千尺) 마치 장홍횡공(長虹橫空)하니 가장힝대공(駕長橫大空)은 인생의 쾌사(快事)라. 동작양화(銅雀楊花)의 벽류(碧流)는 한산관악(漢山冠岳)에 최외(崔嵬)함에 대하고 주과부평(走過富平) 즉 만경평야(萬頃平野)는 맥수(麥秀)를 가(歌)할만하고 사계광경(四季光景) 소위 기상만천(氣象萬千)이라. 기도이천(旣倒仁川) 즉 일청양관(日淸洋館)이 고용산각(高聳山角)하여 백벽주란(白璧朱蘭) 참차위열(參差爲列)하고 영종(永宗) 필미도지간(八尾島之間)에 윤선(輪船)은 토연(吐煙)하고 범선은 기장림립(其檣林立)이라. 출포팔진(出浦八津) 천화만물(千貨萬物) 성시팔도중(誠是八道中)의 별천지라. 인항(仁港)에 거(居)하는 자로 언지(言之) 즉 일일중(一日中) 공간상무(公幹商務)에 그친 후에 석간승차(夕間乘車)하면 중로(中路)에서 포심풍광(飽深風光)하고 장안미주(長安米酒)

남산청송(南山青松)에 취하고 연이환가정면(然而還家靜眠)함이 이이이(易易耳)라.[22] (강조는 인용자)

이와 같이 광고를 한다는 것은 경인선이 당시의 여객 및 화물 유치에 많은 어려움을 겪고 있으며, 따라서 개통 직후에는 철도의 대중화·생활화의 정도가 대단히 미약했음을 보여 주는 것이라 할 수 있다. 그러나 이 광고문에서 눈여겨볼 대목은 자연성에 결박되어 있었던 경관을 관광적·산업적 시선의 풍경으로 변모시키고 있으며, 나아가 새로운 공간 인식과 감각을 만들어 내고 있음이 목격된다는 점이다. 예컨대 미국의 최신 공법으로 노량진에 들어선 철교라든지 열차의 쾌속이 만들어 내는 만화경 같은 스펙터클한 풍경들이 바로 그러하다. 인용문에서 굵은 글자체로 강조한 데서 확인할 수 있듯이 '노량 철도는 천하에 희견(希見)이며, 질주하는 열차의 차창 밖으로 펼쳐진 풍광이 가(歌)할 만큼 기상만천하다'는 표현들이 바로 그러하다.

그렇지만 경인선 철도 부설의 목적은 어디까지나 일제의 조선 침략의 한 수단으로 활용하려는 것에, 다시 말해서 조선의 심장부인 서울의 인후인 인천을 장악하고 두 지역을 연결하는 근대적인 교통망을 확보함으로써 일제의 정치·경제적인 영향력과 지배력을 확장해 나가려는 데 있는 것이었다. 이는 일제가 남긴 자료들을 통해서 즉각 확인할 수 있다.

주안역
경성에서 20마일, 인천에서 4.1 마일

역세개요
역은 인천항에서 동북 일리(一里) 반(半) 거리를 두고 있고, 경인가도에서 염전에 이르는 도로에 붙어 있으며, 동남에는 기복이 심한 구릉이 있고 서북

---

22) 한국철도청 홍보담당관실, 『철도박물관도록』, 한국철도, 2002, 35면.

에 있는 염전은 관제천일염의 산지로 유명하다. 부근 일대는 산지가 대부분을 차지하고도 토질이 비옥해서 농작에 적합하고, 인천항 근처에 있기 때문에 비료 공급이 편리하며 과일류, 채소 재배가 상당히 성행하고 있기에 많은 차마(車馬)로 인천항에서 선적하고 있으며 일부는 철도를 통해서 경성으로 수송하고 있다.

주요 발송 화물은 소금으로 대전 630톤·영동 510톤·김천 330톤·옥천 360톤·조치원 272톤 등을 보내며, 그에 버금가는 것이 야채, 곡류, 과일 등으로 경성으로 발송하고 있다. 도착화물은 오산을 거쳐 인천으로 석탄을 수원, 영등포 기타 경인선으로 소량씩 회착(廻着)하고 있다. 여객은 내지인 3할, 조선인 7할로 인천에서 왕복하는 승객이 최다이고 그에 버금가는 것이 경성에서 왕복하는 승객이다.

발송화물 6,408톤, 도착화물 1,231톤, 승차인원 64,067인, 하차인원 62,591인, 화물수입 27,670원, 여객수입 15, 143원, 역 종업원 6인.[23]

주안역

역은 인천을 4리(四哩 : 여기서 '哩'는 마일의 일본식 표기－인용자) 남짓 거리를 두고 있고, 부근에 관영 천일염장이 있다. 면적은 백정보로 명치 43년(1910년－인용자)에 창설하였고, 최근 1개년 생산액이 2170만근에 달한다.[24]

지리적 특성, 풍물, 생산물, 주요 인물과 유지(주로 일본인이며, 대체로 약 10% 정도의 비율로 친일적인 조선의 유력 인사에 대한 소개도 병행하고 있다) 등 철도연선 주변의 정보에 대해서 상세하게 기술하고 있는 『조선철도연선요람』은 책의 집필과 출간 목적 때문이라고 해도 관광 안내서인 『조선철도여행안내』와 같은 책자에서조차도 온통 쌀·곡물·과실 등의 농산물과 석탄·비료·소금 등 일제의 관심사는 약탈자답게 온통 경제적

23) 龜岡榮吉, 「京仁線」, 『朝鮮鐵道沿線要覽』, 朝鮮拓植資料調査委員會, 1934, 295면.
24) 「京仁線」, 『朝鮮鐵道旅行案內』, 南滿洲鐵道株式會社, 1915, 64~65면.

인 부분에만 쏠려 있다. 이처럼 일제에 의해 건설된 철도는 철저하게 식민지 경영을 위한 제국주의적 정책의 소산에 지나지 않는 것이었다.25) 다만 이들 자료에서 눈여겨볼 대목은 근대 초기부터 경인선의 역사와 연선을 중심으로 인천의 지역적·공간적 재편이 일어났으며, 인천이 근대 초기부터 서울과 식민지 경영을 위한 거점도시로 건설되고 수탈되었다는 사실이다. 가령 한강과 같은 수로를 이용하던 재래의 교통로와 수운업 종사자와 상인들이 모두 몰락하고 '노량진역 → 영등포역 → 오류동역 → 소사역 → 부평역 → 주안역 → 상인천역 → 인천역' 등 현재와 거의 동일한 전철 1호선 라인을 따라 공간적 구획과 도시재편이 생겨난 것을 대표적인 예로 들 수 있다. 뿐만 아니라 철도의 부설로 인해 "인천역, 유현역(축현역의 오기—인용자), 소펄역(소뿔역, 이른바 우각역의 오기인 듯—인용자) 일대의 저습지가 매축되었고, 철도공사에 따라 응봉산과 우각현이 절단"되는 동시에 철도 노선을 중심으로 "도시기능이 집중된 남부는 더욱 발전한 반면, 북부는 개발에서 소외된 지역으로 남게 되었다."26) 특히 인천 해안의 대부분이 급속도로 일본시가로 돌변하고 상권마저 일본인들이 장악, 수로를 이용해 물류의 유통을 담당했던 조선의 경강상인들과 주변의 주막 등의 몰락이 빠르게 진행되기에 이른다.27) 이와 같이 철도의 부설과 함께 재래의 공간이 지워지고 새로운 공간 질서가 들어서는 등 공간적 재배치와 변화가 동반되었던 것이다.

그 때문에 철도는 동시대 조선인들에게 경외와 반감의 대상이 되었거니와, 수혜를 입은 소수에게는 놀라움과 경탄의 대상이 된 반면, 피해를 입은 압도적 다수에게 전통사회를 지배하던 풍수사상28)을 위반하는

---

25) 예컨대 『조선철도연선요람』의 서문 두 페이지에 걸쳐서 조선통치가 제국의 대륙 정책과 식량 문제 해결을 위해 대단히 중요하며, 그 정책의 발전을 뒷받침하는 수단이 바로 철도라는 사실을 역설하고 있는 데서 그들의 경인선을 비롯한 철도 부설의 진정한 이유가 무엇이며 어디에 있었는지 거듭 확인할 수 있다. 같은 책, 1~2면 참조.
26) 박천홍, 앞의 책, 208면.
27) 위의 책, 206면.

무리한 공사와 그 과정에서 빚어진 온갖 형태의 폭력과 민중적 착취는 철도에 대한 대중적인 반감을 더욱 증폭·확산시키는데 결정적인 역할을 했다. 예컨대 배산임수(背山臨水)·전저후고(前低後高)·와겸유돌(窩鉗乳突)·좌묘우사(左墓右祠) 등등의 숱한 풍수적 고사들은 물론 최근의 신행정수도 건설을 둘러싼 논란에서도 거듭 확인할 수 있듯이 산기슭에서 태어나 산기슭에 묻힌다고 해도 과언이 아닐 만큼 일생 동안 산과 밀착해서 살아온 한반도인들에게 땅은 일종의 살아 있는 유기체요, 자신의 생명과 같은 것이나 다름이 없었다. 살아서는 양택(陽宅) 풍수를, 죽어서조차 음택(陰宅) 풍수에 영향을 받을 만큼 풍수사상에 깊이 젖어 있는 동시대인들은 땅을 살아 있는 생명체로, 곧 용(龍)으로 구상화되기에 이른다. 지세를 살피고 터를 고르는 일을 간룡법(看龍法)이라 지칭하는 언어적 관습도 이러한 맥락에서 이해할 필요가 있을 것이다.

그야 어쨌건 이 같은 뿌리깊은 관습과 습속은 철도 부설을 통한 한반도 지배를 기획했던 일제에게는 일종의 장애였다. 게다가 철도 부설에 따른 온갖 민원들이 발생하고, 일본인들이 이주와 수탈이 더욱 기승을 부리자 철도에 대한 기층민중의 반감은 더욱 심했고, 달리는 기차에 투석하는 테러가 이때부터 생겨났다고 한다. 뿐만 아니라 쇳덩이가 줄달음치는 것은 요망스런 일이라 하여 무당을 불러 굿을 하고 주문을 외우게 했다는 이야기들이 전해져 내려올 만큼 경인선의 등장은 여러 모로 일상과 자연의 순리를 뒤흔드는 충격적인 사건이었던 것이다.[29] 비록

---

28) 풍수사상은 정치권력이나 도참 사상가들에 의해 민심 수습용으로 때로는 혹세무민의 방편으로 악용되기도 하였으나 원래 취지는 자연에 대한 올바른 이해와 활용을 위한 재래의 생활철학이며 인문지리학이었다. 풍수(風水)란 말이 농경사회에서 가장 중요한 자연적 조건이었던 바람과 물 곧 장풍득수(藏風得水)의 약어라는 사실은 이를 뒷받침하는 유력한 증거이다. 전통풍수사상에 대해서는 최창조의 『땅의 논리, 사람의 논리』(민음사, 1992)와 최창조 역, 『청오경·금낭경』(민음사, 1993) 등을 참조

29) 이교하, 「경인선 철도 개통 당시의 이모저모」, 『철도』, 1969.11~12월 합호 88면. 이교하는 이 글에서 철도를 일부러 구경 오는 사람들의 이야기, 그리고 적자를 면치 못하던 경인선 철도가 홍보를 위해 일부 특권층에서 무임승차의 서비스를 하자 황족의

작품이 유통되고 창작된 시기도 다르고 경인선과 관련은 없다고 할지라도 이 같은 당시의 정황과 분위기를 짐작이라도 할 수 있도록 이기영의 소설 『두만강』의 한 대목을 제시해 본다.

> 철도가 이 고을로 들어오며 왜놈들과 그들의 한 그룹인 십장, 통변 등 철도판 노가다패들의 행악이 날로 심해감에 따라 각처에 원님한테 송사가 들어왔다. 닭과 돼지를 잡아먹었다고 그 값을 받아달라는 사람, 아내의 강간을 호소하러 온 사람, (…중략…) 별별 사람이 저마다 억울한 사정으로 정소를 들어오는데 그것은 날이 갈수록 점점 더 심하였다.[30]

3. 경인선과 근대문학과의 관련 양상

경인선이 근대문학사 속에서 본격적으로 등장한 것은 한국 최초의 추리소설로 평가받는 이해조의 『쌍옥적』에서부터이다.[31] 가장 근대적인 장르인 한국 최초의 추리소설에 근대의 문명의 상징이자 한국 최초의 철도인 경인선이 등장하고 있다는 것은 참으로 흥미롭다.

> (…중략…) 김쥬스가 친교를듯고 륜션출발ᄒ는시간을 맛쵸아 인쳔으로 내려가 륜션을탑승ᄒ고 목포로 나가 자긔부친과 당숙에게 결견을령슈ᄒ야 새

명함을 도용하던 승객들이 생겨나는 등 경인선 철도와 관련한 몇 개의 구전 이야기들을 에피소드 형식으로 소개하고 있다.

30) 이기영, 『두만강』 1부, 풀빛, 1989, 144면.
31) 여기에 대해서는 조성면, 「한국 근대 탐정소설 연구」(인하대 박사논문, 1999)를 참조할 것. 주지하다시피 『쌍옥적』은 근대계몽주의를 대표하는 신소설 작가 동농(東儂) 이해조(1869~1927)의 작품이다. 『쌍옥적』은 그가 『제국신문』에 1908년 12월 4일부터 1909년 2월 12일까지 총49회에 걸쳐 연재하고, 1911년에 보급서관에서 단행본으로 펴낸 바 있다.

벽배에 되집어 떠나오니 그비릴흔 내용을 알사람은 쥐도개도 읍을듯ᄒ더라. 김쥬샤가 인천항에셔 배를 내려 경인철도로 막ᄎ를타고 남대문밧 뎡거장에를 당도ᄒ야 여러 승객이 분분히 내려가는대 자긔도 내려가랴고 겻헤노엿던 가방을 차지니 간곳이읍는지라 (···중략···)32)

인용문처럼 작품 속에서 경인선은 잠깐 언급되는 정도로 보이지만, 김주사가 화륜선을 타고 목포와 인천 그리고 경성을 오가는 장면에 대한 묘사는 당시의 교통망이 어떠하였는지를 잘 보여 주는 사례라 할 수 있다. 실제로 『조선철도연선요람』의 통계33)가 보여 주고 있듯이 경인선은 개통된 지 몇 년이 지나지 않아 신소설에 등장할 만큼 한반도 전체에서 빼놓을 수 없는 중요 교통수단으로 떠올랐다. 그렇다면 근대적인 교통수단인 철도가 문학 작품 속에서 등장, 묘사되고 있다는 것은 어떤 문화사적 의미를 지니는 것인가.

기실 어떤 특정 장르의 발생과 등장은 한 천재적 개인의 우연한 발명품이라는 단순한 의미에 국한되지 않는다. 아무리 천재적인 재능을 지닌 작가라고 하더라도 작품을 순전히 자신의 상상력만 가지고 모든 것을 다 창작해 낼 수는 없고 따라서 필연적으로 작품 속에는 작가의 다양한 체험 — 이를테면 다른 작품에 대한 독서 체험(다른 작가의 목소리들)이나 동시대 역사적 현실에 대한 경험 등이 녹아들어가 있게 마련이다. 따라서 특정문학 작품이나 장르에는 그 시대의 역사적 현실 또는 해당 시대 고유의 시·공간적 맥락이 반영될 수밖에 없다. 이렇게 볼 때 『쌍옥적』에 동시대의 역사적 현실과 시·공간적 특질이 내부에 수용될 수 있음을 어렵지 않게 추론해 낼 수 있다.

문학 작품의 시공간적 맥락을 살펴보는 데 있어서 바흐찐의 이론은 좋은 참조가 된다. 일찍이 그는 특정 텍스트나 장르와 각 시대 고유의

---

32) 이해조, 『쌍옥적』, 보급서관, 1911, 5면.
33) 주 23 참조.

시·공간의 연관성을 해명하고 "문학작품 속에 예술적으로 표현된 시간과 공간 사이의 내적 연관을"[34] 가리키기 위해서 크로노토프(chronotope)라는 새로운 용어를 창안, 사용한 바 있다. 『쌍옥적』은 기본적으로 범인 추격을 매개로 이뤄지는 일종의 여행·모험형의 크로노토프[35]를 지닌 추리소설로서 공간적 배경이 전국으로 확대된다. 수사와 추격의 이름을 빌린 이 여행에서의 '공간적 이동은 일종의 논리적 이동'이자 서사적 전개임에 다름 아닌데, 이 같은 물리적 이동(작품 전개)의 주요한 매개수단이 바로 기차, 바로 경인선인 것이다. 인용문에서처럼 김주사가 경성→인천→목포를 기차와 화륜선을 이용하여 왕복한다든지 주인공 정순검이 경인선을 타고 범인 추적과 수사에 나서는 등 경인선을 통해서 이루어지는 여행과 그 속에서 발생하는 시공간상의 변화와 압축은 전대의 소설에서는 찾아볼 수 없는 크로노토프상의 새로운 변화로서 동시대 역사적 현실과 제도상의 변화를 보여 주는 구체적인 예라고 할 수 있다. 흔히 근대성의 지표로 개인의 발견과 사적 영역의 탄생을 꼽거니와, 『쌍옥적』에서 목격되는 이런 현상들은 재래의 서사문학에서는 찾아볼 수 없는 새로운 크로노토프의 출현과 형성을 보여 주는, 일종의 근대적 지표들이라 할 수 있다.

그런데 이 같은 시공간의 압축 현상과 시공간에 대한 새로운 인식은 비단 『쌍옥적』뿐만 아니라 경인선을 소재로 한 창가 「경인철도가」에서도 흔하게 목격된다. 그 동안 문학사에서 거의 알려지지 않았던 「경인철도가」는, 기차를 소재로 한 가사로서 근대 시가사(詩歌史)에서 주목을 받아 왔던 육당의 「경부철도가」(1908)[36]와 함께 대표적인 사례로 꼽을

---

34) 미하일 바흐찐, 전승희·서경희·박유미 역, 『장편소설과 민중언어』, 창작과비평사, 1988, 260면.
35) 여기에 대해서는 김홍종, 「추리소설 발생에 관한 문학사회학적 연구」, 서울대 석사 논문, 1998, 41~42면.
36) 육당의 「경부철도가」는 가사의 율격인 4·4에서 벗어난 7·5조의 작품으로 스코틀랜드 민요인 「밀밭에서」의 곡조를 붙인 창가이다. 「경부철도가」의 발표 당시 육당은 이것

수 있다. 작품의 주요 내용은 서정 주체가 증기 기관차를 타고 경성에서 제물포까지 기차를 타고 지나가는 느낌을 표현한 것으로서 근대적인 문명의 이기에 대한 놀라움과 경외를 노래하고 있다. 작품의 경개를 살펴보기로 하자.

한양을 작별하는 기적소리는
연화봉(蓮花峰)을 진동하며 작별을하고
한 바퀴 두 바퀴는 차례로굴러
종남산(從南山)의 단색은 등에 멀렀네

번화한 좌우시가 다투어비키고
꽹꽹(轟轟)한 바퀴소리는 땅을가르는데
대지를 울리이는 기적일성은
장엄한 용산역을 부수우는구나

경부선과 경원선을 서로나누어
한마듸의 기적으로 고별을하고
웅장한 남한강의 철교를 지나
철마요람(鐵馬搖籃) 노량진에 다랐도다

살같이 나타난는 장엄한기차
어언듯 영등포 잠간거치여
부산행 급행을 멀리보내고
오류동 정거장지내였고나

이 '팔자(八字)박이'를 계승·변형한 '8에 5'고 주장하였으나 1955년 5월 10일 조연현과의 대담에서 이 창가의 율격이 7·5조이며 당시 일본에서 유행하던 기차를 소재로 한 창가들, 가령 야마토(大和田樹)가 지은 「철도창가」 등을 본 것이 창작의 직접적인 동기였다고 밝힌 바 있다. 여기에 대해서는 김창수, 「철도와 기차의 노래」, 앞의 책, 84면; 박노춘, 「철도를 소재로 한 개화기문학」, 앞의 책, 11면; 조연현, 『한국현대문학사』, 성문각, 1982, 45면을 참조할 것.

넓고넓은 소사벌을 갈라나가면
소사역과 **부평역도** 차레로거쳐
산넘고 물건너 급히달(達)하니
속하다 주안역도 지내엿고나

원산(遠山)을 우구려 가깝게하고
근산(近山)에 뻗치여 멀게하면서
우렁찬 기적을 울리는철마(鐵馬)
어언 듯 제물포에 다다랐도다

—「경인철도가」 전문

이 가사에서 우선 눈에 띄는 부분은 두 가지다. 하나는 이 작품이 경인선(1899) → 경부선(1905) → 경의선(1906)처럼 철도의 부설순서에 따라 가장 먼저 창작된 가사가 아니라 오히려 경부선과 경의선이 개통된 이후에 창작됐다는 점과 육당 최남선의 「경부철도가」를 모방한 창가라는 사실이다. 요컨대 이것은 가사라는 낡은 양식을 가지고 근대적 문명을 예찬한 문학사적 발전의 양상을 역행하고 있는 작품이라는 것이다. 다른 하나는 근대적인 문명의 이기인 철도가 어떻게 근대인들의 공간적 지각력을 해체하고 재구성하고 있는지를 보여 주는 또 다른 예라는 점이다. 작품 전체를 통해서 확인할 수 있듯이 "원산을 우구려 가깝게 하고, 근산에 뻗쳐 멀게 하면서"란 마지막 절은 기차의 빠른 속도에 대한 묘사로서 자연 상태에서는 경험할 수 없었던 공간적 지각력의 변화를 반영하고 있다.

철도의 등장으로 인한 공간과 풍경에 대한 새로운 지각은 한반도의 기간 철도망이 완전하게 자리를 잡은 1910년대 후반에 발표된 기행문들에서도 잘 드러나고 있다. 기행문은 근대문명에 의해 발견된 풍경이 이제는 관광적 시선의 대상으로 바뀌고, 1910년대 후반 무렵부터는 경인선을 통한 인천관광상품이 등장하여 학생들의 견학이 상당한 수준으로

진행되고 있었음을 보여 준다.[37)

> 공원의 지세는 시가보다 근백척(近百尺)이나 놉하서 전면으로는 갓가히
> 인천시가가 나려다 뵈히며 멀리로는 망망흔 대해가 나려다 뵈히고 후면으로
> 는 경인선선로(京仁線線路)를 거쳐 멀리 한양산성 씌지 뵈히는 듯흐다. 폭
> 원(幅員)은 대단히 넓어 자세히는 알 수 업스나 어름쳐 말흐면 한 만여평이
> 나 되는 듯흐고 삼사층 양옥도 여긔저긔잇다.[38)

김창수는 「인천 기행문 연구」를 통해서 기행문은 일종의 풍경의 문학
이며, 이때의 풍경은 외부에 실재하는 객관적 대상에 대한 평면적인 진
술이 아니라 관찰자에 의해 선택되고 재인식된 일종의 표상형식이라는
점에 주목한 바 있다. 그는 인천을 소재로 한 기행문을, ① 서구 열강 탐
험가의 시선, ② 열강의 대오에 뒤늦게 합류한 일본인들의 시선, ③ 인천
을 방문한 한국인과 인천인 자신의 시선 등으로 공간과 풍경으로서 인
천 바라보는 시선들을 정리하였다. 이 가운데서 특히 주목되는 것은 김
윤경의 「인천원족기(仁川遠足記)」(『청춘』 15호, 1918.9.1)와 최병호의 「인천원
족기」이다. 이들의 기행문(원족기)은 인천을 견학 또는 관광하고 남긴 기
록으로서 이들의 인천풍광에 대한 여행과 풍경의 발견을 가능케 한 교
통수단이 바로 경인선이었던 것이다. 그리고 기차여행이 대중화한 1910
년대 후반으로 접어들면서부터 이 같은 시공간에 대한 새로운 인식은
관광과 교육적 목적의 수학여행을 통해서 더욱 빠르게 확산되고 보편화
되기 시작했다.
    이렇게 경인선을 소재로 하여 일제강점기에 창작된 대부분의 작품들
은 주로 철도의 등장으로 인한 일상생활과 인식 그리고 감수성의 변화

---

37) 인천을 소재로 한 기행문에 대해서는 김창수, 「인천 기행문 연구」, 인천학연구소 홈
    페이지(www.isi.or.kr) 연구보고서, 2004.10.3에서 이미 상론한 바 있다.
38) 최병호, 「인천원족기」, 『조선불교총보』 11호, 1918.9; 김창수, 위의 글, 35~36면에서
    재인용함.

를 그려내고 있다. 「경인철도가」 기행문들이 발표되고 난 이후에 경인
선을 노래한 빛나는 시가문학이 한편 있으니 그것이 바로 우현 고유섭
의 「경인팔경」이다. 앞의 기행문들이 인천을 방문한 다른 지역 사람들,
즉 타자의 시선에 의해 포착된 글이라면 우현의 「경인팔경」은 인천에
정주하던 인천인 자신의 시선에 의해서 노래된 본격적인 작품이라는
점에서 각별히 주목할 필요가 있다.39)

　1925년 『동아일보』에 발표된 「경인팔경」은 8편의 연시조로서 오류
동·소사·부평·주안 등 철도역을 중심으로 각 지역의 특색과 풍물을
격조 있는 시어로 복원해 냈다.40) 그 중 경인선 차창 밖으로 비친 풍경
을 노래하고 있는 한 대목을 잠깐 소개해 본다.

　　　앞바다 검어들고 곁산(山)은 희여진다.
　　　만뢰(萬籟)가 적요(寂寥)컨만 수레소리 요란하다.
　　　이중에 차중정어(車中情語)를 알려적어 하노라.41)

　　　　　　　　　　　　　　　　　　　—「차중동경(車中冬景)」

　우현 고유섭의 시에서도 알 수 있듯이 경인선은 한국 근대문학의 또
다른 산실이었다. 이른바 「경인선 기차통학생 친목회」와 친목회 소속의
「문예부」는 인천문학과 철도문학의 주요한 사례라 할 수 있다. 「경인
기차통학생친목회 문예부」42)가 배출한 일제강점기 인천의 문인들로서
는 고유섭·김동석·정노풍·함세덕·현덕·배인철·유치진·진우촌

---

39) 주지하다시피 우현 고유섭(1905~1944)의 경인선 통학이력은 보성고보를 다니기 시
　작하던 1920년부터 시작됐으며, 「경인팔경」 그가 경성제대 예과에 다니기 시작한 무
　렵에 씌어진 작품으로 여겨진다.
40) 고유섭의 연시조 「경인팔경」에 대해서는 최원식, 앞의 책, 101~105면.
41) 고유섭, 「경인팔경」, 『고유섭전집』 4, 통문관, 1993, 419~420면.
42) '경인기차통학생친목회 문예부'에 대해서는 최원식, 앞의 책, 105~107면; 김창수,
　「일제강점기 인천의 문화운동—1920년대를 중심으로」, 『인천 근대문학예술사의 재조
　명』, 인천작가회의 '2003 인천민족문학제 자료집', 2003.12.12, 65~66면 참조.

등을 꼽을 수 있으며, 인천을 자주 찾았던 이상·이태준·강경애·김기림·김광균·오정환·조병화 등도 일종의 '경인선문학사' 또는 '인천문학사'의 구성을 위해서 꼭 기억해야만 하는 근대의 문인들이라 할 수 있다. 이렇게 볼 때 우현이 「차중동경」의 종장에서 노래한 "차중정어"는 단순한 시어가 아니라 철도와 한국 근대문학의 깊은 연관을 입증하는 실제적인 사례라고 할 수 있다. 이를 뒷받침해 주는 또 다른 기록이 있으니 그것이 바로 고일의 『인천석금』이다.

> 겨울에는 컴컴할 때 첫차를 탔었지만 무럭무럭나는 뜨거운 스팀과 밝은 전등이 학생을 위로해주었고 봄철이 오면 교차되는 오류동에 만개한 '사꾸라꽃'이 공부에 시달리던 뇌수를 기쁘게 만들었고 이른 여름과 가을에는 축현역 연못가 서늘한 아카시아 숲에서 영시를 암송하는 취미도 기차통학생이 아니면 맛볼 수 없던 정취였던 것이다.43)

『인천석금』은 인천학 연구자들 사이에서는 일종의 경전처럼 받아들여지고 있는 텍스트이다. 그런 『인천석금』에서 경인선을 "이동교실이자 도서실"이라 표현하고 있다. 움직이는 도서실이라는 말처럼 경인선은 인천 지역 지식청년들이 정담을 나누고 토론을 벌이던 일종의 문화공간이었던 것이다. 뿐만 아니라 경인선은 민족운동의 산파 역할을 톡톡히 해내기도 하였는데, "문학 동호인이었던 이들은 운동경기를 외피로 삼아 민족해방정신을 내포한 문학운동"을 펼치기 위해서 등사판회보를 함께 발행하기도 하였다고 한다.44) 이것이 가능하도록 인천 출신의 열혈 지식청년들을 한데로 모은 구심점 역할을 것이 바로 경인선이었던 것이다. 그리고 이러한 문화적 전통의 연장선상에서 『습작시대』와 『월미』와 같은 잡지들이 탄생될 수 있었던 것이다.45) 이런 점에서

---

43) 고일, 『인천석금』, 선민출판사, 1979, 56~57면.
44) 여기에 대해서는 김창수, 앞의 글, 66~67면.
45) 이희환, 「해방 이전의 인천과 근대문학」, 『인천문화를 찾아서』, 다인아트, 2003,

우현이 노래한 "차중정어"는 경인선 통학생회 문예부의 한 단면과 성격을 압축적으로 보여 주는 구체적 예라 할 수 있다. 따라서 "인천에 있어서의 제1페이지는 '경인기차통학생회' 문예부에서 발단했다"라는 고일의 말이 결코 과장된 표현으로 받아들여지지 않는 것은 바로 이런 이유에서이다.

한편 한국 모더니즘의 한 축을 맡았던 김기림도 경인선을 이용하여 자주 인천에 드나들던 문인의 한 명이었는데, 그가 1936년 3월『조광』에 발표한 시「길에서—제물포 풍경」은 경인선을 매개로 한 아름다운 풍물과 저녁노을이 비긴 축현역 일대의 모습을 노래한 시다.[46] 그 일부를 일별해 보고 넘어가기로 한다.

> 기차
> 모닥불 붉음을
> 죽음보다도 더 사랑하는 금벌레처럼
> 기차는 노을이 타는 서쪽 하늘 밑으로 빨려갑니다.
> ─「길에서—제물포 풍경」 부분

해방 이후에도 경인선이 작품의 주요 배경으로 또는 주요 대상으로 등장하고 있는바, 이와 관련하여 1965년 9월 월간『철도』지에 발표된 미당 서정주의「경인선 복선 개통의 날에」는 대표적인 사례이다. 주지하듯 경인선의 복선화사업은 일본의 기술로 이루어졌는데, 1963년 2월에 착공되어 1965년 9월 18일에 완공되었다. 경인선이 개통된 지 만 66년 만에 경인선 복선화가 이루어진 셈인데, 이는 개발독재정권에 의해 강력하게 추진된 근대화로 인해 수도권이 비약적으로 발전하고 폭증하는 교통량과 유동인구를 기존의 교통망으로는 도저히 감당할 수 없을 정도로 모든 면에서 양적·질적 성장을 이루었기에 노선의 확대와 증

152~153면.
46) 여기에 대해서는 이희환, 위의 책, 159~160면에서 상론한 바 있다.

설이 불가피해졌기 때문이다.[47]

　미당의 시는 창작의 동기가 지닌 특수성으로 인해 작품의 완성도는 다소 떨어지지만, 이제까지 학계에 알려지지 않은(혹은 미당이 일부러 제외했을 가능성이 크다) 작품이며 더 나아가서는 경인선을 소재로 하고 있다는 점에서 그 의미를 찾을 수 있을 것이다. 작품의 전모는 다음과 같다.

　　　항시 열려 있는
　　　출찰구(出札口)와 개찰구(改札口),
　　　단선이 아닌 복선
　　　경인선뿐 아니라
　　　우리 생활의 모든 것이 다 그리 되었으면…….

　　　언제던지 가서
　　　도달하고 돌아 올아 올 수 있는
　　　경인(京仁) 복선의 철로같이 되었으면…….

　　　서울의 주부들은
　　　인제
　　　인천 어시장을 보아서
　　　저녁 밥상을 차릴 수 있게 된 것이 기쁠 것이고,

　　　인천과 서울 사이의 그 통근자와 통학생들은
　　　서울과 인천 사이의 그 고단한 거리감을 느끼
　　　지 않게 되어서 좋을 것이다.

　　　그러나 아직도 더 많이 고단한
　　　거리감 속에 사는 우리들은

---

47) 「경인복선을 훑어본다」, 『철도』, 1965년 9월호에 제시된 통계자료에 따르면, 1962년 경인간 교통인구는 32,000명 정도였으나 완공 당시에는 85,000명에 그리고 10년 뒤인 1972년에는 10배인 220,000명을 상회할 것이란 전망을 내놓고 있다(76면 참조).

우리 의욕의 한 상징적 현실—
경인선의 개통을 눈앞에 보며 꿈인 양
이 상징이 암시하는 머언 영역을 원시(遠視)하고
섰다.

—경인복선 개통의 날에」 전문[48]

　이 작품은 축시라는 상황적 한계로 인해 다른 미당의 시에 비할 바가 아니지만, 그래도 미당의 시적 감각을 확인할 수 있게 해준다. 예컨대 시간의 불가역성(不可逆性)으로 인해 돌이킬 수 없는 우리의 삶이 단선이 아니라 언제든 돌이킬 수 있고 이중의 안정장치가 있었으면 좋겠다는 바람을 복선의 철도에 비유하여 작품을 끌고나가는 시작술(詩作術) 등이 바로 그것이다. 그리고 복선화로 인해서 서울에 사는 가정주부가 인천에서 시장을 보고 그것을 재료로 가족을 위해 맛있는 저녁을 지을 수 있게 됐다는 것과 고단한 봉급생활자들과 통학생들의 고단한 삶에 위안을 줄 수 있을 것이라는, 이를테면 이는 복선화의 편리성과 효과를 예찬하기 위한 것이지만 다른 한편에서 그것은 수도권 지역의 메트로폴리스화에 따른 동시대 우리들의 삶의 실상을 드러내고 반영하고 있다는 점에서 그 나름의 의미를 갖는 작품이라 할 수 있다.

　이해조의 『쌍옥적』, 작자 불명의 창가 「경인철도가」, 우현의 「경인팔경」, 김기림의 「길에서—제물포 풍경」, 최병호와 김윤경의 「인천원족기」 그리고 미당의 「경인 복선 개통의 날에」 등에서 확인할 수 있듯이 경인선은 우리 근대문학사의 분명한 한 요소로 자리잡고 있다. 덧붙여 본고에서는 미처 다루지 못했으나 「꺼벙이」 등의 명랑만화로 1970~80년대 청소년들의 삶에 많은 위안을 주었던 추억의 만화가 길창덕 화백이 남긴 만화 르뽀 「경인선, 경원선 복선 작업 현장」[49]도 경인선의 역사와 문화

---

48) 서정주, 「경인 복선 개통의 날에」, 『철도』, 1965.9, 62면.
49) 길창덕, 「경인선, 경원선 복선 작업 현장」, 『한국철도』, 1969.5, 88~89면.

를 살펴보는 데 있어서 기억해 둘 만한 참고자료라고 할 수 있다.

4. 남는 문제들-철도의 문화적 의미와 과제

그러면 이제부터 경인선 더 나아가서는 철도라는 새로운 프리즘을 통해서 우리 근대문학을 새롭게 읽어나갈 수 있는 가능성은 없는지, 철도가 근대인들의 삶에 끼친 영향과 문화사적인 의미는 무엇인지를 개괄적으로 짚어보고 앞으로의 과제를 정리하는 것으로써 결론에 대신하고자 한다.

첫째, 본론에서도 잠깐 언급한 바와 같이 철도는 근대인들의 시간과 공간에 대한 인식 혹은 감각을 변화시켰다.[50] 이전까지 자연적 흐름과 조건에 결박되어 있었던 인간의 시간과 공간에 대한 지각을 완전히 무너뜨리고 새로운 인식 체계와 감각을 창출해 낸 것이다. 예컨대 철도는 아주 특별한 예외적 경우를 제외하고 평생 자기가 살던 지역(공간)을 떠날 수 없었던 사람들에게 며칠씩 걸리던 천리 여행길을 하루나 반나절이면 끝나버리는 여행으로 변화시키는 등 동시대인들을 공간적(자연적) 제약에서 완전히 해방시켜 빠르고 자유로운 공간의 이동을 가능하게 했다. 덧붙여 표준적이고 규칙적인 열차운행시간과 열차운행시간표 또한 사람들의 시간에 대한 인식과 감각을 균질화하고 통일하는 중요한 계기로 작용하였다.[51] 최찬식의 『추월색』(1912)에 보면 발차시각이 분 단위로 정확하게 기술되어 있는바, 이는 기차로 인한 근대적 시간의식의 내면화가 상당한 수준에까지 진전되어 있음을 보여 주는 사례라고

---

50) 볼프강 쉬벨부쉬, 박진희 역, 앞의 책, 100면.
51) 「화륜거 안내시간」, 『독립신문』, 1899년 9월 16일자 참조.

할 수 있다. 다음은 주인공 정임이 일본으로 떠나기 위하여 다급하게 경부선에 승차하는 과정에 대한 묘사이다.

> (……) 발셔인역거채를 덜걱 놋는디 남대문경거장에서 요령소리가 (덜넝더 넝)ㄴ며 붉은모ᄌᄊ쓴 스람이 「후상 후상 후산오이데마생가」ᄒ고 외ᄂ소리가 쟝마속논고에 맹꽁이 끌틋ᄒ니 이때는 하오십시십오분 부산급행ᄎ 떠나ᄂ때 라. 인력거에 급히 ᄂ려 동경까지 ᄀᄂ 연락ᄎ표를 사가지고 이등열차로 오 르니 호각소리가 「호르륵」ᄂ며 긔관ᄎ에셔 「파 푸 파 푸」ᄒ고 남대문이 졈 졈 머러지니 압길에 운산은 챵챵ᄒ고 ᄎ뒤에 연하ᄂ 막락ᄒ더라[52]

강조된 인용문에서도 알 수 있듯이 철도는 근대적인 시간관념을 내 면화하고 전파하는 강력한 매개이자 계기로 작동하고[53] 있었을 뿐만 아니라 공간적 지각력에 있어서도 많은 변화를 일으켰던 것이다.

둘째, 자연적 풍경의 소멸과 풍경의 산업화 혹은 상업화이다. 열차 운 행의 안정성을 확보하기 위해 필연적으로 동반된 대규모 토목건설 —교 량 건설, 터널 굴착, 평탄 작업을 비롯해서 산허리를 절개하는 것 등— 이 새로운 산업적 풍경을 만들어 냈으며, 심지어 「경인철도회사광고문」, 『조선철도여행안내』, 「인천원족기」 등에서 그 일단이 잘 드러나고 있듯 이 특정한 풍광을 구경거리 관광 상품으로 개발·상품화하기도 했다.

셋째, 묵독(默讀)과 같은 새로운 독서 형식의 출현과 문학의 발전에 영향을 주었다. 주지하듯 기차의 속도가 갈수록 향상되자 여행자들은 차창 밖의 풍광을 감상하거나 잠시 조는 일을 제외하고 낯선 사람들과 한 공간에 뒤섞여 장시간 동안 서로 마주본 상태에서 아무런 말도 없이 답답하고 지루한 여행을 감내해야만 했다. 서양의 경우 이 같은 사정을 눈치 빠르게 알아챈 출판사들이 앞을 다투어 추리소설이나 연애소설 등과 같이 여행자들이 부담 없이 읽을 수 있는 가벼운 문학 작품들과

---

52) 최찬식, 『추월색』, 회동서관, 1912, 37면.
53) 박천홍, 앞의 책, 329면.

각양각색의 문고본들을 개발·판매하기 시작했다.[54] 그 대표적인 사례가 바로 열차용문학(rail-road story)이라는 심심풀이문학과 값싼 문고본들의 등장이다.

또한 철도는 문학 작품의 내용과 분량뿐만 아니라 사람들의 독서 양태마저 바꾸어 놓았다. 동·서양을 막론하고 철도가 일상적인 교통수단으로 자리잡기 이전까지 독서는 운율에 맞춰 소리내서 글을 읽는 이른바 낭독(朗讀)이 일반적이었다. 그러나 열차 안에서 소리내어 책을 읽는 것은 다른 사람들에게 피해를 주는 무례한 일이었기 때문에 기차가 대중적인 교통수단으로 정착된 이후에는 책을 조용히 눈으로 읽는 개인주의적 독서, 이른바 묵독의 형성에 중요한 계기가 되었다. 이와 같이 철도의 등장은 사람들의 인식·생활습관·문학·일상·독서 등등에 걸쳐 엄청난 변화를 불러왔다.

우리의 경우에는 이를 일본풍의 창가를 모방하여 철도를 소재로 한 각종의 창가들 —「경부철도가」·「경인철도가」·「경의철도가」 등 — 이 만들어지기도 했으며, 철도를 소재로 한 문학은 김기수의 「일동장유가」(1873), 유길준의 『서유견문』(1895), 김윤경의 「인천원족기」(1917), 최병호의 「인천 원족기」(1918) 등의 기행문, 이해조의 『고목화』(1907)와 『쌍옥적』(1908), 최찬식의 『추월색』(1912), 이광수의 『무정』(1917), 염상섭의 『만세전』(1922), 현진건의 『조선의 얼굴』(1926), 김기림의 시 「심장없는 기차」(1933)와 「길에서—제물포 풍경」(1936), 이태준의 「농군」(1939), 이기영의 『두만강』(1954) 등 이루 헤아릴 수도 없을 만큼 많은 작품에 등장하는 등 철도는 한국 근대문학사의 주요 무대이자 소재로 등장하게 된다. 뿐만 아니라 고유섭의 「경인팔경」에서 재차 확인할 수 있듯이 경인선(철도)은 일종의 이동도서실이자 토론의 마당으로서 통학생들 간에 서로 만나고 토론하는 광장이었으며, 지역 문예운동과 민족운동의 한 계기로 작용하기도 했다.

---

54) 볼프강 쉬벨부쉬, 앞의 책, 100면.

넷째, 대부분의 경우 철도를 축으로 한 교통수단의 발달은 근대적 자본주의 체제의 완성과 국민국가와 민족의 형성에 기여했다. 요컨대 "철도는 일정한 지역(공간)을 단일한 경제권과 의사소통 공간으로 창조함으로써 고립되어 존재하던 사람들에게 국민적 공동체의식을 심어 주었다. 국경으로 구획된 일정한 지리적 공간 안에서 동일한 언어와 경제, 의식을 공유하는 국민이라는 정체성이 형성된 것이다."55) 그러나 우리에게 철도는 축복과 동시에 재앙인 양날의 칼로 작용하였다. 전통과 자연의 구속으로부터 벗어날 수 있게 하는 문명의 축복인 동시에 가혹한 수탈을 위한 제국주의적 폭력의 도구이기도 했기 때문이다.56)

그렇다면 경인선의 등장이 갖는 문화사적인 의미와 그것이 남긴 과제는 무엇인가. 그것은 다음과 같이 정리할 수 있다.

첫째, 경인선은 한국의 근대를 압축적으로 보여 주는 축도이다. 강압적으로 이루어진 우리의 근대가 축복이자 저주였듯이 경인선 또한 문명적 축복이면서 제도적 폭력이기도 했던 것이다. 즉 "자연이 인간 위에 군림하는 세계를 막 내리고 인간이 자연 위에 등극하는 세계를 여는" 서막이었다는 점에서는 축복이었지만, 그보다는 일제의 착취와 수탈을 위한 식민지배의 수단이었다는 점에서 우리 민족에게 주어진 최대의 비극이자 저주이며 폭력이었기 때문이다. 최원식의 지적대로 경인선 철도를 통해서 일제는 조선의 수도와 개항장인 인천을 관통해 조선의 인후(咽喉)를 틀어쥐게 된다. 나아가 러일전쟁을 속전속결하기 위해서 서두른 경부·경의철도는 군사적 목적뿐만 아니라, 일본의 상품판매 시장을 확장하고 식량과 천연자원을 약탈하기 위한 대동맥이었던 것이다. 이런 점에 비추어 보아 경인선은 한국 근대사의 한 상징이며 축도라 할 수 있다.

둘째, 경인선은 앞에서 지적한 철도의 역사적·문학적 의미들이 만

---

55) 박천홍, 앞의 책, 104면.
56) 위의 책, 55면.

들어지는 기원이었다는 점이다.

셋째, 비록 작품으로 입증하기에 다소 어려운 점이 있지만, '경인선문학사'의 올바른 구명과 구성을 위해서 '경인기차통학생회 문예부 그룹'의 문인들에 대한 올바른 평가와 실증적인 검토 및 보완 작업이 지속적으로 이루어져야 할 것이라는 점이다.

넷째, 이 글에서는 '경인선'이라는 단어가 등장하는 모든 텍스트들을 대상으로 한 것이 아니라 경인선을 배경으로 또는 경인선이 계기가 되어 발생하는 유의미한 문화적 사건과 현상들만을 대상으로 하였기 때문에 부득이하게 다루지 못한 작품들이 많을 수밖에 없었다. 예컨대 경인선에 실려 있는 다양한 삶의 모습과 애환들을 형상화하고 있는 현대적인 작품들—즉 오정희의 「중국인 거리」(인천역이 등장), 양귀자의 『원미동 사람들』, 김중미의 『괭이부리말 아이들』 그리고 영화 「고양이를 부탁해」 등—을 다루지 못했고, 이는 차후의 과제로 미루어 둘 수밖에 없다.

다섯째, 경인선은 근대 초기의 인천의 모습과 근대문학과의 연관성을 다른 차원에서 파악, 해명할 수 있게 하는 유용한 수단이며 대상이라는, 이를테면 인천학의 지평과 외연을 확장하는데 기여할 수 있는 중요한 연구 대상이라는 사실이다.

금서(禁書)의 사회학, 외설의 정치학

소설 『반노』를 통해서 읽어 보는 한국의 1970~80년대

1. 디오게네스의 수음(手淫)

고대 그리스 철학자 디오게네스(Diogenes)의 대중적인 이미지는 자신을 찾아와 소원을 말해 보라는 알렉산더에게 햇볕을 가리지 말고 비켜달라는 유명한 일화를 남긴 인물로 각인되어 있다. 우리는 문득 그러한 디오게네스의 당당한 삶의 태도를 보면서 양가감정에 빠져들곤 한다. 나무통 속에서 궁핍하게 살면서도 거침이 없었던 대자유인으로서의 삶에 대한 동경과 우리 자신의 남루한 삶에 대한 깊은 회의와 자기 연민이 바로 그러하다. 그러나 이것보다 좀 더 놀랄 만한 디오게네스의 행위 — 예를 들면 백주 대낮에 공공장소에서 공공연히 수음(手淫)을 감행하곤 했던 그의 기행 — 는 별로 이야기되지도 않고 또한 상대적으로 널리 알려져 있지 못하다. 그의 이런 기행이 앞의 일화보다 덜 알려진 이유는

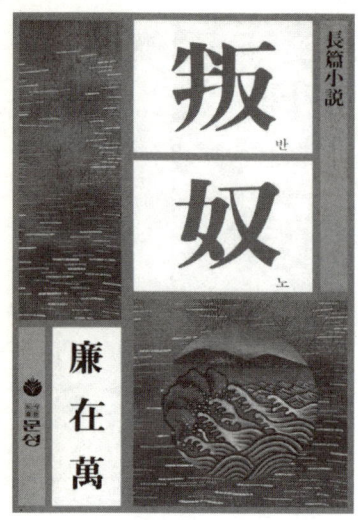
염재만의 장편소설 「반노」

최고의 권력자 앞에서도 주눅이 들지 않고 보여준 저 당당한 무욕의 정신보다 말초적 욕망을 적나라하게 표출하는 게 훨씬 더 열등하고 수치스러운 것이라는 일반적인 통념 때문일 터이다. 그러나 어떤 측면에서 천하를 호령하는 최고 권력자에게 자신의 무욕을 드러내 보이는 일보다 공개된 자리에서 자신의 성기를 내놓고 당당하게 수음을 하는 행위는 기존의 관습과 도덕률에 정면으로 배치되는 일로서 엄청난 용기와 투철한 자기 신념이 없으면 그렇게 쉽게 결행할 수 없는 일이기 때문에 그의 수음 행위는 저 무욕의 일화보다 결코 열등한 것이라 할 수 없다. 그런데 어째서 디오게네스의 수음은, 무욕의 일화보다 널리 회자되지 못하는 것일까. 그 이유를 다양한 방식으로 설명해 볼 수 있겠지만, 오히려 우리는 디오게네스의 수음에서 연상되거나 여기서 파생되는 다양한 생각들에 대해서도 한 번쯤 깊은 관심을 갖고 따져볼 필요가 있다.

이 사건을 지켜보면서 나는 문득 우리사회의 성에 관한 온갖 관습적 금기와 제도적 금제들, 기원전 4세기의 한 자유인보다 더 자유롭지 못한 현대인들의 이중적이고 초라한 자화상이 떠오른다. 그리고 이와 관련하여 떠오르는 질문들에 대해 의문부호를 찍어 본다. 어째서 정권이 바뀔 때마다 국가는 연례행사처럼 사창가와 유흥업소 등을 단속하는 것인가? 개인의 욕망에 대한 사회적 통제와 금제는 가능하며, 그것은 과연 정당한가? 그리고 우리는 무소유 정신이나 영적인 심오함 등과 같은 정신적인 것들에 비해 성적(외설적)이거나 육체적인 것은 훨씬 열등한 것이라는 인식상의 하이어라키에 길들여져 있는 것은 아닌가? 물론 요즘에 와서 '마광수 쇼크'와 '장정일 사건' 이후 우리 사회에서도 성에 대한 논의가 부분적으로 활성화한 것은 사실이지만, 엄숙한 학술담론의 세계에서 외설적은 것은 디오게네스의 수음처럼 여전히 부담스럽고 난 감하며 껄끄러운 대상으로 남아 있다.

기실, 애초에 이 글에 부여된 주제는 1970~80년대의 금서였다. 그러나 이 글은 자꾸 외설에 관한 논의로 향해가고 있다. 그렇다면 애초의 주제 인 금서와 이 글의 주요 관심사인 외설의 문제를 어떤 방식으로 통합하 고 해결하려고 하는 것인가. 이 같은 문제를 해결하기 위해 본고에서는 주제를 계속해서 좁혀 나가는 방식, 이를테면 금서 전반이 아니라 금서 처분을 받은 외설물들로 다시 이 중에서도 가장 대표적인 외설 텍스트를 주요 분석 대상으로 삼는 선택과 집중의 방식으로 나아가고자 한다.

주지하다시피 금서란 (국가)권력과 법률에 의해 발행이나 발매가 금 지된 책을 말한다. 당연한 이야기지만, 한 권의 책은 뛰어난 한 개인에 의해 이루어진 개별적인 산물이라기보다는 역사적 · 사회적 상황의 산 물이라 할 수 있으며, 따라서 어떤 텍스트이건 간에 정치 · 경제 · 문 화 · 학술적 차원의 맥락을 지니게 마련이다. 특히 그것이 대중적인 반 향을 불러일으킨 베스트셀러이거나 금서라고 한다면, 이는 해당 시대의 본질을 읽어 내는 데 대단히 유용한 자료로서의 가치를 갖는다. 왜냐하 면 특정한 시기의 특정한 금서는 지배 권력과 동시대가 가장 두려워하 고 부담스러워 했던 민감한 영역, 다시 말해서 해당 시대의 가장 예민 한 부분을 드러내는 거울이라 할 수 있기 때문이다. 그런데 금서에 대 한 연구와 논의는 이미 상당한 정도로 진행, 축적[1]되어 있으며, 그것들 의 대부분은 이념적인 것처럼 고상하고 정신적인 것들로 한정되어 있 는 상황이다. 이에 본고에서는 금서의 의미를 그 동안 본격으로 논의되

---

1) 안춘근, 『세계 발행 금지 도서 100선』, 서문당, 1975; 한상범, 『금서를 통해 본 근대사 상사』, 정음사, 1976; 김삼웅, 『금서-사상사』, 백산서당, 1987; 김삼웅 편, 『한국필화사』, 동광출판사, 1987; 이중연, 『책의 운명-조선~일제강점기 금서의 사회, 사상사』, 혜안, 2001; 남태우, 『금서의 미혹, 유혹의 도서관』, 태일사, 2004; 한상범, 『금서, 세상을 바꾼 책』, 이끌리오, 2004 등을 대표적인 성과로 꼽을 수 있다. 앞으로 이 책들을 인용시에는 저자명과 서명만을 밝히기로 한다.

지 못했던 외설 문제와의 관련 속에서 검토하려고 한다. 왜냐하면 특정한 시기에 음란물로 낙인찍힌 텍스트가 어떤 방식으로 다루어지고 있는가 하는 점을 살펴보는 것은 동시대의 문제점과 본질을 드러내고 읽어 내는 데 대단히 효율적인 전략이 될 수 있을 것이기 때문이다. 따라서 이 글에서는 1970~80년대 금서의 성격과 현황을 개괄적으로 정리하고, 이를 토대로 1970년대 금서들 가운데서 음란문서로 기소되어 6년 5개월 동안 법정 공방이 벌어졌던 염재만의 장편소설 『반노』를 통해서 동시대의 정치·사회·문화(인식)를 점검해 보고자 한다. 한마디로 금서 조치를 당한 외설들을 분석의 코드로 삼아서 1970~80년대의 한국사회라는 텍스트의 일부를 '독서'해 보는 미시적 접근 방식이 바로 이 글의 지향하는 바이다.

2. 1970~80년대 금서의 유형과 현황 그리고 검열

일반적으로 금서는 지배 권력이나 법률에 의해 발행과 판매 및 독서가 금지된 책을 말한다. "금서조치는 대체로 ① 체제 문제, ② 인종·지역차별, ③ 이데올로기, ④ 공안질서, ⑤ 종교·신앙, ⑥ 풍속문란, ⑦ 음란외설, ⑧ 교정 오식, ⑨ 명예훼손, ⑩ 저작권 위반 등의 이유에서 행해진다."[2] 그리고 금서는 분야 혹은 연구자의 관점에 따라 "정치·종교·과학(천체에 관한 서적)·풍속·이데올로기·고발문학 등으로 분류하기도 하고", "지리·도참·예언서·정적의 저술·언문류(諺文類)·종교류·잡서류·기타 혹은 통치 세력에 맞서 변혁의 내용을 담은 책, 시대의 지

---

2) 김삼웅, 『금서―금서의 사상사』, 6면.

배이념이나 통치철학에 어긋나는 내용을 적은 책, 국가변란에 관계되는 범죄를 저지른 사람의 저술 등으로"[3] 분류, 유형화하기도 한다.

금서의 역사는 진나라 때의 분서갱유에서 시작하여 오늘날에 이르기까지 실로 장구한 세월 동안 이어져 내려왔다. 당연히 고려, 조선의 왕조교체기는 물론 일제강점기와 이 글의 주요 관심사인 1970년대 역시 지배권력과의 길항작용 속에서 수많은 금서들이 생겨났다.

1970~80년대 금서의 목록과 현황을 보면, 흥미로운 사실이 눈에 띠는데 그것은 일제강점기하의 금서(조치)와 유신정권시대 금서와 대단히 유사성을 띠고 있다는 점이다. 일제강점기나 그때에 금서 조치는 주로 치안(이념)과 풍속(외설, 음란)의 차원에서 이루어졌다.[4] 그리고 이 같은 도서 및 출판물에 대한 조직적·제도적 탄압은 해방 직후에도 이어져 1970~80년대에 이르러 최고의 정점에 도달하였다. 이 때문에 엄정한 학술적 검토를 거친 주장은 아니지만, '금서'라고 하는 주제의식의 차원에서 박정희 정권과 일제를 동일선상에 놓고 보는 주장도 제기된 바 있다.[5]

1970~80년대 금서에 대해서 가장 선구적으로 접근한 논자로 언론·출판인 김삼웅을 꼽을 수 있다. 그는 『한국필화사』(1987.5), 『금서—금서의 사상사』(1987.8) 등 일련의 저술을 통해서 해방 이후부터 5공화국 때까지의 출판과 언론 및 예술에 대한 탄압의 사례를 실증적으로 정리한 바 있다. 그에 의하면 유신정권의 철권통치가 정점에 올라섰던 1972년

---

3) 이중연, 앞의 책, 19~20면.
4) 1977년 1월 『신동아』는 주목할 만한 새로운 기획을 선보인 바 있는데, 일제강점기의 금서들에 관한 실증적인 자료조사를 담아내고 있는 별책부록 『일정하의 금서 33권』이 바로 그것이다. 이 책의 잠정집계에 따르면, 1906년부터 1933년까지 일제강점기하의 금서는 현채(玄采)의 『중등교과 동국사략』(1906.6.10)을 시작으로 강의영(姜義永)의 『무정의 설움』(영창서관, 1933.3.25)에 이르기까지 총498권의 책이 금서 조치를 당한 것으로 나와 있다. 약 5백 권에 이르는 도서들은 주로 치안, 풍속, 출판법 위반 등의 이유에서 금서 처분을 당하였다. 여기에 대해서는 동아일보사, 『일정하의 금서 33권』, 『신동아』, 1977년 1월을 참조.
5) 금서에 관하여 오랫동안 관심을 기울여온 원로법학자 한상범이 이 같은 관점에서 서 있는 학자인데, 여기에 대해서는 제4장 결론 부분에서 상론하기로 한다.

10월 17일 계엄령의 선포에서 시작하여 1979년 10월 26일까지 만 7년 동안 긴급 조치 위반 등의 이유로 불온도서(?) 33종, 음란저속도서 44종 등 총77종이 판금 조치 처분을 당하였다고 한다. 이영희의 『8억인과의 대화』・『전환시대의 논리』・『우상과 이성』 등을 비롯해서 김우창의 『궁핍한 시대의 시인』, 박현채의 『민족경제론』, 김지하의 『황토』, 신경림의 『농무』, 장준하의 『죽으면 산다』, 백기완의 『자주고름 입에 물고 옥색 치마 휘날리며』, NCC의 『산업선교는 왜 문제시되는가』, 마르쿠제의 『위대한 거부』 등의 저작물들이 이때에 고초를 겪었던 대표적인 책들이다.6)

10・26 이후, 짧았던 '서울의 봄'은 신군부의 등장과 5・18항쟁을 거치면서 종적도 없이 사라지고 기나긴 탄압과 압제의 세월이 다시 시작됐다. 바로 이 무렵인 1980년 7월 31일 한국을 대표하는 진보적 잡지들인 『창작과비평』・『문학과지성』・『씨올의소리』 등을 포함해서 총172종의 정기간행물들이 등록 취소를 당했는가 하면, 언론 통폐합과 함께 진보적인 지식인・언론인・문학인들에 대한 대대적인 구속 사태가 벌어졌다. 그러나 이에 대항하는 출판인・언론인・지식인・학생・문학예술인・시민・노동자・농민 등의 저항도 만만치 않았다. 극도의 억압과 거대한 변혁의 열정이 함께 대립적으로 공존하던 뜨거운 시대가 바로 1980년대였는바, 학생운동과 민중운동 및 출판문화운동도 요원의 불길처럼 거세게 불타올랐다.

1980년대의 출판문화운동에 대해서 다루고 있는 한 자료는 이 시기를 '사회과학의 시대'로 규정하면서 새로운 지식에 대한 욕구와 사회변혁의 의지 그리고 출판자유화 조치 등이 한국사회 도처에서 분출하였던 민주화운동의 열기와 맞물려 있음을 지적하고 있다.7) 역설적으로 이때 주종을 이룬 서적들은 그간 이념의 압제로 인해 금기시되어 왔던 맑

---

6) 김삼웅, 「유신시대의 금서」, 앞의 책, 79~84면.
7) 한국일보 사회부, 「출판문화운동」, 『신세대 그들은 누구인가』 하권, 한국일보 출판국, 1990, 56면.

스주의 원전들과 북한 서적 등이었으며, 이를 주도한 발행인들은 주로 386세대의 젊은 운동가들이었다. 이 같은 출판인들의 높은 문화적·정치적 의식과 시민들의 민주화에 대한 열기와 맞물리면서 극도의 정치적 억압 속에서 이념(사회과학)서적이 엄청난 호황을 이어가는 기현상을 만들어 내기도 하였다.

당시의 출판계의 상황을 보여 주는 자료에 따르면, 군사독재정권의 폭압이 심했던 1983년 당시 출판사가 2,323개였던 것이 민주화에 대한 열망이 정점에 도달했던 87년을 거치면서 88년에는 무려 4,300개를 넘어섰으며 발행 종수와 부수도 각각 1,965종에 1억 7,000만 부로 크게 늘어났다. 이 같은 양적 팽창은 경제호황과 맞물리면서 한동안 가파른 상승세를 탔다.[8]

이와 함께 권력의 반작용과 탄압 또한 강도 높게 진행됐는바, 출판사와 서점 등을 가리지 않고 전국적으로 수사와 압수가 진행되어『제국주의와 혁명』,『민족의 문학, 민중의 문학』,『마르크스의 인간관』등 1985년 5월 9일 현재 무려 233종의 이념서적과 유인물 73종이 압수 또는 판금 조치를 당했다.[9] 또한 1987년 2월 20일 현재 한국출판문화운동협의회가 자체 조사한 자료에 따르면, 1980년대 초부터 이때까지 출판된 이념도서는 약 1,500여 종에 판매 부수는 무려 450만 부에 이른다. 문공부가 국회에 보고한 자료는 이 시기에 발행된 출판물 가운데서 2년 동안 "문공부의 납본필증을 받지 못했거나 판금조치 등을 당한 도서는 85년에 136종, 86년에 50종 등 모두 186종"이었다. 그러나 당국의 실제 단속 대상 도서와 범위는 훨씬 많고 넓었는바, 국회에 보고한 공식 집계와 달리 경찰 측의 조사 결과에 따르면 "1986년 10월에 나온 경찰의 '문제도서 목록'은 679종"으로 사상 유례가 없는 탄압이 이 시기에 강도 높게 진행되었음을 확인할 수 있다.[10]

---

8) 위의 책, 62면.
9) 김삼웅, 앞의 책, 87면.

그런데 이렇게 이념이 폭발하고 지배 권력의 탄압이 극심했던 1970~
80년대에 이중으로 소외된 영역이 있었으니, 바로 외설과 성이다. 예나
지금이나 진보 세력이든 보수 세력이든 간에 모두가 외설과 성만큼은
끊임없이 통제되고 관리되어야 할 위험하고 볼온한 대상으로 간주하고
있었다. 이는 금서를 본격적으로 다루고 있는 연구서들에서도 외설의
문제가 애초부터 아예 배제되어 있었던 데에서도 금방 확인할 수 있는
사실이기도 하다. 그런데 이 같은 표면적인 침묵과 공식적인 외면에도
불구하고 사실 성(외설)은 이념과 함께 언제나 초미의 은밀한 관심사이
자 검열(censorship)의 대상이었다.

출판인들이 권력의 존재를 현실적으로 실감하는 것은 바로 간행물
윤리위원회의 심의와 법률에 의한 검열이다. 공공기관에 의한 검열은
대개 정치적 · 종교적 · 윤리적 차원에서 진행, 작동된다.[11] 대단히 조직
적이고 치밀한 것 같은 검열도 실상은 성과 외설에 관한 한 대단히 무
원칙하고 가혹하게 진행되어 왔다. 요 몇 년 사이에 화제와 논란을 빚
었던 마광수의 『즐거운 사라』와 장정일의 『내게 거짓말을 해봐』만 봐
도 바로 그러한데, 이것은 일종의 1960~70년대 외설에 대한 심판의 재
판(再版)이고 반복이라 할 수 있다. 이렇게 보자면 성에 관한 한 거의 한
세대 이상 동안, 어떠한 혁신적인 진전도 이루어지지 않았던 셈이다.

사실, 성을 둘러싼 예술과 외설 또는 표현의 자유와 공공윤리 간의
논란과 갈등은 어떤 시대를 막론하고 끝없이 반복, 되풀이되어 왔다. 그
리고 이런 과정을 가만히 지켜보고 있노라면 관점과 입장의 차이 그리
고 시대 상황에 따라 예술과 외설은 자주 자리바꿈을 거듭해 왔으며,
외설과 예술을 구분하는 척도를 설정하는 것은 대단히 어렵고 자의적
이라는 생각을 지울 수 없다. 게다가 일제강점기나 오늘날이나 성에 관
한 공권력의 입장에는 어떠한 차이가 없이 핵심적인 내용은 거의 그대

---

10) 위의 책, 107면.
11) 여기에 대해서는 김만수, 「검열」, 『문학정신』, 1994년 9월을 참조.

로 계승되어 왔다. 참고적으로 풍속 및 음란 사항에 관한 일제강점기의 검열 기준과 오늘날 방송위원회의 심의규정 43조를 동일선상에서 비교해 보자.

(1) 총독부 경무국 검열표준
제1. 일반검열표준
(…중략…)

제2. 풍속괴란 신문지 출판물 검열표준
1. 춘화 음본(淫本)의 류.
2. 성, 성욕 또는 성애 등에 관한 기술로써 음외(淫猥) 수치의 정을 일으켜 사회의 풍교(風敎)를 해치는 사항.
3. 음부를 노출한 사진·회화·그림엽서의 류(아동은 제외).
4. 음부를 노출하지 않았으나 추악 도발적으로 표현한 나체사진·회화·그림엽서 류.
5. 선정적 혹은 음외 수치의 정을 유발할 우려가 있는 남녀포옹 접문(接吻)의 사진, 회화의 류.
6. 난륜의 사항.
단 난륜의 사항을 기술하여도 차사평담(借辭平淡)하고 거듭 선정적 혹은 음외 한 자구의 사용이 없는 것은 아직 풍속을 해치는 것으로 인정치 않는다.
7. 타태(墮胎)의 방법 등을 소개한 사항.
8. 잔인한 사항.
9. 유리(遊里) 마굴(魔窟)의 소재로써 선정적이거나 또는 호기심을 도발하는 것 같은 사항.
10. 서적 또는 성구(性具)약품 등의 광고로써 현저하게 사회의 풍교를 해칠 사항.
11. 기타 선량한 풍속을 해칠 사항.[12]

---

12) 조선총독부 경무국 도서과, 『朝鮮出版警察槪要』, 1936, 76~80면; 정진석 편, 『일제시대 민족지 압수 기사 모음』, LG 상남언론재단, 1998, 77~78면에서 재인용함.

(2) 방송위원회 심의규정 43조

1. 기성, 괴성을 수반한 과도한 음란성 음향 및 지나친 성적 율동 등을 포함한 원색적이고 직접적인 성애 장면.

2. 성도착, 동성애, 혼음, 근친상간, 시체강간, 시신 앞에서의 성 행위 등 변태적 형태의 과도한 정사장면.

3. 유아를 포함한 남녀 성기 및 음모의 노출이나 성기 애무 장면.

4. 위 각호에 준하는 기타사항.

(1)은 조선총독부 경무국 도서과에서 발행한 『조선출판경찰개요』(1930)에 수록되어 있는 외설 및 성 묘사에 관한 검열 기준이고, (2)는 대한민국 방송위원회의 심의규정이다. 공공질서와 사회윤리의 차원의 정당성 내지 필요성을 인정한다고 하더라도 성에 대한 권력의 입장은 과거나 현재나 크게 달라진 바가 거의 없음을 확인할 수 있다.

그런데 흥미로운 사실은 이와 같은 검열이 실은 대단히 비체계적이고 허술하게 마구잡이로 진행되어 왔다는 점이다. 이를테면 외설을 포함한 금서 조치에 있어서 탄압과 단속은 있으되, 합리적 체계와 전문성은 없었던 과잉 억압이었음을 1980년대의 한 월간지의 충격적인 보도를 통해서 확인할 수 있다.

심의과정에 참여하는 관계 공무원들은 출판 분야의 전문가들인 별정직이 아니므로 부내 인사이동에 있어서 언제든지 다른 부서로 자리를 옮길 수도 있는 사람들이다. 따라서 (…중략…) 전문지식이 없는 그들에게 출판의도를 전달시키기란 지난한 일이라고 출판인들은 입을 모은다. (…중략…) 이러한 문제점을 개선하기 위해 강구된 촉탁제도 역시 문제점이 있긴 마찬가지라고 입을 모은다. (…중략…) 이들 촉탁들은 대학의 국문과 졸업생들이거나 관계 문학을 전공 중에 있는 대학원생들로 구성되어 있는데, 과연 이들이 관계학자들이 수십년간 연구 끝에 이룩한 연구업적이나 작가 시인들이 창작물, 또는 세계석학들의 저서를 번역한 도서를 제대로 이해할 수 있겠느냐 하는 점엔 의문의 여지가 있다. 이 촉탁들에 의해 출판물의 사형집행이라 불려지는

도서 판매금지 여부가 판가름 난다는 건 언어도단이라는 주장이다.[13]

출판물에 대한 사형집행이라 할 수 있는 판금 조치가 관계공무원이나 전문가들에 의해 이루어지는 것이 아니라 촉탁 아르바이트생들에 의해서 결정된다는 사실은 한국의 검열제도가 탄압은 있지만 합리와 체계가 없이 얼마나 졸속으로 이루어졌는가를 보여 주는 증거이다. 이 같은 검열의 졸속성은 『즐거운 사라』를 둘러싼 논란 속에서 다시 한번 반복됐다. 이 소설을 "음란물로 규정하고 제재를 건의했던 한국 간행물 윤리위원회는 89년 문공부 등록 임의단체였던 한국 도서잡지 주간신문 윤리위원회의 조직을 개편해 발족한 사단 법인체이다. (…중략…) 이 위원회(총25명으로 구성되어 있다―인용자)는 9월말 현재까지 8백 40종 2만 1천 9백 부를 심의했는데 이 중 주의 결정을 내린 것이 91건, 경고 1백 33건, 광고 게재 중지 1백 15건 제재 건의 61건을 내렸다."[14] 말하자면 25명의 위원들이 모든 간행물들을 심의했다는 것이고, 이 과정에서 터무니없이 많은 간행물들이 과도한 탄압과 제재를 받은 것이다.

3. 성과 외설의 정치학―『반노』를 통해서 본 1970~80년대의 문화와 사회

1) 〈채털리 재판〉과 〈반노 재판〉의 유비 관계 및 사건의 추이

1970년대를 코앞에 둔 1969년 여름. 베트남전이 한창 치열하게 전개

---

13) 윤재걸, 「금서」, 『신동아』 309호, 1985.6, 412~413면.
14) 박형준, 「외설의 한계와 표현의 자유―『즐거운 사라』파문 개요와 문단, 각계의 반응들」, 『문학정신』, 1992.12, 155면.

되고 있었고, 유인 우주선 아폴로 11호가 달 착륙에 성공하였다. 『반노』
가 기소된 7월 30일은 보름이 넘도록 지루한 장마가 계속되던 전형적인
여름이었고, 박정희 정권은 장기집권을 위한 포석으로 삼선개헌을 추진
하고 있었던 중이었다. 30일자 일간신문들은 '공화당이 의원총회에서 8
월 초에 개헌 발의를 결의'했다는 소식을 일제히 1면 톱기사로 다루고
있었다.15) 삼선개헌 문제로 정국이 파국을 향해 치닫고 있는 상황에서
정부는 과거 지배 권력이 그랬듯이 전가의 보도인 성과 외설물에 대한
탄압에 적극 나서게 되는데, 이른바 검찰의 '외설단속 장기 연장' 방침
이 그것이다. 이 같은 정부 방침이 발표되자마자 거의 동시적으로 주요
언론매체들은 소설가 박승훈·염재만, 세기사상사 대표 우기동, 영화감
독 신상옥·박종호, 진명문화사장 안종국 등 6명의 문화예술인들과 춘
화도를 만들어 판 김귀남 등의 출판업자들 11명이 구속 기소됐음을 보
도하고 있다.16) 정국의 어수선함과 10일 전의 우주선 달 착륙 소식에
따른 술렁거림과 가벼운 흥분이 채 가시기도 전에 무명의 소설가의 처
녀작 『반노(叛奴)』는 형법 242조와 244조에 의거, 음란물 제조 혐의로 이
렇게 전격적으로 기소되기에 이른다.

일제강점기 때는 물론, 해방 이후에도 남정현의 「분지」(1965), 박승훈
의 「영점(零點)하의 새끼들」(1969), 김지하의 「오적」(1970), 임중빈의 「사회
참여를 통한 학생운동」(1971), 이영희의 『전환시대의 논리』(1974), 염무웅
의 『민중시대의 문학』(1979) 등 온갖 진보담론들은 보수 이념과 정치권
력과의 갈등 속에서 수많은 필화를 겪어야 했다. 그런데 이 중에서도
염재만의 소설 『반노』의 경우는 유독 눈길을 끈다. 그것은 우리 문학사
에서 외설의 문제를 둘러싸고 문학과 법률이 본격적으로 충돌한 최초
의 사례이면서 동시에 1969년 7월 기소된 이후부터 1975년 12월 6일 대
법원 형사 2부에서 무죄 확정 판결이 내려지기까지 외설과 표현의 자유

---

15) 「개헌 8월초 발의, 공화의총 결의」, 『동아일보』, 1969.7.30, 1면.
16) 「예술품이라도 처벌, 검찰 외설단속 장기연장」, 위의 신문, 3면.

문제를 둘러싸고 항소와 항고 등 장장 6년 5개월여 동안의 장구한 법정 공방이 벌어졌다는 표면적인 사실 자체가, 우선 대단히 이례적인 일이었기 때문이다.

물론 지금의 냉정한 시선으로 보건대 '반노사건'은 문화사적으로나 정치사적으로 중요성을 갖는 사건이라기보다는 위기에 몰린 박정권의 국면전환용 카드이자 일부의 보수적 법조계 인사들의 융통성 없는 사법권 남용이 만들어 낸 사소한 스캔들에 지나지 않을 수도 있다. 그럼에도 『반노』에 주목하고자 하는 것은 어떤 이유에서인가. 그것은 텍스트 자체보다는 텍스트가 서 있는 독특한 지점과 맥락 때문이다.

에로소설 『반노』는 지금의 감각으로 보면 아주 단순하고 무미건조한 작품이다. 부평초처럼 세상을 떠돌던 두 남녀가 우연히 만나 동거에 들어가 밤낮 없이 서로의 성에 탐닉하다가 이에 염증을 느낀 남자 주인공이 성의 노예성과 욕망에 항거하여 고향으로 돌아간다는 이야기가 내용의 전부이기 때문이다. 줄거리뿐만 아니라 서사 구성도 매우 단순하여 부부싸움(?) 뒤에 진행되는 격렬한 성 행위, 뒤를 이어 찾아오는 권태와 성에 대한 환멸 그리고 다시 격한 부부싸움 끝에 벌어지는 화해성의 정사가 시종일관 지루하게 반복된다. 오직 플롯과 스토리만을 놓고 본다면, 이 소설은 문학 작품이라고 말할 수조차 없는 수준 이하의 졸작이며, 아무리 잘 봐줘도 아마추어 작가의 습작이라고 해야 할 시시한 소설이다. 그럼에도 이 삼류급 에로물에 새삼 주목하는 이유는, 앞에서 잠깐 언급한 바와 같이 텍스트 자체의 완결성 때문이 아니라 전적으로 해당 텍스트를 둘러싸고 있는 현실적 맥락과의 관계 때문이라 할 수 있다.

문학사회학에 의하면, 어떤 텍스트이든 간에 정치적·사회적·문화적 맥락을 가지고 있거나 어떤 특정한 맥락들 속에 놓여 있게 마련이다. 『반노』 역시 예외는 아니다. 요컨대 그것은 섹슈얼리티 내지 젠더의 문제는 물론 우리 문학사에서 외설과 표현의 자유 문제를 두고 법정에서 담론과 담론이, 제도와 제도가 정면에서 충돌한 드문 사례에 해당되기 때문이다.

우선 이 텍스트가 사법 권력에 외설의 빌미를 제공한 것은 '윤진두' 와 '홍아'라는 두 남녀 주인공이 벌이는 정사에 대한 노골적인 묘사들 때문이다. 법정에서 문제로 지목됐던 몇 장면들 가운데 한 대목을 살펴보자.

> (……) 어디 당신 사타구니 좀 봅시다. 얼마나 도도한가 봅시다. 그는 그렇게 다그쳤으나 나는 목석처럼 앉아 그의 말을 듣기만 합니다. (……)
> 그는 날쌔게 내 볼에 입 맞추고 내 얼굴을 온통 핥습니다. 서방님 내 머슴애, 이 오진 것, 이 뚝보, 이 곰새끼하면서 그는 미친 듯이 나를 쓰러뜨립니다.
> 자신의 옷도 벗고 내 옷도 익숙하게 벗깁니다. 서로의 나체만이 남습니다. 서로의 국부가 교면스러운 빛을 발산하면서 한껏 부조되고 그 위에 온갖 충격이 요동쳐 감깁니다. 그 국부는 영혼을 걸어 당기고 이겨 붙여 전부를 삼킬 듯한 극점 사이에서 숨죽음을 이어져 가게 합니다. 어른어른 환열이 난무하면서 무아의 경지는 솟구쳐 포만합니다.
> 나체는 그 아무것도 변명하지 않고 순수한 생명의 모습을, 그 진실을 내뿜어 줍니다. 높은 숨소리와 몸짓의 율동에 따라 우리의 영혼도 춤춰댑니다. 한 덩어리가 되어 방안을 허맥질치면서 다리를 휘감아 조이고 비비고 구르고 신음치는 동안 어느덧 그와 나는 완전한 한 덩어리가 되어 옵니다.[17]

여기서 한 가지 흥미로운 것은 통상적인 남녀 관계와는 달리 젠더의 역전 내지 전도 현상이 목격된다는 점이다. 요컨대 작품의 화자이자 주인공인 '나'는 윤진두란 건장한 남성이고, 그런 '나'를 리드하고 둘 사이의 관계를 주도하는 것은 오히려 여주인공 '홍아'이다. 이에 비해 나는 수동적이고 멍청하여 섹스이건 일상생활에서이건 그저 여주인공이 이끄는 대로 명령하는 대로 이를 행동으로 옮기는 대단히 소극적인 인물이다.

---

17) 염재만, 『반노』, 글벗사, 1995, 19~21면.

흔히 문학 작품들(특히 소설)은 크게 세 종류의 담론으로 구성되어 있는바, 대화·독백·서술(묘사·지문·설명·해설 등 포함) 등이 바로 그러하다. 그리고 이들 담론은 시점·플롯·주제 등 서사작동 원리 등에 따라 전략적으로 텍스트 속에 적절하게 배치되어야 한다. 그런데 인용문을 통해서 짐작할 수 있듯이 『반노』의 경우에는 작품의 8할 이상이 둘 사이의 다툼과 정사장면에 대한 묘사로 채워져 있고 나머지 2할 정도가 다른 이야기이다. 그나마도 두 남녀 주인공이 만나게 된 과정, 윤진두가 생계를 위해 창고나 남의 집을 터는 장면과 가끔씩 이런 생활에 대한 윤진두의 고뇌와 환멸 등으로 이루어져 있다. 이렇게 『반노』는 당시로서는 충격적인 성 묘사와 성 역할 전도라는 특징을 제외하고 특기할 만한 사항이 별로 없는 대단히 지루하고 시시한 삼류소설에 지나지 않는다.

이 글의 관심사는, 누차 강조했듯이 『반노』가 얼마나 형편없는 작품인가를 입증에 데 있는 것이 아니라 『반노』를 둘러싼 법정 공방에서 드러난 동시대인들의 문학에 대한 인식, 문학의 탈신비화 과정, 문학담론에 나타난 성 묘사와 그 가이드라인을 제시한 최초의 판례라는 점, 그리고 이 과정에서 살짝 맨얼굴을 드러내는 1970년대 권력의 본질과 동시대의 지배적인 원리들(푸코의 표현을 빌리자면 에피스테메)을 포착할 수 있는 지점에 서 있기 때문이다.

이와 관련하여 1960년 영국에서 벌어진 채털리 부인의 사랑을 둘러싼 법정공방, 이른바 〈채털리 재판〉[18]에 대해서 참고삼아 잠깐 검토해보기로 하자. 진보적 성향의 정치인 로이 젠킨스(Roy Jenkins)가 음란물 출판 대한 규제를 완화하는 법안을 의회에 제출, 통과시키자 1960년 팽귄 출판사는 로렌스(D. H. Lawrence)의 소설 『채털리 부인의 사랑』을 무삭제로 출판하였다. 출판사는 예술을 자유를 위해서 출판한다는 명분을 내세웠

---

18) 『채털리 부인의 사랑』을 둘러싼 법정 공방과 사건의 추이에 대해서는 앨빈 커넌, 최인자 역, 「채털리 부인과 '셸리에 관한 잡담'」(『문학의 죽음』, 문학동네, 1999)과 안춘근 편, 『세계 발행 금지 도서 100선』(서문당, 1975)을 참조.

지만, 유치원생도 짐작할 수 있듯이 그것은 철저한 상업주의적 계산 속에서 결행된 일이었다. 예상대로 출간 즉시 소설은 대중들 사이에서 선풍적인 인기를 끌며 출판사에 엄청난 이익을 안겨주고 있는 참이었고, 그 사이 성불구가 된 귀족 출신의 상이용사가 아내와 하인에게 농락당한다는 외설적인 이야기에 격분한 보수주의자들은 이 소설을 법원 즉각 기소해 버렸다. 재판은 영국의 윤리와 관습을 지키기 위해서 소설이 노골적이고 원색적인 외설물임을 입증하여 이것을 의법 조치하려는 애초에 가졌던 그들의 의도와는 다르게 사태는 묘하게 꼬이고 확산되었다. 법원은 소설이 형편없는 음란물임을 입증하려고 노력했고, 변호인단은 영국 최고의 영문학자와 문학이론가들을 참고인과 증인으로 채택하여 반격에 나섰다. 검찰은 '씹할이라는 단어가 서른 번 이상 나오고, 자궁과 내장이라는 말과 욕설이 수도 없이 반복되는 이 소설을 과연 좋은 작품이라고 할 수 있으며, 당신의 부인이나 자녀에게도 권할 수 있겠느냐'며 기세를 올렸다.

반면, 버밍엄대학 현대문화연구소(CCCS) 소속의 문화이론가로 득의의 저서 『읽고 쓰는 능력의 활용(The Uses of Literacy)』(1957)을 발표하여 한참 성가를 높이고 있었던 리처드 호가트(Richard Hoggart)는 '한 인간이 그가 사랑하는 다른 인간에게 지녀야 할 경외감과 그에 의한 육체적 관계를 진솔하게 그려낸 명작'이라고 진술했다.[19] 또 증인 내지 참고인으로 소환된 35명의 문인들 중 한 명으로 옥스퍼드대학의 학장이자 문학평론가였던 헬렌 가드너(Helen Gardner)는 문학적 가치를 따져보는 데에는 "작가가 무엇을 말하려는가와 작가가 말하려는 것이 성공적으로 전달되었는가" 하는 점을 고려하는 것이 중요한데, 로렌스의 작품에는 이 두 가지가 성공적인 비례를 이루지 못하고 있지만, 열성과 진정성이 살아 있는 작품이라는, 법조인들이 생각하기에 실로 모호하기 짝이 없는 허망한

---

19) 앨빈 커넌, 최인자 역, 앞의 책, 76면.

레토릭을 반론이랍시고 제시하였다.[20] 그러자 답답증을 견디지 못한 검찰은 문학적 가치를 평가하는 데 고려해야 될 핵심적인 사안이 무엇이며, 한마디로 명쾌하게 말해서 소설이 음란한가 그렇지 않은가, 나아가 음란물이 무엇인가를 날카롭게 따져 물었다. 이렇게 질문의 내용이 점차 정교해지고 미학의 핵심에 대해서 파고들자 돌연 재판은 문학이란 무엇인가, 문학은 다른 글과 어떻게 다른가 하는 문제로 돌변하였다. 예컨대 『채털리 부인의 사랑』이 음란물인가를 결정하기 위해서는 음란물이 무엇이며, 문학과 음란물이 어떻게 다른가에 대해서 논의해야만 했고, 그 결과 문학을 문학답게 하는 유일한 근거가 되는 문학적 가치란 무엇인가에 대한 논란으로 재판의 성격이 전환되어 버린 것이었다.[21]

이 미증유의 재판이 진행되는 과정에서 보여 준 1960년대 영국의 문학 연구의 수준은 한마디로 실망스러운 수준이었다는 것이 중론인데, "명색이 대학의 문학 교수라는 전문가 증인들이 문학에 대해 진술한 내용을 볼 것 같으면, 너무나 혼란스럽고 모순적이며 모호하고 어색하게 표현되어 있어서 한마디로 별 볼일이 없었"[22]기 때문이다. 그러나 『채털리』의 본질을 날카롭게 꿰뚫는 증언도 없지는 않았는데, (이 작품이) 근대문명의 해악으로 말미암아 상실된 본래의 인간성 회복을 주장하는 동시에 성 문제를 정당하게 이해하는데 기여했다거나[23] "좀더 강렬한 원초적 삶을 희구하는 영혼을 그린 것"이라는 말이라든지 "섹이란 좋은 것이고 그것만이 합리성으로 미쳐 버린 세계에서 인류를 구원할 유일한 방안"이라는 멋있는 답변이 나오기도 하여 영국문학비평의 체면을 세우는데 기여하기도 했다.[24] 이 진보적인 증언들은 문학이 예술임을 입증하고 표현의 자유를 지켜보려는 시도의 일환이었지만, 법조인들에

---

20) 위의 책, 같은 곳.
21) 위의 책, 73면.
22) 위의 책, 79면.
23) 안춘근, 앞의 책, 174면.
24) 앨빈 커넌, 최인자 역, 앞의 책, 82~83면.

게 문학이 자신들의 생각만큼 합리적이지 않고 자신의 존재 이유를 합리적으로 설명하지 못하는 형편없는 담론이라는 생각을 갖게 만들어 버렸다. 요컨대 〈채털리 재판〉은 "문학적 구질서의 공허함을 증명하고, 근거 없는 휴머니즘적 믿음을 탈신비화하고 공허하게 만들어 버린"[25] 희대의 사건이었던 것이다.

그러면 1970년대 중반까지 한국의 법정을 뜨겁게 달구었던 〈반노사건〉은 어떠하였는가. 〈반노〉 역시 〈채털리〉와 유비 관계에 있는 사건이긴 하지만, 원통하게도 〈채털리 재판〉처럼 성과적으로(?) 전개되지는 못했다. 그래도 1970년대 문학 인식과 성 풍속 그리고 규율권력의 작동 방식을 이해하는데 더할 나위 없이 좋은 참고자료라는 점에서는 다소 위안이 된다.

개발독재시대의 한국 검찰이 『반노』를 기소한 이유는 "(…중략…) 변태적인 남녀가 동거하며 성교하는 장면을 묘사함에 있어서 (…중략…) 직접적으로 성에 관한 노골적이며 구체적인 부분을 묘사하여 통상인으로 하여금 성욕을 자극 흥분시키기에 족한 내용이 게재된 (…중략…) 음란문서를 제조하였"[26]기 때문이다. 그러니까 국민을 법과 윤리로 순화시켜야 할 유아로 간주하고 있었던 1970년대 검찰이 보기에 『반노』는 예술이 아닌 음란문서였다. 형법 242~244조에 따르면, 음란물과 음란 행위는 성욕을 자극하거나 성적 수치심을 유발시키고, 평균적 성인의 도덕적 기준에서 문제가 있는 도화, 문서 및 기타 물건이 음란물이며, 이를 제조·반포·판매하는 것이 음란 행위라는 것이다.[27] 이 같은 검

---

25) 위의 책, 88면.
26) 정춘용, 「소설 『반노』 작가에 대한 예술성—예술성과 작가 양심 살렸으면 음란성은 문학작품으로 승화」, 『반노』, 글벗사, 1995, 228면.
27) 음란성과 음란 행위의 법적 기준은 다음과 같이 정리할 수 있다. ① 음란성이란 성욕을 자극 또는 흥분하게 하여 성적 수치심을 유발시키고 성적 도덕관념에 반하는 것을 말한다고 일반적으로 개념 정의된다. ② 음란성의 판단 대상은 문제되는 문서, 도화, 물건, 행위의 전체여야 한다. 즉, 일정 부분에는 음란한 표현이 있다 하여도 전체를 고찰할 때 음란하다고 볼 수 없으면 음란의 딱지가 붙을 수 없다는 것이다. 소위

찰의 주장에 대해서 염재만·안수길·홍기삼 등의 문인들이 법정 증언에 나섰고, 변호사 정춘용도 피고인 측의 변호사 자격으로 적극적인 변론에 나섰다.[28]

당사자인 염재만은 제목이 상징하는 바와 같이 노예가 반항하여 일어나듯이 성의 퇴폐적 향락에 대하여 새로운 자아를 찾아 떠난다는 작품의 전체 내용에 주목해 달라고 하면서 "인간에 내재하는 성의 노예성에 항거하여 이를 딛고 일어나 마침내는 새로운 자아를 찾아 떠나는 과정을 그리려니 자연 성 행위 장면을 과도하고 지긋지긋하게 반복 묘사하지 않을 수 없었다"고 진술하였다. 염재만의 서라벌대학 시절 은사인 소설가 안수길도

> 이 작품은 인간에 내재하는 신성과 동물성의 대결형식을 빌어 전체 줄거리를 엮어 나가고 있다. 그리고 이 양자의 싸움에서 끝내는 신성이 동물성을 딛고 굳건히 일어선다는 밝고 명쾌한 결론으로 매듭지어 놓고 있다.
> 그 동물성이란 이런 거다 하는 것을 드러내 보이기 위해서는, 그 야만적이고 추악한 면면들을 구체적 실례를 들어가면서 열거하지 않을 수 없으며 리얼한 정황묘사 또한 불가피하다. (231~232면)

라고 하면서 염재만과 유사한 내용의 법정 진술을 하였다. 얼핏 보기에 안수길의 진술은 작품의 핵심을 정확하게 꿰뚫는 설명인 것 같지만, 행

'반노사건'에서도 법원은 이러한 입장을 밝힌 바 있다. ③음란성은 평균적 성인의 도덕적 기준을 바탕으로 판단되어야 한다. 즉, 도덕적으로 너무 자유분방한 자라든가 너무 도덕적인 자의 입장에서 판단될 것이 아니라 일반인의 관점에서 어떻게 생각되는지가 문제라는 것이다. ④음란성 여부는 시대에 따라 달리 판단될 수 있고 아울러 당해 대상이 어떤 맥락 속에서 표현되는가에 따라서도 달리 판단될 수 있다. 예컨대 『채털리 부인의 사랑』은 1950년대에는 음란한 것으로 판단되었지만 지금의 입장에서는 그렇지 않을 수 있고, 나체화의 경우에도 명화집에 실려 있을 때에는 예술성이 인정되지만 판매목적의 성냥갑에 찍혀 있을 때에는 음란성이 인정될 수 있다는 것이다.
28) 이 『반노』를 둘러싼 법정 공방에 대해서는 정춘용의 글을 참조. 이하 인용 면수만을 표시함.

간을 가만히 읽어 보면 이미 법과 당시의 성 관습에 압도당한 문학담론의 구차한 알리바이의 제시 내지 저 자세를 보여 준다. 요컨대 성에 대한 제도적 법률적 제재에 대한 정면 도전이 아니라 성이라는 동물성에 대한 신성의 승리를 그린, 다시 말해서 법률과 사회윤리에 저촉되지 않은 창작물이니 선처해달라는 읍소와 변명의 전략으로 일관하여 텍스트가 지닌 애초의 선구적인 성의식과 묘사에 대한 윤리적 한계를 넘어서려는 처음의 창작 의도와 작품의 의미를 스스로 후퇴시키고 말았던 것이다.

그것은 성 묘사 한 장면을 따로 떼어놓고 보지말고, 그러한 시각으로 볼 때는 고전『춘향전』역시 음란물이 되어야 한다는 문학평론가 홍기삼의 반론과 정춘용의 치밀한 변론에서도 그대로 반복되고 만다. 결국 법 감정에 호소하는 감정의 오류 전략 내지 읍소와 변명의 전략이 상당한 효과를 거두어 1971년 6월 1일 항소 제1부(유태홍 재판장)는 유죄를 선고한 원심 판결을 깨고 무죄판결을 내리는 한편, 이 사건을 서울지법 합의부로 되돌려 보냈다. 그 근거는 "(작가와 변호인 등의 진술을 종합해 보건대-인용자) 본능에 의한 맹목적인 성교와 그 뒤에 오는 허망함을 반복, 묘사함으로써 성에 대한 권태와 허무를 깨닫게" 했기 때문이라는 것이다. 서울 지법으로 다시 되돌아간 이 사건은 재심리 끝에 1973년 11월 6일 서울지법 항소부(재판장 채명묵)로부터 "본건 소설이 음란한가를 살피건대, (…중략…) 무릇 문학작품의 음란성의 여부는 어느 부분만을 따로 떼어 논할 수 없고, 그 작품 전체와 관련시켜서 이를 판단해야 할 것이므로 (…중략…)" 무죄임을 선고한다는 판결을 밝혔다. 이와 같이 재판부는 자신들이 문학과 예술에 대해서 무지하다는 비판이 부담스러워서 그랬는지는 모르겠지만, 문학인들의 변론을 그대로 판결문으로 차용하여 피고의 손을 들어주기에 이른다.

그러나 어리석은 백성들을 일벌백계할 수 있을 정도로 전시효과가 큰 이 좋은 호기를 고집스럽고 영악한 검찰이 그냥 흘려버릴 리가 만무했다. 정말이지 검찰은 집요했다. 누구나 짐작할 수 있듯이 차제에 검찰은

나라의 윤리와 도덕의 기강을 바로잡고 문학예술인들에게 검열과 국법의 지엄함을 각인시킬 의도에서 장문의 다시 「상고이유서」를 작성, 반격에 나선 것이다.[29] 그러자 변호인 측에서도 이번에는 읍소와 적극적 변명의 전략을 바꾸어 재판부의 미학적인 무지를 파고들기 위해서 1969년 10월 『악덕의 번영』이란 번역서를 둘러싸고 일본 최고 재판소에 있었던 판례를 참고하고 미학이론을 동원하여 공격적인 변론에 나서니 그것이 바로 이교량설(利較量說)과 승화설(昇華說)[30]이다. 결국 권력의 집행자들이 충분한 전시효과를 거두었다는 판단에 덧붙여 합리적이고 이성적인 결말에 취약한 사법부는 결국 이 같은 변호인단의 변론을 받아들여 전체적인 내용이 향략적인 성욕에 대항하여 진정한 자아를 발견하는 과정을 그린 작품이므로 이를 음란물로 규정할 수 없다는 최종 판결을 내리게 됨으로써 6년 반을 지루하게 끌어온 사건이 의외로 싱겁게 마무리되었다.

2) 〈반노사건〉이 보여 주고 남긴 것

〈반노사건〉은 법과 문학이 성적 표현을 한계를 두고 벌인 최초의 충돌이라는 점에서 나름대로의 의미를 갖는다. 그리고 다른 한편에서 이는 1970~80년대 문학에 있어서 성적 표현의 가이드라인으로 작용했던 것으로 짐작된다. 문학에서 이 가이드라인을 넘어서고자 하는 시도는

---

29) 위의 책, 244면.
30) 이교량설은 "작품 전체 내용 속에, 성의 묘사가 설령 지나칠 정도로 선정적이라 할지라도 예술성이 크면 음란성은 배제된다는 학설이다. 즉 예술성의 분량이 크면 그 음란성이 먹혀서 파묻히며, 음란성의 분량이 예술성의 분량보다 크면 그 예술성이 압도당하여 짓눌린다는 논리인 것이다." 그리고 "승화설은 성의 표현이 과도하게 선정적이어도 작품의 전후문장이나 흐름이나 맥락에서 또는 작가의 사상 속에 예술성이 있으면 그 음란성은 승화, 소멸된다는 학설이다. 즉 예술성만 있으면 음란성은 전혀 논란거리가 안 된다는 주장이다." 위의 책, 244면.

1990년대에 마광수에 의해 이루어졌다. 마광수 교수의 문제적 소설『즐거운 사라』[31]와『반노』를 비교해 보면, 과거보다는 현재가 표현의 영역이 다소 확장되었다는 점을 확인케 된다. 아래의 인용문은『즐거운 사라』와『반노』의 한 대목이다.

　①그는 나의 전신을 여기저기 주무르고 살짝 꼬집고 깨물고 핥았습니다. 너무나 의외의 일이 벌어져 나는 부끄럽고 겸연쩍었지만 기왕에 전부를 내맡긴 참이라 꾹 참고 견디었습니다. 그랬더니 이내 유쾌한 느낌이 전신으로 파급되면서 온통 황홀해왔습니다. (『반노』, 35~36면)

　②기철은 치마를 벗기지 않은 채로 나의 두 다리를 벌리게 하여 자기의 무릎 위에 앉힌다. 그의 성난 남근이 내 팬티를 뚫는다. 아니 뚫는 게 아니라 나의 팬티가 마치 콘돔처럼 기철의 남근을 감싸고 나의 성기 안으로 들어온다.[32]

　①은『반노』이고, ②는『사라』이다. 표현의 과감성이나 직접성 등 여러 측면에서 더 이상의 설명이 필요하지 않을 정도로 대단히 외설적이다. 외설은 보는 사람의 관점이나 주어진 상황과 맥락에 따라서 다른 명확한 규정이 어려운, 지극히 가변적인 것이다. 그래도 외설에 대한 최소한의 기본적인 정의는 가능한데, 대체적으로 그것은 인간의 성기나 행위와 밀접한 관련을 갖는다. 가령, 외설의 정치성과 역사성에 주목한 프라피에-마쥐르에 의하면, 외설이란 "특정한 어휘 범주에 속하는데, 그것은 성행위와 해부학적 부분의 이름을 부르는 것과 관련되어"[33] 있

31) 마광수의『즐거운 사라』와 관련된 사건의 전모에 그 의미에서 대해서는 연세대학 국문과 학생회,『마광수는 옳다』(사회평론, 1995)를 참조할 것.
32) 마광수,『즐거운 사라』, 청하, 1992, 46면.
33) 뤼시엔느 프라피에-마쥐르, 조한욱 역, 「18세기 프랑스 포르노그라피의 진실과 외설적인 언어」,『포르노그라피의 발명―외설성과 현대성의 기원, 1500~1800』(린 헌트 편), 책세상, 1996, 253면.

으며, 좀 더 노골적으로 말하자면 "신체의 은밀한 부분의 이름"을 직접적으로 언급하는 것이다. 외설적 언어에 바탕을 둔 "외설성의 경우에는 배설기관으로서 신체의 하부에 집중"[34]된다는 것이다. 그리고 이 외설성은 텍스트 맥락과 사회·문화적 상황 그리고 각종의 의도에 따라 달라질 수도 있다고 한다. 요컨대 1820년 밀로스 섬에서 출토된 비너스상과 "비너스를 꽉 끼게 치켜 올린 흰 스타킹과 장밋빛 끈으로 장식해 보라. 그러면 당신은 품위와 음란의 차이를 분명하게 느낄"[35] 수 있다는 등의 예시를 통하여 외설과 예술의 차이를 설명하려고 하였다. 부연하자면 그 역시 외설은 객관적이라기보다는 간주관적(間主觀的)인 것으로서 상황과 맥락에 따라 다르다는 점을 강조하고 있다. 이런 점에 비추어 『반노』는 지금의 감각으로 보면, 대단히 무미건조한 포르노그래피 내지 에로소설에 지나지 않으며, 따라서 『반노』를 음란 내지 외설물로 내몬 것은 보수적인 법률 집행자들의 과도한 대응과 어떤 정치적 의도 속에서 발생하고 증폭됐다는 점을 어렵지 않게 추론할 수 있다.

그렇다면 이 해프닝에 가까운 〈반노사건〉이 보여 주고 남긴 것은 무엇인가. 그 의미를 크게 세 가지 차원에서 정리 또는 생각해 볼 수 있다.

첫째는 『반노』 최종본의 '「반노」 원작간행에 붙여'에서 작가가 직접 언급하고 있듯이 이는 지배 권력의 정치논리에 따라 조작되고 증폭된 사건이라는 것이다. 예컨대 염재만은 자신의 작품이 기소된 때가 "박정희 정권이 3선 개헌을 내정해 놓고 긴장 분위기를 조성해 가던 시기"(251면)였다는 점을 강조하면서 국면을 전환하고 국민에 대한 통제를 목적으로 사회기강과 풍속, 특히 성에 관한 관리와 감독에 박 정권이 적극적으로 나섰다는 점을 강조하고 있다. 당시의 신문[36]을 보면, "(사회에) 만연돼 있는 퇴폐풍조에 일대 철퇴를 가하여 사회 분위기를 맑고 밝게

---

34) 위의 책, 256면.
35) 위의 책, 249면.
36) 『동아일보』, 1969.7.30, 3면.

쇄신하겠다는 정부 방침"(251면)이 연일 공포되고 있는 것을 통해서도 알 수 있다. 특히 "성애 장면을 직접 묘사했거나 미풍과 도덕을 해치는 모든 출판물이 사법적 제재의 대상이라는 점과 이러한 불건전한 서적 혹은 유인물을 뿌리뽑아 그의 유포확산을 막음으로써 전통적이고 건전한 우리 사회의 도덕기강을 바로 잡겠다 하는 명쾌한 논리의 정책목표가 잇따라 발표되자 여기에 대한 공감대가 넓게 형성"(251면)되는 등 정권안보와 지지도에 크게 기여하였다는 점이다. 『반노』는 이 같은 개발독재 권력의 정치 프로그램과 프로젝트에 따라 연출된 정치적 사건이라고 할 수 있다.

둘째는 문학을 문학이게 하는 것, 이를테면 문학인이든 법조인이든 문학을 뒷받침하는 존재 근거와 정당성을 교훈성, 계몽성, 심미적 아름다움 등의 효용성에서 찾고 있었다는 점이다. 그것은 〈반노 재판〉의 과정에서 제시되어 나온 관련발언들, 가령 「최후 답변서」와 「최종 판결문」(1975.12.9)의 한 대목을 보아도 확인이 가능하다.

① 다소 음란한 묘사가 있다고 하여, 전체를 음란문서라고 한다면, 대부분의 문학작품들이 모두 음란문서라는 결론이 내려집니다. 이는 문학이 지니는 사회교육적 사명성이나, 문학의 천부적 요소로서의 인간탐구의 사명성 등을 망각한 부당한 주장이라 아니할 수 없습니다. (241면)

② 전체적인 내용의 흐름이 인간에 내재하는 향락적인 성욕에 반항함으로써 결국 그로부터 벗어나 새로운 자아를 발견한다는 과정으로 이끌어 매듭된 사실을 인정할 수 있으므로 본건 소설 「반노」를 음란한 작품이라고 단정할 수 없다. (243면)

①은 작가의 「최후답변서」이고, ②는 대법원의 「최종 확정 판결문」의 일부이다. ①에서이든 ②에서이든 간에 음란성인가 아닌가를 판별하는 기준이 바로 외설적인 내용에 통제를 가하는 한편, 독자들을 감화하고

계몽하는 효용성이 있느냐 없느냐에 달려 있다는 것이다. 사실 소설가 염재만은 당시 가장 진보적인 문학담론이었던 민족문학 등과는 거리가 먼, 문협 쪽의 작가였다. 문협이라면 문학예술의 순수성을 표나게 강조하는 그룹이었는바, 문협에서조차 문학의 문학다움을 교육적 효과와 같은 효용성에서 찾고 있었던 것이다. 이처럼 동시대인들은 진보 / 보수, 순수 / 참여를 막론하고 문학의 효용성이야말로 문학의 존재 근거이며, 문학의 문학다움의 지표로 인식하고 있었다. 이와 같은 인식은 '반노의 무죄 확정 판결'을 보도하고 있는 당시 신문기사들에서도 역시 그대로 되풀이되고 있다.

> (……) 대법원 형사 2부(재판장 이영섭, 주심 김용철 대법원 판사)는 9일 음란문서 제조 혐의로 불구속 기소된 『반노』 작가 염재만 피고인(41 · 서울 성북구 상월곡동 27의 37)에 대해서 검찰 측의 상고를 기각, 무죄를 확정했다.
> 재판부는 『이날 전체적인 내용의 흐름이 인간에 내재(內在)하는 향락적인 성욕에 반항함으로써 결국 그로부터 벗어나 새로운 자아를 발견하는 과정으로 이끌어나간 사실을 인정할 수 있음으로 음란한 작품으로 단정할 수 없다』는 원심판결을 지지하고 (……) 종래의 편협했던 음란성 개념을 너그럽게 확대 해석한 것으로 주목되고 있다. (……)37)

> 9일 대법원이 남녀간의 성애장면을 직접적으로 묘사한 내용이 게재된 소설 『반노』의 작가 염재만 씨(41)에 대해 내린 무죄판결은 문예작품에 허용되는 「남녀 성애 묘사」의 한계를 넓혔다는 점에서 크게 주목된다. 이 판결은 문학작품 음란성 판단에 있어 『차탈레이 부인의 사랑』을 음란문서로 본 일본 최고재판소이 견해보다 진보적인 것이고 종전 우리 법원 하급심이 『서울의 밤』, 『영년 구멍과 뱀의 대화』(박승훈 작)를 음란문서로 판결했던 것과 비교하면 파격적으로 예술작품에 있어서 성의 묘사 한계를 넓혀준 것이다. (……)38)

---

37) 「음란 말썽 소설 '반노' 대법원서 무죄 확정」, 『서울신문』, 1975.12.10, 7면.
38) 「한계 넓어진 예술작품의 성묘사—음란소설 『반노』, 대법원의 무죄판결」, 『동아일

『반노』의 무죄판결을 지켜 본 당시의 일간신문들은 일제히 문학예술의 표현상의 한계를 넓혀준 쾌거이며, 진보적인 일로 보도하고 있다. 그러나 정확하게 말해서 이것은 권력이 예술적 표현과 성적 자유를 보장해 준 것이라기보다는 성묘사의 한계와 방향 등 일종의 가이드라인을 제시한 것에 지나지 않는다. 여기에 덧붙여 무죄판결이 내려진 이유는 "음란성의 여부는 작품의 전체적인 내용의 효율에 비추어 판단해야" 하며, 이 작품이 "향락적인 욕구에 반항하여 새 자아 발견"[39]을 그린 것이라는, 이른바 이 작품이 법과 사회윤리를 위반하지 않은 '선량한 예술'임을 권력에 호소한 피고인들의 읍소와 변명의 전략이 받아들여진 것으로 보아야 한다. 따라서 이것은 예술담론이 상상력과 허구의 힘으로도 성 윤리와 사회통념을 극복할 수 없었음을, 나아가 어떠한 예술도 철저한 윤리의식을 바탕으로 한 계몽성과 교훈주의 이념을 지켜야 함을 재확인케 한 사건으로 1970년대 한국사회의 규율권력과 성 윤리가 대단히 완강했음을 보여 주는 것이라 하겠다. 아울러 대법원이 이렇게 관대한 처분을 내려준 것은 문화계와 시민들에 대한 유화의 제스처이고, 국민들에게 법률의 지엄함과 존재를 각인시키고 내면화하는데 일정한 성과를 거두었다는 계산 속에서 이루어졌다는 것을 다시 한번 상기할 필요가 있다. 따라서 어떤 점에서 이는 도덕성이 허약한 권력일수록 표면적으로 오히려 더 도덕적인 모습을 내세우기 위해 골몰했다는 것의 반증이라 할 수 있다.

셋째는 『반노』 근대(성)의 폭력성과 모순을 재차 환기시켜 주는 주요한 계기로 작용하고 있다는 점이다. 외설 문제가 제기될 때마다 원고든 피고든, 혹은 그것이 규율권력이든 대항문화이든 간에 성의 위험성과 폐해, 특히 청소년들에게 악영향을 줄 수 있다는 점이 늘 반복해서 등장하는데 『반노』의 경우에도 역시 예외가 아니다. 재판 과정에서 보여

보」, 1975.12.10, 6면.
39) 위의 글.

준 '도서잡지윤리위원회'의 발언은 바로 대표적인 예이다. 여러 가지 이유에서 판매 금지, 지적, 경고 등의 법적 제재 필자와 출판사들이 정확한 심의기준이 무엇인가를 따져 묻자 윤리위는 이렇게 답변한다.

> 현행 심의기준을 한마디로 요약시키는 어렵다. 그러나 도서로서의 품위와 청소년들의 정서면을 크게 중시하지 않을 수 없는 것이 실정이다. 청소년들에게 좋지 못한 윤리 도덕의 측면에서만 부득이한 경우에 한해 경고 등의 조치를 취한다. (249~250면)

청소년들에게 좋지 못한 영향을 줄 수 있기 때문에 외설과 성은 법적, 윤리적 통제를 받아야 한다는 것이다. 사실 근대사회에 접어들면서 생겨난 중대한 변화 가운데 하나는 청소년기의 탄생이다. 여기서 말하는 청소년기란 생물학적·자연적인 개념이 아니라 근대사회의 등장과 함께 새롭게 인식, 탄생한 문화적 개념이다. 이는 필립 아리에스가 이미 언급한 바 있는 '아동의 탄생'[40]과 유사한 개념으로 육체적으로는 성인이지만, 근대사회에서는 그 누구도 사회의 발전과 복잡화에 따라 법적인 성인으로 인정받기 이전까지 교육 기간이나 보호 기간을 거쳐야만 하는 인생의 시기가 청소년기인 것이다. 예컨대 한국의 남성들의 경우를 예로 들어보자. 한국의 청소년들이면 누구나 사회에서 요구하는 혹독한 입시위주의 교육을 받고 군복무를 마치고 직업을 가진 다음, 성적 욕망을 합법적(?)으로 해소할 수 있는 이른바 장구한 시간 동안 고통스러운 성적 공백기 내지 억압기(?)를 거쳐야 한다. 이와 같이 (한국의) 근대는 합리적인 외양을 하고 있지만, 실상은 개인들에 대한 철저한 희생과 억압의 바탕 위에 세워진 불합리하고 이상한 체제인 것이다.

또 하나. 이와 관련하여 주목해야 것은 외설과 폭력과 관련된 문제가

---

40) 여기에 대해서는 필립 아리에스, 문지영 역, 『아동의 탄생』, 새물결, 2003, 89~96면을 참조.

제기될 때마다 단골메뉴로 지적되는 사항이 바로 청소년들에게 유해할지도 모른다는 우려와 경고인데, 〈반노 재판〉이 종결된 시점인 1975년 12월 6일을 전후하여 『서울신문』에서는 「사춘기의 순결 교실」이란 기획기사를 내보내고 있었고, 같은 달 10일 제19회 기사에는 청소년의 가출이 심각한 상태이며, 가출하여 소년원에 수감된 소녀들 98%가 성 경험이 있다는 조사 결과를 발표하고 있다.

> 첫 성교의 연령도 14세 이하에서는 90~95%가 초순(初純) 후에 가졌고, 16세에서는 약 50%가 초순 전에 첫 성 경험을 했다는 것이다. 더욱 놀랄만한 사실은 1970년의 범행으로 소년원에 수감된 16세 이하의 소녀 1백 90명 중 95%가 성 경험을 가졌고, 35%가 임신의 경험을 가졌다는 것이다.[41]

사실 근대화가 완전하게 달성된 1970년대에 와서는 조혼 풍습은 소멸해 버렸다. 예전 같았으면 이른 나이에 결혼하여 임신하는 것을 축복받을 당연한 일로 간주됐던 것이 불과 한 세대 정도가 지난 1970년대에 이르러서는 아주 충격적이고 비윤리적인 일로 간주될 만큼 근대성이 삶의 원리로 완벽하게 자리를 잡은 것이다. 이 글을 쓴 박기하는 '가정의 화목과 부모의 애정 그리고 가정교육만이 청소년의 가출과 성적 일탈이나 범죄를 막을 수 있는 방법'이라는 근대 시민계급의 윤리와 계몽적 주장을 강조하면서 글을 마무리하고 있다.

〈반노 재판〉은 근대성이 낳은 이와 같은 모순 즉 자연스럽고 타고난 성조차 따라 철저하게 통제될 정도로 근대사회 역시 개인들에 대한 철저한 희생과 훈육을 토대로 한 모순되고 억압적인 거대한 체계라는 점을 다시 한번 일깨워주고 있다. 특히 한국 역사상 대표적인 규율권력이었던 박 정권은 일제시대부터 이어져 내려온 야간 통행 금지의 강화, 청소년들의 장발과 미니스커트의 단속은 물론 연예인들의 외국식 예명

---

41) 박기하, 「사춘기의 순결 교실」(제19회), 『경향신문』, 1975.12.10, 4면.

을 통제하는 등 온갖 규제와 철저한 검열의 체계 속에 있었다. 모든 금서들이 그러했듯이 『반노』는 이와 같은 시대 상황이 만들어 낸 해프닝이라 할 수 있다.

4. 결론에 대신하여—미시적·일상적 자유와 해방을 위하여

근대는 거대한 감시와 통제의 체계라는, 이른바 푸코(M. Foucault)의 억압가설론을 새삼스럽게 떠올릴 필요가 없을 정도로 1970~80년대 한국사회는 고도의 통제사회요, 그 자체가 일종의 거대한 원형의 감옥이나 다름이 없었다. 유신헌법, 통행 금지, 새마을운동, 장발·미니스커트 단속, 긴급 조치, 매일같이 부동자세로 맞이해야 했던 국기강하식, 국민교육헌장, 국민윤리, 교련, 고문과 납치와 같은 온갖 인권유린, 애국조회, 강제 동원되는 관제규탄대회, 반공웅변대회, 민방공 훈련, 국가보안법, 삼청교육대, 반상회, 사회정화운동, 간첩단 조작 사건, 잇따른 투옥, 부정선거, 노동운동 탄압, 부정부패 등등. 이 시대의 우리 모습을 열거하려다보니 마음 한켠이 착잡하고 무거워진다. 그런데도 우리 사회의 일각에서는 여전히 '그때 그 사람들'을 그리워하며 강력한 통치를 간절하게 원하는 피학적인 국민(?)과 언론이 존재하는 것도 엄연한 현실이다. 물론 그들의 대다수는 지키고 숨길 과거가 많은 기득권 세력이거나 아니면 아주 기억력이 나쁜 바보들이거나 그도 아니면 뭔가 심각한 개인적 은원 관계에 있는 사람들이 대부분일 것이다. 도대체 국가권력과 검찰이 국민의 욕망과 사생활 그리고 생각과 표현의 자유에 대해서 통제하고 관리한다는 것은 정당한가. 설사 그렇다고 하더라도 어느 경우, 어느 선까지 정당한가.

금서(禁書)의 사회학, 외설의 정치학   313

일찍이 금서에 대해서 지속적인 관심을 가지고 작업을 해온 한상범도 '금서는 시대를 비추는 거울이며, 시대와 권력의 아프고 예민한 부분을 자극하는 것으로 사회·정치 역학 관계 속에서 금서의 문제를 바라보아야 한다고 했다. 그는 한국 금서의 역사를 언급하는 자리에서 1970년대를 이렇게 묘사한다.

> 박정희 군사 독재의 모델은 1930년대 일본 제국주의 군대가 만주(중국 동부 지구)에 괴뢰 국가 만주국을 만들어서 그곳을 일제의 중국 동북 지구 파견 군인 관동군이 관리하던 방식을 모방 답습한 것이다.
>
> 군사 정권의 군사 문화적 발상과 정책은 기본적으로 시민을 이성의 주체나, 사상과 양심을 가진 사회인, 자유 시민으로 인정하지 않는 것이었다. 박정희 초기 집권 당시의 일제식 동원체제인 '재건 국민운동'이나 '반상회'를 통해 전체 국민을 군대식으로 편성, 통제한 것은 결국 국민을, 지배 복종시킬 수 있는 '이등병'으로 보고 있었음을 말해준다. 국민 개인을 독립적인 자유 판단의 주체로 보지 않을 뿐만 아니라 위험한 미숙아나 잠재적인 범죄 가능성이 있는 위험분자로까지 보았고 그러한 사회는 자연히 우민을 수용 관리하는 감옥과 병영의 체제가 되었던 것이다.[42]

금서는 일종의 억압의 산물이다. 어떤 점에서 금서가 존재한다거나 모든 책을 간행물 윤리위원회가 심의하고 사법 당국이 재판하는 등 금서를 제도화한다는 사실 자체가 해당 사회가 엄격한 통제와 관리 체제 하에 놓여 있음을 보여 주는 것이다. 이미 많은 이들이 지적하고 동의하는 바와 같이 금서의 역사는 권력의 위선과 불의를 역으로 보여 주는 것이라 할 수 있다.[43] 왜냐하면 금서를 만드는 것은 저자나 출판사가 아니라 권력이요, 윤리적 통념이나 도덕률과 같은 에피스테메(épistémè)들이기 때문이다.

---

42) 한상범, 『금서, 세상을 바꾼 책』, 이끌리오, 2004, 247면.
43) 이중연, 앞의 책, 19면.

주지하듯 1970~80년대는 정권안보논리와 결합된 개발담론과 민주화와 기본권을 쟁취하려는 대항담론이 대립각을 세운 상태에서 눈부신 산업화와 경제발전이 압축적이고 급속도로 진행된 변화의 시대였다. 이와 같은 시대 상황 속에서 우리의 대항담론들은 주로 거대이론에 근거한 국가주의적 변혁노선을 따랐으며, 일상적이고 미시적인 차원에서의 변혁과 해방을 추구하려는 노력은 거의 이루어지지 않았다. 따라서 이 시기의 금서들은 대체로 압제 권력에 대항하는 이념서적들이 압도적인 다수를 이루고 있었다. 그러나 1990년대 이후, 근대성의 논리는 단 한 번의 혁명으로 변혁을 완성하려는 국가주의 모델과 거대담론에 대한 반성이 생겨났고 우리의 일상생활 구석구석에서 작동되는 근대성의 논리와 권력의 작동을 분쇄하고 진정한 권익과 자유를 신장시키기 위한 미시적이고 일상적인 투쟁의 필요성이 중요한 과제의 하나로 부상했다.

　이 글의 중심적인 테마로서의 외설은 일상적인 억압의 문제는 물론 정치권력의 국민 길들이기와 국면전환용 카드로 활용되는 등 대단히 복잡한 층위 속에 놓여 있다. 뿐만 아니라 그것은 청소년 문제 등과 결부되어 근대 스스로가 자기 모순을 노정하기도 한다. 외설의 문제에서 드러나는 성적 권리의 신장은 몇몇 선구적인 '야한' 선각자들에 의해서 이루어지는 것이 아니라 일상 속에서 실천과 각성이 필요하다. 물론 외설의 경우에는 대부분이 최소한의 영업이익이 보장되기 때문에 상업주의 논리에 따라 지배되고 있으며, 성을 한편으로는 억압하면서 다른 한편으로는 해방시켜 주는 것이 자본주의사회의 한 특징임으로 과감한 성묘사와 외설을 무조건 일상의 혁명운동으로 간주하는 착시 현상과 일방주의적 관점 또한 섬세하게 잘 구별해야 한다. 어쨌든 금서와 외설의 문제, 특히 〈반노사건〉이 21세기의 우리들에게 던져주고 있는 핵심적인 메시지 중의 하나는 바로 성적 해방과 같은 미시적이고 사소한 일상에서의 혁명이 지난 과거형의 과제가 아닌 동시대적인 진행형의 역사적 과제라는 분명한 사실이다.

3부

문화콘텐츠와 장르 판타지

문화콘텐츠와 장르 판타지
: J.R.R.톨킨의 『반지의 제왕』에서 MMORPG 게임 〈리니지〉까지

문화콘텐츠와 장르 판타지

J. R. R. 톨킨의 『반지의 제왕』에서 MMORPG 게임 〈리니지〉까지

1. 퀘스트를 시작하며

2000년 초봄. 인터넷 게임에 빠져 있는 어느 고교생에 의한 사이버 공간상에서의 절도사건이 잠시 세상의 이목을 끈 적이 있었다. 프로 게이머가 청소년들이 꿈꾸는 선망의 직업이 되고, 메모리 반도체 분야에서 수위를 달리며 PC방이 일상생활문화로 완전하게 자리를 잡는 등 우리가 IT강국으로서의 면모와 위상을 세계만방에 과시하고 있는 상황이기는 했지만, 그 당시 보통 사람들에게 사이버 공간상에서의 절도란 아무래도 낯선 풍경이고 이색적인 경험이었기 때문이다. 한 일간신문에 따르면, 당시의 사건 정황은 대략 이러하다. 인터넷 온라인 게임의 매니아였던 K모군이 서울시 강북구 수유동의 한 PC방에서 해킹프로그램을 다운받아 설치한 뒤, 〈리니지(Lineage)〉 게임 상대의 ID와 패스워드를 알

아내 보호망토와 사각방패 등의 아이템을 훔쳐 다른 사람에게 30만 원을 주고 판매했다는 것(『동아일보』, 2000.3.10)이다.

이 코믹한 절도사건의 빌미가 된 〈리니지〉는 〈스타크래프트(Starcraft)〉·〈디아블로(Diablo)〉 등과 함께 세계적인 경쟁력을 갖춘 대중적 콘텐츠로서 인터넷상에서 영토 확장을 위해 벌이는 전략 시뮬레이션 게임이다. 그렇다 해도 철부지 청소년이 저지른 실수이니 점잖게 타이르고 훈방하면 될 일이지 다른 사람이 가상공간에서 가지고 있는 아이템을 훔친 것을 강도나 절도 등과 같은 범죄자와 같은 선상—K모군은 '정보통신망이 용촉진에 관한 법률위반 혐의'로 불구속 입건되었다고 한다—에서 처벌하는 것은 좀 심하고 가혹한 처사는 아닌가 하는 것이 아마 보통 사람들이 가진 법률상식이며 감각일 것이다. 몇 해 전이었다면 그것은 얼마든지 철없는 청소년들의 짓궂은 장난 혹은 우발적인 일과성 해프닝으로 간주하고 웃어넘길 수도 있었을 터이다. 그러나 가상공간에서의 아이템이 오프라인상에서도 재화로서의 가치를 가지고 있는 이상 그것은 명백한 실정법 위반이며 범죄라는 게 사법부의 판단이었다. 더군다나 웹 공간에서의 갈등이 현실 속에서 실제의 갈등으로, 곧 네티즌들 간의 주먹다짐과 같은 현피('現'과 'playes kill'의 합성어)로 발전하기도 한다(『문화일보』, 2006.8.18자 기사 참조).

실제로 우리의 통념과는 달리 '리니지아이템절도사건'과 같은 사이버 공간상에서의 해킹 범죄는 1999년 10월에 41건, 11월에 116건, 12월에 96건이었던 것이 2000년 1월에는 108건, 2월 113건, 3월에는 129건으로 꾸준히 늘어나는 추세[1]에 있다. 이에 따라 경찰청에서는 1995년에 '해커수사대'라는 특수 조직을 창설하였고, 1999년에 와서 인터넷 인구가 폭발적으로 증가하고 사이버상에서의 범죄가 급증하자 기존 조직을 '사이버범죄수사대'로 확대·개편하기에 이르렀다. 사법부 또한 형법

---

1) 허일태, 「사이버 범죄의 현황과 대책」, 『동아법학』, 2000.9.

제227조 2항(전자기록위작·변작), 형법 제347조 2항(컴퓨터 등 사용사기), 형법 제366조(재물손괴) 등 법률 정비와 제정에 발 벗고 나서기에 이르렀다. 하지만 우리의 사이버문화가 충분히 성숙될 만큼의 시간적 여유와 기회를 갖지도 못한 상황에서 네티즌들의 무한한 자유와 새로운 가능성이 열려 있었던 신천지였던 사이버 공간마저 해킹이나 음란 사이트 등 범죄가 폭증한다는 이유로 현실 권력의 통제를 받게 된 것은 참으로 안타깝고 아쉬운 일이다. 그렇다면 '리니지아이템절도사건'이 도대체 판타지 소설과는 어떠한 관련이 있다는 말인가. 결론부터 말해서 '리니지사건'은 관련 정도가 아니라 그 자체가 한국 판타지의 본질·기원 등을 해명하는데 단초가 되는 중요한 현상이라 할 수 있다.

1998년 엔씨소프트사(社)에서 개발·출시한 「리니지」는 인터넷을 통해서 국내를 포함해서 미국·일본·대만·홍콩 등에도 서비스되고 있는 MMORPG(Massive-Multiplayer On-line Role-Playing Game) 게임이다. 이를테면 롤플레잉 게임과 어드벤처 게임이 결합된 새로운 형태의 게임인 것이다. 세계 각국의 인터넷 이용자들과 때로는 적으로, 때로는 우군으로 만나면서 함께 게임을 하는 묘미와 강점은 있으나 K군처럼 판단력과 자기 통제력이 약한 청소년들에게는 경우에 따라 심각한 문제를 야기할 수도 있는 중독성이 아주 강한 게임이 바로 〈리니지〉인 것이다.

순정만화가 신일숙의 『리니지』를 게임 시나리오로 삼은 이 온라인 게임이 국내외에서 네티즌들에게 엄청난 반응을 불러일으키고 있는 이유는 『반지의 제왕』, 『해리 포터』와 같은 판타지 소설이 전세계적으로 선풍적인 인기를 끌고 있는 데다가 블리자드 엔터테인먼트사(社)의 〈스타크래프트〉와 같은 게임을 통해서 청소년들이 주축이 된 전략 인터넷 게임이 이미 널리 일반화되어 있기 때문이라 할 수 있다. 이와 같이 '리니지사건'의 배후에는 판타지가, 버티고 있다. 앞으로 자세하게 살펴보겠지만, 한국에서 판타지의 붐은 온라인 통신망의 발달과 정비례 관계를 이루고 있으니, '리니지사건'이야말로 판타지 소설과 밀접한 관련을

▲ 게임 〈리니지 II〉 스크린 샷

갖는, 나아가 장르문학의 콘텐츠화의 양상이 갖는 사회·문화적 문제점
들을 적나라하게 보여 주는 대표적 사례 가운데 하나라 할 수 있다.

　판타지·팬터지·환타지·환상소설 등 판타지를 지칭하는 다양한 용
어가 단적으로 보여 주고 있듯이 우리에게 판타지 소설은 여전히 낯설
고 유치하며 흥미롭고 또한 혼란스럽고 불길하며 거북하기 짝이 없는
미지의 그 무엇으로 남아 있다. 도대체 판타지가 무엇이기에 한편에서
는 이렇게 죽자 사자 열광하고 다른 한편에서는 일고의 가치도 없는
'쓰레기'라며 매몰차게 단죄해 버리는 것인가? 판타지란 무엇인가? 그
것의 기원·역사·계보는 어떠한가? 나아가 그것의 유행이 갖는 사회
적·문화적 의미는 무엇인가? 이 글은 바로 판타지를 둘러싼 수많은 물
음에 관해서 해답을 찾아가는 지적 모험 곧 일종의 미적 퀘스트(quest)라

할 수 있다.

　그런데 본격적으로 퀘스트에 나서기에 앞서 한 가지 분명하게 밝혀 두어야 할 것이 있다. 그것은 이 퀘스트가 환상문학의 범주에 묶일 수 있는 동서고금의 모든 작품들을 포괄하는 광범위한 작업이 아니라 톨킨(John Ronald Reuel Tolkien, 1892~1973) 이후 현재 한국에서 유행하는 장르 판타지들을 중심으로 진행되는 지극히 제한적인 방식의 탐색이 될 것이라는 점이다.

2. 첫 번째 퀘스트―판타지란 무엇인가

　판타지는 사이에 낀 장르 또는 작품들 간의 수준 차이가 제각각인 천차만별의 장르이다. 이를테면 그것은 탄식과 경악을 금치 못하는 '쉰'세대들과 열렬한 찬사와 환호성을 보내는 '신'세대들 사이에서, 일상적 현실을 뛰어넘는 웅장한 상상력을 보여 주는 훌륭한 작품들에서 뻔한 구성과 비문들로 가득한 형편없는 작품(?)들에 이르기까지 다양한 스펙트럼을 지닌 복잡한 장르이다. 아울러 그것은 우리 문학의 새로운 가능성이자 절망이면서 나아가 강력한 세대성을 지닌 장르문학(genre fiction)이기도 하다. 예를 들어 보자. 판타지라는 단어에서 루이스 캐럴(Lewis Carroll)의 『이상한 나라의 앨리스』, 호프만(Ernst Theodor Amadeus Hoffman)의 『모래 사나이』, J. R. R. 톨킨(John Ronald Reuel Tolkien)의 『반지의 제왕』, 카프카(Franz Kafka)의 『변신』 등이 떠오른다면 당신은 틀림없는 '쉰'세대 고급독자일 것이고, 월향검, OPG, 프로도, 해리 포터, 포켓몬, 손오공, 후치, 보로미어, 간달프, GK(리오 스나이퍼), 묵향, 판, 디트리트 등을 떠올린다면 그대는 아마도 자기 자신을 〈리니지〉의 K군과 문화적 체험과 취향을 공유하고 있는 '신'세대 독자로 보아도 무방할 것이다. 이렇게 판타지는 무지막지한 이분법이 거리낌 없이 통용될 수 있는 개성적인 장르이다.

이와 같은 특징으로 인해서 판타지란 무엇인가에 대한 답변을 찾아가는 이번 퀘스트에서는 'A는 B이다'란 식의 단칭판단에 의존하는 단정적 진술이 불가능하며, 'A는 B이고 C이며, D이기도 하면서 E이자 F이기도 한……'과 같은 방식의 무한판단 곧 다원적인 설명과 접근이 불가피하다. 따라서 판타지의 장르적 정체성을 규명하기 위한 이번 퀘스트에서는 정의가 아닌 설명, 단정이 아닌 현상에 대한 다양한 설명을 통해서 이루어질 수밖에 없다.

제1칙! 마술적 상상력과 환상성을 바탕으로 한 장르문학

한마디로 판타지(Fantasy)는 현실에서는 있을 수 없는 초자연적이고 비현실적인 이야기를 다루는 장르문학의 일종이다. 장르문학이란 각 장르별로 독자적이고 고유한 서사규칙과 특징을 지니고 있어서 독자가 책을 펼쳐 들자마자 '이 작품은 무협소설이며, 저 작품은 추리소설이다' 하고 금방 알아차릴 수 있을 만큼 그 성격과 정체성이 분명한 작품들을 가리키는 말이다.

사실 판타지뿐만 아니라 탐정소설 · 과학소설(SF) · 인터넷소설 · 무협소설 등 우리가 일상생활에서 항상 접하고 즐기는 모든 대중문학은 장르문학이다. 판타지를 포함한 모든 대중문학이 장르문학이 될 수밖에 없는 것은 다음과 같은 세 가지 이유에서이다.

첫째 장르문학으로서의 대중문학은 자기에게 주어진 공식과 문법을 준수해야 한다. 왜냐하면 자기가 속한 장르규칙과 문법에서 벗어나는 순간, 그 작품은 정체성을 잃고 다른 장르의 문학이 되어 버리기 때문이다.

둘째 출판자본의 (생존)논리 때문이다. 전문적인 학술출판사이든 오락물을 펴내는 대중적 출판사이든 이들의 일차적인 관심은 출판사가 망하지 않는 것이다. 즉 출판업이 자선사업이 아닌 이상, 책을 통해서 절대로 손해를 보지 않고 이윤을 만들어 내는 것이 모든 출판사들의 절체절명의 관심사이고 과제인 것이다. 그런데 독자들의 다양한 기호와 취향 등 변화무쌍한 출판시장의 상황을 예측하기 어렵고, 출판하는 책들 모두가 손해를 보지 않거나 항상 이윤을 낼 수는 없는 노릇이어서 출판사들은 부득이하게 위험부담을 줄일 수 있는 자구책을 마련해 놓지 않을 수 없다. 그 대책들은 대개 인기 있는 유명작가의 작품을 찍어내거나 안정적인 판매가 보장되어 있는 장르들을 엄선해서 출판하는 것이나 아니면 대중적으로 인지도가 높고 어느 정도의 판매가 보장되어 있는 장르에 속한 작품을 출판하는 것이다. 이처럼 판타지와 같은 대중적인 장르가 존속하는 것은 이런 출판업자들의 절박한 사정 때문인 것이다. 예컨대 어떤 한 작품이 히트를 치면 이와 비슷비슷한 작품들이 연이어 쏟아져 나오는 것은 바로 이런 이유에서이다.

셋째 장르란 작가와 독자 모두에게 암묵적으로 협의된 관습화된 공식이며, 밀약이다. 쓰는 사람이든 읽는 사람이든 이렇게 작품의 성격과 외연이 분명하게 규정되어 있으면, 불필요한 혼란과 별도의 장치 없이 편안하게 창작과 독서를 즐길 수 있기 때문이다. 이와 같이 판타지는 환상성을 매개로 한 장르문학이라 할 수 있다.

다시 한번 정리해서 말하자면 판타지 혹은 환상문학은 현실에서는 있을 수 없는 초자연적이고 비현실적인 이야기를 다루고 있는 작품 혹은 디지털 콘텐츠들로서 마술적 상상력을 바탕으로 한 공상이 특별한 제약이 없이 자유롭게 펼쳐지는 서사물들이라 할 수 있다.

제2칙! 환상은 현실의 변형 또는 왜곡에서 발생한다

판타지를 포함한 대중문학이 왜 장르문학이 될 수밖에 없는가 하는 점에 대해서는 앞에서 검토한 바와 같다. 그렇다면 이제는 판타지의 핵심적인 특징인 환상은 무엇이며, 어떻게 그러한 환상성이 생겨나는지 살펴보기로 하자.

주지하다시피 판타지의 우리말 번역어는 환상(문학)이다. 이때의 환상(幻想)은 실제로는 존재하지 않는 것이 마치 존재하고 있는 것처럼 보이는 환상(幻像)이나 환영(幻影)을 가리키는 것이 아니라 현실에서는 있을 수 없는 일을 생각하는 특별한 공상, 곧 특수한 형식의 상상력을 바탕으로 씌어진 기이하고도 초자연적인 이야기들을 뜻한다.

다시 말해서 현실에서는 있을 수 없는 일을 생각하는 특별한 공상, 곧 특수한 형식의 상상력을 바탕으로 씌어진 비현실적이고도 초자연적인 이야기들을 뜻한다. 판타지를 특수한 형태의 상상력에 바탕하고 있는 이야기(소설)로 규정해야 하는 것은 어떤 이유에서인가?

일체의 모든 예술 작품, 또한 어떤 장르의 소설이든지 간에 허구적 창작물이며 상상력의 소산이다. 그러므로 판타지를 작가가 상상력을 동원하여 만들어 낸 허구적 창작물이라고 말하는 것은 판타지를 정의하고 규명하는 데 전혀 도움이 되지 않는 하나마나한 소리가 된다. 판타지를 다른 문학 작품들과 마찬가지로 작가의 상상력을 바탕으로 창작된 허구이긴 하되, 상상력의 층위와 전제가 다른 특수한 형식의 허구적 창작물이라 해야 하는 것은 이러한 이유에서이다.

개(dog)를 예로 들어 보자. 우리가 알고 있는 개에 대한 일반적 이해와 상식은 꼬리를 흔들며 멍멍 짖는 가축(?)으로 머리가 하나에 다리가 네 개인 친근한 동물이며, 사냥・마약탐지・경비・맹인 안내・식용(!) 등 다양한 용도와 목적을 가지고 사육된다는 것 등이다. 그런데 『해리 포터와 마법사의 돌』에 등장하는 '플러피'는 머리가 셋 달린 우락부락한 경비견이지만, 음악만 들려주면 곧바로 골아떨어지고 마는, 즉 치밀한 범죄 앞에서 무기력하기 짝이 없는 귀여운 괴물이다. 물론 '플러피'처럼 현실에서 머리가 셋 달린 개는 있을 수 없다. 독자들을 작품 속으로 몰입하게 하는 이야기의 강력한 마력과 환상성은 바로 여기에서 생겨난다. 요컨대 우리가 현실 경험과 인식에 비추어 당연한 것으로 받아들여지는 상식과 통념들을 비틀고 변형하고 과장하는 데서 강력한 환상이 발생하는 것이다.

이것은 무엇을 의미하는 것인가. 그 어떤 환상도 일상 현실에 바탕을 두고 있거나 관련을 맺고 있다는 것 — 처음부터 끝까지 완전무결한 환상이란 결코 있을 수 없다는 것이다. 요컨대 아무리 뛰어난 작가라 할지라도 사람인 이상 모든 이야기를 상상력만을 가지고 만들어 낼 수는 없고 그 속에는 작가의 현실 경험과 세계관 등이 함께 뒤섞여 있다는 것, 바꿔 말하면 아주 초현실적이고 비자연적인 순수한 환상일지라도 실제의 현실과 어떠한 방식으로든 연결되어 있다는 사실이다.[2] 이와 같이 환상과 현실은 서로 대립·갈등·길항(拮抗)하면서 서로 의존하고 보완하는 복잡한 관계를 이루고 있는 장르이다. 이처럼 판타지는 작가의 특수한 상상력과 현실 경험의 조합으로 이루어진 장르이며, 판타지의 환상성은 현실의 변형·왜곡·과장하는 데서 발생한다.

판타지를 현실에서는 있을 수 없는 초자연적이고 비현실적인 이야기의 일종인 장르문학으로 규정하는 것은 바로 이런 이유에서이다.

제3칙! 망설임의 문학

환상은, 이미 살펴본 바와 같이, 망설임 동안만 지속된다 : 그 망설임은 독자와 작중인물 모두에게 공통되는 것으로 그들은 자신들이 지각하고 있는 공

---

2) 김태환, 「환상성의 구조에 관한 몇 가지 단상들」, 『문학 판』, 2002년 가을, 81~83면.

통된 통념 속에 존재하고 있는 현실로부터 파생되어 나온 것들을 실제의 사실로 받아들인 것인지 아닌지 결정해야 한다.[3]

토도로프(T. Todorov)의 날카로운 지적대로 판타지는 일종의 망설임(hesitation)의 문학이다. 이른바 눈앞에 펼쳐진 초자연적인 사건과 황당한 이야기들 앞에서 자연적인 법칙과 상식에 익숙해진 사람들의 망설임 속에 존재하는 장르가 바로 판타지라는 것이다. 그것은 다음과 같은 판타지의 장르적 특성에서 비롯된다.

토로로프에 따르면 환상문학(The Fantastic)은 괴기문학(怪奇文學, the uncanny)과 경이문학(驚異文學, the marvelous)의 사이에서 끝없이 부동하는 장르이다. 그의 장르 이론을 토대로 몇 개의 장르들을 도표화한 다음, 다른 장르와의 비교를 통해서 판타지의 고유한 특징을 면밀하게 검토해 보기로 하자.

〈표 1〉

장르 구성	미스터리 (The Uncanny)	환상문학 (The Fantastic)	경이문학 (The Marvelous)	과학소설 (Science Fiction)
사건, 성격	초자연적	초/자연적	초자연적	비현실적 (초자연적)
해결 방식	자연적	초/자연적	초자연적	합리적 (자연적)

〈표 2〉

순수한 괴기	환상적 괴기	환상적 경이	순수한 경이

판타지는 괴기문학과 경이문학의 특징을 동시에 공유하고 있는 부동하는 장르로서 우리의 경험 현실과는 다른 시공간에서 초자연적인

---

3) T. Todorov, *The Fantastic : A Structural Approach To a Literary Genre*, Cornell Univ. Press, 1975, p.41.

존재들에 의해서 펼쳐지는 초자연적인 사건을 다루는 일종의 가상소설(imaginative fiction)이다. 그는 〈표 1〉에서와 같이 이를 좀 더 엄격하게 구분하여 초자연적인 사건이 자연적인 방식으로 해결되는 것을 괴기문학으로, 초자연적인 사건이 초자연적인 방식으로 해결되는 것을 경이문학이라 하고 환상문학은 현실세계에서는 절대로 있을 수 없는 비현실적이고 초자연적인 내용을 그린 이야기로서 판타지는 언캐니와 마블러스 사이에서 끝없이 부동하는 장르이다. 그러면서도 〈표 2〉와 같이 판타지는 이 두 장르의 특징을 공유하면서 동시에 사건 해결 방식의 차이에 따라서, 즉 그 결말이 자연적이냐 초자연적이냐에 따라 각각 환상적 괴기 또는 환상적 경이로 나뉜다.

뿐만 아니라 판타지는 괴기·경이·SF와 유사하게 비현실적인 내용을 다루고 있는 허구의 문학이라는 점에서는 공통점을 찾을 수 있지만, 대부분의 작품들이 비현실적이고 초자연적이라는 점에서는 뚜렷한 차이점을 가진다. 예를 들어 외부인이 절대로 침입할 수 없는 고층의 밀실에서 도저히 일어날 수 없는 불가해한 살인사건이 발생했다고 가정해 보자. 이 불가해한 초자연적인 사건이 초자연적인 존재인 악마나 드래곤 따위와 같은 괴물에 의해서 저질러진 것으로 밝혀진다면 이 작품은 판타지가 된다. 반면 이 초자연적 사건이 빌딩 소유주와 원한 관계에 있는 어떤 사내의 엽기적이고 잔혹한 소행으로 밝혀진다면 이는 미스터리나 괴기문학이 되고, 범죄를 저지른 당사자가 다른 행성에서 온 존재로 밝혀진다면 그 작품은 SF가 되는 것이다.

만일 판타지라면 이런 이야기들을 어떻게 처리하게 될까. 기존의 모험형 장르 판타지들의 논리대로라면, 아예 『제왕』의 중간계(middle earth)나 『해리포터』의 호그와트 마법학교처럼 현실과는 분리된 다른 층위의 세계를 설정해 놓고 사건을 전개시키거나 아니면 이우혁의 『퇴마록』처럼 일상 현실과 초자연적인 환상의 세계를 병치시키는 방식을 따르게 될 것이다. 예컨대 초자연적인 사건을 퇴마사나 주술사가 마법으로 해결한다든지, 아니면 이런 사건 자체가 호그와트 마법학교나 중간계와 같이 허구적으로 창조된 2차 세계에서 벌어지게 만들 것이다. 다시 말하면 판타지는 닫힌 형식, 반쯤 열린 형식, 열린 형식으로 나누어질 수 있다. 『반지의 제왕』처럼 완전한 허구의 공간(세계)에서 펼쳐지는 이야기가 닫힌 형식이라면 『해리포터』처럼 현실세계와 환상의 세계가 분리되어 있으며 그 사이에 매개 장치가 있는 것은 반쯤 열린 형식이라 할 수 있다. 반면 『퇴마록』처럼 현실과 환상의 세계가 병치·공존하는 이야기는 열린 형식의 판타지라 할 수 있다.

이와 같이 판타지는 괴기문학과 경이문학의 특징을 동시에 공유하고 있는 부동하는 장르로 우리의 경험 현실과는 다른 시공간에서 초자연적인 존재들에 의해서 펼쳐지는 초자연적인 사건을 다루는 일종의 가상소설(假想小說, imaginative fiction)이라 할 수 있으며, 현재 국내외에서 선풍적인 인기를 끌고 있는 판타지의 압도적 다수는 바로 세 개의 형식으로 나뉠 수 있는 모험형 장르 판타지들이다.4) 이와 같이 판타지는 SF·언캐니·마블러스 등과 많은 부분에서 공통점을 가지고 있지만, 장르상의 차이점도 비교적 뚜렷한 편이다.5)

그런데 서구와는 달리 우리의 판타지는 이중의 망설임 속에 노출되어 있다. 하나는 텍스트 차원에서 나타나는 망설임이고, 다른 하나는 제도와 맥락의 차원에서 생겨나는 망설임이다. 텍스트를 읽어나가는 과정에서 독자의 마음속에서 발생하는 망설임이 전자라면, 여기에 열광하는 젊은 세대들을 우려의 눈길로 바라보면서 과연 이를 어떻게 받아들이고 정리해야 하는가 하는 전문적 독자(비평가들)의 망설임은 후자에 해당된다. 예컨대 생(生)의 구경적(究竟的) 형식이나 계몽의 기획에 심미적으

---

4) 조성면, 「일상의 권태를 뛰어넘는 즐거운 몽상」, 『현대사상 키워드 60』(『신동아』, 2004년 신년호 특별부록), 234~235면.

5) 여기에 대해서는 이미 Tzvetan Todorov, Ibid., p.44와 조성면, 『대중문학과 정전에 대한 반역』, 소명출판, 2002, 186~187면에서 상세하게 다룬 바 있다.

로 참여하고 있는 문학만이 문학이라는 배타적 문학관과 재래의 문학 패러다임 속에서 일어나는 망설임이 그러하다. 이처럼 현재 우리의 판타지는 두 개의 망설임 속에 존재하는 일종의 불청객이며, 제도권 문단과 학술담론의 세계에서 시민권을 얻지 못하고 있는 주변부 문학이라 할 수 있다.

제4칙! 모험 이야기

판타지는 우리가 알고 있는 실제의 현실과 일상적 경험과는 동떨어진 비현실적인 이야기를 다루는 장르문학으로서 흔히 모험이 서사적 근간을 이루고 있는 문학이다. 낯선 시간과 공간을 배경으로 하여 초자연적인 존재들이 주요 캐릭터로 등장, 기이하고 경이로운 이야기를 그리고 있는 가상소설이 판타지라는 것이다. 이야기 자체가 현실에서는 도저히 있을 수 없는 비현실적인 이야기이므로 이곳에서 펼쳐지는 모험의 공간은 무협소설의 강호(江湖)와 같이 현실적으로 존재할 수 없는 허구의 세계, 이른바 이차세계(other world)를 설정할 수밖에 없다. 여기서 말하는 이차세계는 경험적 현실의 법칙이 그대로 통용되는 '지금 여기'의 현실(일차세계)이 아니라 현실과 자연법칙과는 동떨어진 가공의 세계, 허구의 세계를 말한다. 이런 이차세계를 설정해야 하는 것은 현실의 간섭을 받지 않고 황당한 모험의 이야기를 합리화하고 그것을 자유롭게 전개하기 위해서이다.

그런데 이차세계에서 전개되는 판타지의 모험은 재래의 모험문학에서 허다하게 등장하는 이야기의 반복·변주에 지나지 않는데, 그것은 판타지의 모험이 이들 모험문학의 공식과 문법을 그대로 계승하고 있기 때문이다.

대다수의 판타지가 의존하고 있는 모험 이야기의 공식이란 무엇이며,

그 양상은 어떠한가. 모든 모험 이야기에서 공통되는 이야기 공식은 다음과 같다.

① 주인공은 누군가에 의하여 또는 무엇인가에 의하여 모험과 여행을 시작해야 하는 동기를 부여받아야 한다.

② 주인공에게는 모험을 견뎌낼 만한 자질이 있어야 한다.

③ 주인공을 흥미롭고 위험한 상황 속에 처하게 만들어라.

④ 모험 자체에 초점을 맞춰라.

⑤ 추격전을 삽입하면 좋다. 단 작품을 읽는 독자들에게 긴장감을 주기 위해서 도망자와 추적자 사이의 거리가 너무 가깝거나 나무 멀리 떨어져 있어서는 안 된다.

⑥ (세 번째에 이르러) 가까스로 성공하게 만들어라(이른바 삼세번의 원칙).

⑦ 모험에 로맨스가 동반되면 좋다.

⑧ 모험을 끝낸 주인공이 일상으로 복귀한다고 하더라도 모험을 겪기 전보다 한층 더 성숙(신분이 상승되거나 공동체의 영웅이 되어야 한다)해져야 한다.6)

제5칙! 환상은 문학과 예술의 핵심적 자질

판타지의 핵심적 자질을 이루고 있는 환상은 모방(mimesis)과 함께 일체의 문학예술에 내재되어 있는 기본적 속성이기도 하다. 캐더린 흄(Kathryn Hume)과 같은 환상문학이론가는 '문학은 미메시스와 환상의 산물로서 판타지를 비롯한 모든 문학 작품 속에는 모방의 요소와 환상의 요소를 동시에 지닐 수밖에 없다'고 말한다.7)

---

6) 이상 모험문학의 특징과 플롯에 대해서는 로널드 B. 토비아스, 김석만 역, 『인간의 마음을 사로잡는 스무 가지 플롯』, 풀빛, 1997, 131~143면을 참조.
7) 캐스린 흄, 한창엽 역, 『환상과 미메시스』, 푸른나무, 2000, 56면.

그의 말대로라면 모방이야말로 문학예술의 핵심적 자질이며, 환상은 열등하고 불길한 것이라는 일반적 통념은 환상에 대해서 적대적이었던 기독교적 전통, 유교적 합리주의, 근대사회의 이성중심주의 등이 만들어 낸 진짜 '환상'에 지나지 않는 것이다. 따라서 문학성과 예술성은 작가의 역량 문제이지 문학의 핵심적 자질인 환상과 그것의 미적 구성물인 판타지 장르 자체가 열등한 것은 아니라는 점에 각별히 유의해야 한다. 여기에 덧붙여 판타지뿐만 아니라 문학과 예술에서 환상적인 것을 배제하였을 경우 과연 문학이나 예술이 온전할 수 있을지 상기할 필요가 있다. 이렇게 볼 때 판타지의 기저를 이루고 있는 모방성은 환상성과 함께(대등하게) 판타지를 포함한 모든 문학예술을 지탱하는 핵심적 자질이라 할 수 있다.

제6칙! 강한 세대성과 연령차별화

판타지는 n세대를 위한 n시대의 문학, 곧 1020세대의 문학이다. 만화·영화·애니메이션·비디오 등의 영상매체와, 인터넷·RPG·MUD 게임 등 멀티미디어의 세례 속에서 탄생한 문학, 이른바 디지털 테크놀러지의 대지 위에서 피어난 통속적인 이야기의 꽃이다. '리니지아이템 절도사건'의 경우에서 확인했듯이 판타지는 영상문화와 멀티미디어의 세례 속에서 태어나고 성장한 1020세대의 문학이다. 그러한 태생적 조건과 특유의 세대성(世代性)으로 인해 우리의 판타지는 유치함과 통속성과 상투성을 지닌 소중문학(少衆文學), 곧 키치(kitsch) 예술로서의 면모를 보이고 있다. 물론 '해리 포터 시리즈'나 『반지의 제왕』 3부작과 같은 예외도 있기는 하지만, 현재 시중에서 유통되는 판타지의 99%는 10~20대 사이의 청(소)년들을 겨냥하고 있다.

제7칙! 두 개의 도피주의

판타지는 이루지 못한 소망이나 욕망을 대리 충족시켜 주는 도피의 문학(escapism), 말하자면 일종의 집단적 백일몽(白日夢)이다. 프로이트가 1908년에 발표한 에세이 「창조적 작가와 백일몽」에 따르면, 환상이란 "백일몽과 동의어로 검열의 기제가 허용하는 범위 안에서 의식이 상상과 욕망을 자유로이 활동하게 놓아두는 명상의 상태"[8]이다. 판타지의 핵심적 자질을 이루는 백일몽은 위장·왜곡·변형된 형태 혹은 방식으로 욕망과 소원을 이루려는 무의식의 표현이다. 이렇게 판타지는 독자들이 눈을 뜨고 대낮에 꾸는 '자처한' 꿈인 셈이다.

그런데 판타지에서는 모두 두 개의 도피가 있다. 하나는 독자들이 판타지로 도피하는 것이고, 다른 하나는 작품의 도피이다. 작품의 도피란 예컨대 다음과 같은 것이다. 고도의 정치 경제적인 계산하에 이뤄진 미국의 이라크 침공과 파병 같은 정치적 현실이라든지 20대의 태반이 백수라는 이른바 '이태백'이란 신조어들이 난무하는 우리가 살아가고 있는 구체적인 현실 문제들 그리고 상상력의 새로운 경지를 개척하기 위한 치열한 작가적 노력 등을 외면한 채 톨킨에 의해 완성된(주어진) 판타지 공식을 모방하여 비슷비슷한 작품들을 양산해 내는 작가정신의 도피, 이른바 개별 작품의 상투적 공식으로의 도피이다. 판타지와 같은 대중문학에서는 이와 같이 두 개의 도피가 있다.

그런데 한 가지 고무적인 것은, 최근에 와서 부정적인 측면들을 떨쳐 버리려는 새로운 움직임이 일어나고 있다는 점이다. 판타지 전문출판사, 일간신문, 온라인 게임 업체가 공동으로 작가 발굴과 새로운 장르문학의 개척과 활성화에 적극적으로 나선 것이다. 이른바 파격적인 온라인 자유 연재와 응모 방식으로 인해 네티즌들에게는 '무한한 상상력의

---

8) 조셉 칠더스·게리 헨치 편, 황종연 역, 『현대문학 문화비평 용어 사전』, 문학동네, 1999, 183~184면.

축제(http://gd.corumonline.co.kr)'로까지 일컬어지는 '황금드래곤문학상'이 바로
그것이다. 네티즌들의 참여 열기도 높아서 2004년 2월 9일 현재 1,300여
명이 회원으로 등록하여 700여 편의 작품을 올려놓고 있을 정도이다.[9]
이 같은 야심찬 시도가 앞으로 어떤 결실을 맺을지, 또한 장르 판타지
는 물론 우리 문학의 전체 판도에 어떠한 영향을 미치게 될지 주목할
필요가 있다.

제8칙! 즐거움 · 게임성 · 전복성

판타지의 본질적 성격을 토도로프가 망설임으로, 톨킨이 즐거움으로
파악한 것에 비해 어윈(W. R. Irwin)은 게임성을, 잭슨(R. Jackson)은 전복성을
강조한다. 이와 같이 판타지는 다양한 관점으로 설명될 수 있는 다의적
존재이다. 그들이 각각 판타지문학의 특질로 제시하고 있는 즐거움 · 게
임성 · 전복성이란 구체적으로 무엇을 의미하는 것인가.

어윈의 게임성이 작가와 작품, 등장인물들과 스토리, 작품과 독자, 작
가와 독자 사이에서 밀고 당기는 즐거운 실랑이를 가리키는 것이라면,
톨킨이 말하는 즐거움은 "유카타스트로피(Eucatastrophe)라고 부르는 행복한
결말이 가져다주는 위안"[10]과 쾌락을, 잭슨의 전복성(subversion)은 우리의
인식 구조와 문화적 안정성을 뒤흔들어 놓고 마는 판타지의 미적 파괴
력[11]을 가리키는 것이다.

판타지를 무조건 쓰레기(trash)로 단죄해 버리는 엘리트주의자들의 편
향된 시각을 바로잡을 겸해서 잭슨이 말하는 판타지의 전복성에 대해

---

9) 「온 라인 응모로 작품 수준 쑥쑥, '황금드래곤문학상' 네티즌 뜨거운 호응」, 『문화일
   보』, 2004.2.9.
10) 로스마리 잭슨, 서강여성문학연구회 역, 『환상성－전복의 문학』, 문학동네, 2001,
    204면.
11) 위의 책, 242면.

서 조금만 더 언급하고 넘어가도록 하자. 잭슨에 의하면, 판타지는 기이함과 초자연성 그리고 비현실성을 매개로 이루어지는 장르인데, 판타지의 이러한 특성들은 일상적이고 낯익은 것들과의 대립적 관계 속에서만 성립된다. 이와 같이 판타지가 일상적인 것을 낯설게 만들기 때문에 "어떠한 현실에 대한 재현도 전복시키며", "지배질서를 교란"하는 체제 전복적이고 반문화적 성격을 띠게 된다는 것이다.12)

잭슨의 지적대로 판타지는 단순한 싸구려 오락물로서의 성격만을 가지고 있는 것이 아니라 편향되고 자동화된 우리의 현실과 인식에 대해서 끝없이 이의를 제기하고 우리를 불편하게 만드는 문제적인 예술로서의 면모를 함께 지니고 있다. 엘리트주의자들처럼 판타지를 쓰레기로 매도할 필요도 없지만, 판타지의 저항성과 전복성은 부조리한 현실과의 긴장과 대립에 의해서 생겨나는 보색대비효과에 지나지 않을 수도 있는 것이기 때문에 판타지를 무조건 저항문학으로 우상화하는 것 역시 다른 편향이 될 수도 있다.

망설임·즐거움·게임성·전복성 등 판타지의 성격을 규정하는 다양한 관점들이 웅변하고 있듯이 판타지는 대중적 오락물이자 반문화적 특징을 가진 다의적 존재이다. 바라건대 우리 모두 판타지를 폄하하거나 추앙하는 양 극단을 넘어서 그것을 어디까지나 다의성과 다면성을 가진 읽을거리이며, 문학의 한 장르 그 이상도 이하도 아니라는 상식적인 생각을 할 필요가 있다.

제9칙! 전망이 사라진 시대의 새로운 가능성

도피주의와 도식성 그리고 빈약한 문식력(文識力 또는 文解力, literacy)이

---

12) 위의 책, 242면.

판타지의 부정적인 측면이라면, 무엇인가 새로운 세계를 꿈꾸고 그려내고자 하는 판타지의 도전과 시도는 그 자체로 대단히 값지고 소중한 것이다. 그리고 문식력—이른바 글을 읽고 쓸 줄 아는 총체적인 능력이 영상문화의 압도적인 영향으로 인해서 갈수록 약화되어 가는 지금의 상황에서 판타지는 우리 문학의 미래라 할 수 있는 젊은 독자들의 문식력과 문학(혹은 책읽기)에 대한 새로운 관심을 촉발시킬 수 있는 계기가 될 수도 있다는 것 또한 판타지가 가지고 있는 긍정적인 측면이다.

나아가 다른 매체 및 장르들과 힘겨운 경쟁을 벌여야 하는 문학의 위기적 상황(다른 말로 표현하면 전대미문의 멀티미디어적 상황)에서, 또한 거대 이념이 사라진 이 혹독한 전망부재의 상황에 비추어 아직까지 많이 부족하지만 무엇인가 새로운 세계를 꿈꾸고 그려내고 도전하는 판타지의 잠재적 가능성은 높이 평가되어야 한다. 판타지를 '전망이 사라진 시대의 새로운 가능성'으로 보려고 하는 것은 바로 이러한 이유에서이다.

자, 이쯤에서 판타지의 장르적 정체성에 대해서 캐묻는 우리의 첫 번째 퀘스트를 접도록 하자. 앞에서 살펴본 바와 같이 판타지는 한두 가지의 정의를 가지고서는 제대로 설명하기 어려운 난해한 대상이다. 이미 검토한 판타지의 아홉 가지의 정의를 다시 또 반복한다는 것은 번거롭고 불필요한 일이므로 판타지의 정의(개념)와 관련된 몇 개의 주요 키워드를 제시하는 것으로 마무리하고자 한다.

판타지는 환상성, 장르문학, 사이, 변형, 왜곡, 과장, 특수한 상상력, 망설임, 1020문학, 이차세계, 비현실성, 세대성, 모험 이야기, 백일몽, 도피주의, 열광, 냉소, 양면성, 주변부문학, 장르문학, 모방성, 게임성, 즐거움, 전복성, 새로운 가능성 등의 단어의 조합으로 존재하는, 또는 이런 키워드들로 요약할 수 있는 우리 시대의 대표적인 대중문학이며 문화 현상이다.

3. 두 번째 퀘스트―한국 판타지의 기원

판타지 소설의 뿌리를 찾아서 거슬러 올라가면, 여느 문학 작품들처럼 신화, 전설, 민담, 요정 이야기(fairy tale) 등과 마주치게 된다. 그러나 환상이나 초자연적인 이야기를 다루고 있는 과거의 서사양식과 오늘날의 판타지 사이에서 분명한 형태적이고 구조적인 유사성을 찾을 수는 있겠지만, 이것은 어디까지나 기존의 문학사적 문법과 관행에 의거해서 그려보는 추상화가 될 가능성이 크다. 다만, 모든 문학 작품의 지도를 항상 그런 식으로 그려왔던―해석해 왔던―문학 연구의 관행과 에피스테메(êpistème)13)가 우리들로 하여 그것을 자연스런 것처럼 보이게 하고 있을 따름이다.

사실 환상적이고 기이한 과거의 이야기들과 현대의 판타지와 어떤 연관을 맺고 있음을 부인할 수 없겠으나 판타지의 조상으로 보일 수 있는 과거의 이야기들은 판타지라고 하는 근대적인 장르의식 속에서 새롭게 인식된 것일 수도 있다. 특히 문학 작품의 기원과 형성 문제를 다루는 데 있어서 우리가 흔하게 범할 수 있는 오류는 위에서 아래로, 과거에서 현재로 내려오는 하향적 사유와 서술에는 익숙해져 있으면서도 그것이 실상은 아래에서 위로, 현재에서 과거로 거슬러 올라간 상향적 사유라는 점을 간과하고 있거나 이 같은 사실이 자연스럽게 은폐되어 있다는 점이다. 이런 점에서 기원 문제를 다룰 때 먼저 전제되어야 할 것은 위와 같은 쌍방향의 사유를 통한 고찰이 선행되어야 할 것14)이다. 판타지의 기원을 찾아가려는 이번 퀘스트에서 고대 신화나 중세의 설

---

13) 미셸 푸코가 만들어 내서 사용한 신조어로 이 말은 각 시대의 사유와 인식을 지배하는 사유문법(思惟文法)으로서 특정한 시기에 지식이 획득·정리·유포되는 방식을 가리킨다.
14) 문학의 각 하위 장르들의 기원 문제에 대해서는 조성면, 앞의 책, 20~23면 참조

화들을 배제하고, 1990년대 이후에 출현한 판타지들로 의도적으로 제한
하려는 것은 이런 이유 때문이다. 그건 그렇고 한국에서 판타지는 어떠
한 경로를 거쳐 어떻게 기원·형성되었는가?

한국 판타지의 형성에 있어 직접적이고 결정적인 영향을 행사한 요
인들로서 톨킨의 『반지의 제왕』 3부작(1954~1972), 미즈노 료(水野 良)의
『로도스도(島) 전기(戰記)』(1988), 테이블에서 주사위를 가지고 진행되는
역할놀이 게임의 일종인 RPG, 그리고 컴퓨터 통신(의 발전) 등을 꼽을
수 있다. 톨킨의 『반지의 제왕』은 『해리 포터』나 『드래곤 라자』와 같은
장르 판타지(Genre Fantasy)의 효시라는 점에서, 미즈노 료의 『로도스도 전
기』는 톨킨 다음으로 국내의 작품에 가장 많은 영향을 주었을 뿐만 아
니라 현재 국내에서 맹위를 떨치는 장르 판타지에 엄청난 영향을 주었
다는 점에서, 1960년대 초반 미국의 대학생들이 톨킨의 작품에서 힌트
를 얻어서 개발해 낸 주사위 게임의 일종인 RGP는 오늘날의 전략 인터
넷 게임과 판타지 소설의 모델이 되었다는 점에서, 그리고 컴퓨터 통신
망(의 발전)은 청소년들 사이에서 판타지 붐을 불러일으키게 한 발판이
되어 주었다는 점에서 그렇다. 그러면 이들을 한국 판타지의 기원으로
설정하고 있는 이유는 무엇인가.

주지하다시피 톨킨의 『반지의 제왕』은 「반지 원정대(The Fellowship of the
Rings)」, 「두 개의 탑(The Two Tower)」, 「왕의 귀환(The Return of the King)」 등 3
부작으로 구성된 작품으로 집필 기간만 꼬박 12년이 걸렸을 정도로 그
가 심혈을 기울인 필생의 노작이다. 이 장중한 판타지가 전세계적인 주
목을 받는 이유는 서사 구성과 규모 그리고 미학적인 완결성 등의 측면
에서 흠잡을 데가 없는 완벽한 허구일 뿐만 아니라 오늘날 세계 독서계
를 강타하고 있는 대중적 문학양식인 장르 판타지의 한 전형이며 효시
가 되는 작품이기 때문이다.

모험의 플롯(여기에 대해서는 제3칙을 참고할 것)을 가진 모든 소설들이 그
러하듯 이 작품의 스토리 라인은 비교적 간단하다. 평균 신장이 2피트

4인치로 인간과 가장 유사한 난장이 종족인 호비트(Hobbit)족의 젊은 영웅 프로도 배긴스(Prodo Baggins)가 인간·마법사·엘프·드워프 등으로 구성된 9인의 다종족원정대와 함께 악의 제왕인 사우론(Sauron)이 만든 '절대반지'를 파괴하기 위해서 '불의 산(운명의 산)'까지 찾아가 가까스로 성공하는 과정과 그 이후를 그리고 있다.

이러한 이야기 구성과 문법은 RPG 게임 매니아였던 미즈노 료에 의해 계승·발전(사실은 속류화)되었고, 그의 『로도스도 전기』(이하 『전기』로 약칭함)는 각각 일본과 한국에서 판타지 소설의 일대 유행을 불러일으키는 데 결정적인 계기가 되었다. 『반지의 제왕』(이하 『반지』로 약칭함)과 함께 국내 판타지 소설에 엄청난 영향을 준 이 소설 역시 많은 등장인물과 낯선 용어들이 주는 생소함이라는 거품을 걷어 내고 보면, 스토리 라인은 의외로 단순하다.

작품의 공간적 배경인 로도스는 일종의 이차세계로 포세리아에 부속된 섬이다. 태고적 죽음의 신 카디스와 대지의 모신 마파와의 싸움에서 수세에 몰린 카디스가 대지에 저주를 걸어두자 그 저주가 전체 대륙에 확산되는 것을 막기 위해 마파가 잘라낸 대륙의 일부가 바로 로도스 섬이다. 소설은 마을을 습격한 고블린들을 퇴치한 죄(?)로 세상을 정처 없이 유랑하게 된 주인공 판이 아름다운 요정 디트리트 등과 함께 회색의 마녀 카라의 음모를 분쇄하여 전란과 위기에 빠진 로도스 섬의 평화와 질서를 지켜낸다는 이야기를 그리고 있다.

판과 대립하는 세력의 핵심분자이자 로도스와 세계를 전란의 소용돌이로 몰고가는 장본인인 마녀 카라는 흑과 백 그 어느 편도 아닌 회색분자로서 세력의 균형을 유지하고 어느 쪽도 강해지는 것을 막기 위해 끊임없이 음모를 꾸며낸다. 이 카라는 자기 육체를 지니지 않고 머리에 쓰는 장신구의 일종인 서클릿(circlet)에 깃들어 있는 상태에서 타인의 정신과 육체를 빌어서 활동하는 흥미로운 존재이다. 『전기』에서는 레일리아에 빙의(憑依)되어 있다가, 각종의 외전과 속편에 가서는 영웅전쟁

당시 판의 동료였던 우드척에게로 옮겨간다. 사막 만족(蠻族)들 간의 전쟁과 화해를 그린 『전기』의 속편—『전기』의 속편과 외전으로는 『하이엘프의 숲』, 『영웅기사전』, 『불꽃의 마신』, 『크리스타니아의 전설』, 『암흑의 기사』 등과 같이 소설·만화·애니메이션·게임 등 다양한 형태로 출시되어 있다—에서는 카라가 된 우드척을 추격하려는 판과 디트리트의 모험이 그려져 있다.

한편, 장르 판타지의 또 다른 기원이며 자양분인 컴퓨터 게임은 판타지와 쌍방향적인 관계를 이루고 있다. 요컨대 RPG는 톨킨의 판타지에 영향을 받아서 탄생한 역할놀이 게임이지만, 여기에서 근거하여 계속 발전한 컴퓨터 게임들이 나중에는 후대의 장르 판타지에 영향을 주었을 뿐만 아니라 수많은 장르 판타지 독자들을 키워내는 온상의 구실을 하였다는 점에서 판타지와 컴퓨터 게임의 관계는 대단히 인터렉티브하다고 할 수 있는 것이다.

멀티미디어시대 놀이(혹은 일상)문화의 중요한 축을 이루고 있는 컴퓨터 게임이란 과연 무엇인가. 한 컴퓨터 게임 연구가에 따르면, 컴퓨터 게임이란 "컴퓨터라는 하드웨어상에서 흥미를 유발하는 내용물이 어떤 규칙에 의거한 선택과정을 통해 진행되어 나가도록 컴퓨터 프로그램에 의하여 제작된" 종합예술(곧 제9의 예술로 일컬어지는 만화의 뒤를 잇는 제10의 예술)이며 엔터테인먼트[15]이다. 이와 같이 컴퓨터 게임은 그 자체가 오락이며 일종의 디지털 예술로서의 양면성을 지니고 있다. 컴퓨터 게임을 경제적·산업적인 관점에서 다루던 종래의 관점과 태도에 대해서 문제를 제기하면서 이것을 서사문학의 일종이며 문화적 형식의 하나로 분석(ludology), 새로운 성과를 이루어낸 최유찬 교수는, 일본의 게임이론을 받아들여 컴퓨터 게임을 장르와 플랫폼(platform)에 따라 다음과 같이 정리·세분하고 있다.

---

15) 김창배, 『21C 게임 패러다임』, 지원미디어, 1999, 30면.

①**시뮬레이션 게임** : 플레이어의 의지가 게임의 흐름을 만들어 가는 게임
②**롤플레잉 게임** : 경험값의 개념이 있고 시나리오가 준비되어 있는 게임
③**어드벤처 게임** : 게이머가 이야기의 주인공이 되어 스토리를 엮어 가는 게임
④**액션 게임** : 게이머의 반사신경에 많이 의지하고 캐릭터를 조작하여 즐기는 게임. 격투기 게임. 슈팅 게임 등의 하위 범주가 있다.
⑤**스포츠레이스 게임** : 스포츠나 레이스를 제재로 한 게임
⑥**퍼즐 게임** : 주어진 명제를 풀어나가는 게임
⑦**보드 테이블 게임** : 장기나 마작 등 기존의 게임을 재현한 게임
⑧**버라이어티 게임** : 점, 퀴즈 등 어떤 분류에도 해당되지 않는 게임16)

이 중에서 장르 판타지와 직·간접적인 연관을 맺고 있는 것은 시뮬레이션, 롤플레잉, 어드벤처 게임 등이다. 어드벤처 게임은 "게임의 프로그램에 이미 고정된 스토리 라인이 결정되어 있고 게이머의 선택 행위는 그 사건 진행을 완성시키는 데 요구되는 필요충분조건을 충족시키는 역할에 한정"되며, 롤플레잉 게임이나 시뮬레이션 게임은 '게이머가 실행할 때마다 서로 다른 사건 전개를 체험할 수 있는 형태로 되어 있고, 어떤 경우에는 게임 자체의 성격과 환경이 게이머의 선택과 행동에 따라 완전하게 달라진다는 특징을 지니고 있다.17)

이밖에 장르 판타지의 일대 유행을 몰고 온 중요한 요인으로서는 컴퓨터 통신의 발달과 인터넷의 등장을 들 수 있다. 국내에서 모뎀을 이용한 컴퓨터 통신망이 첫선을 보인 것은 1986년의 일이며, 군사·과학 등 제한적인 목적으로 이용되던 인터넷이 지금처럼 급속도로 퍼져나간 것은 1993년 당시 마크 안드리센(Marc Andressen)이란 대학생이 발명한 웹 브라우저 '모자이크(Mosaic)' 때문이었다. 물론 이보다 앞선 1989년에 모든 하이퍼텍스트(hypertext)들을 연결하는 월드 와이드 웹(world wide web)이 구축돼 있었긴 했지만, 일반 시민들의 인터넷에 대한 접근성을 높이는

---

16) 여기에 대해서는 최유찬, 『컴퓨터 게임의 이해』, 문화과학사, 2002, 56면.
17) 위의 책, 278~279면.

데 결정적인 역할을 한 것은 모자이크라는 웹 브라우저가 등장하면서부터이다.[18] 모뎀 통신을 거쳐 인터넷시대가 개막되자 장르 판타지는 욱일승천의 기세로 발전하기 시작했으니, 이우혁의 『퇴마록』과 이영도의 『드래곤라자』는 대표적인 사례이다.

그러면 이제부터는 『반지』와 『전기』가 국내 판타지에 끼친 구체적인 영향은 무엇이며 우리 판타지 소설은 어떠한 경로를 거쳐 어떻게 형성되었는가 하는 기원의 문제를, 다시 한번 개괄적으로 정리해서 살펴보기로 하자.

기실 1990년대 초반 톨킨의 『반지』(1990년 도서출판 예문에서 『반지전쟁』이란 제명으로 번역·출판되었다)이나 료의 『전기』가 처음 출판되었을 때는 대중적으로 별다른 반응을 불러일으키지는 못했다. 그러던 것이 PC통신이 널리 보급되면서 RGP 게이머들과 판타지에 대해서 관심을 갖는 매니아들이 급격히 증가하기 시작했다.

1986년 국내 최초의 PC통신인 한국데이터통신의 'H-MAIL'이 등장했고 1988년에는 한국경제신문사가 'KETEL'이라는 통신망을 구축하였으며, 이어 1990년대 초반에 구축된 'HITEL'과 '천리안'이 각종 서비스를 개시하면서 톨킨과 료의 영향을 받은 창작 판타지들이 나타나기 시작했다. 1991년부터 최근까지 10여 년 동안을 끌어온 최광림의 『검, 마법의 이야기』를 위시해서 1992년에 시작되어 만 6년만인 1998년에 완결된 이상균의 『하얀 로냐프 강』이 창작·발표되었다. 그런 판타지가 대중들로부터 폭발적인 인기를 끌며 본격화하기 시작한 것은 1993년에 등장한 이우혁의 『퇴마록』이 등장하면서부터이다. 하이텔의 공포/SF 게시판인 'summer'에서 사이버 공간상에서 초유의 베스트셀러에 오른 이 작품은 책으로 출간되어 2001년 현재까지 대략 700만 권 이상이 팔려 나갔다[19]

---

18) 조성면, 「어째서 다시 또 사이버문학인가」, 『작가들』 9호, 다인아트, 2003.12, 6면.
19) 한기호, 「한국 판타지 소설의 효시이자 정점에 우뚝 선 '퇴마록'」, 『퇴마록-말세편』 제6권, 들녘, 2001, 337면.

고 한다.

PC통신과 RPG 게임의 확산이 판타지가 대중화하는데 물질적인 기반의 역할을 했다면, 『반지』와 『전기』는 국내 판타지 소설의 원형이 되었다. 이것은 『반지』와 『전기』를 국내에서 창작된 판타지 가운데서 작품의 구성이나 문학적 성취면에 있어서 정점에 오른 『드래곤 라자』와 『옥스타칼니스의 아이들』(현재는 『팔란티어』란 이름으로 판매·유통되고 있음) 등과 비교해 보면 보다 분명하게 드러난다. 가령 국내 판타지 소설 가운데 단연 최고로 꼽을 수 있는 김민영의 『옥스타칼니스의 아이들』에 등장하는 주인공의 이름(ID)이 보로미어(보로미어는 반지 원정대의 전사이다)라는 점, 『드래곤 라자』의 모험 주체들 역시 '반지 원정대'나 『전기』와 같이 인간·드워프·엘프·트롤 등 다양한 종족들로 구성되어 있다는 점, 전사와 요정과의 사랑 이야기(『전기』의 판과 디트리트, 『아이들』의 보로미어와 실바누스 등)의 공식이 계속해서 계승·반복되고 있다는 점, 그리고 간달프(『반지의 제왕』)·덤블도어(『해리 포터』)·핸드레이크(『드래곤 라자』)·실바누스(『옥스타칼니스의 아이들』)처럼 모든 작품에서 핵심적 역할을 담당하는 마법사들이 모두 간달프·디트리트·슬레인 등의 변형 혹은 그 영향의 흔적이라는 점 등에서 『반지』와 『전기』가 국내 판타지에 끼친 엄청난 영향력을 거듭해서 확인할 수 있다.

이와 같이 국내 판타지는 톨킨과 료를 거치면서 완성된 판타지의 공식과 구조를 그대로 계승·속류화한 장르 판타지가 대다수를 차지하고 있으며, PC통신의 등장과 함께 대중화되기 시작했다. 초창기에 이상균이나 최광림 등이 등장하여 가장 선구적으로 작품을 발표하기 시작했지만, 판타지가 국내에서 돌풍을 일으키게 만든 주역은 바로 이우혁의 『퇴마록』이었다. 이런 점에 비추어 몇몇 작품을 제외하고 국내 판타지가 보여 주고 있는 무국적성과 맹목적적인 서구추수성은 이러한 태생적 조건에서부터 이미 선험적으로 예비된 것이라 할 수 있다. 이후 판타지는 김예리·김근우·방지나·김상현·홍정훈·전민희·이경영·이

수영·전동조 등 많은 젊은 작가들에 의해서 봇물처럼 쏟아져 나오기 시작, 우리 시대의 대표적인 청(소)년문화로 정착되었다.

4. 세 번째 퀘스트—판타지의 계보와 역사 그리고 유형

　서구문학사에서 환상문학의 역사와 계보는 크게 두 개의 계열로 나누어볼 수 있다. 고딕소설(Gothic novel)로부터 디킨즈·포·도스토예프스키·스티븐슨 등을 거쳐 발전해 온 환상적 전통과 이와 달리 톨킨·루이스·화이트 등으로 이어져 오는 요정문학(fairy literature) 계열이 그것이다.[20]

　고딕소설과 요정문학의 전통을 이은 작품들이 문학사의 주류를 이루고 있는 가운데 이탈로 칼비노(Italo Calvino)의 작품처럼 초현실주의적이고 메트로폴리스적 경향을 띠는 판타지들도 생겨나고 그 영역도 심리학 분야로까지 확장되는 등 우리 시대의 환상문학은 나날이 변화·발전하는 모습을 보여 주고 있다.[21] 지금에 와서 환상문학이 얼마간 변화되는 모습을 보여 주고는 있지만, 어디까지나 이는 서구 환상문학에서, 특히 소재나 서사의 차원에서 생겨나는 변화일 따름이고 우리와는 층위가 다른 맥락에 자리하고 있다. 게다가 우리가 이번 퀘스트에서 문제삼고자 하는 논제이자 주요 대상이 환상을 매개로 한 동서고금의 모든 작품들이 아니라 톨킨과 미즈노 료의 작품에 뿌리를 두고 발전하여 현재 우리나라에서 크게 성행하고 있는 장르 판타지들임으로 이에 대한 더 이상의 논의는 의미가 없을 뿐만 아니라 이 퀘스트에서 감당할 수도, 또

---

20) 로스마리 잭슨, 서강여성문학연구회 역, 앞의 책, 208~209면 참조.
21) 위의 책, 209면.

감당할 필요도 없다.

솔직히 말해서 국내에서 판타지문학의 대세를 이루고 있는 장르 판타지들의 경우, 발표된 작품 수와 내용 등의 측면에서 논의가 불가능할 정도로 복잡한 난맥상을 보여 주고 있으며, 작품의 질적인 수준 역시 신세대 독자를 제외하고는 읽는 이들에게 초인적인 인내심을 요구하고 있기 때문에 국산 장르 판타지들조차도 꼼꼼하게 논의할 바가 못 된다. 그것은 판타지 장르에 대해서 최초로 학문적인 분석을 시도한 토도로프가 지적한 바와 같이 일체의 장르론적인 접근은 개별 텍스트들이 가지고 있는 특수성과 고유성을 발견하는 데 있지 아니하고 오히려 모든 텍스트들에 공통되는 보편적인 규칙과 자질을 밝혀내는 데 있기 때문이다.22) 이처럼 개별 작품들에 대한 작품론이나 평론이 아니고 한정된 수의 개별적인 사례들을 통해서 연역적으로 접근하여 일반적인 가설을 추출하고, 이것들을 실제의 작품들에 적용하여 부분적인 수정과 보완의 절차를 거칠 수밖에 없는 것이 장르론적 접근이 갖는 한계이자 강점이기 때문이다. 이러한 전제하에서 국내에서 인기를 끌고 있거나 창작된 주요 작품들의 계보와 유형 그리고 그 역사적 전개 양상에 대해서 살펴보기로 하자.

두 번째 퀘스트에서 살펴본 바처럼 지금의 우리 판타지는 톨킨과 미즈노 료의 작품을 모방(차용)하거나 그에게서 강한 영향을 받는 작품들이 주류를 이루고 있다. 컴퓨터 통신문학에서 발전하여 이우혁에 의해 만개하기 시작한 판타지는 김민영·이영도·이수영·이경영·전민희·홍정훈·전동조·김상현 등의 작가들을 거치면서 더욱 발전(사실은 속류화)되고 있는 상황이다. 이우혁의 뒤를 이어 이영도의 『드래곤 라자』가 공전의 빅히트를 치고, 김예리의 『용의 신전』, 김상현의 『탐그루』, 이수영의 『귀환병 일기』 등의 판타지가 책으로 출판되어 오프라인상에서도

---

22) T. Todorov, op. cit., p.3.

대중들에 폭발적인 인기를 끌기 시작하며 서점가를 휩쓸었던 1997~98년은 장르 판타지 대중화의 원년이라 할 수 있다. 판타지에 대한 1020세대의 열광적인 반응은 식을 줄 모르고 지금까지 이어져 이경영의『가즈나이트』, 임경배의『카르세아린』, 전민희의『세월의 돌』, 홍정훈의『비상하는 매』, 김민영의『옥스타칼니스의 아이들』등 주목할 만한 작품성과 문제성을 가진 작품들이 연속해서 발표되고 있는 상황이다. 그리고 2003년 현재에 이르러서는 출판된 텍스트와 작가들을 일일이 거론할 수 없을 정도로 판타지가 폭증하여 21세기 청소년문화를 규정하는 한 특징으로서 완전하게 자리를 굳히게 되었다.

서양에서 생산된 정통적인 환상문학 작품들처럼 국내에서 창작된 판타지들도 얼핏 보기에는 매우 무질서하고 혼란스러운 것처럼 보여도 분명히 나름대로의 계보와 계통을 가지고 있다. 서양의 판타지가 고딕소설의 전통과 요정문학의 전통으로 이어져 내려오고 있듯이 국내 판타지 또한 크게는 두 개의 계열로, 좁게는 세 개의 계열로 세분된다.

첫 번째 계보는 정통 장르 판타지의 맥을 잇는 작품들이다. 톨킨의『반지의 제왕』3부작에서 시작되어 미즈노 료의『로도스도 전기』에 이르러 장르의 정체성이 분명해지고 공식이 확정되는데, 이영도의『드래곤 라자』와 김민영의『옥스타칼니스의 아이들』등의 작품들이 여기에 해당된다.

두 번째는 작품의 구성이나 영감을 톨킨의 작품에서 얻었을 것이라는 강한 심증은 가지만 각국의 문화적 전통과 결합되어 있어서 과연 이것을 판타지로 분류해야 하는가 하는 의심이 드는 비서구적 경향의 판타지들이다. 가령 기구치 히데유키(菊地秀行)의『요수도시』(1986)라든지 처음에는 만화책으로 만들어졌으나 공전을 히트를 친 다음 영화로 제작되기도 한『공작왕』등과 같은 작품들이 바로 대표적인 사례이다. 1993년 하이텔의 공포물 게시판이었던 'Summer'에 연재되면서 폭발적인 인기를 끈 대표적인 토종 판타지인 이우혁의『퇴마록』과『왜란종결자』, 은영선

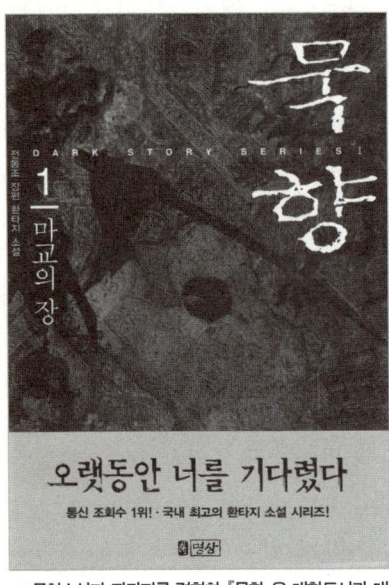

▲ 무협소설과 판타지를 결합한 『묵향』은 대학도서관 대출 1위를 기록할 정도로 선풍적인 인기를 끌었다.

의 『가이공주』 등이 모두 여기에 해당된다.

세 번째는 어떤 계보에도 들어가지 않는 퓨전(fusion)형의 판타지들이다. 이미 앞에서 잠깐 언급한 바와 같이 판타지 소설에서 영향을 받아 발전한 RPG 게임들이 이제는 반대로 온라인 전략 게임들과 후대의 판타지 소설에 영향을 준 경우들이 모두 여기에 해당된다. 무협지에서 시작하여 판타지로 바뀌어 '판협지'라는 신조어를 탄생시킨 바 있는 전동조의 『묵향』, SF와 미스터리와 판타지가 한데 결합되어 있는 김민영의 『옥스타칼니스의 아이들』, SF적 요소와 판타지적인 요소가 뒤섞여 있는 김상현의 『탑그루』 등을 대표적인 예로 들 수 있다. 김민영의 작품은 작품의 구성이나 문학적 성취도 뛰어나지만, 첫 번째, 세 번째 계보에 모두 포함될 만큼 문제성 있는 수작이기 때문에 별도로 처리해서 본격적으로 논의하게 될 것이다.

이상의 소략한 검토와 같이 장르 판타지의 계보는 톨킨의 작품을 연원으로 한 판타지와 동양적 전통을 기반으로 한 비서구적 기원을 지닌 판타지 그리고 뚜렷한 계보가 없이 다른 작품과 장르들을 수용하고 있는 퓨전형 판타지로 대별되며, 작품의 발전 경로와 양상은 크게 소설에서 소설로 이어지는 방식과 소설에서 게임으로 이어지고 그 게임이 다시 소설의 내용으로 수용되는 방식으로 정리할 수 있다. 그러면 이제부터는 세 가지 계보 가운데서 장르 판타지의 중심을 이루고 있는 첫 번째 유형의 작품들의 미적 특징과 영향 관계에 대해서 좀 더 자세하게 살펴보도록 하자.

현대 장르 판타지의 효시인 톨킨의 『반지의 제왕』은 켈트족의 전설과

북구신화 그리고 아서왕의 전설 등 유럽 서
사문학의 맥을 이은 작품이다. '장르 판타지
의 아버지' 또는 '판타지의 제왕'이라는 세간
의 찬사대로 이 소설은 모험과 마법의 등장,
인간과 요정의 이루어질 수 없는 사랑, 완벽
하고 웅장한 가공의 세계 창조, 현대사회에
대한 통렬한 비판과 풍자가 돋보이는 풍성한
알레고리 등으로 인하여 독자들의 폭넓은 지
지와 평론가들의 주목을 받고 있는 초대형 판
타지이다. 아울러 『제왕』은 모티프, 플롯, 서
사 구성 등의 모든 측면에서 장르 판타지의
공식과 원형을 제시하고 있는 판타지의 교과
서로서의 면모를 함께 지니고 있기도 하다.
모험, 마법, 유사인종, 선악 갈등, 사랑 등 오
늘날 대다수의 국내 판타지에 공통적으로 반

▲ 〈반지의 제왕〉은 게임, 영화 등 다양한 콘텐츠로 제작
되었다. 사진은 영화 포스터의 한 장면이다.

복되는 장르 판타지의 공식이 모두 여기에서 완성되었기 때문이다.

첫 번째 퀘스트 제3칙에서 검토해 본 바대로 『제왕』은 그 자체가 완
벽한 모험의 이야기 공식이다. 제3칙에서 드러난 이 모험 이야기의 공
식 몇 개를 여기에 대입해서 읽어 보자.

① 주인공은 누군가에 의하여 또는 무엇인가에 의하여 모험과 여행
을 시작해야 하는 동기를 부여받아야 한다.

반지 원정대의 주인공으로 중간계(middle earth)와 사우론과의 전쟁에서
승패의 결정적인 열쇠를 쥐고 있는 샤이어의 프로도는 운명적으로 반
지 운반자로서의 사명을 부여받는다. 즉 프로도는 『제왕』의 전편격인
『호빗』의 주인공이자 자신의 양부인 빌보 배긴스에게 절대반지와 그것
의 처리해야 하는 도덕적 책임을 유산으로 함께 물려받게 된다.

② 주인공에게는 모험을 견뎌낼 만한 자질이 있어야 한다.

프로도는 전사도 마법사도 아닌 연약한 호빗족(인간과 가장 가까운 유사 인종)이지만 강한 의지력과 악마의 유혹을 견뎌낼 수 있는 강한 도덕성을 가지고 있으며, 한때 절대반지의 소유자였던 위험천만한 존재인 스메아골을 용서하고 받아들일 줄 아는 덕성을 가지고 있다.

③ 주인공을 흥미롭고 위험한 상황 속에 처하게 만들어라.

반지 운반자로서의 책임을 부여받고 여행중에 그가 겪는 온갖 고난들이 여기에 해당된다.

④ 추격전을 삽입하면 좋다. 단 작품을 읽는 독자들에게 긴장감을 주기 위해서 도망자와 추적자 사이의 거리가 너무 가깝거나 나무 멀리 떨어져 있어서는 안 된다.

절대반지를 파괴하기 위해서 모르도르의 운명의 산까지 여행하는 도중에 그는 사우론의 부하들인 흑기사들의 추격과 위협에 시달리며, 죽음의 직전의 상황으로까지 내몰리기도 한다.

⑤ 가까스로 성공하게 만들어라.

수많은 고비를 간달프나 샘과 같은 조력자(helper)들의 도움으로 극복하며, 절대반지를 파괴하려는 최후의 순간 프로도는 강한 유혹을 느끼며 망설이게 되나 결국 반지는 스메아골과 함께 용암 속으로 추락한다. 이 돌발적인 사건으로 그는 반지를 파괴하는데 가까스로 성공한다. 이 순간, 중간계와 사우론과의 치열한 전쟁이 종결되면서 평화를 되찾는다.

⑥ 모험을 끝낸 주인공이 일상으로 복귀한다고 하더라도 모험을 겪기 전보다 한층 더 성숙해져야 한다.

반지 운반자로서의 소임을 마치고 고향에 복귀한 프로도는 중간계 최고의 영웅이 되며, 위기에 빠진 고향 샤이어의 평화를 되찾게 된다(물론 프로도는 고향에 정착하지 못하고 다시 중간계를 떠난다).

이러한 모험문학의 공식을 충실하게 계승 혹은 제시하고 있는 것 이외에 『제왕』은 후대의 장르 판타지에 수많은 모티프를 제공하고 있다. 아버지 아라돈을 잃고 '순찰자'라는 이름으로 중간계를 떠도는 스트라

이더 아라곤은 전사의 원형으로 후대의 판타지들에서 끝없이 변형되어 등장하며, 『옥스타칼니스의 아이들』에서 진행되는 수많은 퀘스트에서 레인저의 모습으로 반복해서 등장한다. 레인저는 전사이면서 길잡이 역할을 하는 캐릭터인데, 아라곤이 레골라스·김리와 함께 프로도 일행을 엘론드의 집까지 데려다 준다거나 오크에게 납치된 피핀 등을 추격해 나가는 것 등은 대표적인 예이다. 또한 다인종으로 구성된 『제왕』의 반지 원정대가 『로도스』와 『라자』에서 인간·드워프·마법사·전사·엘프 등으로 이어진다거나 『아이들』에서 이루어지는 수많은 퀘스트의 원정대 역시 다종족으로 구성되는 것은 대표적인 예이다. 덧붙여 모든 장르 판타지에서 핵심적인 역할을 담당하는 실바누스·핸드레이크(타이번)·덤블도어·디트리트 등의 마법사는 명백히 간달프의 변형들이다. 물론 이 간달프 역시 영국의 고대 전설이며 기사영웅소설의 원형인 「아더왕의 전설」에 등장하는 마법사 멀린(Merlin)의 모방이라는 점을 간과해서는 안 될 것이다.

끝으로 무협지, 만화, 온라인 게임, SF 등이 혼합되어 있어서 그 계보를 도저히 밝혀낼 수 없는 세 번째 계보를 제외하고, 장르 판타지의 한 축을 이루고 있는 두 번째 계보인 비서구적 경향의 판타지들에 대해서 간략하게 짚고 넘어가기로 하자. 이 글에서는 잠정적으로 그러한 작품들을 동양적 판타지라고 지칭하기로 한다.

동양적 판타지는 『봉신연의』·『요재지이』·『서유기』·『전등신화』·『평요전』 등 중국 전통 서사문학, 설총의 「화왕계」와 같은 의인화한 우화를 비롯해서 고려시대의 가전체(假傳體)소설과 한국 문학사에서 최초의 한문소설이라는 평가를 받는 매월당 김시습의 『금오신화』, 그리고 중세 한글소설의 절정인 서포 김만중의 『구운몽』 등 한국의 전통문학들, 끝으로 다신교적인 종교문화적 전통을 지닌 일본의 정령 설화 등 풍성한 서사적 전통을 가지고 있다. 그러나 동양의 근대문학사에서는 이와 같은 서사적 전통이 제대로 계승·현대화하지 못한 채 합리주의·

이성중심주의·계몽주의에 떠밀려 자취를 감추고 만다. IT와 유전공학 등 첨단 테크놀로지가 발달된 오늘날 판타지가 유행하는 것은 분명히 이례적이고 그 자체로 흥미로운 분석의 대상이지만, 아쉽게도 현재 유행하고 있는 이른바 '동양적 판타지'는 이 같은 동양의 풍성한 서사적 전통을 잇지 못하고 격절(隔絶)된 채 서구 판타지의 일방적 영향과 자극—비록 그것이 얼마간의 독자성을 지니고 있다고는 할지라도—속에서 발전했음을 결코 부인할 수 없다.

기구치 히데유키의 『요수도시』와 『공작왕』 등에서 촉발되어 이우혁의 『퇴마록』으로 활짝 만개한 동양적 판타지는 톨킨식 장르 판타지에 익숙해져 있는 매니아들에게는 여전히 망설임의 대상으로 남아 있다. 왜냐하면 두 번째 계보의 판타지는 서사 내용이나 상황 설정 등이 톨킨류의 판타지와는 확연하게 다르기 때문이다. 『공작왕』의 경우처럼 이들 판타지는 티벳의 밀교를 소재로 하고 있다든지 빙의(憑依)를 치유하거나 주술과 굿으로 요괴를 무찌르는 등 서구문화에 길들여져 있는 신세대 독자들에게는 아주 낯선 동양전통—이들 작품은 동양적 전통의 어설픈 모방에 지나지 않는다—을 담고 있는 작품들이 주종을 이루고 있기 때문이다.

잘 알려져 있다시피 『퇴마록』(국내편)은 1993년, 이우혁이 하이텔의 공포물 게시판 'SUMMER'에 올린 연재물이 인기를 얻어 오프 라인상에서 책으로 출판되어 폭발적인 인기를 끈 판타지이다. 이 소설은 제목 그대로 퇴마사들의 활약상을 그리고 있는데, 국내편은 주로 주인공들인 박신부·현암·승희·준후의 만남과 그들의 과거를 각각의 소제목을 통해서 소개하는 형식이 강하다. 예컨대 현암과 박신부 그리고 준후가 만나게 되는 「하늘이 불타던 날」이라든지 그 세 사람과 승희와의 만남이 이루어지는 「초상화가 부르고 있다」를 비롯해서 「귀검 월향」 등에서는 현암의 과거와 그가 월향검을 얻게 되는 과정을 그리고 있는 것 등이 그러하다. 이와 같이 그들이 한 팀을 이루게 되는 과정과 각 캐릭터 소개를 끝내고 나서 한 사건을 해결하고 나서 다시 또 다른 사건과 맞닥뜨리게 되고 이를 해결하는 피카레스크식 구성이 『퇴마록』의 서사적 짜임새 — 참고적으로 퇴마록은 '국내편'·'세계편'·'혼세편'·'말세편' 등 모두 4부작으로 구성되어 있다 — 이다. 『퇴마록』과 『요수도시』·『공작왕』 사이의 직접적인 영향 관계에 대해서 논증하기는 어렵지만, 일본 애니메이션과 대중문화의 세계적인 영향력과 상호텍스트성이 아주 강한 대중문화(문학)의 일반적인 속성을 고려해 보았을 때 최소한의 영향을 받았거나 여기에서 작가가 강한 영감을 얻었을 것이라는 점을 어렵지 않게 추론할 수 있다.

이에 비해 고대 가야국 공주인 가이가 사랑하는 동해바다를 위해 용을 부르고 번개를 멈춰 세우는 등 비현실적이고 환상적인 이야기로 가득한 일종의 순정무협판타지인 은영선의 『가이 공주』라든지 마교 출신으로 온갖 고난을 이겨낸 묵향이 혈교와의 대결에서 '묵형시분술' 등의 주문을 격파하고 무림의 평화를 되찾은 다음, 차원을 이동하여 판타지의 세계에 떨어져 갖은 모험과 고초를 겪다가 다시 현실로 귀환하는 과정을 그리고 있는 전동조의 『묵향』은 자기 색깔을 가지고 있는 독특한 작품들이라 할 수 있다. 『가이 공주』는 화가이자 역술인이었던 저자가 우연히 꿈속에서 공주의 이야기를 듣고 이를 작품화했다고 해서 세간에 화제를 모으는 등 작품 외적 상황 때문에, 『묵향』은 신마검협형(神魔劍俠型) 무협소설과 장르 판타지가 결합된 '판협지'(본래 판협지라는 말은 대다수의 장르 판타지가 무협지의 외양만을 바꾼 저급한 작품이라는 경멸의 뜻을 담고 있다)의 전형이라는 점 때문에 주목을 받았을 만큼 기구치 히데유키나 이우혁의 작품과는 다소 동떨어져 있다. 그러나 이들 소설은 서사 구성과 층위는 다르지만, 톨킨 유의 장르 판타지와는 달리 부분적으로나마 재래의 동양적 대중문학의 맥을 잇고 있다는 점으로 인해서 부득이하게 두 번째 계보에 포함을 시킬 수밖에 없는 것이다.

그렇다면 장르 판타지 이외에 진정한 의미에서의 판타지 이른바 환상문학의 유형과 하위 장르들의 양상은 어떠하며, 어떻게 분류하고 유형화할 수 있을 것인가. 결론적으로 말해서 판타지를 유형화하고 하위 장르들을 섬세하게 구분해 내는 일은 대단히 무리가 따르는 일이라 할 수 있다. 왜냐하면 그것은 보는 이의 관점과 기준에 따라 얼마든지 다른 방식으로 분류할 수 있으며, 또한 대다수의 판타지들이 완벽하게 독자적이지 않고 상황과 맥락에 따라 서로 중복될 수 있기 때문이다.

이에 대해서는 듀나 이영수와 함께 국내 SF문학의 대표작가로 꼽을 수 있는 복거일의 논의가 가장 주목할 만하다. 존 클루트(John Clute)와 존 그랜트(John Grant)의 공저인 『환상소설 백과사전(The Encyclopedia of Fantasy)』(1997)와 존 클루트와 피터 니콜스(Peter Nicholls)의 『과학소설 백과사전(The Encyclopedia of Science Fiction)』(1993)을 바탕으로 한 복거일의 『세계환상소설사전』(김영사, 2002)에 따르면, 환상문학의 하위 장르는 모두 31개 장르로 나누어 볼 수 있다. 우리가 지금까지 집중적으로 검토해 온 장르 판타지를 포함해서 동물 환상소설, 짐승 우화, 서사 환상소설, 역사 환상소설, 선사 환상소설, 당대 환상소설, 먼 미래 환상소설, 탐정 환상소설, 전율 환상소설, 고딕 환상소설, 어두운 환상소설, 영웅 환상소설, 행성 로맨스, 소생 환상소설, 어린이 환상소설, 어른 환상소설, 낮은 환상소설, 높은 환상소설, 군사 환상소설, 과학 환상소설, 기술 환상소설, 비학(秘學) 환상소설, 도시 환상소설, 수정주의 환상소설, 사후 환상소설, 합리화된 환상소설, 동양 환상소설, 북유럽 환상소설, 아라비아 환상소설, 켈트족 환상소설 등등이 그것이다.

그러나 이와 같은 분류와 유형화에도 불구하고, 극단적으로 도식화하면 판타지의 하위 장르는 크게 두 개의 유형으로 대별할 수 있다. 이른바 "옛날 옛적에 호랑이 담배 피우던 시절 ……"로 시작하는 설화문학의 상투적인 표현에서 유추해 볼 수 있듯이 처음부터 순전한 환상문학임을 표방하는 장르 판타지 곧 닫힌 형식의 판타지와 현실세계와 비현실세계가 교차하고 공존하는 판타지 곧 열린 형식의 판타지로 구분할 수 있다.

이와 같이 판타지는 크게 세 개의 계보로 대별될 수 있으며, 그 하위 장르는 크게는 2개로 넓게는 31개로 세분해 볼 수 있다. 그리고 세 번째 계보에 속하는 판타지가 급증하고 있는 현실이 입증하듯 오늘날의 장르 판타지는 무계보성·무국적성을 지닌 작품들이 압도적인 다수를 이루고 있는 등 복잡한 난맥상을 보이고 있다.

5. 네 번째 퀘스트―판타지의 의미

판타지의 개념, 기원, 계보, 유형, 역사, 주요 작품에 대한 정리 등 판타지의 본질과 의미를 해명하기 위한 실제적이고 기초적인 준비는 모두 종결되었다. 이제 우리는 실제의 작품 분석을 통해서 우리 시대에 판타지가 갖는 의미가 과연 무엇인지에 대해서 검토해 보는 마지막 퀘스트만을 남겨 놓게 되었다.

판타지를 둘러싸고 떠오르는 수많은 의문 부호들 가운데서 가장 핵심적인 두 개의 물음은 '청소년 독자들이 어째서 판타지에 열광하는 것이며, 그것의 문학사회적 의미는 무엇인가' 하는 점과 '쓰레기라는 세간의 혹평대로 정말 볼 만한 작품이 하나도 없는가' 하는 점이다. 여기에서는 국내에서 생산된 판타지 중에서 이영도의 『드래곤 라자』와 김민영

▲ 한국 장르 판타지의 대표작 가운데 하나인 이영도의 『드래곤 라자』.

의『옥스타칼니스의 아이들』등 학술담론의 장에 내놓을 만큼 문제적이라고 판단되는 두 편의 작품을 분석 대상으로 삼아서 이러한 의문들에 대한 해명작업을 시도해 보기로 한다.

대개 그렇듯 판타지와 같은 대중소설들의 운명이란 참으로 속절없고 허망한 것임에도 불구하고 일정하게 동시대의 세태와 유행을 민감하게 반영하거나 그에 반응한다는 점에서 언제나 문제적이다. 그 때문에 대중소설들은 항상 특정한 시대의 정치적·경제적·문화적 상황을 읽어 내고자 하는 소설사가들과 비평가들의 사회학적 충동을 끝없이 자극한다. 그런데 이때 주의해야 할 점은 대중소설들의 도식성과 엉성한 플롯들에 대해 비판하면서 적당한 훈시를 덧붙이는 식의 계몽주의적인 독법과 이미 잘 알려져 있는 사회적 사실을 특정 작품들을 통해서 재확인하는 허망한 사회학적 환원주의이다.

판타지를 비롯한 대중소설들이 규격화되고 단조로운 삶의 권태로부터 뻔한 흥미와 모험이 가득한 세계로 도피하려고 대중들의 욕망을 반영한다는 상투적인 명제들은 이제 지겨울 정도지만 언제나 정당하고 타당하다. 그런데 가만히 생각해 보면 이것은 전도된 판단이다. 왜냐하면 뻔한 흥미와 모험의 세계로 도피한 것은 대중이 아니라 대중소설이며, 그래서 대중소설이 되는 것이고 그 때문에 독자들이 그것을 선택하는 것이다. 게다가 이러한 선입관에 젖어 있다 보면, 각 작품들이 가지고 있는 독자적인 의미와 다양한 해석이 가능성들이 근원적으로 봉쇄되어 버리기 십상이다. 이 점에서『라자』와『아이들』은 단순한 판타지가 아니라 우리의 문학적 태도와 문화적 상황을 가늠해 볼 수 있는 바로미터라 할 수 있다.

『라자』에 가장 큰 영향을 준 텍스트들로는 톨킨의『제왕』과 료의『로도스』를 꼽을 수 있다.『로도스』의 경우, 주된 공간적 배경이 공교롭게도 로도스 '섬'으로 한정되어 있다든지 로도스의 각 지역을 분할하여 지배하는 왕들이 흡사 막부(幕府)정권시대 다이묘(大名)들을 연상케 한다는 점들은 일종의 '일본적 상상력'이라 할 만하다. 이 같은 차이점에도 불구하고 세 작품 모두 전형적인 모험의 플롯을 가지고 있으며 모험의 주체가 마법사·요정·전사 등 다종족으로 구성되어 있다는 것 등 수많은 공통점을 가지고 있다.

주지하듯 이영도의 『라자』는 하이텔에 절찬리에 연재되다가 총12권 분량의 책으로 출판되어 『퇴마록』에 버금가는 인기를 누린 작품으로 만화(손봉규 그림)·게임 등으로 개발되었는가 하면, 대만 등지에 수출되기도 한, 국내 장르 판타지의 간판이다. 이 대하 장편을 장르 판타지의 간판으로 꼽는 것은 대중적 인지도나 판매량 때문만이 아니라 작품의 구성이나 완성도 그리고 문장력 등 여러 측면에서 여타의 작품들보다 월등하기 때문이다.

『라자』의 모험이 펼쳐지는 얼핏 보기에도 중세 유럽대륙과 유사한 가공의 세계이다. 이 가상의 세계는 바이서스·자이펀·헤게모니아·일스 등 모두 4개국으로 분할되어 있으며, 여기에 인간을 위시해서 드래곤·엘프·드워프·오크·트롤·호비트·페어리 등 여덟 종족이 대립하면서도 조화를 이루면서 살아가고 있었다. 본래 이 세계를 지배한 종족은 드래곤이었으나 인간의 영웅 루트리에노 대왕이 대마법사 핸드레이크의 도움으로 드래곤으로부터 인간을 해방하고 바이서스 왕국을 세운다. 300년이 지난 이후의 시점에서부터 이 작품이 시작된다.

바이서스와 자이펀 사이에서 전쟁이 발발한 상황에서 바이서스 왕국의 변방에 위치한 헬턴트에서는 아무르타트라는 드래곤이 광란의 폭력을 휘두른다. 헬턴트의 영주는 아무르타트를 제거하기 위해 모두 아홉 차례의 정벌을 시도하나 참담한 실패를 거듭하고 끝내는 영주 자신과 정벌군마저 포로가 되고 만다. 아무르타트는 이들의 몸값으로 거액의 보석을 요구하고, 가난한 헬턴트 영지에서는 몸값을 마련하기 위해 주인공 후치 네드발과 헬턴트의 경비대장인 샌슨 퍼시발 그리고 영주의 이복동생인 칼 헬턴트를 국왕에게 특사로 파견하면서 모험이 시작된다.

이 판타지에는 모두 두 개의 모험이 존재한다. 하나는 후치 일행이 몸값을 마련하기 위해서 수도 임펠로 여행하면서 겪게 되는 모험이고, 다른 하나는 임펠에 도착한 뒤 드래곤 크라드메서의 라자(Raja)를 찾아다니며 겪게 되는 모험이다. 이들이 필사적으로 찾아내려고 하는 라자는 인간과 드래곤 사이를 매개하는 중개자로서 생득적으로 드래곤의 언어를 이해할 수 있는 특별한 능력을 지닌 인간이다.

이제 더 이상의 작품 경개에 대한 언급은 무의미하다. 모든 대중문학들이 그러하듯 여행중에 여러 조력자들과 만나고 다른 종족들 또는 바이서스 왕국의 전복을 기도하는 세력과 싸워서 왕국을 지켜낸다는 뻔한 이야기가 12권짜리 방대한 모험소설에 담긴 내용의 전부이니까 말이다.23)

이렇게 뻔한 스토리와 구성, 특히 "작품에 진화의 개념이 없"는 데다가 "백인 작가들의 인종 차별주의를 그대로 받아들였"는가 하면, "성적 차별주의"를 나타내 보이고 있는 등24)의 심각한 문제와 결함을 가지고 있음에도 불구하고, 청소년 독자들이 보인 반응은 아래의 사례들과 같이 가히 '폭발적'이었다.

> 눈을 감으면 이루릴의 웃는 얼굴이 보이고 눈을 뜨면 제미니의 공포의 웃음소리가 들리고, 미치겠습니다. —siney

> 전 책이라곤 안봤지만, 통신상에서 드래곤라자를 접하고 '글도 재밌을 수가 있구나'란 걸 알았습니다. 강한 중독성을 띤 글. —SINJI144

이들 영상세대들로 하여 글을 읽게 하는 『라자』의 마법은 부담 없이 읽혀지는 흥미진진한 모험의 이야기와 만화적 인물 설정 그리고 "어려

---

23) 이상 작품의 스토리 라인에 대한 소개는 조성면, 「환멸의 시학, 환상의 정치학」, 『내일을 여는 작가』 16호, 1999년 가을, 283~284면에서 상세하게 다룬 바 있다.
24) 복거일, 『세계환상소설사전』, 김영사, 2002, 247~248면.

운 얘기는 난 머리 아파요", "난 뒤에 '학'자가 붙으면 일단 삼엄한 경계 태세에 들어간다는 점이 문제로군. 젠장, '학'가 붙은 것은 싫지만 어디 보자" 등과 같이 톡톡 튀는 발랄한 대화들이 신세대적 취향과 감각에 맞아떨어졌기 때문인 것으로 보인다. 물론 이렇게 헐거운 설명은 1020세대들이 판타지에 열광하는 이유에 대해서 납득할 만한 해답을 제공해 줄 수 없다. 여기서 다시 문제를 정돈하고 차분하게 질문을 던져보기로 한다. 어째서 그들이 판타지에 그토록 열광하는 것인가? 아니, 도대체 무엇이 이들을 열광케 하는 것인가?

실망스럽게도 해답은 의외로 간단하다. 난해한 문제일수록 결과 속에 원인이, 질문 속에 해답이 있는 법이다. 본 퀘스트를 시작하면서 던졌던 질문들을 다시 한번 떠올려 보도록 하자.

판타지의 타깃 독자가 누구인가? 바로 1020세대이다. 대개 그렇듯 현대의 문화산업자본들이 구사하는 핵심적인 마케팅 전략의 가운데 하나는 바로 연령차별화 전략이다. 아침 드라마가 30대 이상의 주부를, KBS의 〈가요무대〉가 50대 이상의 해외교포와 노·장년층을 겨냥하고 있듯이 오늘날의 장르 판타지는 1020세대를 위한 '그들만의 엔터테인먼트'이다. 유치원생 꼬마가 〈가요무대〉를 좋아할 리가 없듯이 전문적인 지식과 식견을 지닌 비평가나 학자들이 특별한 사명감과 목적의식을 갖지 않는다면 소년소설인 판타지를 읽어낼 도리가 없는 것이다. 그러니 백이면 백 비평가나 학자들 모두가 판타지에 대해서 쓰레기라고 매도하며 소리 높여 비판을 가할 수밖에. 우리 지식담론이 가지고 있는 문제점과 불행은 여기에서 찾을 수 있다. 요컨대 지식담론을 생산하는 이들은 전문적인 지식인들과 담론 분석 대상이 되는 문화와의 심각한 괴리, 바로 그것이다. 이를 극복하려는 각별한 노력이 뒤따르지 않는 한, 한쪽에서는 열광하고 한쪽에서는 질타하고 훈시하는 이 부조화 속의 해프닝은 계속 반복될 수밖에 없는 것이다. 그렇다! 판타지의 대유행은 온갖 '하지 마라'는 금지의 언어와 금제들 속에 결박되어 있는 1020세대

의 퇴행적인 도피주의와 출판자본의 야합이 빚어낸 문화 현상이며 여기에 고루한 엘리트들의 지식담론이 확대 재생산해 낸 해프닝, 그 이상도 이하도 아닌 것이다.

이러한 관점에서 판타지가 갖는 문학사회학적 의미에 관해 국내 장르 판타지의 최고 걸작인 김민영의 『옥스타칼니스의 아이들』을 통해서 좀 더 깊이 있게 따져 보기로 하자. 김민영의 『아이들』은 추리와 판타지와 SF가 절묘한 조화를 이루고 있는 일종의 퓨전형 소설이다. 이 퓨전 판타지는 인터넷 게임에 중독되어 있던 한 고교생에 의해 저질러진 '리니지 아이템 절도' 같은 사건이 더 이상 방관할 수 없는 현실이 되어 가고 있음을

▲ 게임 스릴러 또는 퓨전형 장르 판타지의 신기원을 연 김민영의 『옥스타칼니스의 아이들』. 최근에는 『팔란티어』란 이름으로 재출간되었다.

예고하고 있다는 점에서 주목을 끈다. 기왕의 평가대로 『아이들』은 사이버 공간과 실제의 현실 공간이 어떤 연관을 맺고 있으며 그것이 갖는 의미에 대해서 다루고 있는 빼어난 수작25)이다.

소설은 머드(MUD) 게임에 중독되어 현실과 환상에 대한 분별력을 상실한 게이머가 현실 공간으로 뛰쳐나와 국회 건설교통위원회 위원장인 송경호 의원을 살해하는 것으로 시작된다. 현실 속에 존재하는 인간이라고는 믿기 어려울 만큼 빼어난 무술실력을 지닌 범인은 범행 직후 현장에서 경호원들에 의해 사살되고, 주인공 이원철은 친구인 장욱 경사와 함께 미궁에 빠진 사건에 휘말려든다. 주인공 이원철은 현실 공간에서는 노바 시스템이라는 벤처 기업의 프로그래머이지만, 팔란티어라는

---

25) 이와 같은 관점에서 김민영의 작품을 본격적으로 거론한 글로서는 장경렬, 「컴퓨터·인터넷 그리고 문학」, 『21세기 문학』, 2001년 여름과 김성곤, 「판타지 문학과 영화」, 『김성곤의 영화기행』, 효형출판, 2002 등을 꼽을 수 있다.

가상공간 속에서는 '보로미어'라는 이름의 전사로 살아간다. 따라서 소설은 영화 〈매트릭스〉처럼 현실과 가상공간이 함께 병치되고 서로 맞물려 있는 이원적인 방식으로 전개된다.

어느 날 원철에게 발신인 불명의 '팔란티어'라는 머드 게임이 장문의 편지와 함께 배달된다. 일상의 무료함에 젖어 있던 원철은 놀라울 정도로 완벽하게 가상 현실을 재현하고 있는 이 게임에 깊이 빠져들기 시작한다.

> 안녕하십니까?
> 회색의 하늘과 회색 아스팔트를 벗어나고 싶으십니까?
> 출퇴근이 반복되는 생활에서 탈출하고 싶습니까?
> 「팔란티어」는 자연과 모험이 살아있는 세계로 귀하를 초대합니다.
> 아름다운 숲과 무시무시한 괴물들, 전설과 마법, 그리고 전쟁.
> 정통 판타지의 세계로 귀하를 안내합니다.[26]

머드 게임 속에 동봉된 이 편지는 대중소설과 판타지에 대중들이 어째서 그렇게 열광하게 되는가를 역설적인 방식으로 아주 명료하게 설명하고 있다. 그런데 내용을 가만히 뜯어보면 편지를 수령한 당사자가 원철로 되어 있지만, 실제 수취인은 바로 우리들 자신이라 할 수 있다. 우리 시대의 모든 대중문화가 그러하듯이 자본은 이렇게 판타지의 뒤에 몸을 숨긴 채 괴롭고 권태로운 일상의 틈새를 비집고 들어와 삶을 즐기라고 꿈과 모험이 가득한 세계로 탈출하라고 속삭이며 우리를 유혹한다.

이런 점에 비추어 합리화의 진척 정도를 근대성의 지표로 삼고, 탈주술화(脫呪術化)를 근대 자본주의사회의 본질이라고 설파한 막스 베버(Max Weber)의 저 유명한 고전적 명제는 마땅히 수정되어야 할 것이다. 베버의 지적대로 과학·이성·합리주의 등으로 무장한 근대자본주의는 인류를

---

26) 김민영, 『옥스타칼니스의 아이들』 제1권, 황금가지, 1999, 139면.

섭리주의와 신화로부터 해방시켜 탈주술화를 완벽하게 이루어냈지만, 다른 한편에서 영화, 컴퓨터 게임, 판타지와 같은 대중문화 곧 현대의 신화들을 통해서 우리를 판타지와 같은 대중문화 속으로 몰고 가는 재주술화를 진행시켜 나가고 있기 때문이다. 김민영은 〈팔란티어〉 게임에 빠져드는 사람들과 그들을 은밀하게 조종하는 보이지 않는 통제자들의 모습을 통해서 국가권력과 결탁한 정보자본주의가 우리들을 어떠한 방식으로 포획하고 우민으로 만드는가를 적나라하게 보여 주고 있다.

본인의 의사와는 무관하게 이 복잡한 사건에 휘말려든 원철은 송의원 살해범의 배후가 누구인지, 어째서 이러한 사건이 발생했는지 풀어나가는 과정에서 가상공간 속의 실바누스이자 미모의 범죄심리학자이기도 한 자신의 애인 김혜란과 둘도 없는 친구 장욱 경사를 잃는다. 작가의 분신이랄 수 있는 원철은 물론, 사력을 다해 이들과 정면으로 맞선다. 소설은 가상공간의 힘을 빌려 전사 보로미어로 변한 원철이 자신을 회유하려 드는 어둠의 통제자를 극적으로 처단함으로써 극적으로 대단원의 막을 내린다.

평론가 김성곤 교수의 온당한 지적대로 이 소설은 "환상소설이 아니라 환상소설 기법을 이용한 추리소설이고, 추리소설 기법을 이용한 본격소설"이라 할 수 있다. 특히 "중후한 주제, 고도로 정교한 구성, 유려한 문장, 새로운 상상력, 그리고 고난도의 컴퓨터 게임과 신화와 의학에 대한 해박한 지식으로 최첨단 신기술의 무한질주에 제동을 거는 문명비판서"[27]로서 빼어난 문학적 성과를 이루어낸 『아이들』은 대중문학이 지향해야 할 바람직한 방향, 나아가 새로운 첨단 매체들과 경쟁해야 하는 처지에 놓인 문학이 어떠해야 하는지를 보여 주고 있다. 이 점에서 김민영의 『아이들』은 여러 가지 의미에서 중요성을 갖는 대표 판타지라 할 수 있다.

---

27) 김성곤, 앞의 글, 237~238면.

지금까지 논의된 내용들을 뭉뚱그려 정리하는 것으로써 네 번째 퀘스트를 마무리짓도록 하자. 우리가 판타지에 주목하는 것은 대략 세 가지 이유 때문이었다. 첫째는 작품의 질적 수준과 상관없이 그것이 1020세대, 더 나아가 우리 시대를 특징짓는 대중문화의 주류로 정착되었다는 점에서, 둘째 과학적 합리주의가 지배하는 근대사회의 비판적 타자로서의 전복성과 반문화적 성격을 띠고 있다는 점에서, 셋째 침체에 빠진 우리 문학의 새로운 출구로서 나아가 원천콘텐츠로서 문화적 지평을 확장시켜 줄 수 있는 새로운 영토로서의 가능성을 가지고 있다는 점에서 그렇다.[28] 중언부언을 피하기 위해서 첫 번째, 세 번째에 대해서는 생략하고 판타지가 갖는 근대사회의 비판적 타자로서의 의미에 대해서만 간단하게 부연해 보기로 한다.

근대는 이성과 합리주의가 지배하는 시대이다. 판타지는 이성과 과학의 전일적 지배에 대한 대중들의 환멸의 표현이라는 점에서 근대성에 대한 저항의 의미를 띠지만, 동시에 대중문학의 문화콘텐츠화의 대표적인 사례인 〈리니지〉의 경우에서 잘 드러나듯 더 이상 개척할 시장이 없는 궁지에 몰린 자본의 새로운 논리라는 양면성을 지닌다. 요컨대 판타지의 유행과 범람은 '아이'를 '어린이'로 만들고 예전에 없었던 청소년기를 만들어 낸 근대의 기획과 이들을 새로운 시장으로 영토화하려는 자본의 문화논리가 결합된 결과이며, 여기에 자신의 꿈과 욕망을 매개할 기회조차 주어지지 않은 1020세대들의 열망과 환멸이 만들어 낸 합작품인 것이다.

근대가 어린이와 청소년기를 만들어 냈다는 말은 생물학적인 어린이나 청소년은 자연적으로 존재하고 또한 누구나 거칠 수밖에 없는 인생

---

28) 최근에는 인문학과 콘텐츠의 융합이 침체에 빠진 인문학과 콘텐츠 산업의 대안으로 주목받고 있다. 그러나 인문학의 상업화와 학문의 시장화 등의 부작용에 대한 인식은 매우 미약한 상황이다. 이러한 최근의 경향을 잘 보여 주는 것이 최근 『서울신문』의 기획 기사이다. 여기에 대해서는 「문화콘텐츠의 뿌리 인문학」, 『서울신문』, 2006.8.18을 참조할 것.

의 단계이지만, 이 시기가 근대사회로 접어들면서 새로운 교육제도의 형성과 강요된 만혼화(晚婚化) 등등에 의해 새롭게 의미가 부여되고 만들어졌다는 뜻이다. 그러니까 육체적으로는 성인과 다를 바 없지만 스스로의 삶과 행동 그리고 끓어오르는 열정과 욕망을(가령 성적 욕망 같은) 해소할 방도가 없는 청(소)년들이 선택할 수 있는 유일한 길이 판타지나 머드 게임이라는 것이다. 게다가 학교에서 이루어지는 문학 교육이란 일종의 속류화한 신비평 방식으로 감상 없는 주입식 교육이 대부분이다. 이런 상황에서 청소년들이 수험용으로 강의 때문에 어쩔 수 없이 몇몇 작품들을 선택해서 억지로 읽을 뿐이고, 정말 이들의 정서와 감수성에 조응하는 작품이 없기 때문에 이들이 판타지에 열광하는 것은 너무나 당연한, 예고된 결과이다.

그렇다고 해서 판타지를 탈근적 징후로 전복적인 의미를 갖는 것으로 해석해서는 곤란하다. 왜냐하면 이 같은 반근대적 충동과 징후들 역시 근대(자본)에 의해 매개된 것이어서 이들의 저항과 탈주는 한계가 자명한 탈주, 곧 현실로의 허망한 귀환이 예정된 것이기 때문이다. 이 퀘스트에서 판타지를 '사이'의 존재이며, '징후'라고 언급하는 것은 바로 이런 이유에서이다.

6. 퀘스트를 끝내면서—희망과 절망으로서의 판타지

솔직히 판타지를 읽는 것은 너무나도 고통스러운 일이다. 극소수의 작품을 제외하고, 대다수의 판타지는 우리들의 인내력을 테스트하는 시험무대가 될 것이기 때문이다. 국적불명의 이야기들과 난삽한 언어들 그리고 빈약하기 짝이 없는 플롯에도 불구하고 이를 끝까지 읽어낼 수 있는 이가 있다면, 틀림없이 그는 뭔가 특별한 사명감을 가지고 있는 전문적 독자이거나 판타지에 열광하는 10~20대 사이의 매니아일 가능성이 크다. 오늘날 우리 판타지는 이와 같은 이분법이 무리 없이 통용될 수 있을 만큼 아주 이상한 장르가 되어 가고 있다. 좀 더 정확하게 말하자면 애초부터 판타지는 청소년들을 위한, 청소년들에 의한, 청소년들을 위한 주브나일 리터래처이길 지향하는 문학이라 할 수 있다.

판타지의 문제점은 그것이 독자층이 지극히 제한적인 협애한 문학이라는 사실에 국한되지 않는다. 우리 퀘스트에서 본격적으로 다루지 못한 다른 판타지들을 예로 들어보자. 『로도스』의 흔적이 도처에서 느껴지는 작품으로 폴라리스라는 가공의 자유공화국을 건설하는 해적 키 드래이번의 이야기(이영도, 『폴라리스 랩소디』)라든지 디바인 마크를 받고 흑태자를 제거하는 미들랜드의 젊은 고수 카이탄의 이야기(권정민, 『투신전』) 등 대부분의 우리 판타지들은 얼핏 유럽의 중세를 연상케 한다. 왜 하필이면, 서양의 중세인가. 그 이유는 너무 간단하다. 땀 한 방울 흘리지 않고서 고도성장의 혜택을 받은 이들 n세대에게 서구의 대중문화는 이미 그들의 일상적 삶 그 자체가 되었을 만큼 매우 익숙한 것이다. 게다가 급속한 과학기술의 발달과 도시화로 인해 감수성과 세계 인식에 심각한 동요가 일어나고 농경시대에나 어울릴 법한 우리의 전통문화가 더 이상 유효성을 지니지 못하며 초국적 자본을 바탕으로 한 서양의 문화가 전세계를 지배하고 있는 지금, 누구도 알지 못하는 중세 유럽의 이야기를 모방하는 것 자체가 이미 훌륭한 판타지가 되기 때문이다. 이처럼 최근의 판타지는 판타지라고 부르기도 어려울 만큼 국적불명의 황당한 이야기가 되어 가고 있음을, 곧 초국적 자본에 의해 추동되는 세계화(서구화)가 아주 심각한 수준에까지 이르게 되었음을 온몸으로 절감하게 한다.29)

그렇다면 판타지는 더 이상 기대할 게 없고 일고의 가치도 없는 볼장

---

29) 조성면, 「오만과 편견이 낳은 우리 시대의 어두운 자화상」, 『출판저널』 302호, 2001. 5.20.

다 본 문학이지 않은가? 사정은 그리 단순하지 않다. 이미 톨킨의 『반지의 제왕』이나 김민영의 『옥스타칼니스의 아이들』에서 확인했듯이 판타지는 무한한 가능성을 지닌 우리 시대의 새로운 문학적 영토가 될 수 있다. 비록 자본의 논리에 밀려 판타지가 1020세대나 보는 주브나일 문학으로, 나아가 고부가가치를 창출하는 콘텐츠산업으로 급속하게 상업화의 길을 걷고 있는 상황이지만, 그 책임은 여기에 대해서 충분한 애정과 관심을 가져주지 않았던 기성세대에게도 그 책임이 있다. 보라! 기성 문단에서 우리 문학의 미래인 이들에 대해서 그 동안 전혀 관심을 갖지 않은 채 어느 누구도 관심조차 없는 주례사 비평이나 쇄말적인 논쟁을 일삼고 있는 사이, 그들은 스스로 초국적 문화자본의 충실한 시민이 되어 가고 있지 않은가. 판타지가 주는 교훈은 바로 이것이다. 이제 우리 문학도 청소년들과 대중들에게 관심을 갖고 좀 더 가까이 다가가기 위해서 적극적으로 나서야 한다는 것, 판타지는 그것을 웅변으로 보여 주고 있는 것이다.

비록 이들 n세대 문학이 보여 준 전복성과 반문화적 성격이 세계와의 진정한 대결이 아닌 아주 낮은 차원에서의 길항에 불과한데다가 수많은 문제점과 한계를 안고 있기는 하지만, 판타지가 보여 주고 있는 새로운 가능성과 의미마저 부정되거나 외면되어서는 곤란하다. 자본의 주술에 걸린 채 갈피를 잡지 못하고 모색의 진통을 거듭하고 있는 지금이야말로 판타지와 같은 과감하고 새로운 상상력이 절실하게 요구되는 시대인지도 모르겠기 때문이다. 장르로서의 판타지는 그 자체로는 황당무계하고 허무한 것이지만, 미래에 대한 희망과 전망으로서의 판타지는 여전히 우리가 포기할 수 없는 꿈이며 더욱 발전시켜 나가야 할 그 무엇이기 때문이다. 문학의 사명과 본래 면목은 바로 이런 데 있지 않을까. 끊임없이 고민하고 부딪치면서 현실을 넘어서고자 하는 새로운 상상력과 꿈, 바로 그것이다.